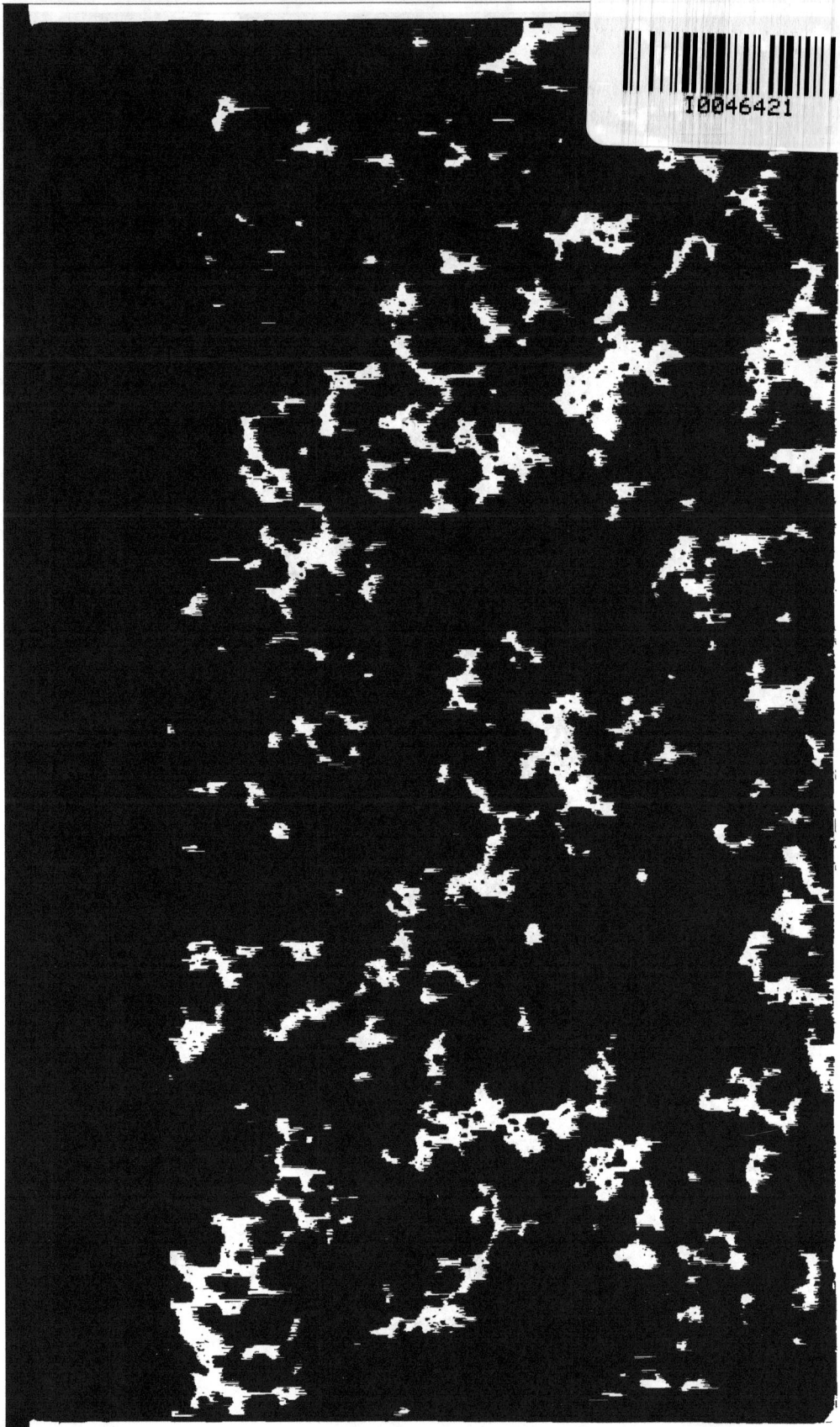

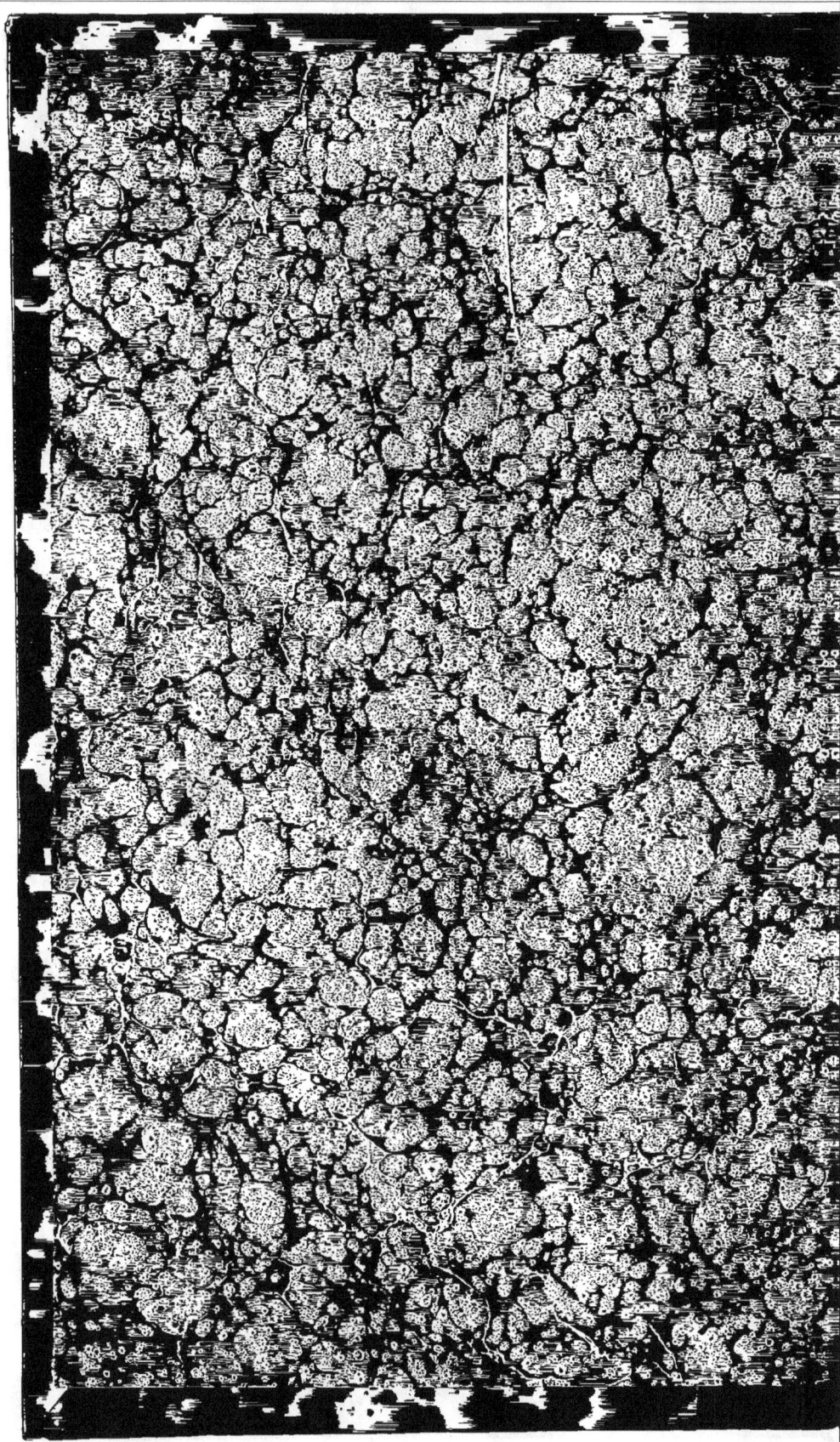

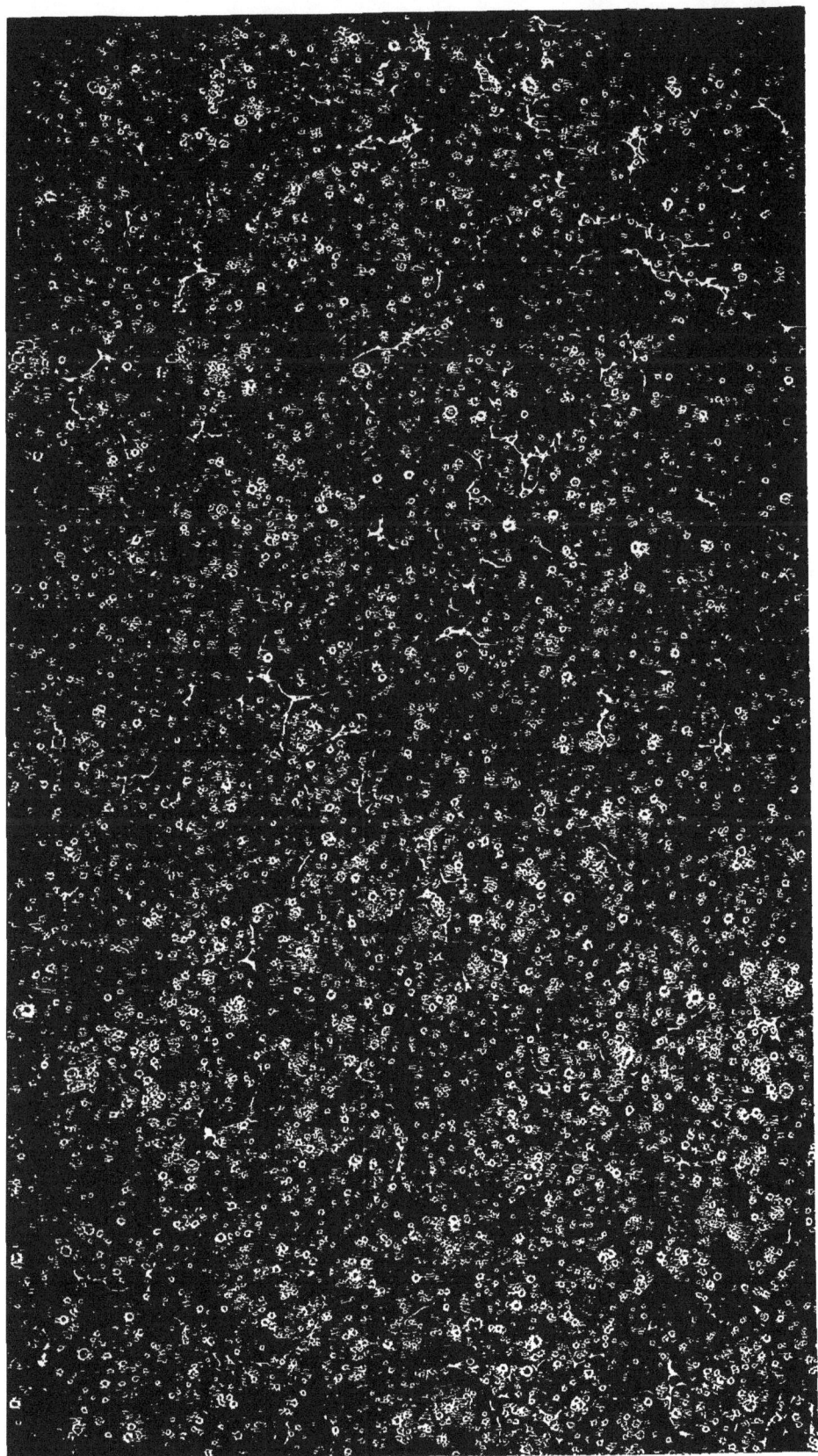

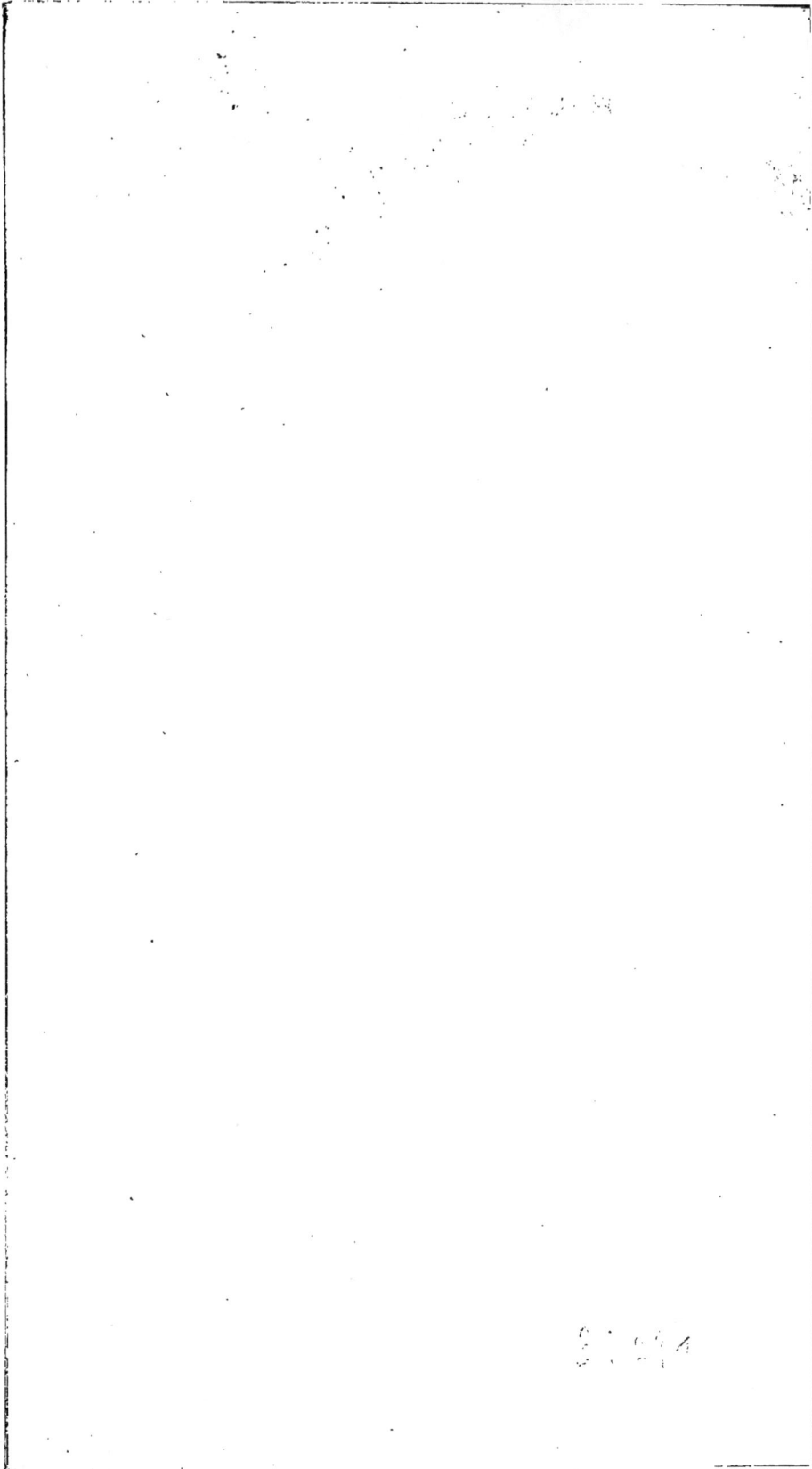

SCIENCE

DU PUBLICISTE.

Cet Ouvrage se trouve aussi chez les Libraires
suivans :

A Paris,
- BOSSANGE frères, rue Saint-André-des-Arcs, n° 60.
- REY et GRAVIER, quai des Augustins.
- J. DÈCLE, place du Palais de Justice, n° 1.
- J. P. AILLAUD, quai Voltaire.
- FANTIN, rue de Seine.
- ARTHUS-BERTRAND, r. Hautefeuille, n. 23.
- DELAUNAY, au Palais-Royal.

Madrid,
- JUAN PAZ.
- ALFONSO PEREZ.
- Veuve RAMOS.

Lisbonne, PIERRE et GEORGE REY.

Coimbre,
- J. P. AILLAUD.
- J. A. ORCEL.

Naples, BOREL.

Amsterdam,
- G. DUFOUR.
- DELACHAUX.

Genève, PASCHOUD.
Vienne, SCHALBACHER.
Berlin, AD. M. SCHLESINGER.
Milan, GIEGLER.
Florence, PIATTI.
Livourne, GLAUCUS MAZI.
Rome, DE ROMANIS.
Turin, PIC.
Manheim, ARTARIA et FONTAINE.

S. Pétersbourg,
- SAINT-FLORENT et comp.
- C. CERCLET.

Moscou, JEAN GAUTIER.
Odessa, ALPH. COLLIN.
Stockholm, EM. BRUZELIUS.
Breslau, G. THÉOPHILE KORN.

Wilna,
- JOSEPH ZAWADSKI.
- FR. MORITZ.

Nouv. Orléans, ROCHE frères.
Mont-Réal (Canada), BOSSANGE et PAPINEAU.

DE L'IMPRIMERIE DE FIRMIN DIDOT,

IMPRIMEUR DU ROI ET DE L'INSTITUT.

SCIENCE
DU PUBLICISTE,

OU

TRAITÉ

DES PRINCIPES ÉLÉMENTAIRES

DU DROIT

CONSIDÉRÉ DANS SES PRINCIPALES DIVISIONS;

AVEC DES NOTES ET DES CITATIONS TIRÉES DES AUTEURS
LES PLUS CÉLÈBRES.

PAR M. ALB. FRITOT, AVOCAT.

TOME SEPTIÈME.

C'est devant les Rois eux-mêmes que nous entreprenons
de plaider la cause de l'humanité, des peuples et
des Rois.
Puissions-nous parvenir à les éclairer tous sur leurs
véritables et communs intérêts !
« *Et loquebar de testimoniis tuis in conspectu Regum; et*
« *non confundebar.* » Ps. 118.

A PARIS,

CHEZ BOSSANGE PÈRE ET FILS, LIBRAIRES,
rue de Tournon, n° 6 bis.

A LONDRES, CHEZ MARTIN BOSSANGE et Compagnie,
Libraires, 14 Great-Marlborough street.

1821.

SCIENCE DU PUBLICISTE.

SECONDE PARTIE.

LIVRE DEUXIÈME.

CHAPITRE DEUXIÈME.

TITRE PREMIER.

§ I.

DIVISION PREMIÈRE.

SUITE DE SA DEUXIÈME PARTIE.

SECTION DEUXIÈME.

*Attributions du Pouvoir législatif, considérées
sous le rapport du Droit politique.*

« La Loi en général, par rapport à la Société, est la manifestation de
« la volonté du Gouvernement, sur quelques matières que ce soit ».

SOMMAIRE. Sujet et Division de cette deuxième Section.

Tout homme judicieux et impartial qui se
rappelle ce que la nature et l'observation des

choses nous ont prouvé, dans le premier chapitre du livre qui précède, relativement au
véritable caractère et à la définition de la loi,
en général, par rapport à la société, n'aura
pu récuser les conséquences naturelles que
nous avons été conduits à en tirer relativement aux justes limites des attributions du
Pouvoir législatif, sous le rapport du droit
public. De même, pour celui qui n'aura pas
encore perdu le souvenir de cette même vérité fondamentale d'organisation, que nous
prenons ici pour épigraphe, les conséquences
qu'il faut pareillement en déduire, au sujet de
l'étendue des attributions de ce même Pouvoir législatif, en ce qu'elles se rattachent au
droit politique, ne sont pas moins à l'abri de
toute critique raisonnable et fondée.

Dans une monarchie constitutionnelle,
lorsqu'il s'agit de déterminer la répartition, la
nature et le mode de perception des impôts
ou d'apporter quelques changemens et modifications dans les diverses parties de l'administration et de la législation, il est évident
que des résolutions nouvelles et qui ne peuvent pas être considérées comme un acte de

pure exécution, c'est-à-dire comme des conséquences nécessaires d'une volonté dont la
manifestation est précédemment émanée du
Pouvoir législatif, ne donnent à la société
entière, et à chacun de ceux qui la composent, aucune garantie suffisante de leur sagesse et de leur utilité, ne prennent un véritable caractère de légitimité, et ne devienent
obligatoires pour tous, qu'autant qu'elles sont
des résultats de résolutions concordantes des
Chambres, sanctionnées par l'approbation
expresse du Roi ; il n'est pas moins certain
que, dans cet état de choses régulier et bien
constitué, toute autre résolution de la société, ou, si l'on veut, du Gouvernement qui
la dirige, et qui doit en être en quelque
sorte l'ame et l'abrégé, ne peut de même être
obligatoire et légitime, qu'autant qu'elle est
l'exécution, la conséquence nécessaire d'une
disposition législative déja existante et régulièrement manifestée, ou le résultat immédiat
des volontés unanimes des trois branches du
Pouvoir législatif, du Roi et des deux Chambres ; soit qu'il s'agisse des moyens propres
à ranimer ou entretenir l'esprit national,

l'union des intérêts, la force, l'amour de la patrie, soit qu'il s'agisse de quelques résolutions
relatives à l'étendue du territoire, au développement de la population, à la liberté du
commerce, de la navigation, aux traités d'alliance et de paix, à l'organisation des armées,
aux déclarations de guerres offensives, etc.

D'après la nature même, le caractère véritable, et la définition que nous avons donnée de la loi par rapport à la société, ce
n'est pas seulement lorsque le Gouvernement
prend une décision et manifeste une volonté
nouvelle dont le but est de faire agir la société quant aux divers rapports qui unissent
entre eux et avec elle-même ceux qui en font
partie, que ce Gouvernement fait un acte de
la puissance législative, qu'il prescrit une
règle de conduite, qu'il fait et dicte une loi :
toutes les fois qu'il prend une résolution et
manifeste une volonté nouvelle dont le but
est de faire agir la société hors d'elle-même,
et dans les divers rapports qu'elle peut avoir
avec les autres sociétés, le Gouvernement
prescrit de même une règle de conduite qui
est incontestablement une loi, qui ne peut

être considérée que comme un acte de la puissance législative (*a*) ; et cette volonté du Gouvernement, cette règle de conduite prescrite à la société, cet acte législatif doit d'autant plus émaner, pour être obligatoire et légitime, du Pouvoir législatif même, que ses conséquences sont plus importantes, qu'elles ont pour objet de déterminer, de régler des rapports d'un degré plus élevé et d'une plus grande étendue, et qu'elles doivent influer avec plus de force sur le bien-être et la prospérité de la société.

Voilà ce que le simple bon sens indique clairement ; c'est aussi ce que la réflexion et le raisonnement prouvent d'une manière évidente et péremptoire : et nous nous en convaincrons, en examinant successivement les attributions du Pouvoir législatif sous les divers points de vue, 1° des moyens propres à entretenir l'esprit national ; 2° du développement de la population, de l'étendue du territoire ; 3° de la liberté des mers et du commerce ; 4° du recrutement et de l'organisation

(*a*) *Voy. ci-dessus*, 2ᵉ part., vol. ɪv, pag. 6o *et suiv.*

de l'armée; 5° des traités d'alliance et de paix, et des déclarations de guerres offensives.

1° *Examen des Dispositions législatives relatives aux moyens propres à entretenir l'union et l'esprit national.*

Si nous considérons d'abord, dans cette vue, combien il importe d'unir, de lier ensemble tous les intérêts généraux de la société; de former, des départemens, des classes principales, propriétaires, industrieuses et libres, de toutes les corporations, de toutes les familles et des individus mêmes, un seul et même corps, qui trouve, dans son harmonie, dans son ensemble, la considération, le respect, la force politique, dont une nation a essentiellement besoin, et qu'elle doit être jalouse de conserver à l'égard de toutes les autres, amies ou ennemies (*a*); doit-on douter que les résolutions législatives n'atteindront jamais plus sûrement ce but que lorsque les vrais représentans de ces mêmes départemens,

(*a*) *Voy. ci-dessus*, 1ʳᵉ part., vol. 11, pag. 32 *et suiv.*

de ces mêmes classes principales, les pères de famille, les premiers et les meilleurs citoyens, seront appelés à y prendre part? et l'expérience ne prouve-t-elle pas au contraire que par-tout où ces résolutions ont dépendu de la volonté d'un seul ; elles se sont trouvées presque toujours en contradiction manifeste avec les véritables intérêts généraux de la société?

De là, l'anéantissement rapide de l'esprit national, de l'amour de la patrie, remplacé tout au plus, et d'une manière bien insuffisante, par le faux honneur et la vaine gloire.

Toute aristocratie n'est pas moins propre à faire évanouir cet esprit national. Il n'y a d'union alors qu'entre les nobles ; mais c'est l'esprit de corps, l'égoïsme, l'intérêt particulier d'une caste, et non pas l'intérêt général et l'amour véritable de la patrie, qui les anime.

Les exemples ici sont encore de tous les pays, de tous les siècles ; et il serait sans utilité de nous arrêter à les rappeler à l'appui d'une vérité si constante, et qui sans doute ne sera pas contestée de nos jours, ni plus tard, par les hommes éclairés.

2° *Examen des Dispositions législatives relatives à l'étendue du territoire et au développement de la population.*

Étendue du territoire. Si, sous le même point de vue, nous considérons toutes les résolutions législatives qui peuvent avoir pour objet de resserrer ou d'étendre les frontières, de faire l'abandon, ou de consentir à l'agrégation, de quelques provinces, il est également certain que nulle autre disposition législative n'importe davantage et à l'intérêt général de la société et à l'intérêt particulier du plus grand nombre de ses principaux membres; et qu'en conséquence on ne saurait encore se dispenser de prendre en considération à cet égard la volonté des représentans de la propriété, du commerce, des pères de famille, des principaux citoyens.

Aussi l'histoire atteste que, dans les monarchies même qui pouvaient bien passer pour des Gouvernemens despotiques et absolus, les rois ont souvent regardé comme non valables et non obligatoires pour eux, les concessions et abandons qu'ils avaient faits sans l'assentiment de la nation, ou des principaux corps de l'État qui étaient censés la représenter.

Le Traité que le roi Jean consentit, en 1360, avec Édouard, roi d'Angleterre, fut rejeté par les États.

Nous avons déjà eu l'occasion de dire qu'en 1506 les États assemblés à Tours engagèrent Louis XII à rompre le traité qu'il avait fait avec l'empereur Maximilien et l'archiduc, son fils, parce que ce traité était pernicieux au royaume; « Et l'on trouva, disent les historiens de France, que ni le traité ni le serment qui l'avait accompagné ne pouvaient obliger le roi, qui n'était pas en droit d'aliéner le bien de la couronne » (a).

On sait aussi que François Ier, s'étant engagé par le traité de Madrid à céder le duché de Bourgogne à l'empereur Charles-Quint, les États de cette province déclarèrent que, n'ayant jamais été sujets que de la couronne de France, ils mourraient sous cette obéis-

---

(a) *Voy.* la Science du Gouvernement, liv. II, ch. XII, pag. 160. — Et *ci-dessus*, 1re part., vol. II, pag. 132.

sance , et que , si le roi les abandonnait , ils prendraient les armes et s'efforceraient de se mettre en liberté , plutôt que de passer d'une sujétion dans une autre (*a*).

En cette même occasion , les notables du royaume de France , assemblés à Cognac , après le retour du roi , conclurent aussi tout d'une voix que son autorité ne s'étendait pas jusqu'à démembrer la couronne. Le traité fut déclaré nul comme étant contraire à la loi fondamentale du royaume. « Et véritablement , dit Vattel , le roi était sans pouvoirs suffisans ; la loi lui refusait formellement le droit de démembrer le royaume ; le concours de la nation y était nécessaire, et elle pouvait donner son consentement par l'organe des États-Généraux. Charles V ne devait point relâcher son prisonnier avant que ces mêmes États-Généraux eussent approuvé le traité : ou plutôt , usant de sa victoire avec plus de générosité , il devait imposer des conditions moins dures, qu'il eût été au pouvoir

----

(*a*) Mézeray. Histoire de France, tom. ii , pag. 458. — Et *ci-dessus* , 1re part. , vol. ii , pag. 137.

de François Ier de consentir, et dont ce prince n'eût pu, dans ce cas, se départir sans honte » (*a*).

François Richer d'Aube soutient pareillement que toute cession faite à un souverain par un autre souverain est nulle et illusoire, si le peuple n'y a pas consenti; et il en donne, entre autres motifs, cette raison, « que le domaine des couronnes est inaliénable ».

A ce sujet, Bayle s'exprime ainsi : « On a bien raison de dire que tout a son temps : il n'y a pas jusqu'à l'indépendance qui ne nuise quelquefois aux souverains, et qu'il ne faille laisser dormir pour quelques jours » (*b*).

— « L'interdiction de tous démembremens sans le consentement des Conseils nationaux, dit M. Cotelle dans son Cours élémentaire du droit de la nature et des gens, est une loi constante en Angleterre et dans d'autres États » (*c*).

(*a*) Droit des Gens, liv. 1, chap. XXI, § 265, intitulé : « *Si le Prince a le pouvoir de démembrer l'État* ».

(*b*) *Voy*. Nouvelles de la République des Lettres. Décembre 1686, *art*. 63.

(*c*) Quatrième part., chap. XI, pag. 437.

Il y a plus (et cette vérité ne sera pas plus révoquée en doute, si l'on réfléchit à ses conséquences), la volonté seule du prince ne doit pas suffire lorsqu'il s'agit de donner un nouvel accroissement à l'étendue du territoire. « De toutes les circonstances, remarque Fergusson, qui conduisent au despotisme, il n'y en a peut-être aucune qui aboutisse plus directement à ce terme que l'agrandissement du territoire.

« Dans tout État, la liberté de ses membres dépend de l'arrangement et de l'équilibre de ses parties intérieures; et l'existence d'une liberté semblable pour la masse de l'espèce humaine dépend de la balance des nations.

« En fait de conquête, on dit que ceux qui sont subjugués ont perdu leur liberté; mais, si on consulte l'histoire, on trouvera qu'en effet conquérir et être conquis sont une même chose.....

« Voilà, dit-il encore, le principe des progrès ruineux des empires; voilà comment un peuple libre, sous la spécieuse apparence de voir accroître sa domination, se laisse à la fin atteler à un même joug avec les esclaves qu'il a vaincus » (*a*).

Population. Pour que le développement de la population soit sans inconvéniens, pour qu'il soit toujours utile, il faut bannir soigneusement l'orgueil et l'oisiveté ; il importe essentiellement d'exciter l'amour du travail, l'activité, d'encourager l'agriculture, l'industrie, les sciences et les arts (*b*) ; et ce but ne sera jamais mieux atteint que lorsque l'orgueil et l'oisiveté seront voués, par la nature même des institutions, à tout le mépris qu'ils doivent inspirer, lorsque le travail et l'activité jouiront, au contraire, par la même cause, de toute la considération qui leur est due, qu'ils seront récompensés, et que la propriété et l'industrie seront convenablement représentées.

(*a*) Essai sur l'Histoire de la Société civile, tom. ii, 6ᵉ part., chap. v, *De la Corruption en tant qu'elle conduit à l'esclavage politique*, pag. 391. — *Ibid.*, chap. ix, *De l'Amour national*, pag. 166.

(*b*) *Voy. ci-dessus*, vol. ii, pag. 39 *et suiv.*

3° *Examen des Dispositions législatives relatives à la liberté des Mers et de la Navigation.*

Nous l'avons encore reconnu dans la première partie de cet ouvrage ; la liberté des mers est un principe dont la stricte et religieuse observation aurait les plus heureux résultats pour tous les peuples du monde, pour ceux-là même qui se persuadent retirer de grands avantages des atteintes qu'ils lui portent (a) : mais on ne parviendra encore à découvrir, à mettre en usage, les moyens sûrs de faire universellement respecter ce principe, qu'avec le secours de Chambres nationales, où les véritables intérêts du commerce et de l'industrie, aussi bien que ceux de la propriété, seront réellement défendus et représentés. En Angleterre, c'est bien plus le ministère et la chambre-haute que la chambre des communes, c'est bien plus la classe aristocratique que les classes véritablement commerçantes, qui contribuent à lui porter

_____

(a) *Ibid.*, vol. II, pag. 142 *et suiv.*

atteinte et à le violer sans cesse. En France,
et chez les autres nations de l'Europe, c'est
l'absence d'une représentation suffisante de
ces mêmes classes industrieuses et commerçantes, qui fait que sa défense est trop souvent abandonnée, ou mal conçue et mal
conduite.

4° *Examen des Dispositions législatives relatives
au Recrutement et à l'Organisation de la force
armée.*

1° *De l'armée.* Il convient d'entrer ici dans
plus de développemens.

Point de recrutement forcé, point de conscription pour l'organisation des armées *de
ligne;* tel est encore le vœu de l'agriculture,
du commerce, de l'industrie, des sciences,
des arts, des lettres, de l'humanité, de la religion (*a*).

La réflexion que nous avons précédemment
faite au sujet de l'impôt, peut se reproduire
et s'appliquer ici. Ce ne doit être que dans

(*a*) *Voy. ci-dessus,* 1re part., vol. II. pag. 78 *et suiv.*

2.

le cas où l'enrôlement volontaire, établi et favorisé par tous les moyens propres à le rendre efficace, aurait trompé l'espoir que doit inspirer une juste confiance dans le patriotisme d'un peuple libre et jouissant d'un Gouvernement représentatif bien constitué, qu'il pourrait être permis de recourir à la voie rigoureuse de la conscription ou du recrutement forcé, pour parvenir au complément de l'armée.

« Le métier des armes, dit un auteur, n'est pas fait pour tous les hommes. Une loi qui placerait à un âge mûr, sous les drapeaux de l'État, tous les citoyens indistinctement, serait une loi absurde et digne des Goths ou des Vandales ; elle conduirait directement le peuple à la barbarie ; elle éteindrait le flambeau des beaux arts ; elle arrêterait les progrès des lettres ; l'industrie n'aurait plus d'activité ; la source du commerce serait tarie : tout annoncerait les effets d'une funeste contagion. Par elle, tous les droits, tous les intérêts seraient méconnus. A la voix du prince, on verrait Phidias abandonner son immortel ciseau au moment où il allait donner la vie

à Jupiter ; Apelle , Michel-Ange , Raphaël,
briser leurs crayons alors qu'ils allaient enfanter des chefs-d'œuvre; les Gracques quitter la tribune aux harangues pour aller braver
la mort dans les combats; Virgile rejeter au
loin ses pipeaux pour se saisir d'une épée, et
Montesquieu cesser de méditer sur les lois
pour marcher sur les traces d'un conquérant.

« .... Tous les citoyens ne sont pas
propres à porter les armes. Démosthène, sur
la place publique, est l'effroi des tyrans; il
jette son bouclier à Chéronée, et prend honteusement la fuite. Cicéron, sur son tribunal,
résiste aux fureurs de Catilina, et il s'abaisse,
au moment de la proscription des triumvirs,
jusqu'à demander la vie au farouche Octavien.
Horace enfin, le plus aimable et le plus gra-
cieux des poëtes, se dépouille de ses armes
à Philippes, et fuit la mort qu'il redoutait,
préférant à l'honneur de la victoire l'honneur
moins dangereux de la chanter.

« Un État qui veut être sûr de vaincre, ne
doit composer ses armées que de citoyens volontaires. C'est l'amour des hasards qui donne

l'intrépidité; les héros sont soldats par incli-
nation; les hommes pusillanimes, au contraire, sont soldats par la contrainte »(*a*).

N'oublions pas d'ailleurs que l'un des avantages essentiels de l'admission du système représentatif (sur-tout lorsqu'elle sera générale,
ainsi qu'elle doit l'être un jour), est de hâter
les progrès de la civilisation et des lumières,
et par conséquent d'unir les peuples par leurs
véritables intérêts, et de tendre constamment
vers la paix.

Cependant « Une nation, (ainsi que le disait
le ministre de la guerre, dans la session de
1817), a *encore* besoin d'une armée active,
d'une organisation militaire propre à assurer
cette indépendance et cette dignité sans lesquelles il n'y a ni roi ni nation » (*b*). Cela est
vrai.

Mais on suppose que, sans une loi de conscription, il n'y a aucun moyen possible de

(*a*) Princip. étern. de polit. constit., tom. II, liv. IV,
chap. XVI, pag. 85 et 86.

(*b*) Séance du 29 novembre 1817. — Moniteur du 30,
n° 334.

former cette armée ; et pourquoi le suppose-
t-on ? C'est principalement parce que l'on juge
les choses et les hommes d'après les déplora-
bles effets et l'inévitable découragement qui
doivent naturellement résulter de la conscription même.

Sans doute, lorsque les peuples ont été
dévorés par elle, que des générations ont
disparu, que la jeunesse d'une des quatre
parties du monde, astucieusement enveloppée
dans les liens du despotisme et de la servitude, a été massacrée, précipitée dans la nuit
du tombeau, que l'agriculture et l'industrie
ont été pendant long-temps abandonnées,
que les campagnes sont demeurées incultes
et désertes, que, dans les plus riches provinces, on a vu, durant plusieurs années, les
enfans et les femmes traîner la herse et s'atteler à la charrue ; lorsque, d'autre part, les
guerriers échappés, en petit nombre, aux
fureurs de la guerre, et disséminés sur le sol
de la patrie en deuil, éprouvent encore l'im-
périeux besoin de cicatriser leurs profondes
et nombreuses blessures, de délasser leurs
membres douloureux et fatigués ; lorsque sur-

tout ces mêmes guerriers entendent, chaque jour, publiquement censurer leur conduite, blâmer leur dévouement, leur courage, flétrir leurs lauriers, et qu'ils peuvent craindre de voir enlever les récompenses qu'ils ont méritées, par des hommes inconnus qui voudraient moissonner seuls et sans rivaux dans cette carrière de la gloire et des honneurs où ils ne sont pas même entrés ; oui, sans doute, il faut alors beaucoup de temps et une conduite prudente, pour que la nature et la patrie sentent leurs plaies se fermer, et parviennent à réparer tant de pertes !

Mais quelle étrange pensée, quelle funeste erreur, que de se persuader que, même en de telles occurrences, la conscription puisse être un moyen efficace pour guérir les maux qu'elle a faits ; d'imaginer que la source, le germe d'une maladie qui donne la mort, puisse ramener à la vie et à la santé !

Le législateur qui raisonne ainsi, ressemble, sous plus d'un rapport, au médecin qui moins capable de gouverner les autres qu'il n'a besoin d'être gouverné lui-même, ordonnerait, pour rendre le courage, la vigueur à un corps affaibli par trente années de convulsions, de crises et de souffrances, que l'on chargeât du casque et de la cuirasse ses membres débiles et mourans, et qu'on le traînât ainsi dans l'arène.

Mais cet état de faiblesse et d'épuisement n'est pas un état de choses habituel, principalement à l'égard des peuples qui habitent un sol naturellement fertile et abondant, sous un climat doux et tempéré. L'expérience et l'histoire prouvent au contraire qu'un bien petit nombre d'années suffisent pour rendre à ces peuples affaiblis toute la force et le luxe d'une brillante, active et vigoureuse population; elles démontrent qu'en général les Gouvernemens jusqu'ici trop peu sages, trop peu éclairés, se sont beaucoup plus appliqués à tirer de cette richesse de population un avantage précaire et souvent funeste pour eux-mêmes, en cherchant à usurper et envahir le territoire des peuples voisins, qu'ils ne se sont attachés à en obtenir des avantages et des biens réels et durables, en donnant à cette même population une direction plus prononcée et plus soutenue vers l'agriculture et le commerce.

Or, s'il est vrai que ce prompt accroissement de la population est véritablement l'état de choses ordinaire et le plus naturel, s'il est vrai que les peuples et les gouvernemens eux-mêmes aient en effet tant de propension à en abuser, n'est-ce pas, d'après cet état de choses habituel, et en se plaçant dans cette commune hypothèse, que le publiciste doit raisonner pour qu'il puisse faire fructifier ses leçons? Et, pour un Gouvernement bien constitué, qu'y aurait-il de plus facile que d'appeler alors sous les étendards de la liberté la plus belle et la plus vigoureuse jeunesse d'une immense population; que de réunir et de former ainsi en peu de temps une armée invincible?

D'abord, remarquons que, pour y parvenir, le grand nombre ne serait pas nécessaire : car nous ne perdons pas de vue que les armées ne doivent point avoir pour but de favoriser les vues d'ambition et de conquête, de porter au loin le ravage et la destruction, de nuire à l'intégrité du territoire et à l'indépendance des peuples voisins; mais qu'elles doivent au contraire être uniquement desti-

nées à faire respecter la propre indépendance
de leur pays, à maintenir l'intégrité de ses
droits et de son territoire : et, dans ce cas,
c'est le bon ordre, la discipline, le courage,
l'amour de la patrie, qui rendent une armée
redoutable et invincible; témoins les hauts
faits, les victoires même des petites armées
des républiques de la Grèce contre Xerxès,
et autres rois de l'Asie (*a*), et des actions plus
modernes.

Le grand nombre n'est pas nécessaire; car
les armées actives doivent avoir pour objet
spécial d'opposer un prompt obstacle aux
premiers progrès d'une invasion subite, et
elles doivent être ensuite puissamment secondées par les armées de réserve ou par les gardes nationales qui pourraient être aussi mieux
organisées, mieux instruites et plus exercées
qu'elles ne le sont généralement, qu'elles ne
l'ont jamais été, du moins en France (*b*).

En ce sens, on a donc eu raison de dire,
à la tribune de la Chambre des députés, dans

(*a*) *Voy. ci-dessus*, 1re part., vol. ii, pag. 71 *et suiv.*
(*b*) *Voy. ci-dessus, Ibid.;* et *ci-après*, pag. 65 *et suiv.*

la session de 1817 ; les uns en appuyant, les autres en combattant le projet de loi relatif au recrutement de l'armée, « Tout se tient : sans cesse les effets deviennent causes. Nous avons dit que la guerre avait fait de la conscription ce que nous avons vu; disons maintenant que c'est la conscription qui nous avait précipités dans la guerre de conquêtes et d'invasion » (a).

— « Sans doute, il a fallu, sous la République et sous Bonaparte, avoir des soldats par force ; il eût été impossible de s'en procurer autrement : mais ce serait se tromper beaucoup que de soutenir que les mêmes moyens soient nécessaires à un roi de France; l'histoire atteste à chaque page le généreux dévouement de nos pères; elle attestera de même le nôtre, et les fils de Henri IV ne manqueront jamais de soldats.... Jamais, tant qu'il conservera ses rois légitimes, le sol français ne manquera de défenseurs, et l'on

---

(a) Discours de M. de Barente. — Moniteur du 5 février 1818, n° 36. — Et ci-dessus, vol. 11, pag. 82, note (a) de la page 81.

sera plus embarrassé de leur nombre que des moyens de s'en procurer » (*a*).

— « Rendons le peuple bon pour qu'il soit heureux, et heureux pour qu'il soit bon ; et nous n'aurons plus besoin alors, pour défendre l'État, d'opprimer la famille » (*b*).

— « Soyons unis, et ne nous occupons pas du nombre de nos soldats ; car ils ne nous manqueront jamais... Nous avons renoncé aux conquêtes, et quatre cent mille Français soutenus de tout un peuple seront chez eux invincibles » (*c*).

— « Laissez donc la conscription, qui est si peu dans nos mœurs : honorez le service militaire par la liberté de l'engagement, et vous ne manquerez pas de soldats ; faites aimer la patrie, et dans les dangers elle trouvera des défenseurs » (*d*).

(*a*) Discours de M. le comte de Vogué. — Moniteur du 18 janvier 1818.

(*b*) Discours de M. de Bonald. — Moniteur du 21 janvier 1818.

(*c*) Discours de M. Josse de Beauvoir. — Moniteur du 15 janvier 1818.

(*d*) Discours de MM. de Villèle et de Bonald. — Moniteur du 21 janvier 1818.

— « Dans les jours de crises et de périls, tous les Français sont des soldats. Leur véritable loi, c'est le danger ; l'armée, c'est la nation » (a).

— « La réserve, en temps de paix, toute la réserve doit être dans la nation, et dans cet esprit public qui ne s'acquiert que par les bonnes institutions » (b).

Un autre membre de cette même Chambre, l'un de ceux qui ont parlé avec le plus de force en faveur du projet de loi, a dit aussi : « Dans les dangers éminens, hormis chez les peuples esclaves, le patriotisme manque rarement de fournir un nombre suffisant de défenseurs. Il est partout en raison de la liberté ; car la liberté étant partout la mesure du bien-être social, règle le plus ou le moins d'intérêt que prennent les peuples à leur conservation » (c).

(a) Discours de M. de Courtarvel. — Moniteur du 17 janvier 1818.

(b) Discours de M. le général Lagrange. — Moniteur du 4 février 1818.

(c) Discours de M. le baron de Brigode. — Moniteur du 16 janvier 1818.

Ensuite, l'armée dût-elle même recevoir encore, quant au nombre, une grande extension, en raison de la force militaire des autres puissances, pour remplir ses cadres de soldats volontaires, il faudrait que, par tous les moyens possibles, les premiers pas, l'entrée même de cette carrière fût environnée de cette juste considération qui peut lui donner un si haut prix et tant d'éclat aux yeux d'une jeunesse naturellement fière et généreuse.

Xénophon nous apprend que, chez les Athéniens, les citoyens propriétaires de terres étaient les meilleurs soldats comme les plus intéressés à la conservation de leur pays.

Dans les beaux jours de Rome, l'usage des armes était réservé à cette classe de citoyens qui avaient un patrimoine à défendre, et qui devaient nécessairement s'intéresser au sort de la patrie.

Denys d'Halicarnasse (a) nous assure que le plus pauvre soldat romain, qui portât les armes à cette époque, possédait plus de

---

(a) Liv. IV, chap. I.

900 livres, somme très-considérable dans un temps où l'argent était si rare » (a).

Chez les anciens Germains, on n'accordait qu'à des hommes libres l'honneur de combattre pour la patrie; les seuls possesseurs de la terre avaient le privilége de la défendre.

Du temps de Charlemagne, l'armée ne se composait encore que d'hommes libres et de propriétaires : seuls ils avaient l'honneur de faire la guerre; et cependant Charlemagne comptait trois millions d'hommes propres au service militaire.

Bien loin de recourir, sans nécessité manifestement démontrée, à des voies de contrainte et de violence, employez donc encore les moyens, toujours plus efficaces, d'émulation et d'honneur : que déja l'admission même au service militaire soit un premier titre à la gloire; que les fils de famille, que les jeunes gens dignes en effet de la patrie par leurs sentimens et par leur bonne conduite, soient seuls élevés aux rangs de ses défenseurs; que

_____

(a) *Voy. aussi* FILANGIERI. Science de la Législation, tom. II, liv. II, chap. VII, pag. 84.

les vagabonds et les hommes sans patriotisme
et sans moralité en soient exclus; que sur-
tout les grades et les honneurs , pour ne rien
perdre de leur prix, soient toujours la récompense assurée des talens, du courage, de
la seule et véritable noblesse, c'est-à-dire
des services et du mérite personnels; et vous
n'aurez jamais à redouter de voir ces mêmes
rangs déserts et vos drapeaux abandonnés.

« N'est-il pas étonnant aussi, comme le disait encore avec vérité un orateur, dans cette
même session de 1817, qu'au milieu de tous
les perfectionnemens de la civilisation moderne , on n'ait encore rien imaginé pour garantir une existence à l'homme qui a consacré
sa vie à la défense de son pays ! Quoi, dans
nos villes, nos artisans forment des sociétés
de prévoyance et de secours pour s'entr'aider aux jours de souffrance ou dans la vieillesse; quoi ! le garçon de bureau qui a ses
trente ans de service accomplis, a une retraite
qui lui assure du pain pour le reste de sa
vie ; et celui qui s'est consacré à la défense
commune, son temps expiré, nous l'aban-
donnons à la pitié publique, suivant l'expres-

sion d'un poëte, avec un bras de moins et l'autre pour mendier! Ah! il est digne de la France, qui a la première créé les armées permanentes, d'assurer au moins l'avenir de ses défenseurs. Je ne puis à cet égard exprimer qu'un vœu; et ce vœu, je l'exprime : s'il était accueilli, si par suite vous assuriez l'existence à venir de vos soldats, croyez que, dans un pays qui chaque année amène deux cent quatre-vingt mille hommes de vingt ans, jamais vous n'auriez besoin d'appel forcé » (*a*).

Mais un moyen non moins efficace, le voici : « La première de toutes les récompenses, dans cette carrière sur-tout, c'est sans doute, comme on l'a dit aussi, l'avancement qui donne, pour prix des services, les moyens de servir avec encore plus d'éclat et d'utilité » (*b*); que les droits de tous à l'avancement soient donc exactement les mêmes.

(*a*) Disc. de M. Benoist. — Moniteur du 24 janv. 1818.
— *Voy. aussi* les discours de MM. de Causans et de Corbière. — Moniteur du 25 janvier, même année.

(*b*) Discours du Ministre de la guerre. — Moniteur du 30 novembre 1817, numéro 334.

— « C'est dans cette carrière que le partage des mêmes dangers justifie encore davantage l'ambition des mêmes honneurs » (*a*).

— « Les sacrifices sont égaux dans la profession des armes; les travaux et les dangers sont communs à tous; les droits sont donc tous égaux pour tous les braves » (*b*).

On n'a jamais imaginé qu'il fallût avoir recours à des voies de conscription et de contrainte pour trouver des officiers; que nul ne puisse donc être officier sans avoir été soldat; que tout soldat ait un droit égal à devenir officier; et l'État ne manquera ni de braves et excellens soldats, ni d'officiers courageux et instruits. A Rome, on passait par la questure pour arriver aux chaises curules, et par la préture pour arriver au consulat. Chez les nations modernes, les plus grands capitaines sont souvent aussi sortis des derniers rangs. Plusieurs de ceux même que jadis la fortune

(*a*) Adresse présentée au Roi, par la députation de la Chambre des Pairs. — Moniteur du 15 novembre 1817, numéro 319.

(*b*) Discours de M. Dupont, Député de la Charente. — Moniteur du 16 janvier 1818, *supplément.*

3.

ou la naissance auraient pu placer de suite
dans les plus hauts grades, ont voulu les par-
courir tous, afin de s'en rendre dignes; et
parmi eux, on peut citer un souverain : le czar
Pierre, en passant successivement et lente-
ment par tous ces grades, voulut apprendre
à sa noblesse à porter le joug indispensable
de la subordination militaire.

Et que l'on s'abstienne encore d'objecter
ici cette même prétendue prérogative royale
qui ne repose sur rien, que les hommes qui
l'invoquent ne savent même pas définir, et
dont ceux qui peuvent encore se croire d'une
nature privilégiée voudraient en quelque sorte
contraindre les princes de faire usage, au
mépris de l'équité, au préjudice du trône et
de la société, et toujours uniquement dans
l'intérêt mal calculé et mal entendu de leur
caste.

Il n'y a pas de raison plausible et que la
justice puisse avouer, pour soutenir que le
Roi, dans les cas même où le choix des hommes lui appartient exclusivement, ne serait
pas assez libre, assez puissant pour soumettre
lui-même ce choix à des règles qui aient le

caractère, la fixité des lois, et qui soient d'ailleurs de nature à empêcher que sa religion
ne puisse être surprise, et que la faveur, le
crédit, ne détruisent l'émulation.

C'est en se créant de telles règles, en se
donnant de semblables lois, que les rois,
aussi bien que les peuples, peuvent en effet
s'environner d'un rempart contre les attaques
et les piéges de la séduction, affermir leur
puissance, établir le règne de l'ordre et de la
justice, faire jouir leur pays et jouir enfin
eux-mêmes d'une véritable liberté : et ce n'est
pas là non plus porter atteinte au grand principe de toute fixité dans un État bien constitué, au principe de l'inviolabilité des limites entre les pouvoirs. « En supposant comme
reconnu, (a dit fort bien en ce sens, toujours
dans la même session, un autre membre de la
Chambre des Députés), que la nomination à
tous les grades militaires appartienne au Roi,
résultera-t-il de là que l'action du pouvoir
royal ne puisse pas, et même ne doive pas, au
moins dans certaine portion du service militaire, être réglée par des lois ? La conséquence
serait fausse. Le prince peut et doit être sup-

pléé par la loi partout où, sans la présence
de la loi, l'action du pouvoir serait arbitraire.
En déléguant, dans de certaines circonstances, une portion du pouvoir à la loi, il n'ab-
dique pas un droit, il ne fait que rendre à la
loi un droit qui lui appartient, dès qu'il ne
peut être bien exercé que par elle. L'existence du monde ne repose pas sur un autre
principe. Le souverain architecte de l'univers
a établi des lois particulières pour chacun des
corps dont l'univers se compose. Chacun de
ces corps, esclave des lois particulières qui
lui sont propres, se meut dans le cercle qui
lui est tracé, et se meut de telle manière,
que le jeu, pour ainsi dire légal, des diverses parties, forme cet admirable ensemble
devant lequel s'humilie la raison humaine.
L'action du modérateur suprême, pour être
asservie à des lois constantes, cesse - t - elle
d'être, chaque jour, l'effet de la volonté qui a
établi ces lois ? Cette régularité du mouvement du monde, les princes habiles et sages
ont toujours cherché à l'introduire dans le
mécanisme de leur gouvernement ; on en a

sur-tout senti vivement, pour le service militaire, l'importance et la nécessité » (*a*).

A ce sujet, on s'est encore exprimé ainsi :
« Le Roi ne cessera pas d'être ce qu'il doit
toujours être, ce que seront ses successeurs,
le chef suprême de l'armée, le dispensateur
des grades et des emplois, parce qu'il aura
prescrit par une loi quelques règles à cette
dispensation......... Autrefois nos rois avaient,
comme tous les autres propriétaires, la libre
disposition de leurs domaines, et ils en usaient
avec une munificence qui sied aux souverains.
Lorsqu'on s'aperçut que ceux dont ils étaient
entourés abusaient de leur générosité, le
chancelier de l'Hôpital proposa l'édit de 1586 :
a-t-on reproché à Louis IX d'avoir abdiqué
une de ses prérogatives, en se garantissant,
et ses successeurs, de l'obsession, en sacrifiant
un droit (*b*) (admis jusqu'alors), à l'utilité de
conserver ses domaines. Le droit de grace est
un des droits les plus éminens de la souve-

(*a*) Discours de M. Bignon. — Moniteur du 19 janvier
1819.

(*b*) *Voy. ci-après*, tit. II, § 1.

raineté (a) : a-t-on reproché à Louis XIV de l'abdiquer, lorsque, pour arrêter la fureur des combats singuliers, il s'imposa à lui et à ses successeurs, sous la loi du serment, de n'accorder aucune grace aux duellistes ? (b).

« Non, ce n'est point ébranler, mais affermir la monarchie, que de cimenter l'impossibilité du retour de l'autorité arbitraire, dont le renouvellement ne conviendrait qu'à ceux qui espéreraient s'en ménager les exclusives faveurs. Non, ce ne serait point altérer la prérogative royale que de prévenir des abus, dont l'existence ne pourrait être désirée que par ceux qui les regarderaient comme leur patrimoine » (c).

D'autres orateurs ont peut-être plus appro-

(a) *Voy. ci-après*, tit. II, § I.

(b) *Voy.* l'APPENDICE, liv. I, note (24).

(c) (Discours de M. Siméon. — Séance du 4 février 1818. — Moniteur du 5, n° 36).

— *Voy. aussi* l'Opinion de M. le duc de la Vauguyon. Séance du 27 février. — Moniteur du 6 mars, n° 65. — Et les discours de M. le duc de La Rochefoucault, de M. le marquis de Lally-Tollendal, de M. le Garde-des-Sceaux, du Ministre des Affaires étrangères et du Ministre de la marine. — Moniteur des 4, 6 et 8 mars, numéros 63, 65 *supplément*, et 67.

fondi et traité mieux encore la question. L'un d'eux, par exemple, M. Camille-Jordan, a dit : « Que parlé-je même de renonciation, dans une prérogative qui ne consiste qu'à choisir ? Est-ce donc s'en dépouiller sous le moindre rapport, que d'imposer d'avance quelques conditions à son choix ? De telles conditions librement adoptées par le Roi, ne deviennent-elles pas une portion de son choix même ? et que fait l'autorité royale, qu'envoyer alors à une sorte d'enregistrement les libres résolutions qu'elle a prises, pour leur imprimer un caractère plus solennel et plus durable ?

« N'est-ce pas d'une manière toute semblable que déja, pour une foule d'autres choix bien plus naturellement dépendans de cette autorité royale, puisqu'ils forment une partie essentielle de son administration immédiate, et le roi et l'autorité *législative* (*a*) se sont accordés pour consacrer des règles fixes de promotion et de nomination ? Ainsi en existe-t-il dans l'ordre judiciaire, dans plusieurs parties de l'ordre administratif ; ainsi se propose-

(*a*) Ou plutôt *Représentative.*

t-on, sans croire manquer à la prérogative, d'introduire des conditions de grades pour les emplois de l'éducation, pour les fonctions ecclésiastiques.... Ainsi, sur plusieurs objets analogues qui, concernant l'administration, composent son véritable domaine, nous voyons sans cesse le prince, ou accepter des limites, ou se les tracer lui-même, et les faire cautionner par l'autorité législative. C'est toujours l'utilité publique qui inspire, détermine, justifie de telles restrictions. Par-là, en effet, sont prévenues les inévitables tentations et aberrations de l'arbitraire. Par-là sont de toutes parts offertes aux individus engagés dans diverses carrières, et des règles fixes et de précieuses garanties.

« Et si, à côté de cette utilité publique, le prince voit ici son propre avantage dans les conditions imposées à son choix; s'il a la haute sagesse de considérer comme son premier intérêt un système d'émulation réglée, qui lui assure les meilleurs officiers avec les meilleurs soldats; si c'est lui-même qui, sentant le besoin pressant d'arracher ses ministres à une mobilité fatale, de se défendre à

son tour contre d'indiscrètes sollicitations, de
décourager l'ambition dans ses injustes tentatives, vient nous demander de l'armer de
l'autorité de la loi, de marquer du sceau national ses augustes résolutions ; serait-ce bien
nous, confidens et témoins de si honorables
motifs, qui pourrions avoir le courage de
nous y refuser, qui voudrions lui imposer,
sous la forme du respect, un joug de liberté
qu'il repousse ; qui prétendrions entendre et
soigner mieux que lui les intérêts de sa propre autorité ? serait-ce bien nous, dis-je, législateurs raisonnables, qui, sous un régime
constitutionnel, appuyés sur tant d'exemples,
encouragés par tant de motifs, invités par notre roi lui-même, nous laisserions arrêter par
un scrupule sur l'inaliénabilité de la *prérogative*, dérobé aux théories les plus obscures du
droit divin et du pouvoir absolu ; scrupule
tellement bizarre qu'il n'a pu être sérieusement pratiqué par ceux-là même qui l'ont
professé » (a) ?

(a) Discours de M. Camille-Jordan. — Moniteur du
mardi, 20 janvier 1818.

—«La question qui nous occupe, disait encore un membre de la Chambre des députés,
n'est pas autre chose, ce nous semble, que
celle-ci : y a-t-il, dans le choix des officiers,
des conditions qui, par leur nature, doivent
toujours être observées dans l'intérêt identique du roi et du pays?

« Généralement parlant, les lois sont incapables de déterminer d'avance quel *individu*
doit arriver à telles fonctions dans l'État ; les
lois règleraient à l'aveugle un tel choix ; mais
ces fonctions, pour être exercées, peuvent
supposer impérieusement certaines conditions
préalables, sans lesquelles il n'y a point possibilité d'être capable. Le pouvoir qui choisit
sait quels sont les plus capables ; mais la loi
a d'avance reconnu et marqué ceux qui, seuls,
sont aptes à être choisis. Les électeurs ont
librement fait choix de vous, Messieurs; mais
la loi avait prescrit d'avance à quels signes
vous deviez être reconnus pour éligibles. Ces
électeurs eux-mêmes avaient des conditions à
remplir. Le Roi choisit les juges qui rendent
la justice en son nom, mais il faut que ces
juges aient un âge déterminé, aient acquis un

degré prescrit d'instruction, aient parcouru
un temps d'épreuve; si nous avons bon souvenir, il y a deux ans que, proposant de rendre les juges provisoires inamovibles, il était
question d'attacher des conditions plus étroi-
tes encore au choix du Roi. Cependant, les
honorables députés ne croyaient point entreprendre sur le pouvoir royal.

« Penserez-vous que l'office de défendre le
pays, que l'office de guider nos enfans dans
les périls et à la gloire, doive être plus laissé
sans règles fixes que ces autres fonctions so-
ciales, pour lesquelles la loi a réglé d'avance
certaines conditions?

« Partant de là, quelles peuvent être ces
conditions? Il en est une bien évidente : l'expérience. Laissons ici les droits des individus;
ne parlons point de l'injustice palpable qu'il
y aurait à charger les uns des devoirs, et à
conférer les honneurs aux autres. Ne parlons
point d'une injustice qui n'est dans la pensée
de personne, et qui consisterait à exiger des
services sans avenir, à répandre un sang qui
coulerait toujours obscur et inaperçu, pour
glorifier ceux que le sort appelle à des de-

voirs, non pas plus nobles, mais plus brillans. Non, ce n'est point des hommes qu'il s'agit, c'est de l'État. Il faut pourvoir à son salut, il faut chercher ici ceux qui sauraient mieux y contribuer.

« Ainsi, pour parvenir à un emploi, il faut avoir acquis précédemment une certaine expérience. De là découle la règle d'une hiérarchie militaire. Pour occuper un grade, il faut avoir, dans le grade précédent, prouvé qu'on était capable ; et comme cette hiérarchie ne doit pas être illusoire, ni éludée, comme l'échelle ne doit pas en être parcourue d'une manière fictive, le temps qui séparera chaque promotion peut avoir un minimum indiqué par la loi. Cela est évidemment dans le domaine légal, (c'est-à-dire, dans le domaine de la puissance législative). Cela est conforme à la droite raison, au simple bon sens. Cela ne doit pas être sujet à changement » (a).

(a) (Discours de M. le baron de Barente. — Moniteur du 21 janvier 1818, 1er *supplément*).

— *Voy. aussi*, dans le Moniteur des 22 et 23 janvier 1818, le discours prononcé par M. le maréchal-de-camp Brun de Villeret.

Cet orateur a, entre autres réflexions utiles, proposé

— « De ce qu'il entre dans la *prérogative* (c'est-à-dire dans les véritables, inaliénables et imprescriptibles attributions de la puissance exécutive) que le roi nomme les officiers, s'ensuit-il que la loi ne puisse pas établir, en faveur du roi lui-même, des conditions qui garantissent que cet exercice de la *prérogative* tournera au profit de l'État, pour qui la *prérogative* est faite....?

« Il est temps d'imprimer à l'armée le caractère d'une sérieuse stabilité. Il ne faut pas qu'on voie plus long-temps des officiers à

« que toutes les promotions fussent, comme autrefois, dit-il, annoncées par les journaux, et que l'Almanach militaire de chaque année, dressé sur le modèle de celui de l'Artillerie, fît connaître l'époque de la nomination de chaque officier dans chaque grade : ce serait un frein bien puissant, organisé contre les séductions de bureau et contre l'intrigue. Toute l'armée pourrait juger des services qui auraient motivé un avancement, et il est à croire qu'il ne se trouverait pas un seul ministre qui osât y faire porter comme colonel un officier qui, l'année précédente, n'y aurait figuré qu'en qualité de capitaine ou de lieutenant. Les faits de cette nature se sont présentés plusieurs fois depuis trois ans. Il est urgent d'arrêter un pareil abus ».

peine connus s'élancer aux premiers rangs de
la milice, et scandaliser la France qui les voit
finir avant de les avoir vus commencer. Et ne
craignons pas de le répéter : quelle que soit
la sévérité dont le monarque essaie de s'armer, quel que soit le courage de ses ministres, il en sera ainsi de tous les États où les
emplois, cessant d'être la récompense des services, seront usurpés par l'aveugle faveur, et
deviendront l'apanage de la naissance ou de
la richesse.....

— « Craint-on que la force de l'armée ne
soit compromise par la nécessité où seront
tous les officiers de passer un certain nombre
d'années dans les grades inférieurs avant
d'arriver aux premiers emplois, et que de
grandes dispositions ne se perdent dans une
trop longue épreuve ? A la guerre, comme
dans toutes les autres carrières, les hommes
qui reçoivent les inspirations du génie, et que
la nature a élevés pour le commandement,
sont rares; et pour un petit nombre de ces
êtres privilégiés, combien ne pourrait-on
pas citer de généraux improvisés, dont la
faiblesse ou l'inexpérience rendirent souvent

impuissante la valeur française? La censure de cette espèce d'hommes est écrite en pages sanglantes dans l'histoire des dernières guerres de la monarchie; et qu'elle serait longue et triste, la liste que nous pourrions opposer à quelques hommes rares que la nature jette à travers les sociétés comme pour nous révéler sa puissance » *(a)* !

Enfin on a dit encore : « Et cette fixité des règles d'avancement, sans laquelle l'égale admission à tous les emplois ne serait qu'une vaine proclamation, ne peut résulter que d'une disposition législative. Vous la chercheriez vainement ailleurs. Le Roi, dans sa haute sagesse, a reconnu qu'il était conforme à la Charte de vous la proposer *(b)*. Recevons avec

---

(a) Discours de M. Beugnot, sur la loi du recrutement. Moniteur du samedi, 24 janvier 1818. — Discours de MM. Courvoisier et Dupont de l'Eure. Moniteur du dimanche, 25.—Discours de M. le maréchal comte Gouvion-Saint-Cyr, ministre de la guerre. Moniteur du mardi, 27, 1er *supplément.*

(b) Le Roi, dans le discours prononcé à l'ouverture de la session de l'année 1817, a dit en effet : « J'ai fait rédiger, conformément à la Charte, une loi de recrute-

reconnaissance les actes du Pouvoir royal qui
prouvent aussi fortement l'existence et la maturité du Gouvernement représentatif : car
c'est ainsi que les pouvoirs constitués se garantissent mutuellement, et que les plus profondes racines de la liberté s'enlacent avec
les appuis du trône...... On affecte de craindre
que l'égale admission des Français à tous les
emplois militaires, ne fasse parvenir jusqu'aux
emplois supérieurs des officiers qu'une éducation perfectionnée n'y aurait pas préparés de
longue main ; et, si l'on osait dire toute sa
pensée , on avouerait qu'on ne repousse le
mode d'avancement par ancienneté, que pour
réserver les honneurs et les avantages du
commandement à une classe dont *on veut
supposer l'éducation plus distinguée*..............

---

ment. Je veux qu'aucun privilège ne puisse être invoqué ; que l'esprit et les dispositions de cette Charte, notre
véritable boussole, qui appelle indistinctement tous les
Français aux grades et aux emplois, ne soient pas illusoires ; et que le soldat n'ait d'autres bornes à son honorable carrière, que celles de ses talens et de ses services.
— Moniteur du 6 novembre 1817, n° 310. — *Voy. aussi
ci-dessus*, 1re part., vol. ii, pag. 95, *le nota.*

« Eh quoi, le Roi, disposant pour la défense de la patrie et de sa couronne, de la portion de nos propriétés et du nombre de nos bras que la loi met à sa disposition, nous appelle indistinctement aux armes ; religieux observateur de la Charte, il ouvre à tous la libre carrière, il montre à tous le but que chacun peut atteindre selon ses forces et son courage ; et nous, Représentans du peuple français, nous chercherions à relever dans cette carrière les obstacles, les entraves et les barrières de la féodalité ! non, sans doute, et à Dieu ne plaise que nous puissions méconnaître à ce point nos droits et nos devoirs » (a) !

Toutefois, pour que les règles de l'avancement soient réellement conformes à ce que le bon sens, la justice, l'utilité et la raison prescrivent, ce n'est certainement pas à l'ancienneté seule que cet avancement doit être accordé ; mais c'est en même temps et à l'ancienneté et au mérite ; ou plutôt encore, l'an-

---

(a) Discours de M. le comte de Bondy. — Moniteur du vendredi, 16 janvier 1818.

4.

cienneté n'est bien réellement que l'une des
garanties par le moyen desquelles le législateur peut arriver à faire que le mérite soit
récompensé. Elle est peut-être la première et
la plus puissante de ces garanties : mais elle
ne doit pas être la seule ; et l'on est même
forcé de convenir que, si elle était exclusivement admise, elle serait alors plus propre
à éloigner du but qu'à le faire atteindre,
puisqu'il est évident et incontestable que tel
homme capable d'être bon lieutenant, ou
même de bien commander une compagnie, ne
sera jamais propre à conduire une division
entière, un corps d'armée, ou seulement un
régiment.

Un mode d'avancement qui accorderait tout
à l'ancienneté, serait d'ailleurs moins propre à
stimuler l'émulation et le zèle qu'à les paralyser, à les étcindre entièrement. Sûr d'obtenir
son avancement de la seule ancienneté du service, et de ne pouvoir l'obtenir que par ce
moyen, l'officier, le soldat, ne ferait alors
aucun effort pour le mériter par ses talens,
par sa conduite, par son courage : et l'on ne
peut disconvenir que l'on n'ait été également

fondé à dire : « L'officier le plus ancien serait-il donc nécessairement toujours le plus capable, le plus instruit, le plus zélé, le plus actif, le plus dévoué, le plus fidèle ? L'ancienneté donne-t-elle nécessairement l'aptitude, les talens, toutes les qualités du corps, du cœur et de l'esprit » (*a*)?

— « L'ancienneté qui donne cette assurance de parvenir dans un temps déterminé, sans autre condition que de faire son devoir, et rien que son devoir, peut-elle inspirer le désir de surpasser son émule et d'égaler son supérieur? Le temps seul faisant arriver au but, il faut savoir attendre, et rien de plus. Est-ce ainsi qu'on excite l'émulation, ou qu'on l'éteint? La chose est si palpable qu'elle n'a pas besoin d'autre commentaire » (*b*).

Veut-on exciter puissamment le militaire à une noble et honorable conduite, au travail, au désir de s'instruire, à toutes les vertus de son état, à de grandes et belles actions,

---

(*a*) Disc. de M. Cardonnel. — Chambre des Députés. — Moniteur du 21 janvier 1818.

(*b*) Disc. du rapporteur de la Commission à la Chambre des Pairs. — Moniteur du 15 mars 1818, n° 74.

que l'on s'empresse d'adopter une marché qui
fut suivie, à peu de chose près, dans les premières années de la révolution française,
dont on recueillit pendant quelque temps de
bons et salutaires effets, et à laquelle la
patrie dut peut-être en grande partie son
salut, ses triomphes et sa gloire; que l'on ne
puisse être promu à un grade, sans avoir
servi préalablement et successivement, pendant un certain nombre d'années, déterminé
par la loi, dans tous les grades inférieurs;
mais qu'ensuite tous ceux qui se trouveront
avoir rempli cette première condition, élisent entre eux plusieurs candidats, parmi
lesquels les officiers du grade auquel appartient la place vacante, en désigneront quelques autres. Le roi nommerait exclusivement
parmi ces derniers candidats, élus par les
hommes qui leur étaient égaux, et adoptés
par ceux avec qui ils seraient destinés à le
devenir incessamment; et c'est ainsi que le
zèle et l'émulation seraient puissamment sti-
mulés et encouragés, et qu'en même temps la
religion du prince se trouverait efficacement
garantie de toute surprise.

Nous disons que, parmi ces candidats ainsi désignés et par l'ancienneté du service et par le choix de leur propre Corps, le Roi nommerait les officiers de l'armée active; et en effet, sous un Gouvernement monarchique constitutionnel, c'est au Roi seul, comme seul et unique chef du pouvoir exécutif, comme seul maître des mouvemens, de la direction de l'armée, comme seul directeur de tous les détails d'exécution et d'administration (*a*), qu'appartient, de droit et exclusivement, cette nomination. Cependant, comme il n'est pas manifestement contraire aux règles de la logique et du bon sens, de distinguer entre l'organisation d'une part, et de l'autre, le commandement, la direction de l'armée, entre les règles adoptées pour la nomination et l'avancement des officiers, et les mesures qui rentrent plus spécialement, plus évidemment encore dans la sphère des attributions de la puissance exécutive; comme rien n'importe tant que d'attacher fortement l'armée aux Institutions fondamentales et con-

---

(*a*) *Voy. ci-dessus*, 2ᵉ part., vol. IV, pag. 519 *et suiv.*

stitutionnelles de l'État; comme il est éminemment à craindre qu'un prince ambitieux
ne puisse toujours trop facilement la détacher
de la cause publique, de l'intérêt national, et
s'en faire à lui-même un appui exclusif, pour
étendre, quoiqu'à son propre préjudice et
contre son véritable avantage, les attributions
de la puissance royale, pour dénaturer, changer le caractère des institutions et renverser
leurs premiers fondemens ; des législateurs,
des publicistes ont pensé qu'il serait sans aucun inconvénient, qu'il serait même prudent
et nécessaire que les officiers généraux et les
chefs principaux de l'armée active, depuis le
grade de colonel inclusivement jusqu'à celui
de général en chef ou de maréchal, fussent
nommés un tiers par le Roi et un tiers par
l'une et par l'autre Chambre, ou encore alternativement par ces deux Chambres sur la
présentation ou proposition qui en serait faite
par le ministère, laquelle deviendrait alors
une dernière et très-forte garantie de leur capacité et de leurs talens.

Toujours à la même époque de la discussion du projet de loi relatif au recrutement

de l'armée, dans la session de 1817, M. Camille-Jordan disait, dans ce sens : « Aux termes de l'article 14 de la Charte constitutionnelle, le Roi commande les forces de terre
et de mer ; mais commander n'est pas former,
constituer. On ne peut commander, au contraire, que des forces préexistantes. Le général, le colonel, commandent aussi des divisions de l'armée, sans qu'il s'ensuive que
les règles de son avancement lui appartien-
nent` » (*a*).

On peut aussi rattacher à cette opinion les
passages suivans de M. de Montesquieu et
autres :.« Pour que celui qui exécute ne puisse
pas opprimer, il faut que les armées qu'on
lui confie soient peuple, et aient le même esprit que le peuple, comme cela fut à Rome
jusqu'au temps de Marius » (*b*).

Suivant un autre publiciste, « Un prince
toujours armé deviendra tôt ou tard le maître absolu d'un peuple désarmé ; celui-ci

---

(*a*) Discours de M. Camille-Jordan. — Moniteur du
20 janvier 1818.

(*b*) Esprit des Lois, liv. xi, chap. vi.

n'aura jamais la force de parer les coups
inopinés que l'autorité souveraine voudra lui
porter : tant de nations ne sont asservies que
parce qu'en tout pays leurs chefs ont à leurs
ordres des mercenaires, des hommes sans
patrie, ou qui ne connaissent pas d'autres
liens que ceux qui les attachent aux intérêts
de leurs maîtres. C'est de la société que doivent dépendre les citoyens auxquels elle confie le soin de sa défense; c'est à la société
qu'ils doivent jurer d'être fidèles : nulle puissance ne doit avoir le droit d'armer contre la
patrie les enfans qu'elle nourrit. C'est pour
la défendre qu'une nation a des armées; ce
n'est pas pour être asservie qu'elle entretient
des soldats » (a).

— « Quiconque, avons-nous déja dit (b),
d'après John Adams, nomme les évêques et
les juges, dicte l'évangile et les lois; quiconque nomme l'amiral, commande la flotte;
quiconque nomme le général, commande
l'armée.... Et la loi fondamentale, dans l'éta-

(a) Système social, 2ᵉ part., chap. IV.
(b) *Voy*, *ci-dessus*, 2ᵉ part., vol. IV, pag 95 et 96.

blissement de tout Corps militaire, c'est qu'il
soit créé, dirigé et commandé par les lois et
pour le soutien des lois » (*a*).

Nous ne pensons pas que les chefs et officiers de l'armée puissent être légitimement et
utilement nommés par tout autre que par le
Chef de la puissance exécutive, et il suffit, ce
nous semble, de retourner le raisonnement
de John Adams, pour appuyer suffisamment
le vrai principe à cet égard : puisque celui qui
nomme le général commande l'armée, et
puisque le Roi doit commander l'armée, c'est
donc le Roi qui doit nommer le général.

C'est bien à la vérité contre le despotisme
qu'il faut sur-tout se tenir en garde; parce
que c'est vers le despotisme, et spécialement
vers le despotisme d'un seul, que les choses,
que les hommes inclinent, par une pente naturelle et toujours trop rapide; c'est principalement du despotisme d'un seul qu'il faut
chercher à se préserver par toutes les précau-

(*a*) (Constit. américaines, tom. ii, pag. 360 et 398).

— Ces Constitutions donnent au peuple le choix de
quelques-uns des officiers militaires.

tions que peut suggérer la prudence; parce que ce despotisme d'un seul est bien réellement, ainsi que le remarque un autre écrivain, « la vieillesse et la dernière maladie d'un État » (a); mais c'est dans d'autres moyens, par d'autres préservatifs, qu'il faut trouver les garanties nécessaires; nous en avons déja indiqué quelques-uns, nous espérons en développer encore plusieurs autres par la suite.

Au surplus, le Pouvoir législatif une fois bien constitué, il peut mûrir et peser avec fruit les considérations qui militent pour ou contre ce principe d'avancement, comme aussi toutes celles qui se rattachent aux diverses questions relatives à cette partie secondaire de l'organisation.

Au Pouvoir législatif appartient encore incontestablement le droit d'adopter, de prescrire à cet égard des règles et des lois.

Or, si le Gouvernement tient, par sa nature, à quelque élément d'organisation plus ou moins vicieux; s'il participe de l'oligarchie, ou si quelque impur levain de féodalité,

---

(a) HELVÉTIUS. — *Voy. ci-des.*, 2ᵉ part., vol. IV, p. 23.

d'aristocratie ancienne ou moderne, fermente encore dans son sein ; si l'une ou l'autre des Chambres nationales ou représentatives appelées à prendre part à l'exercice de la puissance législative, se trouve composée, en tout ou seulement en partie, d'hommes naturellement portés, par leur position et par les préjugés qu'elle entretient en eux, à se persuader que tout est dû à un nom, à la naissance ; si le caractère distinctif des institutions donne d'autant plus lieu à ces mêmes hommes de penser qu'en effet il n'est pas du tout contre la raison qu'il existe dans la société des classes ou du moins quelques familles privilégiées et hors du droit public ; certes, il est vraisemblable que les lois, sur ce point, non plus que sur tout autre, n'auront pas alors pour base les principes fondamentaux de l'équité, de la justice naturelle.

Il faut s'attendre, au contraire, à voir, par une étrange et absurde contradiction, argumenter, de la prétendue *prérogative,* contre la volonté même du Roi ; on entendra invoquer à grands cris cette prétendue prérogative royale, non pas assurément dans l'intérêt véritable de la société, du gouvernement et du trône, mais bien dans l'intérêt de ceux-là qui se trouvent en situation de concevoir l'espérance de la faire tourner exclusivement à leur profit ; et ce qui pourra arriver alors de moins funeste, peut-être, sera d'obtenir, à la suite de vives, bruyantes et interminables discussions, l'adoption de quelque amalgame fâcheux de demi-mesures de justice, de dispositions défectueuses, peu propres encore à faire régner l'ordre et triompher le bon droit.

Tandis que, sous un Gouvernement où la Représentation même devrait son existence à l'application d'un système d'avancement graduel et progressif, et de sa nature purement *démocrati-monarchique* (*a*), on ne serait pas exposé à rencontrer le scandale de représentans peu dignes de leur titre et de leur mandat, élever en furieux leurs voix confuses et sans accord, pour étouffer celle d'un monar-

---

(*a*) *Voy. ci-dessus*, 2ᵉ part., entre autres, vol. v, pag. 269; et *Ibid.*, pag. 476 *et suiv.*

que vertueux, équitable et éclairé, qui, en leur présence, viendrait rendre un public et solennel hommage à un principe de toute justice et d'éternelle vérité, en déclarant *qu'aucun privilége ne doit et ne peut être invoqué.*

Ainsi, dans la première des deux hypothèses, la Conscription sans doute serait encore nécessaire pour obtenir de nouveaux soldats, à la place des vétérans de la gloire délaissés, méprisés et découragés ; la faveur, pour commander ces recrues, jetterait dans leurs rangs de jeunes officiers étourdis et fanfarons : ou bien l'ancienneté, exclusivement admise comme condition d'avancement, amènerait avec le temps à la tête de leurs légions des officiers supérieurs, sans instruction suffisante, sans talens, sans génie, et, à peu de chose près, nuls dans un rang trop élevé pour eux.

Dans la seconde de ces mêmes hypothéses, tous les citoyens, les pères de famille, les représentans même, s'il y avait lieu de croire que la nécessité pressante d'une juste et légitime défense, que les besoins urgens de la patrie en péril commandassent d'aug-

menter le nombre et la force des armées actives, loin de soustraire leurs enfans à l'accomplissement d'un devoir si sacré, seraient
les premiers au contraire à les y exhorter par
leurs discours, par leurs actions, par un noble et généreux exemple; ceux qui parmi eux
seraient encore en état de porter les armes
voudraient marcher au combat sur les traces
d'invincibles phalanges réunies et commandées
par ces mêmes chefs qui les formèrent, les
instruisirent et les exercèrent de longue main
pour la victoire ; ou bien encore, semblables
à ces vieillards romains qui défendirent jadis
les murs de leur Capitale, ils sauraient, en
mourant sous ses débris, placer sur leurs
fronts vénérables les palmes immortelles du
dévouement et de la gloire (*a*).

(*a*) Si l'on prend la peine de recourir à la lecture entière des discours prononcés dans les Chambres, à l'époque et au sujet du projet de loi que nous venons d'indiquer, un esprit judicieux y reconnaîtra facilement une
nouvelle preuve que le défaut d'ordre et les vices d'organisation contribuent, plus que toute autre cause, à éloigner les orateurs, dans les délibérations publiques, des
principes de modération, de raison, de justice naturelle,

2° *De la Garde nationale.* Il ne peut pas plus entrer dans notre but de donner un plan complet pour l'organisation de la garde nationale, que pour celle de l'armée de ligne. En émettant quelques-unes de nos propres réflexions et de celles de divers législateurs et publicistes, nous essaierons seulement de faire sentir ; 1° combien il importerait à la société que le Gouvernement maintînt une institution qu'il pourrait facilement rendre si propre, si utile pour la défense, tandis qu'elle est si peu favorable à l'agression ; 2° que, pour la conserver (et la perfectionner, ainsi que cela serait nécessaire), il faudrait commencer par adopter des erremens, des principes de conduite tout-à-fait autres que ceux qui ont été suivis jusqu'à présent et qui prouvent de la

---

dont l'observation y serait si essentielle, si nécessaire ; à jeter les uns et les autres dans des contradictions, des inconséquences, des difficultés inextricables et insolubles ; et que, s'ils permettent encore d'entrevoir quelquefois la vérité, il arrive bien plus souvent qu'ils l'obscurcissent et la cachent de nouveau, dans le moment même où il semblait qu'elle allait se découvrir et se montrer tout entière.

manière la plus évidente que l'on n'apprécie
pas assez, que l'on ne comprend pas bien
quels pourraient être, sous plus d'un rapport,
les immenses avantages de cette belle et noble
institution.

La Garde nationale devrait être considérée
comme armée de réserve.

Cependant, de la manière dont nous la
concevons, elle ne serait composée que de
jeunes gens, bien constitués, actifs, vigou-
reux, de bonne vie et mœurs, depuis l'âge
de dix-neuf ou vingt ans, jusqu'à celui de
trente-cinq ou quarante ans au plus.

Le même mode d'organisation que celui
de l'armée active, à peu de chose près, y serait adopté.

Y être admis, serait déja un titre de considération et d'honneur.

Il importerait de continuer à exciter l'émulation dans ses rangs, par les règles de l'avancement, par les récompenses, et par tous les
stimulans dont le sentiment de l'amour-propre offre au législateur les moyens, lorsqu'il
sait adroitement le ménager.

Il importerait sur-tout encore de l'exercer

au maniement des armes, à la connaissance
et à l'exercice des manœuvres et des évolutions; et de ne pas l'employer à un service de
corps-de-garde, qui n'est propre qu'à inspirer
l'ennui et le dégoût, qui devient nuisible à
la société et onéreux pour tous par la perte
de temps qu'il entraîne, et auquel, par ce
motif, l'armée active et soldée doit exclusivement pourvoir.

En un mot, si cette institution était créée
et dirigée par un législateur habile qui voulût en tirer des avantages, et qui sût pressentir ceux qui peuvent en résulter, tous les
devoirs résultant de l'admission dans la garde
nationale, essentiellement armée de réserve,
devraient être des plaisirs plutôt que des
charges.

Voici au surplus ce qu'a dit, sur ce sujet,
l'un des membres de la Chambre des députés,
lors de la discussion du projet de loi relatif
au recrutement de l'armée, dans la session
de 1817 : « C'est avec de profonds regrets que
j'ai vu comme absente et oubliée d'un projet
qui semblait devoir être complet sur l'organisation de la force publique, cette garde na-

5.

tionale si nécessaire au maintien de l'ordre,
aux garanties de la liberté; cette institution
qui serait si bien adaptée au déploiement de
la plus formidable réserve, qui, tour-à-tour,
et suivant les besoins de l'État, peut présenter la nation en armes pour la défense du
territoire et pour la sécurité de l'industrie, et
permettre dans les temps de paix de grands
soulagemens dans les levées et de grandes ré-
ductions dans l'armée, mais qui, ne se soutenant aujourd'hui que par l'admirable, par l'infatigable zèle des citoyens, réclame une existence légale, ne peut continuer à subsister
sous un vrai régime d'exception, à n'être
dirigée dans sa formation, son régime, sa discipline, que par une multitude de décrets
contradictoires et non abrogés, par des ordonnances et par des institutions patentes ou
secrètes, et qui appellent de toutes parts une
prompte et complète législation, ainsi que
vous l'avez vous-mêmes déja reconnu sur un
rapport même de votre commission des pétitions » (a).

_____

(a) Disc. de M. Chauvelin. — Moniteur du samedi,
17 janvier 1818, *supplément.*

On peut encore faire ici une application utile des réflexions suivantes d'un autre membre de la même Chambre, M. le comte Dupont, député de la Charente, et d'un publiciste célèbre, Filangieri. A l'époque ci-dessus indiquée, le premier a dit :

« J'ai eu l'honneur de proposer un mode d'instruction élémentaire pour les jeunes gens inscrits sur les contrôles de nos régimens, afin de remplacer les cadres d'instruction. On considérera que les hommes appelés dans ces cadres devraient être soldés, habillés et entretenus au sortir de leurs foyers; et l'on voit la dépense qui en résulterait pour l'administration de la guerre. L'instruction donnée dans ces cadres ne pourrait être que très-imparfaite. Le soldat ne peut être véritablement formé que dans la compagnie où il est classé, et dans le régiment où le zèle des officiers et l'œil sévère des chefs assure la bonne formation des rangs. Il est donc préférable de verser dans les Corps les fonds qui seraient destinés aux cadres d'instruction. La disposition que je propose, pour y suppléer, semble se présenter d'elle-même. Elle ne procu-

rera pas une instruction complète ; elle n'offrira, si l'on veut, qu'une ébauche militaire :
mais cet apprentissage utile s'étendra à tous
les jeunes gens instruits, et il s'opérera sans
frais, sans déplacement, et sans que les travaux des ateliers et des campagnes en soient
ralentis. Par-tout où il se trouvera un nombre de jeunes gens suffisant pour former
quelques files, avec un officier ou un sous-
officier, le maniement de l'arme et le pas militaire pourront être enseignés avec fruit. La
petite place du bourg et du village deviendra
une sorte d'esplanade. L'émulation suivra
l'exemple : des groupes d'autres jeunes gens
viendront former à leur tour de nouveaux
rangs à l'imitation du peloton élémentaire ;
et tel brave montera un jour à l'assaut, qui
devra l'élan de sa bravoure à ces essais de
l'exercice militaire : il en naîtra avec le temps
une institution française et un usage national
dont les résultats seront précieux. Tous les
peuples ont eu des jeux publics et des exercices gymnastiques, dont le charme et l'utilité
sont justement célèbres. L'arène de Pise pré-
cédait le champ de bataille, et elle conduisait

aux plaines de Marathon. Les Romains se faisaient par-tout un champ de Mars, et le javelot brillait à côté du soc de la charrue. De nos jours, l'Helvétie belliqueuse et pacifique conserve encore l'antique usage. Le principe de ces exercices élémentaires n'appartient-il pas à nos gardes nationales...? Quelle Institution convient mieux à la vivacité française, et peut donner plus d'égalité et de vigueur aux jeunes phalanges de notre population? Toute contrainte en serait bannie; l'émulation et de justes encouragemens seconderaient seuls le goût national, rendraient ces réunions faciles et leur prêteraient un charme réel et utile. Il n'est pas de commune où il ne se trouve un certain nombre d'armes vieilles ou modernes, et il ne serait pas nécessaire de dégarnir nos arsenaux pour ces exercices, comme cela deviendrait indispensable pour les cadres d'instruction. Que le fusil remplace donc, aux jours de repos, dans les mains de nos jeunes gens, les instrumens de l'agriculture et des arts. De nobles plaisirs, l'utile emploi des loisirs d'une jeunesse ardente, et le facile apprentissage des armes deviendront par-tout le résultat de la disposition que je propose....

« Dans plusieurs contrées, on voit déja toute la jeunesse se réunir, les jours de repos, pour se livrer à des exercices où brillent le courage et l'adresse. Cet usage convient particulièrement à la jeunesse française ; et il deviendrait facilement universel. Les exercices dont je parle, loin de paraître pénibles, flatteront au contraire ceux des jeunes gens qui y seront appelés, et le goût des armes, si naturel à tous, y trouvera un nouvel aliment » (a).

— «Des cultivateurs, des artisans, des propriétaires, des soldats libres, dit Filangieri, pourraient être formés aux évolutions militaires : avant d'être enrôlés, ils recevraient une instruction convenable..... On pourrait faire tous les deux ou trois ans une revue générale. Les inspecteurs commis à cet effet par le Gouvernement, féraient alors une tournée dans les provinces, et parcourraient chaque

_____

(a) Moniteur du vendredi, 16 janvier 1818, *supplément* ; et du lundi, 2 février, n° 33.

pays, pour examiner les soldats qui s'y trouvent, et leur rappeler les exercices qu'on
leur aurait enseignés. La présence continuelle
des officiers... offrirait aux soldats les moyens
d'être exercés les jours de fête, et ces officiers
ne manqueraient pas de prendre ce soin,
et d'offrir même des prix à l'émulation, afin
de prouver eux-mêmes leur propre zèle au
prince, qui récompenserait leur vigilance
avec une monnaie inappréciable, l'honneur.
Alors ceux-ci, au lieu de dissiper leurs revenus au milieu des vices et de l'oisiveté des
garnisons, serviraient le souverain, sans abandonner leurs terres, qui seraient améliorées
par leur présence habituelle....

« C'est ainsi que, sans surcharger les peuples et sans arrêter les progrès de la population (et de la civilisation), on pourrait
pourvoir à leur sûreté au dehors et à leur
tranquillité au dedans » (*a*).

Un autre auteur dit : « Quel mépris pour
les lumières, quelle impatience contre les lois,

(*a*) Science de la Législation, tom. II, liv. II, ch. VII,
pag. 101.

quel besoin du pouvoir ne remarque-t-on pas
dans tous ceux qui ont mené long-temps la
vie des camps! De tels hommes peuvent aussi
difficilement se soumettre à la liberté que la
nation à l'arbitraire ; et dans un pays libre,
il faut, autant qu'il est possible, que tout
le monde, mais personne en particulier, soit
soldat....

« C'est une superbe chose que la bravoure,
quand on expose une vie chère à sa famille,
une tète remplie de vertus et de lumières, et
qu'un citoyen se fait soldat pour maintenir ses
droits de citoyen. Mais quand des hommes
se battent, seulement parce qu'ils ne veulent
pas se donner la peine d'occuper leur esprit
et leur temps par aucun travail, ils ne doivent pas être long-temps admirés chez une
nation où le travail et la pensée tiennent le
premier rang. Les satellites de Cromwell ren-
versèrent des pouvoirs civils qui n'avaient ni
force ni dignité; mais, depuis l'existence de
la constitution, et de l'esprit public qui en
est l'ame, les princes ou les généraux ne feraient naître dans toute la nation anglaise
qu'un sentiment de pitié, s'ils rêvaient un
jour l'asservissement de leur pays...

« L'établissement de la garde nationale est encore l'un des plus grands bienfaits de l'Assemblée constituante : là où les soldats seuls sont armés, et non les citoyens, il ne peut exister aucune liberté durable » (*a*).

Nota. Ces réflexions d'une femme publiciste nous engagent à rapporter les passages suivans d'un auteur que l'on sera peut-être surpris aussi de trouver cité dans un ouvrage de la nature de celui-ci, mais dont il serait pourtant essentiel que les touchantes et utiles leçons restassent profondément gravées à tout âge dans la mémoire des hommes. C'est avec cette simple et véritable éloquence qui lui appartiennent, que l'Ami de la jeunesse, que Berquin s'exprime sur un sujet qui se rattache intimement à celui-ci : « Un État sans défense serait trop exposé par sa richesse même aux attaques de ses voisins. Il doit former des troupes dans la paix, s'il veut n'en avoir pas besoin pour la guerre. Mais, au lieu de les voir s'énerver dans le libertinage et l'oisiveté, il leur assignera des travaux capables de

---

(*a*) Mme de Staël. Considér. sur les princip. événemens de la Révolution franç., tom. i, pag. 286 ; et tom. iii, 6e part., chap. iv, pag. 245 et 325.

les occuper utilement, et d'entretenir leur vigueur.
Elles remplaceront, dans les corvées publiques,
le laboureur, qui n'abandonnera point sa charrue.
Un lien de plus les unira à leur pays, par l'attachement qu'on a pour l'ouvrage de ses mains, et
par le noble orgueil qu'on sentirait à le défendre.
L'officier chargé de conduire leurs bras, ne verrait plus à la vérité son nom dans des relations
passagères, pour des exploits subordonnés, que
l'histoire néglige de recueillir ; mais il le graverait
sur une colonne au pied de la montagne qu'il aurait aplanie, sur le bord d'un canal ou d'un port
qu'il aurait creusé, à l'ouverture d'un pont qu'il
aurait construit. Le voyageur viendrait du fond de
l'Europe contempler la hardiesse et la magnificence
de ses travaux, ses concitoyens en béniraient les
avantages, et la postérité la plus reculée en admi-
rerait la solidité. Son habit ne réveillerait plus des
idées de meurtre ; il exciterait la reconnaissance
qu'on doit à ses bienfaiteurs, et le respect commandé par le génie. Les momens de son loisir seraient employés à étendre les sciences qu'il aurait
cultivées, à éclairer le Gouvernement par ses
observations sur l'état des différentes provinces
qu'il aurait parcourues, l'homme enfin, par
l'étude qu'il en aurait faite, en vivant au milieu
de toutes les conditions. Retiré dans ses terres
pour y jouir de l'honneur et du souvenir d'une

vie utile, son activité se ranimerait encore pour la culture ».

Mais « les Philosophes n'ont malheureusement parlé jusqu'ici qu'à des esprits trop obscurcis de préjugés, pour entrevoir la vérité de ces principes. On n'en peut rien espérer qu'en les imprimant à des ames neuves, capables de les recevoir dans toute leur pureté. C'est dans l'enfance qu'il faut préparer l'homme à ce qu'il doit être un jour. C'est en lui inspirant de bonne heure des sentimens de droiture, de bienfaisance et de générosité, qu'on lui donnera le goût et l'habitude de les exercer dans l'âge de la vigueur, et qu'on lui fera trouver sa gloire à contribuer de tout son pouvoir à la révolution générale qui paraît se préparer vers le bien. Un jeune prince, pénétré de ces nobles idées, instruit que la génération naissante en est pénétrée comme lui, pourrait, avec un caractère de justice, d'ordre et de fermeté, former un peuple nouveau, qui deviendrait le modèle de tous les peuples. Félicitez-vous d'être nés en ces jours, où vous êtes, dans l'Europe entière, les premiers objets des veilles du philosophe ; où des femmes, malgré nos misérables préjugés, qui condamnent leur esprit, aussi juste que pénétrant, aux ténèbres, et leurs voix persuasives au silence, ont assez profité des lumières de leur siècle, de leur réflexion et de leur talent, pour travailler à former, vos cœurs dans des ouvrages dignes d'être couronnés au nom de la nation. C'est peut-être à vous et à vos jeunes contemporains qu'est réservé le bonheur de voir s'effacer de la terre jusqu'aux dernières traces de l'injustice et de la barbarie. Heureux moi-même, si, en répandant de plus en plus les premières notions de cette morale universelle, si simple et si sublime, je puis contribuer, en quelque chose, à préparer son règne fortuné » (a).

Probus s'est rendu célèbre à jamais dans les fastes de Rome, pour avoir conservé la discipline des troupes qui lui furent confiées, en les occupant aux travaux de la campagne. Il les exerça à couvrir de vignes les coteaux fertiles de la Gaule et de la Pannonie. Il défricha les terrains stériles, dessécha des marais, et les convertit en riches pâturages (b).

Mais Probus ne fut pas le seul d'entre les Romains, qui connut les avantages de ce système; les mains victorieuses des soldats de Rome se consacrèrent souvent à des travaux publics, dans les pays dont leur valeur les avait rendus maîtres.

(a) BERQUIN. Tom. VII. *La Guerre et la Paix*, pag. 125, 129 *et suiv.*

(b) *Voy.* Aurel-Vict. *In Prob.*

L'auteur de la Science de la Législation dit encore : « En Suède, où tout soldat est cultivateur, où il vit des productions de ce champ appelé *Bostell*, que le gouvernement lui donne pour se nourrir ; en Suède, le soldat n'est pas moins aguerri qu'ailleurs : mais il est plus robuste et plus en état de supporter les fatigues de la guerre. A l'exception de dix régimens étrangers, le reste des troupes de ce pays, qui monte à quatre-vingt-quatre mille hommes, est entretenu de cette manière. L'État en a retiré un double profit, puisque ce Corps, en même temps qu'il rend la nation respectable, cultive une étendue immense de terres qui, jusqu'à l'époque de cette sage institution, étaient restées incultes.

« C'est un reste de l'ancien esprit des peuples barbares, dont nous descendons, de croire que l'homme de guerre doit ou combattre ou rester dans l'oisiveté » (a).

Smith appelle le soldat un travailleur improductif. « Plût à Dieu, remarque M. Say, dans son Traité d'Économie politique ! C'est bien plutôt un travailleur destructif ; non-seulement il n'enrichit la société d'aucun produit, non-seulement il consomme ceux qui sont nécessaires à son entretien,

_____

(a) Filangieri. Tom. ii, liv. ii, chap. vii, pag. 96.

mais souvent il est appelé à détruire, inutilement pour lui-même, le fruit pénible des travaux d'autrui » (a).

Nous venons de le voir, c'est à quoi un Gouvernement Constitutionnel bien organisé finirait infailliblement par apporter remède.

5° *Examen des Dispositions législatives, relatives aux Traités d'alliance et de paix, et aux Déclarations de guerre offensive.*

« *Non sine usu fuerit introspicere illa primo adspectu levia, ex queis* « *magnarum sæpè rerum motus oriuntur* ».

TACIT. Annal. Lib. IV, cap. XXXII.

« COMBIEN de guerres sanglantes, dit l'auteur de la Science du Gouvernement, ont coûté la vie à des milliers d'hommes, pour satisfaire la vengeance d'un prince qui voulait opprimer un rival ou venger une maîtresse ? Combien d'événemens peu considérables en eux-mêmes ont été le mobile secret

_____

(*a*) Traité d'Économie polit., liv. V, chap. VIII, *des Dépenses de l'armée*, pag. 427.

— *Voy. aussi ci-après*, l'APPENDICE, liv. II, et, entre autres, *note* (15).

et la cause éloignée des plus grandes entreprises » (*a*)?

— « A quoi sont dues, dit l'auteur du Systême social, ces guerres périodiques qui dé-
peuplent, appauvrissent, ensanglantent à
tous momens la terre, et qui en font le séjour du carnage? C'est à l'ambition des rois,
à leurs prétentions injustes, à leur cupidité
sans bornes, à leur désœuvrement inquiet,
à l'incapacité où ils se trouvent pour l'ordinaire de s'occuper en paix du bien intérieur
de leur pays. Pour jouer un grand rôle dans
le monde, pour faire valoir des titres frauduleux ou douteux, souvent même dans la
vue de faire une vaine parade de puissance,
ils immolent à leurs intérêts personnels, à
l'agrandissement de leurs familles, à leurs
vanités enfantines, à des jalousies mal-fon-
dées, à des rêveries, le repos, les forces, les
richesses, l'industrie, la félicité de tout un
peuple. Que les mobiles des plus grands
événemens de ce monde sont faits pour pa-

(*a*) Science du Gouvern., tom. vi, chap. ii, sect. 3,
§ 31, pag. 296.

raître petits aux yeux de la raison ! Des disputes sur l'étiquette, des prétentions puériles,
des querelles de préséance, l'impertinence
d'un ambassadeur, la brutalité d'un pirate
ou d'un corsaire, la mauvaise humeur d'un
ministre ou d'une maîtresse, un mot mal entendu ; en voilà plus qu'il n'en faut pour mettre le monde en feu » (a).

Un auteur plus moderne encore, un publiciste de nos jours, M. Gérard de Rayneval,
dans ses Institutions du Droit de la nature et
des gens, dit dans le même sens : « Souvent
un prétendu intérêt national, la jalousie, une
ambition exagérée, la fureur des combats,
des vues d'agrandissement, des conseils intéressés et perfides, excitent les conducteurs
des nations à prendre les prétextes les plus
légers et les plus frivoles, à imputer des torts
imaginaires ou même sourdement provoqués,
à supposer une dignité personnelle blessée,
l'État en danger, pour ne suivre que l'impulsion aveugle de leur avarice, de leurs caprices, ou de je ne sais quelle idée de gran-

---

(a) Système Social, chap. xi, *De la Guerre.*

deur, de puissance, de renom que je ne puis définir, pour abuser de leur prépotence, provoquer la guerre, et ruiner leur propre pays au prix et souvent par l'effet des plus éclatans succès » (a).

Atosse, fille de Cyrus et femme de Darius-Hystaspe, et Démocède, son médecin, furent la cause de la guerre qu'il entreprit contre la Grèce.

Le dédain d'Octave pour Fulvie alluma la guerre que lui fit Marc-Antoine.

Une lettre moins respectueuse qu'on ne l'attendait, et l'omission de deux syllabes, ont coûté la vie à plus de deux cent mille hommes. *Bien humble et affectionné* que le duc d'Olivarez trouva au bas de la lettre d'un prince, au lieu de *très-humble et très-obéissant* qu'il pensait lui être dû, le mit dans une telle fureur, qu'il jura, en déchirant la lettre du prince, que son incivilité lui coûterait la ruine de son pays.

Si l'on en croit Brantôme, le désir inspiré

(a) Institut. du Droit de la Nature et des Gens, liv. III, chap. II, § 2, pag. 201.

6.

à François Ier, par l'amiral Bonnivet, de posséder une dame de Milan, qui passait pour
la plus belle femme de l'Italie, fut la principale cause de cette expédition funeste qui
mit la France sur le bord du précipice, et
qui eut pour suite l'emprisonnement de son
roi (*a*).

« En 1672, Louis XIV, dominé par un ressentiment d'enfant, résolut de châtier la
Hollande pour l'indiscrétion de ses gazetiers ;
et lorsque Boreel, ambassadeur des Provinces-
Unies, lui remit un mémoire qui lui prouvait que, par le canal de la Hollande, la
France vendait annuellement aux étrangers
pour *soixante millions* de ses marchandises,
valeur d'alors, qui feraient environ *cent vingt
millions* de ce temps-ci, cela fut traité de
bavardage par la Cour » (*b*).

— « Autre guerre encore plus injuste que
la précédente : Louis XIV, indigné que la
Hollande l'eût forcé de signer la paix d'Aix-

_____

(*a*) BRANTOME. Mémoires, tom. I, *Discours de l'Amiral Bonnivet.*

(*b*) Traité d'Économie politique, par M. Say, tom. II,
liv. V, chap. VIII, pag. 426.

la-Chapelle, fatigué d'ailleurs des douceurs du repos, et peut-être plus jaloux encore de remplir l'univers de son nom, projette de conquérir les Provinces-Unies. Louvois, qui veut colorer, aux yeux des nations, la démarche de son maître, apporte dans le Conseil une médaille qui ne fut jamais frappée en Hollande; monument d'ailleurs moins injurieux au roi, que flatteur pour Van-Heuning, qui l'avait contraint à restituer la Franche-Comté. Le Conseil, touché d'une pièce aussi décisive, ne balança pas à prononcer qu'il fallait exterminer les États-généraux, parce qu'un frondeur obscur avait fait frapper, on ne sait où, une médaille dans laquelle Josué van-Heuning arrêtait le soleil, qui était l'emblème un peu trop fastueux de Louis XIV » (a).

Le cardinal de Bernis était tout-à-la-fois ministre et poëte : et le roi de Prusse ayant dit, dans un vers :

« Évitez de Bernis la stérile abondance ».

celui-ci ne put oublier son ressentiment ; et

(a) Testament politiq. du Maréchal Duc de Belle-Isle, ch. vi, pag. 121.

la France devint la victime de l'orgueil blessé
du poëte : car le cardinal fit tous ses efforts
pour léser , (par le Traité de 1756 , avec la
Cour de Vienne), les intérêts du roi de Prusse
qui ne tarda pas à déclarer la guerre.

Ces réflexions, ces exemples, et beaucoup
d'autres faits de même nature dont il serait
facile, mais inutile de multiplier les citations,
justifient encore ici l'application du principe,
relativement à l'exercice de la puissance législative, aux garanties qu'il exige, et qu'il
est possible de lui donner dans une monarchie bien constituée, sous le rapport du
droit politique, aussi bien que sous celui du
droit public. La société a un grand intérêt
sans doute à n'admettre, comme nous venons de le voir , que les impôts reconnus
nécessaires, et calculés d'après l'importance
des dépenses ; à n'être soumise qu'à des lois
civiles conformes à l'intérêt général ; à n'a-
dopter que des lois pénales approfondies et
combinées de manière à être efficaces ; à ne
pas souffrir que son territoire soit envahi et
démembré suivant la faiblesse d'un seul
homme, ou étendu au gré de son caprice et

de son ambition ; à proportionner toujours
la force de ses armées aux besoins d'une juste
et légitime défense ; et à employer les vrais
moyens d'y entretenir l'esprit national et l'a-
mour de la patrie : mais il n'est pas moins important pour elle que les traités d'alliance et
de paix aient de même pour but une utilité
réelle , et ne soient pas déterminés par quelques considérations secrètes, plus propres à
favoriser des intérêts particuliers, et à compromettre la fortune publique, qu'à en assurer la prospérité ; il n'est pas moins du
plus haut intérêt pour la société tout entière que la guerre ne soit jamais entreprise
que lorsqu'elle devient réellement indispensable, que lorsqu'elle a pour objet de maintenir l'équilibre, la liberté, l'égalité politique,
en général l'observation de tous les principes
universels du droit des nations, et non pas
quelque folle illusion de gloire, des sentimens d'ambition, de haine ou de vengeance
personnelle, ou même peut-être encore l'exécution indirecte et détournée de projets mal
conçus, mal concertés et impraticables, quoique justes en eux-mêmes.

Or, quel moyen employer pour que ces derniers abus n'existent pas, si ce n'est encore celui du concours des trois volontés distinctes et indépendantes qui doivent prendre part à l'exercice de la puissance législative ?

En vain croirait-on résoudre la difficulté, en répondant qu'une guerre ne peut s'exécuter sans argent et sans soldats, et que, du moment où les levées d'hommes et d'impôts ne peuvent être effectuées sans une parfaite unanimité dans la volonté du Roi et dans celle des Chambres, il existe, par cela seul, une garantie que la guerre ne sera pas entreprise sans nécessité et au préjudice de l'intérêt véritable de la société.

Dans la vérité, si le prince ou le ministère demeure libre d'entreprendre la guerre avec les forces et les ressources qui déja se trouvent à sa disposition, pourvu seulement qu'il ne demande ni nouvelles levées d'hommes, ni nouvelles contributions, cette garantie est tout-à-fait insuffisante et illusoire : car la lutte une fois engagée, et sur-tout si elle vient à être suivie de quelques revers, il faut bien nécessairement la soutenir et faire les nombreux et immenses sacrifices de tous genres qu'alors elle exige et commande.

D'ailleurs, nous devons bien le savoir maintenant, une expérience assez récente ne nous l'a que trop prouvé, les heureux succès même ne sont pas non plus sans entraîner de graves inconvéniens toutes les fois qu'ils ont pour résultat de reculer au loin, d'étendre les frontières hors des limites naturelles, et d'accroître le territoire et l'empire par la voie des conquêtes.

Conformément à notre première assertion, dans la session de 1817, un membre de la Chambre des députés a dit : « Considérons, dans une telle hypothèse, le cours naturel des choses. La guerre se trouvant engagée, les députés du peuple iront-ils, par un empressement inopportun à punir le ministère, entravant ses efforts dans un moment de crise, hasarder et la gloire nationale et les destinées de la patrie? Votre ame française répond que, tout en condamnant les auteurs de la guerre, vous vous empresseriez d'abord à mettre le Gouvernement en état de la pousser avec vigueur; vous lui fourniriez de l'argent et des soldats, et peut-être même vous ajourneriez vos plaintes contre les ministres jusqu'à la conclusion de la paix; mais, si alors la fortune avait favorisé vos armes, si la conduite d'ailleurs répréhensible du ministère avait été justifiée, (en apparence et aux yeux du vulgaire), par de grands avantages, ou couverte seulement du voile si flatteur pour nous d'une gloire même stérile, auriez-vous la force de les accuser? Les fautes de cette nature sont de celles qu'en France (et partout), il est toujours malaisé de punir. Le succès à nos yeux absoudra toujours l'audace, et le ministre n'aura rien à craindre de notre ressentiment, même dans ses plus grands écarts, s'il s'offre à nous derrière un rempart de trophées... » (a).

Dans la même session, un autre membre de la même Chambre a fait aussi avec beaucoup de sagacité les réflexions suivantes : « L'indirect vaut-il ici le direct? Là est toute

_____

(a) Discours de M. Bignon. — Chambre des Députés. — Session de 1817. — Monit. du lundi, 19 janv. 1818.

la question. Eh bien, suivant nous, dans ce mode de l'indirect, tout est perte pour l'ordre public, amoindrissement pour cette autorité royale qu'on veut défendre; c'est-à-dire, qu'au lieu que, dans un système de franche discussion, tous les abus pourraient être clairement signalés, paisiblement discutés, efficacement corrigés; dans la réforme, au contraire, qui ne s'introduit que par le budget, toute la marche devient aussi dangereuse qu'oblique.

« Il faut que la Chambre commence par se placer dans une espèce de contradiction avec elle-même; puisqu'elle menace de refuser de l'argent pour des hommes déjà levés ou engagés en vertu de la sanction de la loi. Elle s'aigrira probablement par une telle contradiction, comme dans la plupart des querelles on s'irrite par ses torts encore plus que par ceux d'autrui. Elle donnera à l'opinion publique, avec un signal plus fâcheux, une direction plus hostile. Elle ne saura le plus souvent comment dénoncer et atteindre, par son refus des fonds, le germe d'abus dont il peut être le motif. Elle risquera sans cesse, une fois engagée dans de tels refus, de passer la juste limite, de tarir jusqu'aux plus nécessaires ressources. Le Gouvernement, c'est-à-dire, le ministère, à son tour, s'il tarde à déférer à ces indirectes monitions, se trouvera placé dans la position la plus fausse, tenant déja de la puissance de la loi, et des levées d'hommes annuelles, et des engagemens volontaires, pouvant avoir régulièrement sous les drapeaux tous ses soldats payés ou à moitié payés, qui attendent impatiemment leur solde d'une Chambre qui la conteste.

« Et, s'il s'agissait, en effet, d'un autre Gouvernement, de quelques successeurs de ces anciens maîtres du monde, bien imbus de la maxime célèbre que : *Qui a des soldats a tout*, quelle séduction ! quelle tentation !

« Et n'est-ce pas ainsi que s'engagèrent les fatales querelles entre les parlemens et les monarques anglais?

« Ce que j'applique au reste à ces réformes de levées, par le budget, je l'appliquerai à toute autre réforme qui serait tentée par des voies semblables » (*a*).

(*a*) (Discours de M. Camille-Jordan, sur la discussion

Mais, dira-t-on encore, comment les deux Chambres représentatives, qui constituent avec le prince le pouvoir législatif, peuvent-elles s'immiscer dans les négociations qu'exigent nécessairement la conclusion et quelquefois la rupture d'un traité politique ? Comment allier le secret de ces négociations avec la publicité des communications et des discussions qui deviennent alors indispensables ?

A ce sujet, nous pourrions d'abord rappeler ce que nous avons démontré dans la première partie de cet ouvrage ; et nous borner ensuite à répondre que, dans la réalité, il est infiniment moins important de diriger les négociations avec tant de secret et de mystère, qu'il n'est essentiel d'y mettre de la franchise, de la loyauté, de la bonne foi (a).

Nous pourrions encore répondre par ces pa-

---

du projet de loi, relatif au Recrutement et à l'Organisation de l'armée. — Monit. du mardi, 20 janv. 1818).

— *Voy. aussi* les discours de MM. Courvoisier et Dupont de l'Eure, sur la même question. — Moniteur du dimanche, 25 janvier 1818.

(a) *Voy. ci-dessus*, 1re part., vol. II, liv. II, chap. II, tit. 1, pag. 98, 137 *et suiv.*

roles de M. de Montesquieu, exactes du moins
en théorie : « S'il arrivait qu'une nation devînt en quelques occasions le centre des négociations de l'Europe, elle y porterait un
peu plus de probité et de bonne foi que les
autres, parce que ses ministres étant souvent
obligés de justifier leur conduite devant un
conseil populaire, leurs négociations ne pourraient être secrètes, et ils seraient forcés
d'être à cet égard un peu plus honnêtes gens.
De plus, comme ils seraient en quelque sorte
garans des événemens qu'une conduite détournée pourrait faire naître, le plus sûr
parti pour eux serait de prendre le plus droit
chemin » (a).

(a) (Esprit des Lois, liv. XIX, chap. XXVII, ayant pour
titre : « Comment les Lois peuvent contribuer à former les
mœurs, les manières et le caractère d'une nation »).

— Nous ne pouvons nous dispenser de faire une remarque, au sujet de ce passage de l'Esprit des Lois.
M. de Montesquieu y donne-t-il simplement un précepte?
Parle-t-il ici comme Publiciste ou Législateur? il dit une
chose éminemment juste et utile; mais s'il veut être
peintre ou historien à l'égard du Gouvernement d'une
nation voisine, bien des gens seront tentés sans doute
de lui contester l'exactitude du tableau qu'il aurait voulu
en faire.

L'un des membres de la Chambre des députés, que nous venons déja de citer, disait
encore dans la même session, celle de 1817 :
« Sans s'arrêter aux causes de guerre qui tiennent à la personne et aux passions des rois,
combien de fois la fausse politique des ca-
binets n'a-t-elle pas amené des guerres que la
seule publicité des actes du Gouvernement
aurait pu prévenir? Trop souvent la peur de
la guerre a enfanté la guerre. Les précautions
prises pour une guerre incertaine, ont souvent rendu la guerre inévitable....

« Pour les actes du Gouvernement, comme
pour les actions des individus, la publicité
est d'un heureux augure. Partout où la publicité est une obligation, la fraude s'éloigne,
la mauvaise foi disparaît; et les États ont,
comme les citoyens, à s'applaudir d'une nécessité qui, en attachant la honte au mensonge, le déshonneur à la perfidie, fait du
respect humain un auxiliaire à la morale, contraint les peuples à la fidélité, et quelquefois
même les condamne à la vertu. La juste confiance que parvient à inspirer un peuple placé
dans une telle position, tourne bientôt à son

avantage. On cherche moins à tromper qui ne nous trompe jamais.

« Enfin, sans poursuivre l'éblouissant fantôme de la paix perpétuelle, s'il est permis de penser qu'un temps approche où les guerres seront plus rares, où les ruptures seront plus loyales, les raccommodemens plus sincères, ces bienfaits si précieux pour l'humanité seront l'ouvrage du Gouvernement représentatif » (a).

Ici, ne peut-on pas même s'appuyer encore des faits, de ce qui exista souvent chez les peuples les plus célèbres de l'antiquité, où le Gouvernement participait de l'oligarchie, de l'aristocratie, ou de la démocratie, et chez les nations modernes ?

« Les ordres, dit M. de Réal, dont on chargeait les ambassadeurs chez les anciens peuples, étaient contenus dans le décret ou du prince, ou du peuple, ou du sénat, qui

(a) Discours de M. Bignon. — Chambre des Députés. — Session de 1817. — Moniteur du lundi, 19 janvier 1818.

les députait. Ce décret leur tenait lieu de ce que nous appelons *instruction, lettre de créance, plein pouvoir....*

« L'une des lois de la confédération des Achéens portait que les ambassadeurs étrangers n'auraient d'audience des villes confédérées, qu'après avoir montré leur instruction et leur avis donné par écrit...

« Les premiers rois d'Athènes, remarque-t-il encore, ressemblaient à ceux qui long-temps après gouvernèrent la Germanie, et dont un historien célèbre dit qu'ils avaient dans le sénat une voix plutôt pour conseiller que pour commander, et que, si, de leur propre autorité, ils terminaient les petites affaires, ils consultaient le peuple dans les grandes » (a).

De même, chez les Romains, pendant long-temps, les consuls et les empereurs même

---

(a) (Science du Gouvernement, tom. 1, ch. II, sect. 4, n. 49. — *Ibid.*, tom. v, ch. 1, sect. 13, § 1, p. 287 et 291).
— *Voy. aussi* Polybe. *Except. reg.* 42. — Tite-Live, lib. xxxix, cap. 35. — Pausanias, lib. vii. — Et Barbeyrac. Recueil des anciens Traités, 1ʳᵉ part., pag. 273.

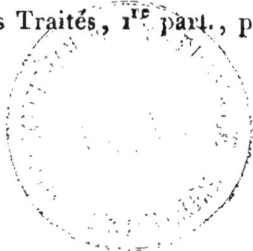

Tome VII.   7

ne purent déclarer la guerre ou contracter aucune alliance sans obtenir l'assentiment du peuple, du sénat, ou du collége des *Féciaux*, qui avait des lois fixes (*jura fecialia*) d'après lesquelles ils devaient juger de la justice et de la nécessité de la guerre, avant qu'on ne s'y engageât (*a*).

Suivant Denys d'Halicarnasse, Polybe et autres anciens auteurs, le sénat décidait lorsque les ambassadeurs venaient à Rome, de quelle manière ils devaient être traités *et quelle réponse on devait leur faire*. S'il arrivait qu'un étranger vînt à Rome, en l'absence des consuls, le Gouvernement lui paraissait purement aristocratique.

Cependant le peuple avait une part plus étendue encore dans le Gouvernement. Lui seul avait le pouvoir de décerner les honneurs et les punitions...; il conférait les places de magistrature à ceux qu'il en croyait le plus dignes; il avait le pouvoir de confirmer ou de rejeter les lois, *de décider si l'on ferait la paix ou la guerre, de régler les alliances,*

(*a*) CICER. *De Offic.*, lib. 1.

les traités, les capitulations, en sorte que, sous ce rapport, on peut dire encore que le peuple avait la plus grande part dans le Gouvernement, et que la république était une démocratie (*a*).

« La part que le sénat prenait à la puissance exécutrice, observe à ce sujet M. de Montesquieu, était si grande, que Polybe dit (*b*) que les étrangers pensaient que Rome était une aristocratie. Le sénat disposait des deniers publics, et donnait les revenus à ferme; *il était l'arbitre des affaires des alliés; il décidait de la paix et de la guerre, et dirigeait à cet égard les consuls;* il fixait le nombre des troupes romaines et des troupes alliées, distribuait les provinces et les armées aux consuls ou aux préteurs; et, l'an du commandement expiré, il pouvait leur donner un successeur; il décernait les triomphes; il recevait des ambassades, et en envoyait; il nommait les rois, les récompensait, les pu-

---

(*a*) *Voy., entre autres*, le 6ᵉ liv. des Antiquités romaines de DENYS d'Halicarnasse.

(*b*) Liv. VI.

7.

nissait, les jugeait, leur donnait ou leur
faisait perdre le titre d'allié du peuple Romain.....

« Quelque temps avant la première guerre
punique, le peuple régla qu'il aurait seul le
droit de déclarer la guerre.

« Il arracha ce droit du sénat, dit Freinshe-
mius (deuxième décade, liv. VI) » (a).

Lors même que le Gouvernement inclina
plus sensiblement vers le despotisme absolu
d'un seul, souvent le despote se trouvait encore dans la nécessité de consulter les oracles,

---

(a) (Esprit des Lois, liv. xi, chap. xvii).
— Décider des Traités, des Alliances, de la Paix, de
la Guerre, en tant que contracter, décider ou résoudre,
c'est bien évidemment exercer un acte de la puissance
législative, et non de la puissance exécutive. Il semblerait
donc y avoir confusion dans ce passage de l'Esprit des
Lois; et M. de Montesquieu lui-même reconnaît la justesse de la remarque que nous avons faite précédemment
à ce sujet, sur un autre endroit du même ouvrage,
(*Voy. ci-dessus*, vol. iv, pag. 77, n. a), quand il ajoute
presque immédiatement et dans ce même chapitre : « Dès
les premiers temps, lorsque le peuple prenait quelque
part aux affaires de la guerre et de la paix, il exerçait plutôt sa puissance législative que sa puissance exécutrice ».

les augures, les divers ministres de la religion ; et, s'il ne lui était pas impossible de les faire parler d'une manière favorable à ses projets, toujours est-il vrai que cette formalité inspirait au peuple le courage et la confiance ; et que même elle pouvait être quelquefois une garantie réelle de la justice, de la nécessité de la guerre. « La mer, dit encore M. de Montesquieu, qui semble vouloir couvrir toute la terre, est arrêtée par les herbes, par les moindres graviers qui se trouvent sur le rivage ; et les despotes dont le pouvoir paraît sans bornes, s'arrêtent par les plus petits obstacles » (a).

Il paraît que, même dans les temps plus modernes, le Grand-Seigneur ne se hasardait pas à faire la paix ou la guerre qu'il n'eût l'assentiment du Mufti et de l'Ulama (b).

Hémor, roi de Sichem, dit Burlamaqui, ne consentit aux propositions que lui faisaient les enfans de Jacob, qu'après en avoir fait

---

(a) Esprit des Lois, liv. ii, chap. iv.

(b) Mansigli. *Del stato militare dell' imperio ottomano*, cap. vi.

part au peuple, et obtenu son consentement (*a*).

Dans les Gaules et chez les Germains, les rois furent aussi dans la nécessité de consulter les prêtres, les grands, les seigneurs, les comtes, les barons. Déja nous avons eu lieu de rapporter ce qu'en dit Tacite. « *De minoribus rebus principes consultant, de majoribus omnes, ita tamen ut ea quoque quorum penès plebem arbitrium est apud principes pertractentur* » (*b*). César dit aussi que quand un prince déclarait à l'Assemblée qu'il avait formé le projet de faire quelque expédition, et demandait qu'on le suivît, ceux qui approuvaient l'entreprise se levaient et offraient leur secours (*c*).

C'était dans de semblables assemblées, lesquelles se tinrent d'abord dans le mois de mars et furent ensuite différées jusqu'au mois de mai, que se dressaient les réglemens né-

---

(*a*) Principes du Droit de la nat. et des gens, tom. vi, pag. 97.—Gen. 34. v. 20. *et suiv.*

(*b*) Tacite. *De Morib. German.* — Esprit des Lois, liv. xi, chap. vi. — *Ci-dessus*, vol. iv, pag. 530, *n.* (*a*).

(*c*) *De Bello gallico*, lib. vi.

cessaires pour la police publique, et que l'on statuait en général sur tout ce qui pouvait intéresser la monarchie, soit au dedans, soit au dehors. « On y terminait, disent les auteurs, les différens survenus entre les grands seigneurs ; on y recevait les plaintes portées contre les gouverneurs qui abusaient de leurs pouvoirs ; on y jugeait de la nécessité des subsides, et on en fixait les répartitions ; *on y traitait de la paix et de la guerre* » (a).

Une pratique à-peu-près semblable s'observe chez les nations sauvages de l'Amérique septentrionale. Lorsqu'il s'agit de déclarer la guerre, le chef et les sachems, ses conseillers ordinaires, convoquent l'Assemblée nationale, en grand conseil, autour d'un grand feu, communiquent au peuple leurs intentions, et sacrifient un animal. Ceux qui approuvent la guerre prennent part au sacrifice, enfoncent leur hache dans un arbre, après que le

_____

(a) *Voy.*, *entre autres*, Maximes du Droit publ. franç., tom. IV, chap. V, sect. 1 : « *Examen de l'ordre suivi pour la Législation, sous les deux premières Races de nos Rois. Toutes les lois étaient délibérées dans les Assemblées générales* », pag. 16 et 17.

chef leur en a donné l'exemple, et se joignent ensuite aux chants et aux danses guerrières. Ceux qui la désapprouvent ne prennent point de part au sacrifice et se retirent (a).

Or, il faut observer qu'il y a tout lieu de croire que, de cette manière, il doit s'en trouver peu qui ne soient pas de l'avis de la guerre.

« Il y avait autrefois en Arragon, dit l'auteur de la Science du Gouvernement, des lois qui avaient été faites pour assurer les libertés du peuple et mettre un frein à l'autorité royale. On appelle le Code où elles sont contenues *le Force de Sobrarbe*, d'un lieu de même nom où le commencement de ces lois prit naissance, dans le neuvième siècle. Ce Code n'eut d'abord que peu d'articles, et les deux principaux étaient, 1° que le roi ne pourrait rien faire ni pour la paix ni pour la guerre, sans un Conseil composé de douze *Ricos Ombres* (c'est-à-dire, de douze *hommes riches*), 2° que ces douze *Ricos Ombres* feraient, de leur côté, serment de veiller à la conservation du roi,

---

(a) *Voy.* JOHN-ADAMS, tom. 1, lett. 35, pag. 346.

et de l'aider à tout ce qui regarderait la défense et le gouvernement de l'État....

« Les États de Castille, composés de trois Ordres, avaient aussi une très-grande autorité, et la faculté de ne jamais combattre hors de leur pays (*a*).

« Le droit des États de l'Empire, de concourir avec l'Empereur à la conclusion des traités de paix avec les puissances étrangères, était un droit réel long-temps avant la paix et le double traité de Westphalie qui leur réserva formellement les droits d'alliance, d'ambas-

---

(*a*) Dans le discours du Rapporteur de la Commission des Cortès chargée de présenter le projet de Constitution du 18 mars 1812, acceptée par Ferdinand VII, par décret du 9 mars 1820, on trouve ce qui suit : « En 1283, sous le règne de Pierre III, dit le grand, il fut décrété que le Roi convoquerait les États-Généraux une fois chaque année. C'était aux Cortès qu'il appartenait de faire la paix ou de déclarer la guerre ; et ce droit que la nation s'était réservé, offrait une barrière de plus à l'autorité royale, et préservait la liberté publique du malheur de devenir victime d'une guerre entreprise ou provoquée, dans cette intention, par le Roi ».

— *Voy.* cette même Constitution, tit. ii, chap. vi. *art.* 131 ; et tit. iv, chap. i, *art.* 192.

sade, de paix et de guerre (*jus fœderum, legationum, belli et pacis*) ; mais les princes et les villes n'en avaient fait aucun usage depuis Maximilien Ier et Charles V. La trop grande puissance des Empereurs et la prétention du Collège électoral qui soutenait avoir seul le droit de suffrage dans les délibérations de la guerre et de la paix, avaient également mis obstacle à l'exercice de ce droit....

« Ferdinand II consentit, avec une peine extrême, que tous les États de l'Empire pussent se rendre à Munster et à Osnabruck, pour y prendre part à la négociation de la paix que cet Empereur conclut, dans la première de ces villes, avec la Couronne de France, et, dans la dernière, avec la Suède ; mais il fut obligé de céder à la fermeté de ces deux Puissances. La France et la Suède voulurent que les États de l'Empire, alliés avec ces deux Couronnes, dont le secours leur était nécessaire pour obtenir le redressement des griefs qu'ils avaient contre la Cour impériale, assistassent au Congrès ; et elles crurent qu'il était d'ailleurs nécessaire, pour la plus grande sûreté de ce qu'elles-mêmes avaient à régler avec l'empereur, que le droit de tous les États de l'Empire de concourir avec lui au gouvernement du Corps germanique fût bien assuré dans la paix à laquelle on devait travailler ; ce qui ne pouvait se faire sans les écouter, et sans les consulter sur les matières les plus intéressantes....

« La capitulation faite avec les plénipotentiaires de Charles-Albert de Bavière, à Francfort sur le Mein, le 24 janvier 1742, jour de son élévation à l'empire et avant son couronnement, et la capitulation faite avec les plénipotentiaires de François-Étienne de Lorraine, dans la même ville, le 13 décembre 1745, jour de son élévation à l'empire et avant son couronnement, portent (art. 4) : *L'Empereur cultivera la paix avec les princes chrétiens ses voisins, sans leur donner aucun sujet de se brouiller avec l'Empire ; il engagera encore moins l'Empire en des guerres étrangères ; il s'abstiendra de toutes alliances, querelles, guerres, tant au dehors qu'au dedans de l'Empire, d'où il pourrait naitre quelques dommages ou quelque péril à l'Empire : aussi il ne déclarera jamais la guerre, sous quelque pré-*

texte que ce puisse être, sans le conseil des Électeurs, Princes et États, dans une diète, ou si ce n'est au moins du su et avec le conseil et agrément de tous les Électeurs, dans les cas pressans, à condition d'observer alors, immédiatement et au plutôt, ce qui est de droit avec tout l'Empire » (a).

En Suède, dans la diète générale de 1754, les Paysans exprimèrent le vœu d'être admis aux délibérations des affaires étrangères et secrètes ; et les trois autres Ordres n'ayant pas voulu y consentir, l'Ordre des Paysans protesta contre le traité qui venait d'être fait avec le Danemarck, et contre celui qui pourrait l'être avec la France sans leur participation (b) (2).

A l'égard de la Hollande, nous avons déja eu occasion de rapporter ce fait, qu'en 1680, la France et l'Espagne étant en guerre, le Prince d'Orange n'avait rien oublié pour faire

---

(a) *Voy.* Science du Gouvern., tom. II, chap. VII, sect. 2 et 4, pag. 102, 103, 206, 207 et 242.

(b) *Voy. Ibid.*, sect. 22, pag. 696 à 702, *inclusivement.*

déclarer les Provinces-Unies en faveur de l'Espagne; mais que tous les mouvemens qu'il se donna furent inutiles, et que la contradiction de la seule ville d'Amsterdam empêcha que les provinces ne prissent part à la guerre (*a*).

Aux termes de la Constitution des États-Unis d'Amérique, arrêtée par la Convention fédérale, le 17 septembre 1787 (art. 1, section 8), c'est au Congrès qu'appartient le pouvoir de régler le commerce avec les nations étrangères, entre les États, et avec les Tribus indiennes, comme aussi celui de déclarer la guerre.

M. le chevalier Félix de Beaujour, dans son Aperçu des États - Unis au commencement du XIXe siècle, dit : « Le Président des Etats-Unis commande les forces de terre et de mer, nomme les généraux et les ambassadeurs, et fait les alliances et les traités : mais il est obligé de prendre le conseil du Sénat, et ce n'est

---

(*a*) *Voy. ci-dessus*, vol. v, pag. 592. — Et PUFENDORF. Introduction à l'Histoire, tom. 1, pag. 421. *Édit.* 1722.

de même qu'après l'approbation de ce Corps qu'il peut faire la guerre ou la paix » (a).

« En Angleterre, dit M. de Réal, le Roi peut à la vérité faire des traités sans que le Parlement intervienne ; il peut même déclarer et faire la guerre, sans consulter la nation, s'il est en état d'en soutenir la dépense et qu'il ne demande point des secours d'argent ; mais le Parlement s'est mis dans l'usage de demander, en certains cas, les actes des négociations publiques, pour examiner si les ministres ont eu tout l'égard qu'ils devaient à la gloire et à l'intérêt de la nation » (b).

En France, l'article 14 de la Charte constitutionnelle du mois de juin 1814, attribue au Roi le pouvoir de *déclarer* la guerre, de faire les traités de paix, d'alliance et de commerce.

Quant à ce pouvoir de déclarer la guerre,

___

(a) Aperçu des États-Unis, au commencement du dix-neuvième siècle, par M. le chevalier Félix de Beaujour, ancien membre du Tribunat, chap. 11, pag. 66.

(b) Science du Gouvern., tom. 11, chap. vii, sect. 2, pag. 368.

on doit remarquer que déclarer n'est pas décider, résoudre ; et que, si l'on renferme cette attribution de la royauté dans cette faculté de déclarer la guerre après que le Roi et les Chambres l'ont décidée et résolue, c'est l'interpréter suivant les véritables principes du droit : tandis que si on l'étend jusqu'au pouvoir de décider et de résoudre, c'est évidemment la mettre en opposition directe avec ces mêmes principes.

Quant à la faculté de faire les traités de paix, d'alliance et de commerce, il ne résulte pas non plus bien clairement des termes de la disposition, que ces traités, une fois discutés, arrêtés et rédigés par le Roi ou ses ministres, ne devront pas, pour devenir définitivement obligatoires pour la nation entière, être présentés et soumis à l'approbation des Chambres représentatives; et nous ferons remarquer à ce sujet que, d'après les bases et la constitution de l'ancienne monarchie, c'est-à-dire, lorsque l'exercice de la puissance législative résidait en quelque sorte tout entier dans les mains du roi, on crut cependant devoir regarder comme une garantie nécessaire, comme un principe fondamental, l'enregistrement de ces traités par les Parlemens.

Si donc on admettait, avec quelques publicistes, au nombre desquels se trouve Vattel, que c'est dans la Constitution des États qu'il faut chercher quelle est la puissance à laquelle appartient le droit de conclure les traités de paix et d'alliance et d'ordonner la guerre, on voit que l'on ne serait pas dépourvu d'autorités pour appuyer en ce sens le principe.

Mais cette opinion est erronée; elle subordonne le droit au fait, et repose sur une véritable subversion d'idées et de principes, au moyen de laquelle on pourrait facilement justifier le pour et le contre.

Le droit au contraire doit toujours se fonder sur des vérités immuables et universelles, sur des raisons d'utilité, générales, clairement démontrées et auxquelles le temps saura bien ensuite faire fléchir les faits.

Du reste, l'opinion de ce publiciste est au fond évidemment conforme au vrai principe;

il admet seulement une distinction qui ne nous paraît pas juste.

Voici à ce sujet comment il s'exprime : « La puissance souveraine (c'est-à-dire, législative ou suprême) est seule en pouvoir de faire la guerre ; mais, comme les divers droits qui forment cette puissance résident originairement dans le corps de la nation, c'est dans la constitution particulière de chaque État qu'il faut chercher quelle est la puissance autorisée à faire la guerre au nom de la société. Les rois d'Angleterre, dont le pouvoir est d'ailleurs si limité, ont le droit de faire la guerre et la paix (*a*) ; ceux de Suède l'ont perdu (*b*). Les brillans et ruineux exploits de Charles XII n'ont que trop autorisé les États du royaume à se réserver un droit si intéressant pour leur salut. »

Ailleurs il dit encore : « Nous avons en Suède un exemple : depuis la mort de Charles XII, le Roi ne peut déclarer la guerre sans le consentement des États assemblés en diète ;

_____

(*a*) *Voy. ci-dessus*, pag. 110.
(*b*) *Voy. ci-dessus*, pag. 108.

il peut faire la paix de concert avec le sénat. »

Et à ce sujet il ajoute : « Il est moins dangereux pour un peuple d'abandonner à ses
conducteurs ce dernier pouvoir que le premier. Il peut raisonnablement espérer qu'ils ne
feront la paix que quand elle sera convenable
aux intérêts de l'État; mais leurs passions,
leurs intérêts propres, leurs vues particulières, influent trop souvent dans leurs résolutions, quand il s'agit d'entreprendre la
guerre. D'ailleurs il faudrait qu'une paix fût
bien misérable, si elle ne valait pas mieux que
la guerre. Au contraire, on hasarde toujours
beaucoup, lorsqu'on quitte le repos pour
prendre les armes » (a).

C'est cette distinction qu'établit ici Vattel,
au sujet de l'exercice de la puissance législative pour la paix et pour la guerre, qui ne
nous paraît pas fondée. La raison qu'il en
donne est spécieuse; mais elle n'est pas suffisante. Sans doute une paix désavantageuse

_____

(a) Droit des Gens, liv. III, ch. 1, § 6. — *Ibid.*, liv. IV,
chap. II, § 10.

est quelquefois (souvent même, si l'on veut) préférable à la guerre. Cependant il importe essentiellement encore à l'État et à ceux mêmes qui le gouvernent, que la société puisse avoir la confiance intime qu'il n'est pas possible de faire cette paix à des conditions moins désavantageuses et moins dures, et que l'intérêt général, la gloire et l'indépendance nationales n'auront pas été totalement sacrifiés aux intérêts personnels, aux vues et aux passions particulières : car, indépendamment de ce que cela peut tout aussi bien arriver, comme on sait, lorsqu'il s'agit de conclure la paix, que lorsqu'il est question de résoudre la guerre, il suffit que cela soit possible pour que (en supposant même que, dans une circonstance donnée, il n'en serait rien) on doive naturellement s'attendre à ce que les résultats de négociations tenues entièrement secrètes et demeurées complètement étrangères à deux des branches essentielles du Pouvoir législatif, auront infailliblement contre eux, et l'opinion de ces deux branches du pouvoir, et l'opinion publique en général. En veut-on un exemple récent et qui nous touche d'assez près, voici quelles sont

8.

les propres expressions de l'adresse présentée
au Roi par la grande députation de la Chambre des Députés, au commencement de la
session de 1817 : « Sire, vos peuples ont subi,
avec douleur, mais dans le silence, les traités
du mois de novembre 1815; après avoir fait
les derniers efforts pour les exécuter fidèlement, après que des années calamiteuses ont
infiniment ajouté *à la rigueur des conditions
explicites de ces traités*, nous pouvons croire
qu'ils recèlent des conséquences exorbitantes
qu'aucune des parties contractantes n'aurait
prévues » (*a*).

Et, il faut le dire, cette opinion manifestée
clairement par la Chambre des Députés, ne se
trouvait d'ailleurs que trop bien justifiée par
ces propres paroles du discours prononcé par
le Roi à l'ouverture de cette même session
de 1817 : « Les conventions que j'ai dû souscrire en 1815, en présentant des résultats
qui ne pouvaient alors être prévus, ont nécessité une nouvelle négociation. Tout me
fait espérer que son issue sera favorable, et

(*a*) Monit. du vendredi, 19 décembre 1817, n° 323.

que des conditions, *trop au-dessus de nos forces*, seront remplacées par d'autres *plus conformes à l'équité, aux bornes et à la possibilité des sacrifices que mon peuple supporte avec une constance qui ne saurait ajouter à mon amour, mais qui lui donne de nouveaux droits à ma reconnaissance et à l'estime des nations* » (*a*).

Il y a à faire une distinction beaucoup plus juste que celle de Vattel, et vraiment indispensable : c'est que, s'il y avait déclaration de guerre manifeste et authentique, ou même commencement d'hostilités spontanées et subites de la part d'une puissance étrangère, la résistance de fait à opposer à cette agression serait une chose de pure exécution, et qui ne nécessiterait nullement l'intervention préalable d'une résolution législative. Lorsque sa propriété, sa liberté, sa vie, sont attaquées et mises en péril, l'homme brave et robuste ne délibère pas et n'a pas à délibérer ; sa volonté se manifeste alors spontanément par son action.

De même, lorsque ses foyers, l'intégrité

(*a*) Monit. du jeudi, 6 novembre 1817, n° 310.

de son territoire, son indépendance, sont violés, un peuple généreux et fort n'a pas non plus à délibérer, et ne délibère pas davantage. Sa résolution et son action sont une ; à la voix de son roi, il se rallie, se lève comme un seul homme, marche, s'avance, combat ; et, Dieu protégeant sa juste cause, lui assure la victoire et disperse devant lui ses ennemis épouvantés et vaincus.

Remarquons au surplus que, dans une monarchie constitutionnelle bien réglée, rien en réalité ne serait plus facile que de mettre les trois branches de la puissance législative en état de prendre part à la conclusion des traités d'alliance et de paix, et de donner leur assentiment aux déclarations de guerres offensives.

Pour cela, il ne serait pas même nécessaire que les Chambres représentatives s'immisçassent dans les négociations proprement dites et préalables. Ces négociations seraient suivies par le Roi et ses ministres ; et il suffirait que les résultats en fussent communiqués aux Chambres avant qu'elles fussent définitivement arrêtées, conclues et rendues obliga-

toires; de cette manière, le secret de ces négociations, (s'il est vrai que ce secret soit en
effet d'un si grand intérêt), pourrait toujours
exister. Mais, ce qui serait, sous divers rapports, d'un avantage bien plus réel, c'est qu'a-
lors les traités, ainsi consentis et contractés,
et considérés comme ayant véritablement reçu
l'assentiment de la nation entière par l'intermédiaire de tous ses mandataires et représentans légitimes, deviendraient effectivement
obligatoires pour elle (quelque rigoureux qu'ils
fussent d'ailleurs) aux yeux de la justice et du
droit, devant les hommes et devant Dieu.

Cela reconnu, observons encore qu'il ne
serait pas non plus impossible que l'une et l'autre Chambre fît choix dans son propre sein
d'un mandataire, pour concourir spécialement, avec le ministre du Roi, aux discussions et négociations préliminaires. Et c'est de
cette manière en effet que l'on pourra parvenir par la suite à l'établissement, à l'organisation d'un Congrès général propre, à tous
égards, à décider un grand nombre de différens et contestations politiques, à hâter l'af-
fermissement de la paix universelle.

Ainsi se trouverait complètement réalisée la pensée d'un publiciste, développée, à l'époque du congrès d'Aix-la-Chapelle, dans un ouvrage ayant pour titre : Aphorismes politiques recommandés à l'attention publique, sur les ligues et confédérations politiques, et sur les effets que pourrait produire en faveur de la paix générale un congrès durable et pour ainsi dire permanent, qui se composerait à la fois de députés des rois, et de représentans des nations.

Un chapitre de cet ouvrage, sur les hostilités et sur les bornes dans lesquelles on doit les renfermer, contient cette énonciation de principe : « Aucune guerre entre les peuples chrétiens ne pourra être considérée comme légitime, à moins qu'elle n'ait été approuvée par les représentans du peuple ou par les trois grands pouvoirs qui constituent le gouvernement représentatif (c'est-à-dire, par les trois branches essentielles du Pouvoir législatif et suprême dans une monarchie constitutionnelle et représentative).

« Dès-lors, continue l'auteur, les guerres seraient plus rares, les États plus florissans, les

nations plus heureuses, et les trônes plus af-
fermis » (*a*).

Nota. Plusieurs passages de discours prononcés
à la Tribune de la Chambre des Députés, dans le
cours de la session de 1817, et spécialement relatifs à la nécessité du vote annuel pour le recrutement de l'armée et les levées d'hommes, comme
pour les levées d'impôts, peuvent encore être utilement rattachés ici.

« La liberté publique est-elle intacte, a dit l'un
des membres de cette Chambre, si un droit qui
devrait appartenir en commun aux trois branches
de la Puissance législative se trouve exercé exclusivement par une seule ? Comment faut-il en effet
considérer le service personnel ? Comme un impôt
en nature ; comme l'impôt dont l'acquittement est
le plus onéreux ; ou si, graces à l'esprit guerrier
de la nation, cet impôt s'acquitte sans peine, c'est
du moins celui qui se paie dans la monnaie de la
plus grande valeur, puisqu'il ne s'agit point pour
le contribuable de donner seulement au Trésor
public une portion des produits de son domaine,
ou des bénéfices de son industrie, mais de livrer

(*a*) *Voy.* l'Analyse de cet ouvrage, dans la Revue encyclopédique, vol. 1, livraison 1re, pag. 89 à 93.

sa propre personne, son sang, sa vie, ses jouis-
sances présentes, ses espérances à venir; enfin de
remettre à la discrétion de l'autorité tout son être
physique et presque tout son être moral, pour n'a-
voir plus de volonté ni d'action que celle qu'il plaît
au Gouvernement de lui imprimer. Lorsque le vote
de l'argent se renouvelle chaque année, comment
se pourrait-il que l'impôt en hommes fût immuable
et perpétuel...?

« On objectera que, par le fait même du vote de
l'impôt en argent, dont les Chambres ne peuvent
jamais être dessaisies, le Gouvernement est toujours dans leur dépendance, à l'égard des forces
militaires à entretenir sous les armes, puisque,
par la limitation de l'impôt d'argent, on peut toujours limiter l'impôt des hommes. L'objection n'est
que spécieuse : car il est facile au Gouvernement
de rendre cette dépendance illusoire.

« Supposons qu'il convienne au Gouvernement
de porter au-delà du complet déterminé, la force
des légions départementales : est-ce la difficulté
financière qui l'arrêtera ? Non : un Gouvernement
a toujours, sous sa main, mille expédiens pour
satisfaire à une augmentation momentanée de dépense, soit en appliquant au service de la guerre
des fonds destinés à un autre usage, soit en con-
fondant ensemble deux exercices, et en chargeant
l'année qui va suivre par des anticipations qui ne

seront connues des Chambres qu'après qu'il n'y aura plus de possibilité de les prévenir. Les ressources de cette nature ne manquent jamais ; et maintenant, en France, elles manqueraient encore moins, depuis la fondation de notre système de crédit, système dont la nécessité nous a contraints d'emprunter le secours, mais qui, par un inconvénient inséparable de sa nature, favorise toujours les prodigalités du Gouvernement.

« A ce danger on opposera la responsabilité des ministres. Assurément il serait juste de l'invoquer en une telle conjoncture ; mais vous concevez combien, sur beaucoup de points, il sera toujours facile de s'y soustraire....

« L'un des dangers du projet de loi que nous discutons, est précisément de mettre à la discrétion du ministère des armes dont il peut faire un funeste usage : si, par une loi de recrutement une fois votée, il est maître de disposer d'une population nombreuse, ne peut-il pas, sous le prétexte d'une guerre qu'il redoute, allumer lui-même les premières étincelles d'une guerre qu'il désire ? ne peut-il pas, sous le nom de mesures défensives, s'assurer des moyens d'attaque ? Et, comme il lui aura été loisible de conduire ses préparatifs avec plus ou moins de secret, on verrait éclater tout-à-coup des hostilités, et des armées entrer en campagne, sans qu'une chance salutaire eût contrebalancé les

projets d'un ministère ambitieux et les imprudences
d'un ministère malhabile....

« Dans le système du vote annuel de l'armée,
un souverain ne prodiguera point le sang de ses
peuples pour venger l'épigramme d'une médaille.
Dans ce système, un ministre n'embrasera point
l'Europe, pour la distraction d'un monarque dont
une fenêtre mal placée blesse trop vivement la superbe irritabilité. Dans un tel système, le meilleur,
le plus humain des rois ne mettra point en délibération s'il ne doit pas porter la guerre dans un
pays voisin, pour y poursuivre une femme fugitive
et l'enlever à son mari....

« Le projet de loi, continue l'orateur, est-il
favorable au maintien de la paix extérieure? S'il
est au pouvoir du Gouvernement de régler, seul,
la force de l'armée, qui répondrait aux Puissances étrangères que des mesures secrètes ne
prépareraient pas l'organisation d'une force invi-
sible, disposée à paraître au premier signal? qui
leur répondrait que des légions, où l'on ne voit
que des centaines d'hommes, ne pourraient pas en
réunir des milliers d'un seul coup de baguette?
Peut-être, pour certains esprits, est-ce là le beau
secret de la loi? Nous préserve le ciel d'une prétendue habileté qui, par de vains subterfuges, par
de frivoles déguisemens, croirait pouvoir tromper
des regards ennemis, curieux, ou seulement crain-

tifs. Les ruses, les détours du vieux temps ne réussissent plus de nos jours. Pour un État qui, comme la France, a donné aux autres tant et de si légitimes inquiétudes, le seul moyen de salut qui reste, est la bonne foi et la loyauté....

« En délibérant, chaque année, sur les moyens de continuer ces luttes héroïques dont l'éclat fait leur misère; en déterminant, chaque année, le nombre de leurs enfans qu'ils devront livrer aux hasards de la guerre, les peuples apprendront à bien apprécier des lauriers teints d'un sang si cher, les pompes vaines de la victoire, et l'orgueilleux néant des conquêtes. La plus puissante des garanties pour le maintien de la paix est ainsi, comme pour la liberté publique, le vote annuel de l'armée par les Chambres » (a).

Et il est évident que, si ces Chambres sont exclusivement composées de propriétaires, d'hommes industrieux, de pères de famille, cette garantie sera d'autant plus grande : tandis qu'elle le sera d'autant moins, si elles admettent dans leur sein des hommes qui, par position et par état, seront placés sous l'influence immédiate du ministère; plus enclins à seconder ses entreprises ambitieuses,

---

(a) Disc. de M. Bignon. — Session de 1817. — Moniteur du 18 janvier 1818.

ses projets de guerre , d'envahissement et de conquête , que portés au maintien et à la conservation
de la paix. Quoi de plus choquant, de plus irrégulier,
de plus manifestement inconstitutionnel, par exemple , que de voir sur les bancs de la Représentation,
soit de la Propriété , soit de l'Industrie , dans la
Chambre des Pairs , ou dans celle des Députés ,
un préfet , un sous-secrétaire d'état , un chef de
division , un militaire de quelque grade que ce
soit.

On peut consulter à ce sujet les discours prononcés à la Chambre des Députés , par MM. Étienne
et Manuel , dans les séances des 6 et 7 juin 1821.
On y remarquera, entre autres, et l'on pourra appliquer ici , en partie, les réflexions suivantes : « Un
sous-secrétaire d'état , pair de France , peut-il être
au-dessous d'un ministre membre de la Chambre
des Députés , d'un ministre dont il est l'agent et
dont il peut devenir juge ?

« Cette anomalie n'est pas moins bizarre que
celle de préfets qui , nommés et révocables par les
ministres , ne font pas moins partie de la Chambre
des Pairs , où ils peuvent être appelés à prononcer
sur l'illégalité des mesures à l'exécution desquelles
ils ont concouru.

« De tels contre-sens politiques ne peuvent s'expliquer que dans un pays où l'on s'efforce de vicier
tous les principes du Gouvernement représentatif;

Gouvernement auquel les ministres ne tiennent plus que par la facilité qu'il offre de lever d'énormes tributs sur la nation.

« Dans l'ancien régime, l'enregistrement des impôts équivalait au refus de les voter, par la résistance des Parlemens; aujourd'hui le refus de les voter qui appartient aux Chambres, grace à la complaisance de leurs votes, n'est plus guère que la vaine formalité d'un enregistrement sans obstacle. Ainsi les ministres obtiennent aisément du Gouvernement représentatif ce qu'ils n'arrachaient qu'avec peine sous le Pouvoir absolu. C'est sous ce point de vue qu'ils sont éminemment constitutionnels.

« Mais si les Députés se rappellent enfin qu'ils sont les élus de ceux qui paient, et non les partisans de ceux qui reçoivent, ils supprimeront sans hésiter des places inutiles, qu'ils ne sembleraient conserver que dans l'espoir de les obtenir pour eux et pour leurs amis » (a).

Ce ne serait pas répondre d'une manière satisfaisante à ces argumens, que de dire, ainsi que l'a

---

(a) (Discours de M. Étienne.—Séance du 6 juin 1821. — Journal *Constitutionnel*, du 7).

C'est l'incompatibilité de ces places de sous-secrétaire d'État et autres, avec les fonctions de représentant, qu'il faut reconnaître et consacrer. Quant à leur inutilité, on ne l'a pas encore suffisamment bien démontrée.

fait un ministre : « Bien loin de croire qu'il soit utile d'interdire aux Députés l'exercice d'aucune des fonctions honorables de l'État, je pense, au contraire, que c'est un moyen certain de les lier au Gouvernement, de les mettre à même d'éclairer la Chambre, et d'établir, entre elle et le Gouvernement, une heureuse harmonie..... Ce Gouvernement serait trop faible, s'il n'avait une partie de ses membres dans la Chambre.... Quant à la subordination individuelle, comme un Pair de France pourrait être simple lieutenant dans l'armée (*a*), un Député peut bien être sous-secrétaire d'état sous un ministre » (*b*).

C'est avoir là une idée bien fausse des moyens propres à donner de la force au Gouvernement, de l'ordre qui doit exister dans une Monarchie constitutionnelle ; c'est en agissant d'après cette pensée que l'on peut parvenir à tout bouleverser, à tout confondre de nouveau, à nous replonger dans l'anarchie ou à rétablir le despotisme : et de semblables réfutations sont, par le fait, la censure la plus forte que l'on puisse faire de l'état encore

---

(*a*) N'est-ce pas encore là un vice d'organisation et une inconvenance constitutionnelle, d'une évidence manifeste et palpable.

(*b*) Disc. de M. le Garde-des-Sceaux. — Même séance, du 6 juin 1821.

imparfait et défectueux où nous nous trouvons ; elles prouvent de la manière la plus claire que, dans cet état actuel de l'organisation, une foule de choses de la plus haute importance sont entièrement hors de leur place naturelle, de la ligne du bon ordre et du droit, et que les premiers fonctionnaires de l'État sont encore très-loin d'être bien pénétrés des saines doctrines, des vrais principes de la science, qui, seuls, peuvent les faire sortir de cet état précaire et chancelant de véritable désordré et d'imperfection.... Comment en effet ne conçoit-on pas encore généralement que, pour que ces raisonnemens fussent concluans, il faudrait commencer par supposer que les bases fondamentales et constantes du Gouvernement constitutionnel (assez clairement adoptées et reconnues par la Charte), la distinction des trois Pouvoirs, et la division du Pouvoir législatif en trois branches indépendantes, fussent méconnues, renversées et détruites, et fissent place à une autorité despotique et absolue, plus ou moins indirecte et déguisée (*a*).

Quant aux généraux, lieutenans-généraux, maréchaux et autres commandans de l'armée de ligne,

_____

(*a*) *Voy. ci-des.*, vol. v, pag. 198 *et suiv.* ; et vol. vi, pag. 192 *et suiv.*

combien de fois n'a-t-on pas dit, avec toute raison et toute évidence, qu'ils ne doivent pas (non plus que l'armée placée sous leur direction) être délibérans, mais essentiellement passifs et obéissans? Admettez à délibérer sur la question de savoir si la guerre doit être entreprise, des hommes qui par état ne désirent que la guerre, qui ne connaissent et ne voient d'illustration et de gloire que dans les hauts-faits et les exploits guerriers ; la guerre, on le demande, fût-elle injuste ou intempestive et funeste, en sera-t-elle moins approuvée et résolue ?

« Il s'est introduit dans les sociétés politiques depuis le moyen âge, a dit un orateur, en 1818, à la tribune de la Chambre des Députés, un principe d'action nouveau, puissant, essentiel à constater, qui les place sur des bases et leur imprime une tendance étrangère aux sociétés anciennes.

« Les sociétés anciennes, ou du moins la plupart d'entre elles, constituées sur le droit de la force, étaient organisées pour la guerre et la conquête. Par une suite naturelle, leurs moyens de puissance se trouvaient dans la force de leurs armées ; les sources principales d'accroissement de leurs richesses, dans la dépouille et l'esclavage des vaincus ; leur prépondérance respective, dans l'étendue de leur territoire.

« A des sociétés constituées sur de tels principes,

la guerre est un besoin ; la paix un état passager. Elles ne peuvent se reposer que pour réparer leurs forces, sous peine de décadence ; il faut qu'elles se battent ou qu'elles périsssent.

« Des causes politiques amenèrent successivement l'affranchissement des communes et l'abolition de l'esclavage. Le commerce reçut ses premiers développemens ; peu-à-peu des vérités inconnues furent dévoilées.

« L'on apprit quels moyens nouveaux de prospérité et d'énergie les peuples pouvaient tirer de leur activité industrielle. L'on découvrit que le travail est l'origine de toute production et de toute richesse, qu'il est par-tout en raison de la liberté qu'on lui accorde, des garanties qu'on lui donne, des économies destinées à l'entretenir ; que partout il est le plus puissant auteur de la population, qui ne s'accroît qu'en proportion des choses produites ; et puisque l'on ne se battait que pour avoir des choses ou pour avoir des hommes, dès-lors il devint constant qu'il fallait que chaque nation trouvât en elle-même, c'est-à-dire, dans son industrie, ses économies, ses lois protectrices et sa liberté, des sources de richesses et de puissance tout autrement fécondes, bien plus salutaires et bien moins incertaines que dans la guerre, dans le pillage de ses voisins, dans toutes les cruautés et les injustices qu'entraîne après lui l'exercice du seul droit du plus fort.

« Dès-lors le principe fondamental de la société n'est plus le même. Dès-lors, à l'opposé des temps anciens, la paix devient pour nous un état naturel et durable; l'économie et la liberté, un besoin; la guerre, une situation passagère, destructive, utile seulement pour assurer la paix. Dès-lors, si j'ose m'exprimer ainsi, je vois la devise politique des nations totalement changée. Celle des anciens était *au plus fort;* celle des modernes, *au plus industrieux, au plus habile.....*

« Quoi qu'il en soit, les gouvernemens paraissent n'avoir que tardivement saisi ces importantes vérités. Moulés, si j'ose le dire, sur les principes de l'ancienne organisation, soit difficulté de changer de routine, soit jalousie du pouvoir et faute d'avoir conçu qu'il y allait moins de son existence que du déplacement de ses sources; à des peuples constitués sur les bases nouvelles, ils continuèrent l'application des méthodes politiques anciennes; lorsque tout s'organisait pour la paix, ils procédaient comme pour la guerre et les conquêtes; tandis que, soit dans la société, soit entre les nations, tout tendait au rapprochement et à la fusion des masses, ils les maintenaient en de continuelles disputes, ils les entretenaient dans un état perpétuel de division et de haine; ils fortifiaient les barrières qu'ils avaient élevées, qu'il fallait abattre, et les rendaient de jour en jour plus insurmontables.

« Bientôt des armées plus nombreuses qu'on n'en voyait jusque là couvrirent d'immenses étendues de territoire, sans même servir à l'ambition de ceux qui les commandaient ; car elles s'accroissaient à l'envi les unes des autres. Alors beaucoup de sang humain versé en pure perte, beaucoup d'hommes inutilement sacrifiés, des milliers de bras enlevés à la production ; d'immenses capitaux consommés ; les dettes de l'État exorbitantes, les impôts excessifs, illégalement répartis, insupportables ; et tout cela au milieu de peuples dont tous les vœux invoquaient la paix, l'économie, la liberté d'agir, l'égalité des droits et l'égalité des charges ; désastreux effets d'une politique inverse de la tendance des nations, qui contrariait leur marche, qui paralysait leur essor ; état de mal-aise déplorable, et qui, porté à son comble, produisit, à diverses époques, des crises, des révolutions terribles, fatales sans doute aux peuples en même temps qu'à leurs chefs, mais dans lesquelles (il est bon de le rappeler pour la leçon de l'avenir) dans lesquelles nulle nation n'a succombé, auxquelles nul gouvernement n'a pu survivre.

« Vieillis de vingt-cinq années au milieu de semblables expériences, nous sommes devenus plus aptes à saisir la moralité de ces grandes catastrophes, et les idées sont enfin de toutes parts irrévocablement fixées ; aujourd'hui que l'Europe, pour son bonheur, compte à sa tête plusieurs souverains éclairés et magnanimes, on peut dire que la cause des Peuples est gagnée ainsi que la cause des Rois. S'il est bien vrai que les Gouvernemens rentrent par-tout en harmonie avec les intérêts naturels de la société, s'ils s'organisent, selon le vœu des nations, au-dedans comme au-dehors, pour le maintien de la paix et de la liberté, de l'indépendance de chacun, et d'une garantie de droits réciproques, cette grande pensée d'un équilibre social absolument indispensable, à laquelle s'était élevé, il y a plus de deux cents ans, le génie d'un monarque, l'honneur du trône de France et l'amour de notre nation, ne sera bientôt plus considérée seulement comme *une chimère philantropique*, et, ainsi qu'on l'a dit, comme *le rêve d'un homme de bien....*

« Ces principes, puisés dans la situation de la grande société européenne, émanent des besoins incontestables de toutes les nations, et de leurs vœux pour la paix, la liberté, l'indépendance et la garantie réciproque de leurs droits ; ils tendent à amener la réduction de toutes les armées, à naturaliser la politique des Cours ; ils appellent les Gouvernemens à un genre de gloire moins chanceux et moins cruel que celui des violences de la guerre et de ses hasards ; à une gloire plus solide,

plus conforme aux règles de l'humanité et de la
morale ; à cette gloire que l'habileté, la sagesse et
la magnanimité font rejaillir sur ceux qui occupent
les trônes. Ils annoncent que, parmi les Gouvernemens, celui-là désormais sera le plus fort, parmi
les rois le plus redoutable à ses ennemis, celui
qui, marchant d'accord avec les opinions et les
besoins de ses peuples, trouvera dans leur attachement à ses institutions, dans leur intérêt à les
maintenir, dans leur reconnaissance pour le bonheur qu'ils éprouveront et qu'ils lui devront, toutes
les ressources morales et matérielles qui imposent
le respect au-dehors comme au-dedans, c'est-à-dire
la force jointe à la raison, la volonté d'être juste,
et les moyens d'obtenir justice, enfin, l'influence
que donne à tout Gouvernement sur les autres
nations, la confiance dans ses intentions sages,
intègres, libérales, et la certitude de trouver toujours en lui un secours contre l'oppression et un
protecteur contre toutes les injustices.

« N'en doutons point, nous touchons à l'époque
où les Gouvernemens se modifieront conformément
à ces principes.

« Nous-mêmes, nous y conformant les premiers,
nous en donnerons à l'Europe l'utile exemple » (a).

(a) Discours de M. le Baron de Brigode, sur la discussion du projet de loi, relatif à l'organisation et au recrutement de l'armée. — Moniteur du vendredi, 16 janvier
1818.

SECTION III.

Attributions du Pouvoir législatif considérées
sous le rapport du Droit des Gens.

Sommaire. Quel est , sous ce troisième rapport, la véritable
étendue des Attributions du Pouvoir législatif.

Quelle doit être , à leur égard, l'influence de la composition
des Chambres.

> « Le trafic est essentiellement fondé sur les rapports mutuels
> « des pays et des hommes , et l'on n'a pas besoin de re-
> « trouver l'histoire pour être sûr qu'un peuple négociant
> « n'a jamais donné la mort aux étrangers qui abordaient
> « dans son Empire ».
>
> M. de Pastoret (*a*).

> « Le Commerce , mettant les hommes en relation avec les
> « intérêts du monde , étend les idées , exerce le jugement
> « et fait sentir sans cesse , par la multiplicité et la diversité
> « des transactions , la nécessité de la justice ».
>
> Madame de Stael (*b*).

Il serait superflu d'entrer ici dans de nouveaux détails pour établir toujours les mêmes
vérités , savoir : 1° que, toutes les fois que le
Gouvernement prend une résolution et mani-

(*a*) Hist. de la Législ., tom. 1, chap. iv, pag. 441.
(*b*) Considér. sur les princ. évén. de la Révol. franç.,
tom. iii, 4ᵉ part., ch. v. — Et *ci-dessus*, vol. ii, p. 348.

feste une volonté qui, sur quelque matière que ce soit, ne peut pas être considérée comme la conséquence et l'exécution d'une disposition législative déja existante et régulièrement manifestée, il fait un acte de puissance législative, et qui par conséquent ne peut être légitime et obligatoire qu'autant qu'il est unanimement consenti par le Roi et par les deux Chambres; 2° que les règles adoptées pour la composition de ces Chambres ont nécessairement la plus grande influence sur la sagesse, le but et les résultats de ces diverses résolutions, quelle que soit aussi la nature de l'objet sur lequel elles statuent.

Cette influence ne saurait même être plus sensible sous aucun rapport, que sous celui du Droit des gens.

Composez les Corps représentatifs de seigneurs, de nobles héréditaires, d'hommes avides d'immunités, de priviléges, toujours portés à préférer les abus existans aux réformes promises, toujours prêts à substituer le fait et la force au droit et à l'équité; et bientôt vous verrez renaître les droits d'aubaine, de pérégrinité, de naufrage. L'exportation des productions et marchandises indigènes, l'entrée des productions et marchandises étrangères seront plus que jamais prohibées, qu'elles soient ou non contraires à l'intérêt général de la société, aux véritables besoins de l'État.

Pour pressentir ce qui arriverait infailliblement alors, il suffit de savoir que ce fut sous le règne de la féodalité, lorsque cette classe d'hommes, forte de l'imperfection ou plutôt de l'absence des institutions, dominait en France et ailleurs, qu'on les voyait se renfermer dans les châteaux, et du haut de leurs tours et de leurs donjons guetter le passant, le voyageur, pour les piller ou les rançonner.

« Alors, dit M. de Montesquieu, il n'y eut plus de commerce en Europe. La noblesse, qui régnait partout, ne s'en mettait point en peine.

« Les barbares ne le regardèrent d'abord que comme un objet de leurs brigandages ; et quand ils furent établis, ils ne l'honorèrent pas plus que l'agriculture et les autres professions du peuple vaincu....

« Dans ces temps-là s'établirent les droits

insensés d'aubaine et de naufrage : les hommes
pensèrent que les étrangers ne leur étant unis
par aucune communication de droit civil, ils
ne leur devaient d'un côté aucune sorte de
justice, et de l'autre aucune sorte de pitié» (*a*).

La course sur mer est une suite de la même
violation de principes, et de même elle sera
maintenue : car quelle différence y a-t-il entre
le corsaire et le grand seigneur dans ces siècles de féodalité et de barbarie ? Les prisonniers de guerre et les otages, trop heureux
d'obtenir la vie sauve, seront abandonnés par
les uns, et par les autres attachés à la glèbe,
et réduits à l'état de servitude et d'esclavage (*b*); etc., etc.

Quel heureux temps ! que le peuple (l'honnête cultivateur, le laborieux artisan, le paisible bourgeois) a tort de craindre le rétablissement de toute institution qui pourrait
contribuer à ramener pour lui quelque chose
d'à-peu-près semblable ! Et que l'on a bien

(*a*) (Esprit des Lois, liv. xxi, chap. xvii).

— *Voy. aussi ci-dessus*, 1re part., vol. ii, pag. 383
et suiv. ; et vol. iii, pag. 1 *et suiv.*

(*b*) *Voy. ci-dessus*, 1re part., vol. iii, pag, 152 et 219.

raison au contraire de luí apprendre qu'il
existe encore, même aujourd'hui, des hommes que leur naissance et le droit de conquête mettent au-dessus des autres, et dont
les mains, non plus que l'esprit, ne sont pas
du tout faites pour le travail et l'industrie (a) !

Appelez, au contraire, dans les Chambres,
par l'esprit et par la nature de vos institutions, les citoyens vraiment utiles à la société, à l'humanité, d'après le nouvel ordre

---

(a) « Les Nobles professent le mépris, non-seulement
du commerce, mais de toute occupation, autre que celle
des armes et de la chasse. On peut voir avec quelle sorte
de délire M. de Montlosier, dans son ouvrage *De la
Monarchie française, depuis la seconde Restauration*,
réclame pour les Nobles la prérogative de l'oisiveté. Il
répute le travail *vil*, et soutient qu'un noble ne peut
exercer de professions lucratives. Bonaparte était parvenu, à la vérité, à faire entrer les Nobles au service des
Droits-Réunis et des *Contributions*, mais alors le noble
faisait le roturier. La noblesse s'était résignée à déroger,
et le noble, comme le pauvre qui n'a au monde que sa
liberté, était obligé d'acheter, avec ce seul bien, les
choses nécessaires à sa subsistance ». (Du Régime municipal et de l'Administration de Département, pag. 53,
note (1), *Paris, chez Barrois l'aîné*, 1818).

—*Voy. aussi ci-dessus*, 2ᵉ part., vol. v, pag. 67, *n. (a)*.

de choses qui se prépare, et s'établit, d'après l'état futur et prochain de la civilisation, c'est-à-dire, des hommes industrieux, des négocians éclairés et dont les relations s'étendent dans toutes les parties du monde, les vrais représentans du commerce, aussi bien que ceux de la propriété; et vous verrez cet ordre de choses, cette marche ascendante de la civilisation s'avancer rapidement vers ses fins les plus constantes; vous parviendrez à connaître d'une manière positive et sûre les véritables intérêts des peuples, et à perfectionner, à rattacher à ces intérêts solides et réels toutes les parties de la législation extérieure, propres à entrer dans la composition du Code du Droit des gens, œuvre digne de l'émulation des Gouvernemens représentatifs et constitutionnels, et source de prospérité, de reconnaissance et d'amour pour les siècles à venir.

Nota. On peut, en ce sens et sous les différens rapports que nous venons d'envisager, faire ici une juste application d'une réflexion émise à la tribune, par l'un des membres de la Chambre des Députés, dans la session de 1817 : « L'éducation constitutionnelle des Ministres, dit-il, est, comme la nôtre, encore incomplète. Avec le temps, ils apprendront tout ce qu'ils peuvent puiser de forces dans des relations plus fréquentes et plus franches avec les Chambres, tout ce qu'ils perdent à se concentrer en eux-mêmes. En s'isolant, comme ils le font aujourd'hui, en prenant sur eux seuls une si grande responsabilité, ils courent risque, pour le moins, de laisser l'opinion s'égarer dans de fausses conjectures, et même se perdre dans des routes dangereuses ».

Cette réflexion est extraite du discours prononcé par M. Bignon, sur la discussion relative à la loi des finances, séance du 4 ou 5 avril 1818, et dans lequel on trouvera plusieurs autres pensées fortes et judicieuses, bien qu'il ait souvent excité les murmures d'une partie de la Chambre, et que finalement il ait été interrompu par la censure, ou par le rappel à l'ordre, de l'orateur.

DIVISION DEUXIÈME.

DES CHAMBRES DÉPARTEMENTALES ; DES CHAMBRES CANTONALES OU D'ARRONDISSEMENT; ET DES CHAMBRES COMMUNALES. — DE LEURS ATTRIBUTIONS.

« Il est bon que des Assemblées locales discutent la répartition
« des Impôts et vérifient les dépenses de l'État ; mais des
« formes populaires dans les Provinces, subordonnées à un
« pouvoir central sans bornes, c'est une monstruosité poli-
« tique ».

MADAME DE STAEL. (a).

« L'Administration de nos Provinces ne sera libérale et ré-
« gulière, que lorsqu'elle offrira l'image du Gouvernement
« de l'État. Par-tout, dans les chefs-lieux de Département
« comme dans les plus petites communes, on doit retrouver
« les traces du Système politique et constitutionnel d'après
« lequel la France (c'est-à-dire, toute Monarchie bien or-
« ganisée) est réglée ».

M. BÉRENGER (b).

SOMMAIRE. Sujet de cette seconde Division.

PLUSIEURS écrivains, des hommes d'état, des ministres, le marquis de Mirabeau, le marquis d'Argenson, Turgot, Necker, Le-

---

(a) Considérat. sur les princip. événem. de la Révol. franç., tom. III, 6e part., chap. IX, pag. 340.

(b) De la Justice criminelle en France, tit. I, chap. VI, § 2, « *Comment doit être réglé notre Système administratif en France* ».

trône, Saint-Peravi, Calonne, Brienne, Ser-
van, Malesherbes, se sont occupés, d'une
manière plus ou moins directe, de l'examen
des questions qui se rattachent à cette partie
secondaire, mais essentielle, de l'organisation
sociale.

Nous ne nous arrêterons pas à donner ici
l'analyse de leurs plans ou de leurs écrits.
Elle est inutile pour l'intelligence des principes que nous devons rappeler et appliquer
ici ; et on la trouvera d'ailleurs au besoin
dans un écrit ayant pour titre . « Du Régime
municipal et de l'Administration de département », publié, en 1818, par un anonyme(*a*).

Nous n'entrerons pas non plus dans l'examen des institutions, tant anciennes que nouvelles, qui peuvent avoir quelque analogie
avec ce sujet. A cet égard, on peut consulter
plusieurs ordonnances de 1256, sous saint
Louis ; de 1536, sous François Ier ; de 1560,
sous Charles IX ; de 1579, sous Henri III ; de
1629, sous Louis XIII ; diverses déclarations

(*a*) A Paris, chez Barrois l'aîné, libraire, rue de Seine,
n° 10, faubourg Saint-Germain.

de 1622, 1633, 1654, 1690; l'édit de 1724 contenant suppression des offices et rétablissement des élections; ceux de 1764 et 1765; la loi d'organisation de l'administration municipale faite par l'Assemblée Constituante, le 14 décembre 1789; la loi du mois de janvier 1790; la Constitution de 1791; celle de l'an 3; les lois des 5 et 21 fructidor an 3; la Constitution de l'an 8; la loi du 28 pluviose an 8; enfin le sénatus-consulte du 16 thermidor an 10, dont les dispositions subsistent et nous régissent encore aujourd'hui.

La plupart de ces différens actes législatifs se trouvent aussi suffisamment analysés dans un écrit ayant pour titre : « Réflexions sur l'Organisation municipale, et sur les Conseils généraux de département et les Conseils d'arrondissement » par un membre de la Chambre des députés (*a*).

Cette seconde division du paragraphe 1er de ce chapitre sera donc elle-même, comme la précédente, simplement divisée en deux

---

(*a*) M. Duvergier de Hauranne. — Paris, 1818, chez Delaunay, libraire, au Palais-Royal.

parties ayant pour titres : *la première*, « De la Composition des Chambres départementales, des Chambres cantonales ou d'arrondissement, des Chambres communales »; *la seconde*, Disposition constitutionnelle limitative des Attributions de la Puissance législative relativement aux intérêts de pure localité, dans les départemens, dans les arrondissemens, et dans les communes.

PREMIÈRE PARTIE.

COMPOSITION DES CHAMBRES DÉPARTEMENTALES, DES CHAM-
BRES CANTONALES, ET DES CHAMBRES COMMUNALES.

SOMMAIRE. Sujet et Division de cette première Partie.

CETTE première partie, comme la première
partie de la précédente division, sera encore partagée en cinq sections, ayant pour
titres : *la première*, « Application du principe
de la distinction du Pouvoir législatif en trois
branches à la composition des Chambres départementales, des Chambres cantonales et
des Chambres communales. » *La deuxième*,
« Du nombre des membres qui doivent entrer dans la composition de ces diverses Chambres municipales »; *la troisième*, « Principes
relatifs à l'éligibilité de ces mêmes membres »;
la quatrième, « Principes relatifs aux incompatibilités, à l'exercice, à la durée de leurs
fonctions »; *la cinquième*, « Application des
principes d'inviolabilité, d'indépendance, de
publicité, à l'égard de ces diverses Chambres
municipales.

10.

SECTION PREMIÈRE.

Application du Principe de la Distinction en trois branches du Pouvoir législatif, à l'Organisation des Chambres départementales, des Chambres cantonales, et des Chambres communales.

Tant que les bases fondamentales du Gouvernement, relativement à l'organisation du Pouvoir législatif, furent imparfaites et confuses, les Administrations provinciales durent rester aussi, et à plus forte raison, dans l'imperfection et la confusion : cela est aisé à concevoir.

Alors, on vit souvent l'admission des trois Ordres dans la composition des États-provinciaux y produire le trouble et la division. Souvent encore, lorsque le Gouvernement prenait, au centre, une tendance plus marquée vers le despotisme d'un seul, les intendans, dans presque toutes les parties du royaume, faisaient peser sur elles le joug de la toute-puissance. Tandis qu'au contraire,

lorsque, depuis 1789, la démocratie eut successivement envahi au sommet, les trois branches
de la souveraineté, elle s'étendit de même sur
tous les points de la circonférence ; et l'on
voulut, contre les règles de la raison et du
droit, confier, dans les départemens, dans
les districts et dans les municipalités, les
actes d'administration et de pure exécution à
des Assemblées délibérantes : vice d'organisation manifeste (*a*), et dont on reconnut
bientôt les mauvais et funestes résultats.

Mais aujourd'hui le Gouvernement reposant
déja, quant à cette organisation du Pouvoir
législatif, sur les vrais principes du droit, de
l'ordre, de la stabilité, le gouvernement, sur
ce point important et sur plusieurs autres,
touchant et pouvant incessamment atteindre
à un plus haut degré de perfection, la même
amélioration doit infailliblement s'opérer à
l'égard des institutions secondaires, des Assemblées ou Chambres départementales, cantonales et communales : ce qui est facile au
moyen de quelques modifications à faire à

(*a*) *Voy. ci-dessus*, vol. IV, pag, 512 *et suiv.*

l'organisation des Conseils-généraux et des Conseils-municipaux.

Dans une monarchie bien constituée, le Gouvernement est semblable à une vaste machine destinée à porter le mouvement, la justice, l'uniformité, l'ordre, l'harmonie dans toutes les parties du Corps social, et dont le Roi, en tant que participant avec les deux Chambres à l'exercice de la puissance législative, et les deux Chambres, peuvent être considérés comme le point central ou le principal rouage. Mais de même que les mouvemens du cœur ont besoin d'être suppléés par celui des artères et des veines distribuées dans toutes les parties du corps humain, de même aussi l'action de ce premier mobile dans le corps social, a besoin d'être suppléée par des administrations locales distribuées sur les différentes parties du territoire. En effet il existe dans les départemens, les arrondissemens et les communes, une foule d'intérêts de pure localité, par lesquels les délibérations sur les objets d'utilité générale qui doivent occuper le ministère et les Chambres représentatives sont continuellement entravées lorsque leur décision est renvoyée à l'examen du ministère et des Chambres, et qui exigent d'ailleurs solution prompte et connaissance intime, et pour ainsi dire personnelle, de ces mêmes intérêts de localité.

Il suffit d'indiquer ainsi l'usage de ces sortes d'Administrations locales, pour mettre les lecteurs en état de bien comprendre quelles doivent être les bases essentielles et les principes de leur organisation. Destinées à suppléer, en diverses circonstances, le premier moteur de la puissance législative, on doit nécessairement y retrouver les mêmes garanties et les mêmes règles d'organisation; d'abord et principalement, la distinction de ce pouvoir en trois branches et le concours de la volonté du Roi avec celle des deux principales classes de la société, de la Propriété et de l'Industrie; ensuite les mêmes dispositions constitutionnelles et réglementaires relativement à la représentation de ces deux classes; au nombre de leurs représentans ou mandataires; aux conditions de l'éligibilité de ces représentans; à l'incompatibilité, à l'exercice, à la durée de leurs fonctions; enfin à l'inviolabilité, à l'indépendance, à la publicité même de leurs Chambres ou Assemblées.

Ce principe fondamental de l'Organisation constitutionnelle, la division en trois branches du Pouvoir législatif, et la nécessité d'unir et de séparer ce qui, de sa nature, est ou n'est pas susceptible d'assimilation, motivent suffisamment les délibérations particulières et séparées des mandataires députés ou représentans de la Propriété, et des mandataires députés ou représentans de l'Industrie, dans les Chambres départementales, dans les Chambres cantonales et dans les Chambres communales, de même que dans les Chambres nationales; et ce qui se pratiquait autrefois dans les Assemblées des États-généraux et dans celles des États-provinciaux, où les trois Ordres délibéraient séparément, comme aussi ce qui existe encore aujourd'hui à l'égard des deux Chambres, en Angleterre et en France, répond à l'objection que l'on pourrait chercher à appuyer sur une prétendue impossibilité d'exécution. Nous regarderions donc comme superflu et fatigant pour nos lecteurs, de rappeler ici tous les motifs et

toutes les opinions que nous avons précédemment développés au soutien de ce même
principe, afin de leur en faire faire une application nouvelle et directe à cette partie
secondaire de l'Organisation, laquelle d'ailleurs ne doit pas admettre d'autres élémens
et d'autres bases que la première; l'homogé-
néité de toutes les parties étant évidemment
l'une des choses qui peuvent contribuer le
plus efficacement à l'harmonie et à la perfection d'un tout.

Nous rappellerons seulement ces réflexions
faites à la Chambre des Pairs par le rapporteur de la Commission chargée, dans cette
Chambre, de l'examen du projet de loi relatif aux douanes, session de 1817 : « L'agriculture est la source inépuisable de toutes
les richesses. Avons-nous des institutions qui
la protégent et l'encouragent? Nos sociétés
d'agriculture ont-elles une existence assez
imposante, assez légale ? Votre commission,
en effleurant ces questions dans sa discussion
privée, m'a chargé de vous les présenter,
dans l'espoir qu'elles pourront fixer l'attention
du Gouvernement. Une organisation plus

large des sociétés d'agriculture lui procure-
rait des moyens d'obtenir d'elles des renseignemens et des vues qui donneraient à ceux
des Chambres de commerce et plus d'étendue
et plus de précision. L'agriculture et l'industrie doivent toujours tendre à se niveler dans
un pays aussi favorisé de la nature que le nôtre, tant sous le rapport de la fertilité du sol et
de la variété des productions, que sous celui
d'une grande nation capable de tout inventer
et de tout exécuter. La vigilance et la rivalité
ramènent sans cesse vers l'équilibre, et em-
pêchent que les esprits vitaux du Corps social
ne s'altèrent ou ne s'aglomèrent sur quelques
points donnés, et n'en laissent d'autres dans
un état de langueur et de dépérissement.......
La corrélation entre les Chambres de commerce et les sociétés de l'agriculture ferait
connaître au Gouvernement les vœux, les intérêts et les besoins de chaque localité; il ba-
lancerait ce qui tient à l'intérêt privé avec ce
qui appartient à l'intérêt public; et nous ne
verrions pas quelquefois l'agriculture dans la
dépendance du commerce (ni, avons-nous
ajouté, l'industrie, le commerce, dans la dé-

pendance de l'agriculture ou de la propriété).
Le Gouvernement obtiendrait ainsi des succès
durables, rattacherait à lui ceux que le malheur
des temps peut en éloigner, ainsi que ceux
qu'attiédissent encore les mesures austères du
fisc, que chacun désire n'être que temporaires » (a).

Quant à la volonté royale, pour qu'elle
puisse concourir avec celle de la classe des
propriétaires et celle de la classe commerçante
ou industrieuse, à l'exercice de la puissance
législative dans ces sortes d'Administrations
départementales, cantonales et communales,
il faut qu'elle s'y trouve manifestée par l'intermédiaire de quelques agens ou délégués du
prince; et ces agens, qui étaient autrefois les
comtes, gouverneurs, intendans et autres,
sont aujourd'hui les préfets dans les départemens, les sous-préfets dans les arrondissemens, et les maires dans les communes : mais,
de même que déja nous avons plusieurs fois

(a) Rapport de M. le comte Cornet, pair de France.
Moniteur du 5 mai 1818, n° 125; et *ci-dessus*, vol. vi,
pag. 30 et 31.

entrevu que la présence des ministres dans les Chambres représentatives nationales est non-seulement une occasion fréquente d'agitation, de scandale et de trouble dans ces Chambres, mais encore une cause de négligence et de désordre dans l'administration, sans être d'aucune utilité réelle, puisqu'ils pourraient être facilement remplacés par des orateurs et conseillers-d'état (a); de même nous devons déja dire ici qu'il n'est pas à propos d'admettre les agens secondaires de la puissance exécutive, les préfets, les sous-préfets et les maires, dans les assemblées des Chambres représentatives des degrés inférieurs.

Nous aurons lieu d'ailleurs de développer davantage par la suite les preuves de ces deux assertions; mais nous ferons dès à présent remarquer que de l'admission de la dernière, comme formant l'une des dispositions de la Loi-constitutionnelle, résulte cet avantage que, dans les circonstances où il n'existera pas accord et unanimité dans les résultats des pro-

---

(a) *Voy. ci-dessus*, entre autres, vol. VI, pag. 192 *et suiv.*, pag. 223, 276 *et suiv.*; et *ci-après*, tit. II, § 1.

positions des maires, sous-préfets et préfets,
et ceux des résolutions des deux Chambres
de degrés inférieurs de la Propriété et de l'Industrie, il y aura au moins certitude que les
causes de la dissidence parviendront tout en-
tières à la connaissance du Roi et des Chambres représentatives nationales ou du premier
degré, et qu'elles y deviendront, s'il y a lieu,
l'objet d'une décision législative ; tandis qu'au
contraire, dans tous les cas où il ne s'agira
que d'intérêts purement locaux, le concours,
l'unanimité des trois volontés distinctes et indépendantes, savoir : 1° la volonté de la
Puissance royale, manifestée par les préfets,
les sous-préfets et les maires ; 2° la volonté de
la Chambre des représentans de la Propriété ;
3° et la volonté de la Chambre des représentans de l'Industrie, soit dans les départemens, soit dans les arrondissemens, soit dans
les communes, offrira garantie suffisante de
l'utilité, de la sagesse des délibérations, dis-
pensera d'un circuit d'action toujours lent et
préjudiciable, et remédiera efficacement à ce
vice de la centralisation, de l'encombrement
de toutes les affaires administratives dans les

bureaux du ministère, vice dont les dangers et les résultats funestes sont ressentis depuis long-temps, et donnent lieu, depuis long-temps aussi, à de fréquentes et nombreuses réclamations.

D'accord avec quelques-unes de ces vérités, M. d'Argenson disait, en 1776 : « Deux pouvoirs sont nécessaires à soutenir dans leurs rôles différens : l'un doit être maintenu par les officiers royaux ; l'autre, par les officiers du peuple. Mais a-t-on eu jusqu'ici, dans notre Gouvernement, des idées bien nettes de ces deux fonctions » (a) ?

Il combattait, par des exemples, les mauvais effets de la confusion de l'administration particulière avec l'administration générale, et de ce qu'on peut appeler le mauvais génie de la concentration et de la bureaucratie.

« Les ouvrages publics, les ponts, les chemins et leurs réparations, les canaux qui multiplient les facilités du commerce intérieur, comment tous ces objets peuvent-ils être con-

---

(a) Considérations sur le Gouvernement ancien et présent de la France, chap. ii, pag. 32.

duits par une régie immédiate qui s'étende de la capitale aux extrémités d'un grand royaume? Soutiendra-t-on que, dans cette direction, le nécessaire soit toujours préféré à l'utile et l'utile au superflu? Peut-on combiner, à chaque projet d'ouvrage, les premiers intérêts généraux avec les moindres de chaque lieu? Est-il possible de veiller de loin à l'entretien et aux réparations essentielles, sans lesquelles toutes ces dépenses ne servent au public que dans leur première nouveauté?

« Au contraire, au lieu d'éprouver des difficultés pour le bon entretien des ouvrages publics, ne doit-on pas espérer que les communautés libres d'agir, de projeter et de construire, saisiront en même-temps le besoin de chaque article, et les moyens d'exécuter à moins de frais? Tout sera sous leurs mains; il ne leur faudra plus un arrêt du Conseil pour réparer un mauvais pas ou reboucher un trou... » (*a*).

(*a*) L'auteur de l'ouvrage ayant pour titre : « *Du Régime municipal et de l'Administration de Département*, fait à ce sujet la remarque suivante : « Un chemin vicinal importe-t-il en effet au Gouvernement ? Il peut inté-

Un membre de la Chambre des Députés, dans la session de 1817, disait : « Avec quel avantage les autorités intermédiaires offriraient-elles au Gouvernement les résultats de leurs travaux, si les rapports qu'elles lui adressent sur les ressources et les besoins du service étaient appuyés ou contredits par les délibérations et les remontrances de Conseils régulièrement constitués !

« Nos institutions administratives ne seront perfectionnées et vraiment tutélaires que lorsque la loi aura déterminé l'organisation des Conseils (a) de département, d'arrondissement et de commune.

« Qui de nous, en arrivant dans cette Assemblée, ne sentirait allégé pour lui le poids de

---

resser tout au plus un homme de la Cour, qui obtient souvent qu'il soit formé, en opposition aux besoins naturels du pays, pour abréger la route qui conduira à l'avenue de son château ». (Pag. 193 et 194).

(a) Nous évitons d'employer ici cette dénomination de *Conseils*, généraux, municipaux ou autres, parce qu'elle s'applique plus spécialement aux Conseils de Préfecture et autres, pour lesquels nous la retiendrons.

Voy. ci-après, tit. II, § I.

sa responsabilité, s'il pouvait se prévaloir des vœux librement émis par ses commettans? Alors la loi des finances serait réellement l'expression de la volonté générale » (*a*).

— « On se garde bien en Angleterre, dit madame de Staël, de tout concentrer dans l'autorité ministérielle ; et l'on veut que, dans chaque province, dans chaque ville, les intérêts de localité soient remis entre les mains d'hommes choisis par le peuple, pour les diriger » (*b*).

L'auteur de l'ouvrage ayant pour titre, *du Régime municipal et de l'Administration de département*, dit : « La Charte a pourvu à la Représentation nationale ; mais nous ne croyons pas que tout le Gouvernement représentatif soit renfermé dans la Chambre des Députés. Selon nous, ce Gouvernement, ne fût-ce que par une généreuse fiction, doit se

---

(*a*) Discours de M. Magnier-Grandpré, sur la loi des finances. — Moniteur du samedi, 4 avril 1818, n° 94.

(*b*) Considér. sur les princ. évén. de la Révol. franç., tom. iii, 6ᵉ part., chap. iii, « *De la prospérité de l'Angleterre et des causes qui l'ont accrue jusqu'à présent* », pag. 208.

reproduire dans toute la hiérarchie sociale. Il doit remonter du simple habitant d'une commune jusqu'au Roi....

« La Charte est un frontispice grandiose du Gouvernement représentatif, mais ce frontispice ne peut rester suspendu dans le vague, comme une décoration isolée de l'édifice social. Il faut des colonnes au temple politique, et le peuple est l'Hercule qui peut mieux le soutenir.....

« Le duc de Bourgogne, père de Louis XV, et disciple de Fénélon, avait conçu un projet d'Assemblées provinciales dont il devait, sans doute, l'inspiration au *libéralisme* de son instituteur.

« Cet excellent prince, dit un historien (*a*), se proposait d'établir dans toutes les provinces des espèces *d'États*, à-peu-près sur le modèle de ceux qui avaient lieu en Languedoc et dans un petit nombre de généralités; mais la mort l'enleva trop tôt à la nation, et l'exécution de ces établissemens fut retardée

_____

(*a*) Encyclopédie méthodique, Jurisprudence, tom. ix; *Discours préliminaire*, pag. lviij.

de plus d'un siècle. Peut-être eût-il trouvé des difficultés à les faire adopter alors. On craignait encore d'associer la nation aux travaux du Gouvernement. On élevait des doutes sur la nécessité d'une pareille réforme. La jalousie du pouvoir arbitraire dans les agens snbalternes de l'autorité multipliait les difficultés, et leurs adversaires n'étaient pas toujours là pour y répondre.

« L'homme de lettres administrateur (a), qui a publié les deux tomes de l'Encyclopédie méthodique, contenant la police et les municipalités, recommande de balancer tellement, pour les Administrations provinciales, les avantages entre les propriétaires terriens et les citoyens industrieux, que ceux-ci, par l'égalité de pouvoir et de considération dont ils jouiraient dans ces Administrations, pussent opposer à la cupidité des premiers un obstacle raisonnable et efficace.

Et il ajoute : « Il n'est pas vrai que la nature de cette espèce d'Administration ne comporte que le droit de propriétaire, et qu'à tout au-

_____

(a) M. Peuchet.

tre titre un citoyen ne puisse y être admis.
Cette erreur, accréditée par les économistes,
est le comble de la déraison systématique.
Leur méprise vient de ce qu'ils ont regardé
la propriété seule comme le fondement de
l'état social, et la terre comme la source de
toute richesse; d'où ils ont conclu que les
propriétaires de terre avaient seuls le droit
constitutionnel de partager les charges et les
honneurs du Gouvernement, et sur-tout de
l'Administration provinciale, qu'ils ont tâché
de faire le synonyme d'*Administration de la
Propriété*.

« Mais *il n'est pas vrai* que la propriété soit
la base du pacte social; c'est la sûreté réciproque, le désir de conserver sa vie contre les
attaques des brigands. La propriété y est sans
doute entrée pour beaucoup, mais sa conservation n'a pas été le seul objet de l'association
civile. *Il n'est pas vrai* non plus que la terre
soit la source primitive, l'origine de toute richesse, et la cause productrice de tout bien.
Il est vrai que c'est le travail; que sans travail la terre serait stérile, la société dans la
stupeur........ Ce n'est point le lieu où réside

une multitude d'hommes, qui a fait la société; ce sont les hommes eux-mêmes, et sur-
tout ceux qui contribuent à son bien-être
d'une manière quelconque......

« Ce serait une chose très-dangereuse, que
la doctrine des économistes sur le droit *exclusif* des propriétaires aux charges et aux honneurs civils, devînt dominante; il en naîtrait
la servitude politique du plus grand nombre,
ou les malheurs de l'anarchie la plus humi-
liante.

« Tous les citoyens (ayant une volonté libre et indépendante) (*a*) ont donc droit à
l'Administration provinciale; il n'est point de
la nature de cette Administration d'être gérée
(*uniquement*) par des propriétaires.... Il y a
plus, c'est que ces Administrations étant en
partie dirigées vers la classe souffrante de la
société, en éloigner les citoyens des villes,
les hommes qui, sans être propriétaires, ont
des lumières et de l'humanité, ce serait manquer leur principal objet, ce serait les réduire
à des *aristocraties territoriales*, les plus durs

_____

(*a*) *Voy. ci-dessus*, vol. v, pag. 548 *et suiv.*

comme les plus injustes de tous les régimes publics » (a).

On trouve aussi, dans la seconde livraison de la Revue encyclopédique, les réflexions suivantes dont on peut, à plusieurs égards, faire ici une juste application : « Parmi les créations qui s'élèvent au milieu de notre ordre social, pour en compléter le systême, il en est une que tous les vœux réclament, et qui paraît devoir former *incessamment* la matière d'une importante discussion dans les deux Chambres; c'est le régime municipal qui, en apparence, serait une institution nouvelle, mais qui, si on le considère plus attentivement, n'est autre chose que le mouvement à donner à un mécanisme déja en partie organisé. L'Administration intérieure, qui comprend le régime municipal, a éprouvé en France, depuis trente ans, les mêmes altérations, les mêmes perfectionnemens que les autres doctrines : elle fut d'abord absolue

_____

(a) Du Régime municipal et de l'Administration de département, pag. 91, 103, 193, 215 *et suiv.* — Et l'Encyclopédie méthodique, Jurisprudence, tom. IV, pag. 4; et tom. 9, pag. 213 et 214.

dans l'ancienne monarchie ; elle devint démocratique et même fédérative, sous l'Assemblée
Constituante, à l'établissement des districts et
des municipalités ; elle tendit *à se centraliser*,
comme on dit, par la Constitution de l'an 8 ;
il lui reste aujourd'hui à devenir *monarchique
constitutionnelle ;* et, pour cela, je le répète,
il n'y a point à toucher à sa charpente, mais
seulement à déterminer par qui seront institués les différens rouages qui la composent,
et à fixer le degré d'action qu'ils auront les
uns à l'égard des autres.

« Une simple observation sur sa forme actuelle suffira pour s'en convaincre, et indiquer peut-être le moyen de la perfectionner.

« Les hommes en société sont guidés par
deux mobiles principaux : le premier, leur intérêt *privé*, qui consiste dans le développement
entier de leurs facultés et dans la propriété assurée des produits de leur travail ; le second,
l'intérêt *général*, qui sert de sauve-garde au
premier, comme maintien de l'ordre entre tous.

« La direction de l'intérêt *privé* est aussi
près que possible des individus qu'elle concerne, tandis que la direction de l'intérêt gé-

néral, devant planer sur tous, doit partir du plus haut point de la chaîne sociale. Ainsi les mandataires *des intérêts privés ou de la production* semblent tous devoir émaner des producteurs ou du peuple; et les mandataires *de l'ordre ou de l'intérêt public*, provenir tous du Chef de l'intérêt général, autrement du Roi. Les mandataires de la production doivent avoir assez d'INFLUENCE pour protéger les facultés de leurs commettans contre les atteintes de l'autorité; et ceux de l'ordre, assez de FORCE pour maintenir la balance et la justice en faveur de l'intérêt général.

« On conçoit que si les mandataires de l'ordre interviennent dans la production, ils la contrarient, ils la dérangent, ils l'arrêtent; il y a dès-lors arbitraire, suspension de crédit, despotisme. Si, d'un autre côté, les mandataires de la production interviennent dans l'ordre, ils le troublent, le détruisent; il y a révolution, guerre civile, anarchie. Le repos public et la vraie liberté consistent donc dans un accord parfait ou dans une balance égale entre ces différens arbitres, et dans une répartition bien combinée de leurs attributions.

Cette répartition a dû se faire d'après la nature même des intérêts sociaux; il est facile
de voir que les intérêts *privés* des hommes,
étant très-multipliés, souvent de nature opposée, ne peuvent être bien confiés qu'à un
concours de plusieurs personnes qui se pon-
dèrent entre elles, se consultent, se font de
mutuelles concessions; tandis que l'intérêt *général* étant unique, le maintien de l'ordre
doit être central, isolé, individuel, pour être
à-la-fois plus décidé, plus actif, plus fort.
Ainsi, la communauté nommera un Conseil
et l'autorité un magistrat, depuis le dernier
anneau de la chaîne administrative, jusqu'au
plus élevé; alors, la pensée sera toujours confiée à la délibération, et l'exécution à l'unité :
c'est d'après ce principe que l'arbitrage social
a été établi en France, par la loi du 8 pluviose an 8, et long-temps maintenu depuis.
L'autorité administrative, qui passe du ministre aux préfets, aux sous-préfets et aux
maires, *magistrats de l'ordre*, est tempérée
auprès de chacun d'eux par un Conseil qui
balance en masse leur pouvoir, sans entraver
leur marche. Le premier des pouvoirs, chargé

du premier des intérêts, le pouvoir municipal, est confié à un Conseil placé près du
maire, pour délibérer avec lui sur le bien de
la commune, la répartition des impôts, et
surveiller sa gestion. Le second degré de pouvoir, celui de l'arrondissement, ou autrement
d'une réunion de communes suffisante pour
comprendre une masse collective d'intérêts
sociaux, est également confié à un Conseil
d'arrondissement placé auprès du sous-préfet, second magistrat exécutif. Le troisième
degré du pouvoir municipal, le *département*,
est sous la sauve-garde d'un Conseil-général,
siégeant auprès du troisième magistrat, dans
la ligne administrative, le préfet. Enfin, le
pays est sous la protection de deux Chambres
placées près des ministres, magistrats suprê-
mes de l'ordre, et dont le pouvoir émane directement du Roi.

« Les attributions (ou plutôt l'ordre hiérarchique) de ces pouvoirs ainsi réglés, tous se
correspondent, d'une part, dans l'association
municipale, de l'autre, dans la hiérarchie administrative. La pensée s'élève, par la délibération, jusqu'au pied du trône, sans trouble

et sans violence ; et l'unité d'exécution descend jusqu'aux derniers rangs de la société, sans conflit et sans efforts.

« Telle est la forme actuelle de notre administration , qui ne laisserait rien à désirer, si les attributions étaient aussi distinctes que les intérêts , et si les intéressés avaient tous été appelés à jouir de la part d'intervention qui les concerne. Les Conseils des communes et des départemens seraient alors sans restriction à la nomination des habitans ; et les préfets, sous-préfets et maires, à celle du monarque. C'est ce partage qu'on demande aujourd'hui ; mais, tout équitable cependant qu'il paraisse , il est le sujet de beaucoup d'objections.... La difficulté de trouver la juste mesure dans cette organisation avait déja été sentie par les anciens publicistes, et il semble, à les entendre , qu'ils eussent vécu dans un ordre de choses semblable au nôtre, ou que nous soyons reportés au point dont ils sont partis » (a).

M. Bérenger remarque « qu'il faut que la bonté de ce système soit bien incontestable ,

(a) Revue encyclopédique , vol. 1, livraison 1re, art. signé Alexandre de Laborde, pag. 266 *et suiv.*

pour qu'il ait été réclamé avec une égale insistance par tous les partis les plus opposés.

« La Chambre des Représentans, continue-t-il, pendant sa courte durée, s'empressa d'en manifester le vœu ; elle le consigna en ces termes dans son projet de constitution (article 87) : *Il y aura, pour chaque département, pour chaque arrondissement, pour chaque commune, un Conseil élu par le peuple, et un Agent du Gouvernement nommé par lui.*

« Et la Chambre des Députés qui suivit immédiatement celle-là, quoiqu'il fût impossible d'avoir une couleur et des opinions plus tranchantes, vit ses membres les plus marquans renouveler à plusieurs reprises le même vœu.

« Espérons qu'il sera entendu, et que le Gouvernement à qui nous devons déja les deux lois les plus éminemment nationales et les plus propres à assurer notre indépendance au dedans, et au dehors, après avoir constitutionnellement organisé l'État, poursuivra sa noble tâche en achevant d'organiser constitutionnellement nos provinces » (*a*).

(*a*) De la Justice criminelle en France, tit. I, ch. VI, § 3, pag. 360.

SECTION II.

Du Nombre des Membres des Assemblées dé-
partementales, cantonales et communales,
et du rapport de ce Principe d'Organisa-
tion, tant avec la division du territoire et sa
population, qu'avec la nature des produc-
tions de l'agriculture et de l'industrie.

S'il est des hommes véritablement amis du
bien public et jaloux de voir le bon ordre et
la paix s'établir dans les institutions, qui pourtant, et malgré les motifs péremptoires que
nous en avons donnés, regrettent de voir
restreindre le nombre des membres de la représentation dans les Assemblées nationales,
ils trouveront ici plus qu'un équivalent.

En effet, si l'impossibilité de faire régner
l'harmonie, le calme, la modération, la sagesse dans des Assemblées par trop nombreuses s'oppose à ce que l'on puisse étendre le
nombre des membres des Chambres représentatives au-delà de la proportion strictement nécessaire pour qu'il se trouve en rap-

port avec la division du territoire (a), il existe ici des considérations puissantes pour ne pas porter aussi loin, relativement aux Chambres secondaires, la même restriction ; et l'une de ces considérations les plus fortes, c'est le besoin de parer, par tous les moyens raisonnables et possibles, aux dangers réels d'une tendance fatale à la concentration de tous les talens, de toutes les richesses, comme à la *centralisation* de tous les pouvoirs et de la plupart des administrations, sur un seul point du territoire, comme cette tendance existe aujourd'hui ; dangers graves et qui ont déja été signalés plus d'une fois. « Toutes les autorités locales, dans les provinces, ont été par degrés supprimées ou annulées ; il n'y a plus en France qu'un seul foyer de mouvement, Paris ; et l'instruction qui naît de l'émulation a dépéri dans les provinces, tandis que la négligence avec laquelle on entretenait les écoles, achevait de consolider l'ignorance si bien d'accord avec la servitude. Cependant, comme les hommes qui ont de

_____

(a) *Voy. ci-dess.*, vol. v, pag. 537 ; vol. vi, p. 33 *et suiv.*

l'esprit éprouvent le besoin de s'en servir, tous ceux qui avaient quelque talent se sont rendus bien vite dans la capitale pour tâcher d'obtenir des places. De là vient cette fureur d'être employé par l'État et pensionné par lui, qui avilit et dévore une nation. Si l'on avait quelque chose à faire chez soi, et si l'on pouvait se mêler de l'administration de sa ville ou de son département; si l'on avait l'occasion de s'y rendre utile, d'y mériter de la considération , et de s'assurer par là l'espoir d'être un jour élu député, l'on ne verrait pas aborder à Paris quiconque peut se flatter de l'emporter sur ses concurrens par une intrigue ou par une flatterie de plus »(*a*).

Dans l'une des dernières sessions , un membre de la Chambre des Députés a dit : « Il faut enfin en venir à organiser les Administrations départementales , sollicitées depuis si long-temps , et qui auront l'immense avantage

---

(*a*) Considérations sur les principaux événemens de la Révolution franç. , tom. ii , 4ᵉ part. , chap. xv , *De la Législation et de l'Administration sous Bonaparte.* pag. 371.

d'attacher les propriétaires à leur pays, d'empêcher que tout ne soit concentré dans la capitale, de former de bonne heure des administrateurs, d'améliorer tout ce qui intéresse les départemens, de tirer parti des lumières et des soins des grands propriétaires, et qui, en leur donnant des moyens d'être utiles à leurs voisins, leur fourniront des occasions de rapprochemens, de reconnaissance ; ils ne seront plus leurs seigneurs, mais ils seront leurs pères, leurs amis » (a).

Ce peut être aussi le cas de dire ici avec l'auteur de l'Administration de la justice en Angleterre (M. Cottu) : « Formons des familles que l'intérêt de leur influence et de leur patronage fixe dans les provinces ; dépouillons-les, pour leur propre avantage, de ceux des droits dont elles jouissent qui peuvent exciter contre elles l'animosité des citoyens ; accor-

---

(a) (Discours de M. Benjamin Delessert, sur la loi des finances. —Moniteur du samedi, 4 avril 1818, n° 94, supplément).

. — Voy. aussi le Discours de M. de Villèle, sur le même sujet. — Moniteur du dimanche, 5 avril 1818, n° 95.

dons-leur d'autres priviléges (c'est - à - dire d'autres attributions) qui perpétuent leur considération, et qui leur donnent la force de lutter, à l'époque des élections, contre le génie du désordre et de l'envie » (*a*).

On trouve encore, dans l'un des ouvrages ci-dessus indiqués (*du Régime municipal et de l'Administration de département*) , les réflexions suivantes : « Veut-on une patrie ? C'est l'esprit municipal qui forme l'esprit patriotique. Veut-on des citoyens? Il faut une cité. Veut-on que tout le royaume ne soit plus concentré dans la capitale, et que chaque

---

(*a*) (De l'Administration de la Justice en Angleterre, par M. Cottu , conseiller à la Cour royale de Paris, chap. x, pag. 253).

— Oui : mais gardons-nous donc bien d'en créer une aristocratie nouvelle , et d'outrager les principes les plus sacrés de la Justice et du Droit, « *en attribuant à l'aîné de chaque famille titrée ou non titrée , une partie plus considérable qu'à ses frères dans le partage des immeubles* ». (*Ibid.*, pag. 253). Il suffit, et c'est déja bien assez, que le père ait la libre disposition d'une certaine quotité de biens en faveur de l'un ou de l'autre de ses enfans , conformément aux termes de l'art. 844, et du chap. iii du tit. ii du liv. iii de notre Code Civil.

département ait la sienne ; que Paris cesse
enfin d'attirer par violence toutes les affaires
et toutes les richesses, que la consommation
se reporte dans les provinces; que les propriétaires séjournent aux champs et y augmen-
tent les capitaux d'exploitation; que les villages ne soient plus déserts; que l'herbe ne
croisse pas dans les villes, et que les habitans ne soient pas des mendians ? Il faut une
administration libre et protectrice qui y fasse
circuler largement la vie sociale.

« Un écrivain qui, à l'occasion d'un projet
de loi sur un concordat, a traité des *véritables libertés de l'Église gallicane*, sans trop
s'occuper de les défendre (*a*), nous promet
que chaque département serait vivifié par la
résidence d'un évêque. Nous ne contestons
pas cet avantage de la présence d'un prélat,
surtout s'il était un *Fénélon*, mais nous
croyons que ces moyens de vivification seraient autrement surpassés par les bienfaits

_____

(*a*) (*Des vrais Principes de l'Église gallicane*, 1816).
Il a été publié une réfutation de cet écrit, par M. le
comte Lambrechts, ancien ministre de la justice et ex-
sénateur.

d'une Administration collective. En tout, les choses valent mieux (et durent plus) que les hommes.

« Mais c'est particulièrement l'influence d'une Administration départementale organi-sée dans tous ses degrés et liée étroitement à la constitution de l'État, sur le développement moral des qualités du peuple , qu'il faut apprécier. Lorsque tous les citoyens peuvent participer en quelque sorte au gouvernement, dans l'administration de leur ville ou de leur province , c'est alors que l'estime et la consi-dération font germer avec les talens , toutes **les vertus civiques,** et qu'elles deviennent un **ressort** puissant pour l'émulation générale.

« Enfin , avec une Administration élective et populaire, la France , ainsi que l'a dit dans un autre sujet un ministre orateur , peut se mouvoir comme un seul homme. Il n'y aurait dans cette belle France qu'un roi constitu-tionnel et un peuple libre; des administra-teurs et des administrés; des électeurs et des éligibles; des représentans et des représentés; et ainsi se formerait sur la base la plus stable, cette majestueuse pyramide sociale , imaginée par un économiste patriote (*a*), mais réalisée seulement de nos jours, qui s'élevant dans une juste proportion et où tout correspondrait de toutes parts, se terminerait par une cime resplendissante, où la reconnaissance publique autant que le pacte politique placerait le monarque » (*b*).

M. Duvergier de Hauranne, dans ses Réflexions sur l'organisation municipale, s'exprime ainsi : « L'origine de la centralisation absolue me parait dater de l'Assemblée Constituante. Cette Assemblée, en créant des Administrations purement populaires et anti-monarchiques, les subordonna les unes aux autres, en se réservant la suprématie. Tous les actes des Corps inférieurs eurent besoin de la confirmation des Administrations supérieures ; ce mode fut maintenu sous le Directoire, qui eut d'ailleurs une autorité entière sur les Administrations locales. Mais c'est dans la Constitution de l'an VIII que le principe de la centralisation se trouve formellement énoncé

(*a*) Le Trône.
(*b*) Du Régime municipal, etc., pag. 264 *et suiv.*

par l'article 59, qui porte que *les Administrations locales établies, soit pour chaque arrondissement communal, soit pour des portions
plus étendues du territoire, seront subordonnées aux ministres.*

« On conçoit tout le parti, continue-t-il,
que, dans un Gouvernement devenu absolu,
les ministres ont pu tirer de cet article. Sous
un despote qui voulait tout faire par lui-
même, et qui entrait dans les détails les plus
minutieux, les ministres, réduits au rôle de
simples rapporteurs et de premiers commis,
ont cherché à remplacer sur les Administrations locales l'influence qu'ils avaient perdue
dans le Gouvernement de l'État ; bientôt les
affaires les plus simples n'ont pu être déci-
dées, les réparations les plus minimes n'ont
pu être faites qu'avec l'approbation des
ministres. Il n'est, pour ainsi dire, personne
qui ne puisse citer quelque édifice tombé en
ruine pendant le temps qu'on sollicitait la
permission de le réparer. Je ne m'étendrai
pas sur les inconvéniens graves qui sont ré-
sultés de ce système destructif de toute amélioration ; un de ses grands vices est d'occa-

sionner une double perte de temps aux
ministres et aux administrés. Le ministère
sentira-t-il qu'il est de son intérêt d'y renoncer? Je l'espère. En effet, dans un Gouvernement représentatif où des ministres responsables gouvernent sous l'autorité du Roi, où
ils sont appelés à discuter les lois et les grands
intérêts de l'État dans les Chambres (*a*),
n'est-ce pas une calamité que le temps qu'ils
emploient à donner laborieusement des signa-
tures superflues, tandis que leur esprit devrait sans cesse méditer sur les affaires du
Gouvernement? Je conçois qu'un changement
dans la manière d'administrer présente des
difficultés, et que le choix des matières qu'il
convient de laisser aux Administrations locales
est délicat, parce que ces Administrations ne
peuvent pas être abandonnées à elles-mêmes
sans de graves inconvéniens. La surveillance
du Gouvernement est nécessaire, j'en con-
viens; mais au lieu de l'exercer de Paris par
lui-même, en toutes choses, sans qu'il lui

(*a*) *Voy*. sur la question de savoir si cela devrait être,
ci-après, tit. II, § 1.

soit possible d'en juger avec une véritable connaissance, ne peut-il pas abandonner cette surveillance à ses agens dans les départemens... » (*a*), comme, par exemple, aux préfets, aux sous-préfets et aux maires? Enfin on trouve dans le journal des Débats, du samedi, 7 août 1819, l'article suivant : « Dans l'administration d'un vaste État, n'existe-t-il pas une foule d'objets qui seront mieux jujés, mieux dirigés par l'esprit local que par l'esprit général? Le zèle des citoyens éclairés d'une ville, des grands propriétaires d'une province, ne garantirait-il pas mieux les améliorations locales que la lente sagesse d'une autorité centrale éloignée de deux cents lieues? Qui est le plus intéressé à l'entretien des routes et des ponts ? Ceux qui y passent tous les jours, ou ceux qui n'y mettent jamais les pieds ? Qui appréciera le plus soigneusement l'état de l'instruction publique :

(*a*) Réflexions sur l'organisation municipale et sur les Conseils-généraux de département, et les Conseils d'arrondissement, par un Membre de la Chambre des Députés, chap. iv, pag. 74 *et suiv.*

les pères de famille qui y font élever leurs enfans, ou quelque jeune voyageur qui tombe
des nues pour faire une tournée d'inspection?
Un Musulman a le droit de construire un
pont, un hospice; l'illustre Canova bâtit une
église dans son village natal : pourquoi un
Conseil municipal ou départemental n'aurait-
il pas autant d'indépendance que les simples
individus dans les États les plus arriérés en
organisation politique? Il est des genres d'impôts qui, par le mode de perception, irritent
autant l'amour-propre qu'ils blessent l'intérêt
personnel; cet inconvénient s'aggrave nécessairement par un système d'uniformité appliqué
à une grande étendue de territoire, où la variété du sol, des cultures et des industries,
exigerait au contraire une variété corrélative
dans la nature de l'impôt. Pourquoi ne pas
confier aux cités et aux provinces le soin de
lever de la manière qui leur conviendrait leur
quote-part aux contributions indirectes, sauf
à leur prescrire quelques règles générales, et
à réprimer leurs erreurs? Pourquoi ne pas
les charger même de la perception des contributions directes, ainsi que de celle des

droits d'entrée et de sortie, dont la politique nationale *doit nécessairement* se réserver la fixation ? Les écus qui entrent au trésor, voilà ce qui intéresse l'État : peu importe par quelle voiture ils arrivent (*a*). Pourquoi les cadastres sont-ils ou achevés ou rendus superflus dans tant de pays étrangers? parce que les États-provinciaux s'en sont mêlés. Où trouvet-on des modèles de Codes municipaux ? dans les villes impériales. Où règne, dans les campagnes, la bonne foi, la tranquillité, la confiance mutuelle, sous l'empire d'excellentes lois rurales? Dans les cantons septentrionaux de la Hollande, dans les Marches de la Basse-Saxe, où le peuple lui-même a fait le Code rural. Partout ce sont les intérêts locaux librement organisés qui ont civilisé la terre; partout la nature et l'esprit humain réclament contre l'uniformité appliquée (*en certains points*) aux grandes masses. L'action d'une Administration centrale est presque toujours trop violente ou trop faible. Il faut (*quelquefois*) diviser ce torrent en mille petits

(*a*) *Voy. ci-dessus*, vol. VI, pag. 368 *et suiv.*

canaux qui fertiliseront la campagne » (a).

Voici quelle était autrefois la composition des États de cinq grandes provinces de la France.

Aux États du Languedoc, l'Ordre du clergé était composé de trois archevêques et de vingt évêques, lesquels pouvaient se faire représenter par leurs grands vicaires. L'Ordre de la noblesse était composé d'un comte, d'un vicomte et de vingt-un barons, qui pouvaient pareillement charger de leur procuration d'autres gentilshommes pour y assister à leurs places. Le Tiers-état était composé des maires, consuls et députés, 1° des villes épiscopales; 2° des villes principales du diocèse. L'archevêque de Narbonne, et à son défaut celui de Toulouse, avait la présidence. Les Commissaires du roi, dans les temps de splendeur, étaient le gouverneur, le lieutenant-général de la province, trois lieutenans de roi, l'intendant et deux trésoriers de France, l'un pour le bureau de Toulouse, et l'autre pour celui de Montpellier.

_____

(a) Sur l'organisation des Communes, des Cités et des Provinces, 1er article, signé *Malte-Brun*.

Aux États de Bretagne, le Corps du clergé était composé de neuf évêques de la province, des députés de neuf chapitres des cathédrales, et de vingt-quatre abbés. L'évêque dans le diocèse duquel se tenaient les États, présidait seulement le Corps du clergé : car le président des États, ainsi que de la noblesse, était le baron de Léon et celui de Vitré alternativement. Le Corps de la noblesse était composé de neuf barons et de tous les gentilshommes de la province, ou qui y possédaient des biens. Celui du Tiers-état était composé des députés des quarante communautés de la province, dont quelques-unes avaient droit d'y en envoyer deux, et les autres un seulement (*a*). La Cour de son côté, dit l'auteur duquel nous empruntons ces détails, proportionne le nombre de ses Commissaires à celui de cette *respectable cohue* : le

---

(*a*) Quarante-deux villes avaient droit d'être représentées à ces États par députés. Celles de Rennes, Nantes, Vannes, Saint-Malo et Morlaix, étaient les seules qui pussent y en envoyer deux.

Cependant les villes pouvaient, avec l'agrément du Gouverneur ou du Commandant en chef, nommer tel

gouverneur, les lieutenans-généraux, trois lieutenans de roi de la province, deux commissaires du conseil, les premier, second et troisième présidens du parlement, les premier et second présidens de la Chambre des comptes, les deux présidens et le procureur du roi du bureau des finances, le grand-maître des eaux et forêts, le receveur-général du domaine, et les contrôleurs-généraux des finances de la province.

Aux États de Bourgogne, le Corps du clergé était composé de quatre évêques de la province, et des abbés, doyens et prieurs, au nombre de soixante-dix. L'évêque d'Autun y présidait ; tous les gentilshommes, reconnus tels par les commissaires des États, et ayant seigneurie en fief dans le duché de Bourgogne ou dans les comtés qui en dépendaient, avaient droit de séance dans la Chambre de la noblesse. A cet effet, le Corps commettait

nombre d'agrégés qu'elles croyaient utiles, pour assister à l'Assemblée des États ; mais ces agrégés devaient y assister à leurs frais, et n'avaient voix délibérative qu'en l'absence des Députés. (*Voy*. l'ancien Répertoire de Jurisprudence, par Guyot, tom. 11, *art. Bretagne*, p. 504).

expressément deux gentilshommes pour examiner les preuves de ceux qui s'y présentaient
nouvellement. L'Élu actuellement en charge
avait la présidence de ce Corps. Le Tiers-état
était composé des députés des villes qui
avaient droit d'assister aux États : et ces députés au nombre de soixante et onze étaient
élus dans une assemblée générale des habitans de chaque endroit et pris ordinairement
dans la magistrature. Les Commissaires du
roi étaient le gouverneur, les lieutenans-
généraux, le premier président, l'intendant
et deux trésoriers de France.

Aux États de Provence, l'archevêque d'Aix
était chef de l'Assemblée comme premier procureur du pays. Après lui, étaient les deux
évêques procureurs-joints du clergé, ensuite
les deux gentilshommes procureurs-joints de
la noblesse, puis les consuls d'Aix procureurs-
nés du pays, ensuite les procureurs-syndics
des trente communautés qui avaient le droit
de présence aux Assemblées; le reste des trois
Ordres en était exclu. Les terres adjacentes,
qui étaient Arles et Marseille, et quelques
autres lieux moins considérables, reconnais-

saient autrefois l'Empire, et n'avaient point
de places à ces Assemblées, comme ne con-
tribuant point aux charges de la province.
Seulement ces deux villes avaient droit d'avoir
alternativement leurs députés aux Assemblées;
savoir, Marseille, dans les années de nombre
pair, et Arles dans celles de nombre impair;
mais ces députés n'y avaient aucune voix délibérative, si ce n'est à l'égard des choses qui
leur étaient communes avec le pays, comme
le Quartier-d'hiver, la Garde-côte, etc. C'est
par la même raison qu'aucun des gentilshommes habitués dans l'une ou dans l'autre de
ces villes n'y était reçu à être procureur du
pays, ni consul de la ville d'Aix, si d'ailleurs
il n'avait des fiefs ou des terres dans l'étendue
affouagée, qui le soumissent aux contributions
qui s'y payaient. Après les procureurs-syndics
des communautés venaient le trésorier-général
du pays, les deux greffiers et l'ingénieur. L'intendant y était le seul commissaire du roi (a).

(a) *Voy*. l'Ami des Hommes, ou Traité de la Population. — *Précis de l'organisation et utilité des États provinciaux*, tom. IV, 3ᵉ part., sect. 2, pag. 173 *et suiv*.
— Et l'État de la France, par M. de Boullainvilliers.

Les personnes qui composaient les États de la province d'Artois étaient, pour l'Ordre ecclésiastique , l'évêque d'Arras, celui de Saint - Omer, les abbés réguliers de la province, les députés des chapitres et le prieur de Saint-Vaast; pour l'Ordre de la noblesse, les gentilshommes qui remontaient au moins à cent ans de noblesse, et se trouvaient issus, au quatrième degré, du premier ennobli, il fallait d'ailleurs qu'ils fussent seigneurs de paroisse ou d'église succursale; les frères germains, ni les pères et les enfans de même nom ne pouvaient point entrer ensemble à ces États. Les députés des échevinages des principales villes de la province composaient le Tiers-état. Les Commissaires du roi étaient le gouverneur de la province, l'intendant, et le premier président au Conseil provincial d'Artois (*a*).

« Le roi, pour former les premières Administrations provinciales, en 1778 et 1779, dans le Berri, le Dauphiné et la généralité de Mon-

---

(*a*) *Voy.* l'ancien Répertoire de Jurisprudence, tom. 1, au mot *Artois*, pag. 641.

tauban ou la Haute-Guienne, nomma seize
propriétaires les plus connus et les plus en
réputation, dit M. Necker, dont trois étaient
pris dans le clergé, cinq dans l'Ordre de la
noblesse, et huit parmi les habitans des
villes et des campagnes. Sa majesté autorisa
ces propriétaires à en élire trente-six autres,
en observant les mêmes proportions, quant
à l'état des personnes. L'Assemblée provinciale, ainsi composée de cinquante-deux personnes dans la Haute-Guienne, et de quarante-huit seulement dans le Berri, devait, à
mesure des renouvellemens déterminés par le
réglement d'institution, procéder elle-même
à l'élection de ses nouveaux membres ; mais
elle était astreinte à en choisir toujours un
nombre égal dans les diverses parties de la
province » (a).

(a) (*Voy.* OEuvres complètes de M. Necker. *De l'Ad-*
ministration des finances de la France, tom. v, ch. ii
pag. 34 et 35).
L'article 1ᵉʳ et l'article ix de l'Arrêt du Conseil portant création de la première Assemblée provinciale dans le
Berri, étaient ainsi conçus : « *Art.* 1ᵉʳ. Il sera formé dans la
Province de Berri une Assemblée composée de l'Arche-

Suivant les dispositions de la loi du 28 pluviose de l'an VIII, qui a établi, et d'après laquelle subsiste encore l'organisation actuelle des préfectures et sous-préfectures, les Conseils-généraux de départemens sont composés, dans quelques-uns, de vingt-quatre membres; dans d'autres, de vingt; et dans le reste, de

---

vêque de Bourges, et de onze membres de l'Ordre du clergé ; de douze gentilshommes propriétaires, et de vingt-quatre membres du tiers-état, dont douze députés des villes, et douze propriétaires habitans des campagnes ; pour ladite Assemblée, aussi long-temps qu'il plaira à Sa Majesté, répartir les impositions de ladite province, en faire faire la levée, diriger la confection des grands chemins et les ateliers de charité, ainsi que tous les autres objets que Sa Majesté jugera à propos de lui confier......» — *Art.* 9. Pour parvenir cependant à composer la première Assemblée, Sa Majesté veut que, le 5 octobre, il soit tenu à Bourges, dans le Palais archiépiscopal, une Assemblée préliminaire de seize propriétaires, convoqués en vertu des ordres de Sa Majesté, lesquels en indiqueront trente-deux autres, pour, d'après l'approbation de Sa Majesté, former avec les seize antérieurement nommés la première Assemblée provinciale, et ce à l'époque que Sa Majesté fixera dans les lettres de convocation qu'elle fera expédier à cet effet». (*Voy.* l'ancien Dictionnaire de Jurisprudence, par Guyot, au mot *Administration*, tom. 1, pag. 181).

seize (tit. 2, § 1, art. 2) : les Conseils d'arrondissemens, de onze membres (§ 2, art. 8) :
et le nombre des membres des Conseils municipaux est de dix dans les lieux dont la population n'excède pas 2500 habitans; de vingt
dans ceux où elle n'excède pas 5000; de trente
dans ceux où la population est plus nombreuse (§ 3, art. 15), (a).

Et d'après le Sénatus-consulte organique de
la Constitution, du 16 thermidor an X, les
membres des Conseils municipaux devaient
être pris, par chaque Assemblée de canton,
sur une liste des cent plus imposés du canton (tit. 2, art 11).

Soit que l'on consulte l'expérience, soit
que l'on s'en rapporte à ce qu'indique une
présomption raisonnable, les Chambres de la
Propriété et les Chambres de l'Industrie paraissent donc pouvoir être facilement et sans

---

(a) Suivant un arrêté du Conseil d'État, du 9 messi-
dor an VIII, art. 1er, dans ce nombre paraissaient devoir
être compris le maire et les adjoints. Mais, aux termes
d'un autre arrêté, en date du 2 pluviose an IX, art. 3,
lorsque le maire est présent, les adjoints n'ont pas entrée au Conseil municipal.

inconvénient composées chacune, savoir: dans les communes, de dix à quinze membres; dans les arrondissemens, de vingt à trente ; et dans les départemens, de quarante à soixante. De sorte qu'en supposant chaque département divisé en cinq ou dix arrondissemens, ou sous-préfectures, afin que cette division puisse se trouver en rapport, tant avec l'étendue du territoire et sa population, qu'avec la nature des productions de l'agriculture et de l'industrie, il en résulterait que chaque arrondissement pourrait avoir de six à huit mandataires, députés ou représentans dans chaque Chambre départementale.

Quant à la représentation des communes dans les Chambres cantonales, comme, avec le temps, et la population tendant toujours à s'accroître, la circonscription de ces communes doit plutôt être restreinte qu'étendue ; et que leur nombre en France est déja considérable, puisqu'il s'élève peut-être que de là de quarante mille, c'est-à-dire, à plus de cent par arrondissement, terme moyen ; il y a impossibilité évidente de mettre ce nombre en rapport avec celui de leurs représentans

13.

dans les Chambres cantonales, et d'admettre dans ces Chambres seulement un mandataire ou représentant de la Propriété et un mandataire ou représentant de l'Industrie par commune; il convient donc de se fixer au nombre que nous venons d'indiquer pour la composition de ces Chambres cantonales; et nous verrons au surplus, en parlant des Colléges électoraux (a), de quelle manière il doit être procédé à l'élection de ces membres, pour que les intérêts de toutes ces communes soient également défendus et représentés.

(a) *Voy. ci-après*, même titre, § 2.

SECTION III.

Conditions de l'Éligibilité des Mandataires, Députés ou Représentans de la Propriété et de l'Industrie, dans les Chambres départementales, cantonales et communales.

IL suffit ici de rappeler quelques vérités et certains principes précédemment développés, pour faire bien comprendre toute l'utilité de leur application aux questions qu'il nous reste à examiner.

Le mandataire, député ou représentant ne pouvant être légitimement nommé que par ceux-là mêmes qu'il doit représenter (*a*) ; les mandataires, députés ou représentans de la classe *propriétaire* et les mandataires, députés ou représentans de la classe *industrieuse* dans les Chambres départementales, dans les Chambres cantonales et dans les Chambres communales,

1°. Par qui les Mandataires de la Propriété et de l'Industrie dans les Chambres municipales doivent être élus.

(*a*) *Voy. ci-dessus*, vol. VI, pag. 60 *et suiv.*

de même que les mandataires, députés ou représentans de ces deux classes principales de la société dans les Chambres représentatives ou nationales, seront respectivement élus par celle de ces deux classes qu'ils doivent représenter ; et cela sans que le chef de la puissance exécutive ou le ministère puisse être admis à coopérer à leur élection en quelque manière que ce soit, sous peine de provoquer le désordre, de violer les principes fondamentaux de l'Organisation, ou d'ébranler l'édifice social jusque dans ses bases, et d'en encourir toutes les conséquences.

II.
Les Mandataires de la Propriété et de l'Industrie dans les Chambres municipales doivent être choisis dans la classe qui les nomme.

Pour bien apprécier les besoins d'autrui, il est essentiel d'être placé dans une position telle que l'on puisse avoir à défendre des intérêts semblables et non pas des intérêts contradictoires et opposés (a) ; les mandataires, députés ou représentans de la classe *propriétaire* et les mandataires, députés ou représentans de la classe *industrieuse* dans les Chambres départementales, dans les Cham-

(a) *Voy. ci-dessus*, vol. vi, pag. 68 *et suiv.*

bres cantonales et dans les Chambres communales doivent donc respectivement appartenir à celle de ces deux classes principales
pour laquelle ils sont élus et qu'ils doivent
représenter.

On juge mieux de la capacité de ses voisins que de celle de ses autres compatriotes ;
on connaît mieux les besoins de sa ville que
ceux des autres villes : ces vérités, reconnues
par Montesquieu , péremptoires et toutes-
puissantes pour motiver l'une des conditions
essentielles de l'éligibilité des membres de la
représentation dans les Chambres nationales,
acquièrent une nouvelle force relativement à
l'élection des membres des Chambres départementales, des Chambres cantonales et des
Chambres communales; car il ne s'agit, dans
ces diverses Chambres provinciales ou municipales, que de la discussion d'intérêts de
pure localité , qu'il faut être à même de ressentir soi-même pour les bien apprécier et juger. L'objection résultante de ce qu'il faut
maintenir l'unité , l'ensemble, l'harmonie,
entre toutes les parties d'un même État , de

III.
Les Manda-
taires de la
Propriété et de
l'Industrie dans
les Chambres
municipales
doivent être
élus dans le
lieu où sont si-
tués leurs Pro-
priétés , leur
domicile , ou
principal éta-
blissement.

ce qu'il importe que ses habitans se considèrent tous comme membres d'une seule et
même famille, n'est pas plus fondée ici qu'ailleurs; et celle qui consiste à dire que ce sont
les principes, et non pas les hommes, qui
doivent être représentés, ne peut pas non
plus recevoir ici une véritable et juste application dans le sens opposé à la conséquence
naturelle de ces mêmes vérités (a); donc, les
mandataires, députés ou représentans de la
Propriété et de l'Industrie dans les Chambres
départementales, dans les Chambres cantonales et dans les Chambres communales sont
élus par les départemens, par les arrondissemens et par les communes auxquels
celles de ces Chambres dont ils seront membres appartiennent, et parmi les citoyens qui
ont leurs propriétés, domicile ou principal
établissement dans ces départemens, arrondissemens et communes (b).

(a) *Voy. ci-dessus*, vol. vi, pag. 73.

(b) Ce serait à l'égard de ces mandataires, plus encore
qu'à l'égard des maires, que l'on pourrait appliquer les
réflexions que fait avec juste raison sur ceux-ci l'auteur

Solon voulait que l'on recueillît une certaine mesure d'huile ou de froment pour
pouvoir être élevé aux fonctions de la magistrature : et en effet, on ne parviendra jamais

IV.
Il résulte de
la fortune une
garantie natu-
relle qui doit
la faire consi-
dérer comme
l'une des con-
ditions essen-
tielles de l'Éli-
gibilité des
Mandataires
de la Propriété
et de
l'Industrie
dans les
Chambres mu-
nicipales.

de l'ouvrage ayant pour titre : « *Du Régime municipal et
de l'Administration de département* ».

C'est ainsi qu'il s'exprime (1re part. , pag. 79) : « Nous
avons reproché au Gouvernement de Bonaparte d'envoyer des étrangers administrer nos grandes villes dans
les premières fonctions municipales. Un abus à signaler,
qui subsiste encore , c'est qu'il suffit aujourd'hui à un
homme du Palais ou de la Bourse , qui habite Paris,
d'être propriétaire d'une maison des champs dans le département de la Seine, ou l'un des circonvoisins , où il
va passer quelques jours, deux ou trois fois l'an, pour
être nommé maire dé cette commune rurale. Ainsi, un
homme qui ne réside point, qui ne connaît ni les habitans ni les localités, qui n'a appris l'administration que
dans le *Journal des Maires* , est appelé à exercer les premières fonctions municipales , dont la plus chère prérogative pour lui est peut-être de jouir des droits honorifiques de l'Église, qui se sont perpétués en certains lieux.
Voilà bien des sinécures , gratuites à la vérité pour
l'État, mais qui coûtent trop cher aux habitans; car
dans la répartition des charges et des impôts, sur-tout
aux jours calamiteux , le maire citadin , qui ne se croit
point de la commune, pour en être le chef, ne veut participer à rien d'onéreux qui frappe ses administrés, et ne

à démontrer à un esprit de bonne foi et doué de quelque sagacité, qu'une certaine fortune, une honnête et modeste aisance ne soit pas l'une des plus fortes garanties que l'homme puisse donner de son inté-

---

manque pas d'épargner, dans les malheurs communs, sa propriété, sa maison et sa bourse. En rejetant sur les manans un poids qui les accable, c'est assez, selon lui, qu'il préside à la répartition de leurs taxes, et il croit, en les ruinant *au marc le franc*, leur faire beaucoup d'honneur et bonne justice. N'ayons plus de ces maires honoraires et de parade. Exigeons la condition d'indigène. Ayons des natifs ou des domiciliés pour le pays, des citoyens pour la cité ; ayons enfin pour officiers municipaux des pères et des défenseurs du peuple.

« Mais un exemple plus scandaleux dans l'exploitation des mairies, car ici il n'y a nul exercice des fonctions, c'est que nous pourrions nommer telle commune dont le maire actuel, colonel en activité, administre du fond de sa garnison à cinquante lieues de ses administrés, et ne les visite que tous les deux ans, quand il vient en sémestre, comme pour les passer en revue. Nous savons que, dans l'ancien régime, les colonels ne résidaient pas plus que les évêques ; mais du moins les maires, comme les curés, ne quittaient pas la paroisse et n'habitaient pas ailleurs que dans la communauté. Le Gouvernement des étrangers ne convient pas aux Français, même pour les fonctions municipales ».

rêt et de son attachement au maintien de
l'ordre, de la tranquillité publique, à la prospérité de l'État; un homme qui n'est pas propriétaire n'est pas un citoyen complet, en ce
sens qu'il est sans intérêt au plus grand nombre des affaires publiques; à bien peu d'exceptions près, vous ne trouverez des hommes
intéressés au maintien des lois, que parmi
ceux qui, possédant une propriété, sont attachés au pays qui la contient, à la tranquillité qui la conserve, et qui doivent à cette
propriété et à l'aisance qu'elle leur donne,
l'éducation qui les a rendus propres à discuter avec sagacité les avantages et les inconvéniens de ces résolutions législatives qui doivent fixer le sort de leur patrie. Il importe
d'ailleurs à toute société d'inspirer à ses
membres l'esprit d'économie, d'activité, d'industrie ; les publicistes et les législateurs les
plus éclairés et les plus sages ont senti ces
vérités.

Mais il est évident aussi que si le propriétaire foncier a intérêt au maintien de l'ordre
et de la tranquillité; s'il doit craindre l'anarchie, l'oppression, le despotisme, les impôts

désastreux, les révolutions, la guerre, les invasions, le pillage, qui en sont les suites; de même le manufacturier, le négociant, en général l'homme actif, laborieux, exerçant une profession indépendante et libre, doit les redouter, et tout autant ou peut-être davantage.

Il est certain que la jouissance d'une honnête et modeste fortune n'est pas une garantie moins réelle de l'amour du bien public que la possession d'une fortune immense et colossale. Favorisez de préférence la classe moyenne ; rendez-la aussi influente qu'elle puisse l'être. C'est dans cette classe que vous trouverez le plus de mœurs et d'honnêteté. Contens de leur sort, les citoyens de cette classe n'éprouvent et ne font éprouver aux autres, ni la basse envie que fait naître le besoin, ni l'orgueil méprisant qu'inspirent les richesses. Une grande propriété résiste longtemps aux secousses qui ruinent une petite propriété. Le possesseur d'une terre de deux cent mille francs de rente échappe avec de grands débris aux tempêtes d'une longue révolution; le moindre ravage peut anéantir la fortune du propriétaire d'une manufacture ou d'une ferme. Entre l'extrême concentration des propriétés et leur excessive division, la propriété moyenne offre plus de garantie ; elle craint de perdre, et elle veut acquérir ; elle est économe, active, vigilante ; elle est au Gouvernement ce qu'elle est à la vie, elle fonde le bonheur public, comme elle assure le bonheur particulier *(a)*.

Quant à la fixation de la quotité de pro-

(a) L'auteur anonyme de l'ouvrage qui vient d'être précédemment cité, dit : « Aux jours des invasions, car l'Europe du dix-neuvième siècle a connu ce fléau, on ne trouve pas le grand propriétaire dans la commune rurale. Il ne se contente pas même de venir se réfugier à Paris ; il court la poste hors du Royaume, il visite en cosmopolite les États dont les armées occupent la capitale de son gouvernement, et il ne rentre dans sa patrie que lorsque les traités calamiteux ont été signés.

« Au contraire, le fabricant, le manufacturier, l'artiste, l'artisan, demeurent. Ils sont debout, soit pour défendre l'indépendance du territoire, soit pour écarter la flamme et la dévastation, de leurs ateliers, de leurs usines. Ils savent que c'est pour la liberté publique et leurs foyers qu'ils combattent ; ils embrassent fortement l'autel de la patrie ; et comme les braves, *ils ne se rendent pas, ils meurent* ». (Du Régime municipal et de Administration de département, pag. 232).

priété foncière ou industrielle nécessaire pour
être éligible, la Loi-constitutionnelle doit contenir l'indication d'un terme commun, et être
conçue néanmoins dans un esprit de permanence et de stabilité.

Par ces considérations puissantes et d'après
toutes les vues d'utilité publique qui s'y rattachent plus ou moins immédiatement, nous
avons dit précédemment de quelle manière
et dans quelles proportions la fortune doit
être exigée comme l'une des conditions constitutionnelles de l'éligibilité à l'éminence des
fonctions législatives dans les Chambres nationales représentatives (*a*).

D'après ces mêmes considérations et dans des
vues semblables de sagesse, de prudence, nul
ne doit être élu membre des Chambres départementales, des Chambres cantonales, et des
Chambres communales, si l'on ne trouve pas
en lui cette même sorte de garantie dans une
proportion relative, et au nombre et à la fortune des habitans de chaque département, de
chaque arrondissement, de chaque commune

_____

(*a*) *Voy. ci-dessus*, vol. VI, pag. 78 *et suiv.*

pour et par lesquels l'élection devra avoir lieu, et à l'importance de ces fonctions, toutes de même nature, mais d'un degré plus ou moins élevé.

S'il peut exister sans inconvénient quelque différence dans la quotité de la fortune exigée pour l'éligibilité des représentans dans les Chambres de la Propriété et dans celles de l'Industrie ; si la différence à établir à cet égard est même un moyen d'obtenir , dans ces deux classes de représentans, une garantie plus égale et mieux proportionnée (*a*); la condition d'éligibilité fondée sur la maturité de l'âge, doit au contraire être la même pour l'une comme pour l'autre de ces deux classes de représentans : car la droiture des intentions, la sagesse des vues, la prudence des conseils, le calme et la modération ne sont pas moins nécessaires dans les délibérations de l'une que dans celles de l'autre; et, quoiqu'il existe sans doute des exceptions qui d'ailleurs confirment la règle et ne la détrui-

V.
La maturité de l'âge est encore une autre sorte de garantie, et par conséquent doit être une condition de l'Éligibilité des Mandataires de la Propriété et de l'Industrie dans les Chambres municipales.

(*a*) *Voy. ci-dessus*, vol. VI , pag. 94.

sent pas; quoiqu'il puisse y avoir des hommes favorisés de la nature chez lesquels le
germe de la sagesse se développe avant l'époque ordinaire de l'entière et parfaite maturité;
il n'en est pas moins constant que les qualités nécessaires dans la personne des représentans pour que leurs assemblées puissent
atteindre à leurs fins et produire d'heureux
résultats, ne se manifestent et ne se fortifient
qu'avec le temps; qu'en général la maturité
de l'âge est encore l'une des plus fortes garanties de la fixité de la morale et des principes dont l'ensemble constitue la sagesse et
la science véritables; que l'homme le plus éminemment favorisé du don de la sagacité ne
peut cependant donner une preuve de son
aptitude à la méditation des affaires en matière de législation et d'administration publique, qu'à une époque déja avancée de la vie;
que dans la vérité, ce n'est qu'après avoir
appris à soigner ses intérêts particuliers, consolidé sa fortune, assuré le sort de sa famille,
qu'il peut spécialement et efficacement s'occuper des intérêts communs de ses concitoyens, et surveiller la conduite même de

l'administration; que si à vingt-cinq ans il eût pu juger mieux qu'un autre ne le fera dans un âge plus avancé, il jugera mieux encore à quarante ans qu'il n'eût pu le faire lui-même à vingt-cinq; que les peuples d'ailleurs ont plus de respect pour les décisions d'un Conseil composé d'hommes d'un âge mûr, réfléchis, expérimentés, que pour celles d'un Conseil composé de jeunes gens...; et qu'enfin il suffit que cette garantie résultante de la maturité de l'âge puisse être ajoutée aux autres, pour que le Législateur, organe de la volonté générale, ne doive pas l'omettre, dans l'intérêt du Corps social, qui les réclame toutes impérieusement, et pour lequel en effet la Loi fondamentale et constitutionnelle de l'État ne peut trop en exiger quand il s'agit de l'élection de ceux qui doivent surveiller cet intérêt social, soit dans les Chambres nationales représentatives, soit même dans les Chambres provinciales ou municipales des communes, des arrondissemens et des départemens.

Croissez et multipliez fut un des préceptes donnés aux hommes par le Législateur su-

VI.
Les Titres d'époux, de père, sont en-

prême; et le mariage est une institution de droit naturel nécessaire à l'accomplissement de ce précepte divin : rien n'est donc en effet plus contraire aux vues de la nature et du créateur que le célibat.

Nous ne saurions trop élever, trop honorer les pères de famille et la puissance paternelle; et cependant, ainsi que le remarque M. de Montesquieu, là où le célibat a la prééminence, il ne peut plus y avoir d'honneur pour le mariage.

C'est principalement pour l'avenir et dans l'intérêt de la postérité, que la législation prévoit et statue; et c'est conséquemment par les hommes que le bonheur de cette postérité touche le plus, que la législation doit être exercée.

En général, et même dans la vue de l'intérêt présent, les lois relatives aux droits, aux devoirs des époux et à leurs résultats, à l'éducation des enfans, à la conservation des bonnes mœurs, des principes, de la morale, doivent être dictées par ceux qui, chaque jour, sont à portée d'en sentir et d'en apprécier toute l'étendue et l'importance; et si, d'une part, les titres d'époux et de père de famille sont encore une des garanties bien réelles de l'attachement que l'homme peut avoir au maintien de l'ordre et de la tranquillité intérieure et extérieure, d'une autre part et par une utile et favorable réciprocité, cette confiance indiquée par la nature même et que la Loi constitutionnelle doit spécialement leur accorder, est un moyen efficace et parfaitement d'accord avec les principes d'un Gouvernement soumis au salutaire empire de cette loi, d'environner le mariage et la paternité du respect et de la considération qui leur sont dus, et dont ils doivent jouir dans l'intérêt de la société, du bien public et du bonheur particulier.

D'ailleurs, dans une société étendue et nombreuse où l'admission du Système représentatif est devenue nécessaire, il importe beaucoup, pour empêcher que le choix des électeurs ne soit lié et dirigé par les influences, les cabales et les brigues ministérielles, ou par celles des partis, que ce choix soit circonscrit et restreint par des règles générales, pourvu que ces règles n'aient rien de

14.

réellement exclusif et qui se rattache à l'esprit d'immunité, de privilége.

Donc, ces titres d'époux et de père de famille doivent être et seront aussi considérés comme une condition essentielle de l'éligibilité des membres des Chambres provinciales et municipales.

VII.
Septième condition d'Éligibilité : Système d'avancement progressif et graduel.

Enfin, si l'intérêt public et l'intérêt particulier même exigent impérieusement que les places ne soient occupées que par les hommes qui ont l'intelligence, la capacité, l'instruction nécessaires ; si, comme le dit Mirabeau, l'expérience ne se forme que par degrés, si elle étend sa sphère peu à peu, si sa marche naturelle est de s'élever graduellement du simple au composé ; la nature et la raison veulent que l'on passe par les fonctions les plus simples avant d'arriver aux plus compliquées.

On ne craindra plus alors que les municipalités soient dédaignées par les uns comme des emplois inférieurs ; redoutées par les autres comme des postes de fatigue et d'ennui ; abandonnées à un petit nombre de postulans, qui, dépourvus de tout mérite, de toute faculté, de toute considération personnelle, ne tardent pas à les avilir.

Si les Romains n'avaient pas tout concentré dans Rome, s'ils avaient jeté plus d'éclat sur les Administrations municipales, s'ils en avaient fait le premier échelon des honneurs, ils n'auraient pas été réduits à faire des lois de contrainte et de rigueur pour soumettre les citoyens à ces fonctions onéreuses.

Cette filiation des emplois produirait un autre effet non moins avantageux ; l'ambition des hommes deviendrait, dans les places les moins brillantes, la caution de leur zèle à en remplir les devoirs. Car, quelque fonction qu'un homme exerce, lorsqu'elle est un état passager d'épreuve sur lequel on apprécie ses talens, son intégrité, pour l'élever à des postes plus éminens, dès-lors on peut compter sur son attention continuelle à se maintenir irréprochable, et à se concilier l'estime de ses concitoyens.

Les fonctions d'ailleurs les plus obscures s'ennoblissent par la perspective de celles qui sont plus relevées ; les hommes se montent

naturellement au niveau de leurs espérances.
Voulez-vous vivifier toutes les parties d'un
royaume jusqu'aux plus petits emplois? que
les services soient les uniques voies d'avancement, et que tout état public serve d'épreuve
pour parvenir à un autre.

Si la loi a voulu s'assurer de l'expérience,
de la raison de ceux qui aspirent aux emplois,
par la fixation de l'âge ou du *majorat* politique ; comme la raison et l'expérience dépendent encore moins du temps qu'on a vécu,
que de l'usage que l'on en a fait, c'est entrer
dans l'esprit de cette loi que d'exiger un no-
viciat pour être éligible aux fonctions législatives les plus éminentes.

Déterminer un certain ordre de naissance
et en faire une condition d'éligibilité, c'est frapper tous ceux qui sont hors de la ligne ; c'est
prononcer exclusion contre eux ; c'est les
déshériter d'un droit naturel : mais fixer, à la
marche des avancemens , des règles qui
soient les mêmes pour tous, qui laissent à
tous les mêmes droits, les mêmes espérances, qui soient dirigées contre les priviléges
en faveur de l'égalité, ce n'est point blesser

le principe, c'est le protéger, c'est le garantir (*a*).

Dans un Gouvernement où ce principe de l'égalité sociale doit être consolidé et affermi par toutes les institutions, il est donc encore d'une grande utilité que la société s'impose la loi d'ajouter ici à toutes les précédentes conditions de l'éligibilité pour les membres des Chambres communales, cantonales, départementales, comme pour ceux des Chambres nationales représentatives, la condition qui doit naturellement résulter de l'admission du système d'avancement graduel et progressif, système indispensable au moins dans toute l'étendue de la première branche de l'organisation, c'est-à-dire de la puissance législative, dans ses différens degrés d'importance, d'étendue, d'élévation.

———

Faute d'admettre, en ce qui concerne la Observation. composition de ces Chambres provinciales ou municipales en général, ces divers principes d'organisation indiqués par la nature, la rai-

———

(*a*) *Voy. ci-dessus*, vol. vi, pag. 170 *et suiv.*

son, le bon sens, et recommandés par l'expérience; faute de mettre ces diverses parties
secondaires du Pouvoir législatif, aussi bien
que l'organisation des Chambres représentatives du premier degré, en harmonie parfaite
avec les vérités naturelles et les règles du
Droit constitutionnel; les sociétés n'attein-
draient pas le but principal du législateur,
elles n'auraient pas de solide et durable constitution; les véritables amis de l'ordre et de la
justice se trouveraient en effet réduits, ainsi
que quelques hommes semblent se plaire à le
répéter, à ne faire que de beaux songes phi-
losophiques, et conséquemment aussi les mo-
ralistes s'épuiseraient encore pendant long-
temps à prêcher sans beaucoup plus de fruit
qu'ils ne l'ont fait jusqu'ici, les préceptes de
la morale et de la religion.

Mais, dans l'intérêt de cette même morale
et de la vraie religion, dans l'intérêt de ceux
mêmes qui gouvernent, et de l'humanité tout
entière, espérons qu'un jour viendra où les
yeux seront dessillés, où les hommes dont la
volonté peut avoir, pour opérer le bien, plus
encore que pour produire le mal, une in-

fluence si puissante (ou à leur defaut, les intéressés qui, pris individuellement, peuvent
à la vérité peu de chose, mais dont l'opinion en masse , si elle était concordante, ne
serait pas non plus sans force et sans efficacité) , finiront par comprendre de quel avantage serait, pour le bonheur public et particulier, l'institution de ces Chambres législatives
de pure localité et de différens degrés dans
les départemens, dans les arrondissemens, et
même dans les communes, en même temps
que l'admission des règles de raison, de droit,
d'équité, que nous venons de rappeler, et
qu'il faut appliquer à la composition de ces
Chambres. Alors, la marche du Gouvernement, celle du Pouvoir exécutif, ne seraient
plus entravées par une foule de détails que
le Gouvernement en général, que ce Pouvoir
exécutif, ne peuvent régler et diriger d'une
manière utile, par la raison, entre autres,
qu'ils n'en ont qu'une connaissance éloignée,
tardive et imparfaite : et parce qu'ils sortent
d'ailleurs des véritables limites des attributions de ce Pouvoir : des hommes mûrs et
réfléchis, propriétaires, industrieux et labo-

rieux, époux, pères de famille, indépendans,
libres, bons citoyens, successivement, et après
plusieurs années d'épreuves, investis de la
confiance toujours croissante de leurs plus
proches compatriotes, et capables en effet de
surveiller les intérêts de ceux-ci et leurs intérêts propres, pourraient sans inconvéniens
délivrer eux et leurs départemens, leurs arrondissemens, leurs communes, de cette tu-
telle perpétuelle, de cette sorte d'esclavage
politique dans lesquels les retiennent les vices
de l'organisation actuelle, et qui leur causent
de si grands et si fréquens préjudices. Alors,
et lorsque l'on aura ainsi rendu intéressantes
et honorables toutes les fonctions publiques
de l'ordre dont nous venons de parler, lorsqu'on y aura attaché une grande considération, et répandu une sorte d'éclat, une émulation d'honneur et de vertu, *en ménageant
habilement l'espérance de place en place, et
en appelant l'ambition à tout mériter, au lieu
de tout envahir,* on verra, infailliblement,
soit dans ces Chambres communales, cantonales, départementales, soit dans les Chambres nationales représentatives, des hommes

qui sauront unir la droiture des intentions ,
la justesse des idées et la sagesse des conseils,
le jugement , la prudence , la modération ,
l'expérience, aux talens , aux avantages précieux de l'érudition , de l'éloquence et de l'i-
magination.

SECTION IV.

*Des Incompatibilités, de l'Exercice, de la
Durée des Fonctions législatives, dans les
Chambres départementales, cantonales et
communales.*

1.
Incompatibi-
lités des Fonc-
tions représen-
tatives dans les
Chambres mu-
nicipales.

Le temps a des limites ; et les facultés hu-
maines physiques et intellectuelles ont aussi
les leurs.

La reconnaissance même est un sentiment
qui, quoique louable, peut avoir une influence funeste, en affaiblissant l'indépendance d'opinion et la liberté morale que doivent essentiellement conserver des hommes
auxquels d'importantes fonctions prescrivent
souvent des devoirs austères, et difficiles à
remplir avec une stricte, une entière impar-
tialité.

D'ailleurs, le véritable caractère, la base
fondamentale et nécessaire du Gouvernement
monarchique constitutionnel, c'est la distinction des trois Pouvoirs : et violer ce principe,
c'est attaquer l'existence même de l'institu-

tion, c'est ébranler l'édifice jusque dans ses premiers fondemens.

Tout esprit judicieux doit partir d'une première vérité, et en admettre ensuite les conséquences ; tout homme qui veut raisonner et se conduire conséquemment, doit se résigner à supporter avec docilité et sans murmures, tous les maux inévitables d'un Gouvernement mal constitué, d'une organisation imparfaite ; ou, s'il se croit digne de vivre sous un meilleur Gouvernement, s'il veut, dans son propre intérêt et dans celui de sa postérité, l'établissement d'une constitution vraiment libérale, où la distinction des trois puissances et la séparation de la puissance législative en trois branches donnent la garantie de la modération du pouvoir, qui ne peut subsister sans cette division ; il faut qu'il regarde comme un principe de cette organisation également inviolable et sacré, l'incompatibilité de toutes fonctions législatives avec toutes celles qui se rattachent à l'exercice de la puissance exécutive et de la puissance judiciaire.

Dans un Gouvernement monarchique con-

stitutionnel où le Systême de la représentation est admis, tout représentant, pour remplir fidèlement son mandat, et dans l'intérêt
du prince aussi bien que de la société, doit
avoir les yeux ouverts sur les actes de l'autorité exécutive ; il doit attentivement surveiller
et rechercher les abus qui, sans cela, subsis-
teront toujours dans les diverses branches de
l'administration, et qui deviennent, en s'ac-
cumulant, la véritable, la plus forte cause des
révolutions.

Pour remplir exactement de si importantes
fonctions, il faut, par-dessus tout, conserver
une grande liberté d'opinion, une parfaite et
entière indépendance morale, qu'on ne peut
pas raisonnablement espérer de rencontrer
dans l'homme qui doit avoir tout naturellement, par position, par nécessité, par devoir,
une volonté subordonnée et dépendante.

Ce ne sera jamais en mettant les hommes
en opposition avec leur propre conscience et
avec leurs devoirs, que l'on parviendra à insti-
tuer rien de véritablement utile et durable (a).

_____

(a) *Voy. ci-dessus*, vol. vi, pag. 193 *et suiv.*

Donc, un autre principe essentiel d'organisation, c'est évidemment que les fonctions représentatives dans les Chambres départementales, dans les Chambres cantonales, dans les
Chambres communales, sont incompatibles
avec toutes celles qui se rattachent de leur
nature à l'exercice de la puissance exécutive,
et même avec les graces, faveurs, honneurs,
titres et pensions qui peuvent émaner de la
munificence royale.

Tout travail utile mérite un salaire pro-
portionné à son importance, et ne doit pas
devenir ruineux pour celui qui, par ses vertus, son patriotisme et son zèle, s'est rendu
digne qu'il lui fût confié. Il y aurait plus d'orgueil, de vanité, de faux honneur, que de
grandeur véritable à dédaigner la juste indemnité des servïces que l'on rend à la société.

Il est un point sur lequel il faut absolument changer la politique de tous les peuples
du monde, avant que l'on puisse se flatter
d'atteindre à quelque perfection en fait de
Gouvernement ; savoir, la manie de vouloir

II.
Principes re-
latifs à l'Exer-
cice des Fonc-
tions représen-
tatives dans les
Chambres mu-
nicipales.

être servi gratuitement. C'est confiner les droits d'éligibilité dans une caste aristocratique ; c'est introduire un système d'hypocrisie machiavélique dans les élections populaires.

Les règles d'une stricte économie conseilleraient peut-être d'épargner le salaire en argent, là où l'on reçoit un autre salaire (d'honneur ou de pouvoir), s'il n'y avait, à prendre ce parti, des inconvéniens plus graves que ceux de la dépense. Il est à craindre qu'un homme qui donne gratuitement ses travaux, ne vende son pouvoir.

Si vous n'accordez aucune indemnité aux représentans, les intrigans ne désireront d'être nommés que pour arriver à d'autres places ; et les hommes honnêtes, mais sans ambition, ne se verront éloignés de leurs propriétés et ne rempliront leurs fonctions qu'à regret.

Il faut que les places paient leurs dépenses, afin qu'elles puissent être données au mérite, qui se trouve le plus souvent dans une médiocre aisance. Les économies contraires à ce principe, sont nuisibles à l'État.

Est-ce donc que, depuis le trône jusqu'au

dernier emploi de la société, tous ne sont pas rétribués sur les deniers publics? Le magistrat sent-il, dans la distribution de la justice, sa conscience liée par la rétribution attachée à ses fonctions? Le guerrier croit-il ses lauriers flétris et son sang méprisé, parce qu'un salaire est affecté à son grade? L'administrateur regarde-t-il les soins qu'il donne aux intérêts publics comme dégradés par le traitement attaché à ses fonctions? La société paie par sentiment d'honneur, parce qu'étant au-dessus de tout, elle ne doit rien recevoir de personne. Elle paie par sentiment de justice, parce qu'elle n'a pas le droit de faire servir les uns gratuitement par les autres, et qu'on ne peut arracher un homme à ses travaux sans lui donner un dédommagement.

Donc, les fonctions représentatives ne seront pas plus gratuites dans les Chambres départementales, dans les Chambres cantonales et dans les Chambres communales, que les fonctions représentatives dans les Chambres nationales; et les hommes appelés à les remplir et qu'une grande fortune peut mettre en état, sans nuire à leurs propres intérêts et à ceux de leur famille, de faire l'abandon de cette juste indemnité, ne manqueront jamais d'occasions et de moyens secrets pour en faire un généreux et utile emploi en faveur de leurs concitoyens dans le besoin, et en général au profit de l'humanité souffrante.

Pour compléter ce qui est relatif à l'exercice des fonctions représentatives dans les diverses Chambres municipales, nous dirons encore, en rappelant toujours et appliquant ici les motifs que nous avons exposés plus haut au sujet de l'exercice des fonctions représentatives dans les Chambres nationales, que les hommes qui exercent de si nobles et si belles fonctions doivent être exempts même du soupçon (a); et qu'en conséquence la Loi constitutionnelle ne doit pas, en admettant à leur égard une dérogation à l'uniformité de la législation, aux principes de l'égalité sociale et de l'égalité civile, les soustraire à l'application des peines qu'ils auraient encourues en matière civile, commerciale, correctionnelle

_____

(a) *Voy. ci-dessus*, vol. vi, pag. 216 *et suiv.*

ou criminelle; mais au contraire, et dans la vue d'affermir d'autant plus le principe de leur indépendance, les soumettre à une sorte de responsabilité *individuelle* dans tous les cas où ils se rendraient coupables de quelques infractions aux obligations, défenses et injonctions que cette même Loi constitutionnelle leur prescrit à tous.

Profitons de l'exemple des Anglais ; mais sachons éviter leurs erreurs; et au lieu de récompenser le désordre dans la conduite, éloignons de toute place dans les Assemblées, tant nationales que provinciales et municipales, le citoyen qui, par une mauvaise administration de ses propres affaires, se montrera peu capable de bien gérer celles du public.

L'inviolabilité des Chambres est un principe essentiel, fondamental et sacré, de la constitution; mais outrer un principe, en faire une application fausse et hors de ses véritables limites, ce n'est pas l'affermir et le respecter; c'est au contraire le méconnaître, le violer, et travailler indirectement à le renverser (*a*).

_____

(*a*) *Voy. ci-dessus*, vol. vi, pag. 217 et 219.

15.

III.
De la Durée
des Fonctions
représentatives
dans les
Chambres
municipales.

En toute matière, et plus particulièrement en matière de publicisme et de droit, il existe réellement deux manières différentes de raisonner. Nous avons vu plus haut, dans la première division de ce paragraphe (a), un exemple des conséquences opposées qui peuvent résulter de l'adoption de l'une et de l'autre ; et nous avons indiqué celle qui doit être préférée, non pas peut-être par le législateur, dans une circonstance et une discussion déterminée et circonscrite, mais par le publiciste, dans un examen plus général, plus étendu, et comprenant l'ensemble de la science : c'est encore cette même méthode que nous avons constamment suivie dans cet ouvrage, dont il faut appliquer et suivre ici la règle. Or, d'après elle, quel motif déterminant, disons même, spécieux pourrait, exister, de limiter à une courte et éphémère période de quelques années la durée des fonctions représentatives, lorsqu'elles auraient été scrupuleusement environnées de toutes les

---

(a) *Voy. ci-dessus*, vol. VI, pag. 220 *et suiv.*

garanties possibles et nécessaires ? Par quelle raison plausible se priver d'hommes dont les élections auront été accompagnées, réglées, dirigées, par l'observation scrupuleuse de tous les principes d'organisation, de toutes les mesures et formalités que la sagesse indique et prescrit d'adopter ? et cela, pour les remplacer par d'autres hommes qui seraient bien à la vérité élus avec les mêmes garanties, mais à qui il manquerait toujours, pendant plusieurs années, l'instruction spéciale qui ne peut s'acquérir que par l'expérience.

En fait d'organisation sociale, en général, les changemens fréquens des hommes qui occupent les emplois publics, aussi bien que l'instabilité des choses et des institutions, n'ont jamais lieu sans produire de graves inconvéniens ; mais les fonctions qui exigent le plus d'instruction, de sagacité, de jugement, (et celles dont il s'agit ici doivent encore être rangées dans cette classe), ont, plus particulièrement encore, besoin d'une grande stabilité.

Pourtant, d'un autre côté, la vieillesse n'est pas non plus l'âge convenable à l'exercice de ces mêmes fonctions. La force, l'acti-

vité, l'intelligence même, s'affaiblissent et dé-
croissent avec l'âge; l'esprit vieillit aussi bien
que le corps.

Donc, s'il n'existe pas quelque cause particulière d'éloignement et de déchéance, telles
que celles que nous avons indiquées, en traitant de l'exercice des fonctions représentatives dans les Chambres nationales, et que
nous venons de rappeler relativement à l'exercice de ces mêmes fonctions dans les Chambres municipales, la durée de ces dernières,
de même que la durée des premières, n'aura
d'autre limite que celle du terme généralement imposé par la nature elle-même à tous
les genres de services et de travaux intellec-
tuels, c'est-à-dire qu'elle paraît devoir être
renfermée dans l'intervalle qui s'écoule de
l'âge de quarante ans à celui de soixante.

SECTION V ET DERNIÈRE.

Inviolabilité , Indépendance , Publicité des Chambres départementales, cantonales et communales.

L'observation des divers principes d'organisation qui viennent d'être posés dans les sections précédentes, et les garanties qui doivent nécessairement en résulter, ne sont pas toutefois un motif pour négliger d'étendre aux Chambres départementales , cantonales et communales, l'application de ces trois autres principes , l'inviolabilité, l'indépendance, la publicité, ainsi que nous devons ici l'expliquer en continuant d'extraire et analyser, en ce qu'ils ont d'applicable à cette seconde division , les développemens donnés dans la première division de ce paragraphe du titre premier relatif à l'organisation du Pouvoir législatif.

Le principe de l'inviolabilité doit encore s'entendre et être considéré ici dans le sens et l'acception que nous lui avons précédem-

I.
Inviolabilité
des Chambres
provinciales et
municipales.

ment donnés, c'est-à-dire, relativement au degré de pouvoir ou d'influence directe et légale, régulière et constitutionnelle, que le prince peut avoir droit d'exercer sur les Chambres départementales, cantonales, communales, et particulièrement au sujet de leur convocation.

Or, sous ce point de vue, nous disons encore qu'il est impossible qu'il s'écoule une année entière, sans que les intérêts généraux de la société, des départemens, des arrondissemens, des communes, ne réclament quelques nouvelles résolutions législatives ; ne fût-ce que relativement à la répartition des impôts, qui ne doivent jamais être déterminés et consentis pour plus d'une année, sans s'exposer à de graves inconvéniens, et sans courir le risque, dit M. de Montesquieu, de perdre la liberté.

« Si le Corps législatif était un temps considérable sans être assemblé, dit encore cet illustre publiciste, il n'y aurait plus de liberté......, les résolutions législatives seraient prises par la puissance exécutrice, et elle deviendrait absolue ».

Si même la Loi constitutionnelle ne détermine pas une époque fixe à laquelle la réunion de ce Corps et autres Corps de même nature puisse avoir lieu, chaque année , de plein droit, à défaut de toute autre convocation, les injonctions faites par cette loi au Pouvoir exécutif de convoquer, soit tous les trois ans, soit annuellement, soit même dans un délai de trois mois pour le cas d'une dissolution anticipée, sont insuffisantes , illusoires et sans force ; elles ne peuvent garantir l'État de deux alternatives également redoutables , le despotisme et l'anarchie. En effet , qu'un prince d'un caractère audacieux et absolu ne veuille pas faire usage de son droit de convocation , il faudra donc rendre la voie de l'insurrection licite et légitime? Du moins ne sera-ce plus que par elle , et en s'élevant ouvertement non-seulement contre le prince, mais encore contre la Loi fondamentale , contre la Constitution même de l'État, que la réunion des Chambres pourra s'effectuer.

Suivant Locke , le prince qui entrave la liberté des Assemblées législatives, qui ne permet pas qu'elles s'assemblent et qu'elles agissent dans le temps convenable et conformément aux lois d'après lesquelles elles doivent être établies, altère, détruit effectivement la puissance législative, met fin au Gouvernement, et délie les sujets de tous les devoirs de la soumission et de l'obéissance.

Si chaque monarque, disent d'autres auteurs, peut empêcher l'Assemblée des États de son royaume dans un temps prescrit; si, dans ce temps même, elle n'est plus, sans sa permission, qu'une congrégation illicite, il ne faut pas parler de lois fondamentales, de monarchies tempérées, de limitation au pouvoir souverain, de promesses qui lient les rois. Ce sont autant de mots vides de sens; il n'y a plus qu'un seul Gouvernement dans le monde, le Gouvernement asiatique ou despotique.

Sans doute, en raisonnant toujours dans l'hypothèse d'une organisation qui, loin d'être soumise à aucune des règles prescrites par la sagesse et la prévoyance, serait encore, au contraire, dans un état complet d'imperfec-

tion, abandonnée à toute l'incertitude du
hasard et du désordre, de l'insouciance
et de l'intrigue, de l'effervescence et des
passions, les hommes les mieux pensans
et les plus sages auraient des motifs puissans pour se persuader qu'il serait dangereux de se soumettre à l'entière et stricte
observation du principe qui autorise l'assemblée spontanée des Chambres représentatives dans les départemens, dans les arrondissemens et dans les communes, de même
que dans la capitale, à une époque fixe de
chaque année, sans qu'elles pussent être dis-
soutes avant l'expiration d'une époque de
même fixée.

On sait qu'il est en effet tel état de désordre, de confusion dans les institutions, que
les principes les plus incontestables ne peuvent s'y pratiquer, et n'ont réellement nulle
application; que vouloir établir la règle d'organisation la plus salutaire, lorsque tous les
autres principes sont sans solidité et sans fondemens, lorsque toutes les autres vérités qui
doivent leur servir de base, sont ou encore
inconnues, ou renversées, détruites, ou-

bliées, ce serait vouloir une chose totalement
vaine et chimérique.

Mais pourquoi rester invinciblement dans
cette même hypothèse d'un état de défectuosité et d'imperfection, dont le Législateur a
pour but essentiel et principal de sortir, auquel il s'applique chaque jour à substituer la
régularité, l'ordre, la justice, non pas seulement dans une seule partie, mais dans tous
les détails de chacune des parties secondaires
de l'Organisation ?

N'oublions donc pas que la Constitution ne
doit admettre, dans toute sa plénitude et
dans toutes ses conséquences, ce principe de
l'Inviolabilité des Chambres représentatives
dont il s'agit encore de faire ici l'application,
qu'après avoir adopté et en mettant à exécution toutes les règles nécessaires à l'existence
du Systême représentatif dans son entier développement, et relatives à l'Éligibilité des
membres des Chambres nationales, départementales, cantonales et communales, aux Incompatibilités, à l'Exercice, à la Durée de
leurs fonctions, etc., etc.....

La Société, ou le Législateur, qui, devenant

son organe, emprunte aussi sa force et son impassibilité, doit élever toutes les parties de l'édifice constitutionnel dans la vue de la durée et de la stabilité; et lorsqu'il agit constamment dans cet esprit, lorsqu'il s'applique à en suivre en tous points les inspirations, les préceptes et les règles, il ne doit pas, par un défaut de confiance intempestif dans son propre ouvrage, par une crainte chimérique et pusillanime, introduire lui-même, dans une partie quelconque, dans les étages inférieurs de ce grand édifice, un principe de ruine, une cause réelle de renversement, de désordre et de destruction (*a*).

Ainsi, les Chambres départementales, les Chambres cantonales, les Chambres communales, de même que les Chambres nationales, s'assembleront de plein droit et sans qu'il soit besoin d'aucune autre convocation, chaque année, à l'époque et pendant le délai à l'avance fixés et déterminés par la Constitution.

Si le grand nombre des affaires, ou quelque circonstance urgente, rendent nécessaires la

(*a*) *Voy. ci-dessus*, vol. VI, pag. 253 *et suiv.*

prorogation de leurs sessions ou une réunion extraordinaire, cette prorogation ou cette réunion s'effectuent alors d'après l'ordre et sur la convocation émanés du Pouvoir exécutif, par qui seul l'utilité de ces Assemblées extraordinaires peut être convenablement appréciée et pressentie.

II.
Indépendance
des
Chambres
provinciales et
municipales.

Il ne suffit pas que la liberté, l'indépendance morale des résolutions des Chambres représentatives dans les départemens, dans les arrondissemens et dans les communes, de même que l'indépendance des Chambres nationales, soient garanties par l'adoption des règles que nous venons de rappeler, relativement à l'éligibilité de ces membres, aux incompatibilités, à l'exercice, à la durée de leurs fonctions; il ne suffit pas que ces Chambres soient inviolables dans toute l'étendue de l'acception que nous venons d'expliquer de nouveau, en donnant à ce principe l'application qu'il devait encore recevoir dans l'article qui précède; il faut de plus que les opinions de leurs membres, leurs délibérations, leurs assemblées, soient dégagées et af-

franchies de toutes les influences et suggestions étrangères et ministérielles, par l'observation d'un autre principe.

Ce principe se rattache toujours essentiellement au premier principe fondamental de
l'Organisation monarchique et constitutionnelle, c'est-à-dire à la distinction des trois
Pouvoirs constitutifs, et à celui de la séparation du Pouvoir législatif en trois branches indépendantes, second fondement nécessaire de cette même Organisation (a); il est
aussi une conséquence forcée de l'admission
de cette sorte de Gouvernement, lequel ne
saurait être simple ou despotique, mais bien
mixte, de sa nature (b), et où conséquemment la partie, soit aristocratique, soit démocratique, qui entre dans les élémens de sa
composition, doit être librement constituée
d'après les règles qui sont propres et analogues à la nature de l'aristocratie et de la démocratie, ou de la démocratie pure, si,
comme nous l'avons démontré (c), la démo-

(a) *Voy. ci-dessus*, vol. v, pag. 478 et 589.
(b) *Ibid.*, pag. 260 *et suiv.*
(c) *Ibid.*, pag. 269 *et suiv.*

cratie est le seul élément qu'il convient d'admettre avec celui du Gouvernement d'un seul, dans l'organisation d'une Monarchie Constitutionnelle.

Suivant ce principe, l'organisation, la surveillance, la police, les règlemens intérieurs des Chambres provinciales et municipales leur appartiennent exclusivement ; leurs présidens, secrétaires, et scrutateurs, sont pris dans leur sein et choisis par elles, suivant la voie du sort, l'ancienneté d'âge, ou l'élection ; leurs résolutions sont adoptées par scrutin secret ; le nombre de leurs membres pour qu'elles puissent délibérer est au moins des deux tiers ; enfin, et par dessus tout, la présence des préfets, des sous-préfets et des maires dans les assemblées de ces Chambres, pouvant gêner la liberté des discussions, en bannir le calme et la modération qui doivent soigneusement y être conservés, pour y substituer, ainsi que cela résulte de la présence des ministres dans les Chambres nationales, les reproches directs, les plaintes amères, les personnalités, les sarcasmes, l'ironie, l'animosité et l'aigreur, une disposition formelle

de la Loi constitutionnelle exclura ces agens
de la puissance exécutive des délibérations de
ces Chambres, auxquelles ils fourniront d'a-
vance les instructions nécessaires par écrit,
ou même, en cas de besoin, par l'intermédiaire de conseillers de préfecture, de sous-
préfecture et de mairie, qui rempliront, dans
ces parties inférieures de l'organisation, les
fonctions que les orateurs et conseillers d'état
doivent remplir auprès des Chambres nationales (a).

C'est ainsi qu'autrefois, dans les États du
Languedoc, de la Bretagne et de la Provence,
les gouverneurs, les commandans, ou les
commissaires du roi, n'assistaient pas habituellement aux délibérations des États.

En Languedoc, « La coutume ordinaire,
dit l'auteur du Précis de l'organisation ou Mémoire sur les États provinciaux, est qu'ils
n'entrent aux États que le jour de l'ouverture, pour accorder la permission de tenir
l'assemblée et en exposer le sujet, le jour de
l'adjudication du *don gratuit*, le jour de l'ad-

(a) *Voy. ci-après,* tit. 11, § 1.

judication de *l'équivalent*, et dans quelque autre occasion importante où il s'agit de communiquer aux États les ordres du roi.... ».

Aux États de Bretagne, « Le gouverneur, dit le même auteur, fait proclamer l'ouverture des États, qui s'assemblent le lendemain. Dans la première séance, on fait lecture de la commission générale du roi. Ensuite on lit les commissions particulières, qu'on examine avant que de les enregistrer, pour voir si elles sont conformes à celles de 1626, qui servent de règle. Cet examen et les discours d'ouverture remplissent cette journée. Le lendemain, le gouverneur remet au greffier les commissions des deux Commissaires du Conseil, et après qu'elles ont été lues, le premier d'entre eux fait au nom du roi la demande du don gratuit. Le procureur-général de la province répond à son discours en représentant l'état où se trouve la province, et le besoin qu'elle a des bontés du roi. Après cela, les commissaires se retirent *pour laisser la liberté des délibérations* ».

En Provence, « Après la cérémonie de l'ouverture, le gouverneur ou commandant se re-

tirait de même de l'Assemblée ; et on lui
rendait seulement compte de toutes les délibérations » (a).

Dans l'origine de la création des Conseils-
généraux (pluviose an VIII, correspondant au
mois de février 1800), la présence des préfets n'était pas admise lors des délibérations
de ces Conseils. Elle n'était du moins que facultative, c'est-à-dire que les Conseils eux-
mêmes devaient la réclamer , s'ils la jugeaient
nécessaire à la clarté des renseignemens et
des explications qu'ils avaient à demander.

Une simple ordonnance est venue changer
cet état de choses qui, par son extrême importance et par sa nature même, se trouve
manifestement hors du cercle et des limites
des attributions de la puissance exécutive, et
devait au moins faire l'objet d'une grave et
sérieuse discussion législative.

Aussi ce changement a-t-il donné lieu depuis , à diverses reprises et en différentes

(a) *Voy.* l'Ami des Hommes, ou Traité de la Population , tom. IV, *Utilité des États provinciaux* , pag. 174,
178, 186 et 187.

16.

circonstances , à d'assez nombreuses réclamations. Les Conseils-généraux de plusieurs départemens ont à cet égard manifesté leur
vœu. Voici, entre autres, l'analyse, présentée
au roi par le ministre de l'intérieur, des procès-verbaux des Conseils-généraux des départemens d'Isle-et-Vilaine, de la Gironde,
du Pas-de-Calais, de la Somme, etc., dans
la session de 1817.

Isle-et-Vilaine : « Le conseil attend avec impatience la loi annoncée sur la nomination
des membres des Conseils-généraux ; il pense
qu'une entière liberté dans les choix peut seul
donner à cette institution une heureuse influence sur l'esprit des administrés ».

Gironde : « On sollicite le rapport de la disposition qui accorde aux préfets et aux sous-
préfets l'entrée au Conseil avec voix délibérative…. ».

Pas-de-Calais : « Le Conseil fait des observations sur la présence des préfets à ses séances;
elle n'était que facultative : il demande que Sa
Majesté daigne rendre aux Conseils-généraux
l'entier exercice du mode de délibération privée dont ils ont joui précédemment…. ».

Somme : « L'ordonnance du Roi, qui donne aux préfets le droit d'assister aux séances, paraît au Conseil être contraire à la liberté des délibérations ; il exprime ses regrets de ne pouvoir porter librement au pied du trône les vœux, les hommages et l'expression des besoins de ses concitoyens » (a).

On peut voir aussi, à ce sujet, le discours prononcé à la Chambre des Députés, par M. le Comte de la Bourdonnaie, lors de la discussion de la loi des finances, dans la session de 1817 (b) ; et les observations de ce même membre de la Chambre des députés, de M. Chauvelin et de M. Beugnot, dans la même session, sur cette nécessité de respecter l'entière indépendance des Conseils-généraux, de ne pas violer la loi du 28 pluviose an VIII, de ne pas gêner la liberté des délibérations de ces Conseils, en les soumettant à l'influence dangereuse qu'y exerce infailliblement la présence des préfets.

(a) *Voy.* l'Analyse des Procès-Verbaux des Conseils-généraux de département, session de 1817, présentés à Sa Majesté par le Ministre de l'Intérieur. — Moniteur des 12, 13 et 14 novembre 1817, nᵒˢ 316, 317, 318.

(b) Moniteur du mercredi, 1ᵉʳ avril 1818, nᵒ 91.

M. le comte Beugnot, particulièrement, s'en exprime ainsi : « Il est à désirer que la Chambre connaisse quel a été le vœu exprimé dans sa Commission du budget, de cette Commission honorée de sa confiance, au sein de laquelle les opinions diverses se sont toujours conciliées au nom du bien public. Or, sur la question dont il s'agit, on s'est prononcé dans cette Commission *à l'unanimité.* Elle a considéré que, dans les anciennes Assemblées provinciales, les Commissaires du roi n'avaient pas l'attribution qui est présentement donnée aux préfets. Ces Commissaires ouvraient la séance, ils la fermaient; mais l'Assemblée ne délibérait point en leur présence. Il en était ainsi dans les pays d'États.

« Si nous passons de l'ancien état de choses au nouveau, nous trouvons que, par l'organisation de l'Administration, on a soigneusement séparé le conseil, la délibération, de l'exécution. Cette séparation a toujours été maintenue, et les attributions diverses conservées; jamais on n'a pu les confondre *(a)*.

(a) Qu'il serait à désirer que cette assertion fût mieux prouvée par les faits !

Ici, la séparation cesse ; et la Commission s'est fait cette question et a posé ce dilemme, en examinant les effets de la disposition nouvelle : les préfets admis au sein des Conseils-généraux pendant qu'ils délibèrent, auront de l'influence sur les délibérations, ou ils n'en auront pas. S'ils n'en ont pas, la disposition est inutile; s'ils en ont, elle peut être dangereuse.

« Parlerait-on de l'utilité de rendre les communications promptes et faciles; mais elles l'ont toujours été : et moi-même j'ai exercé assez long-temps les fonctions de préfet pour pouvoir assurer qu'il n'y a pas eu d'exemple d'un renseignement, d'un avis, d'un éclaircissement, demandé par un Conseil-général, qui n'ait été fourni à l'instant par le préfet. La nécessité de l'ordonnance n'a donc pu être reconnue par la Commission dont je me borne ici à rappeler le vœu » (*a*).

Assurément il peut exister une foule de motifs pour ne pas admettre la publicité des

III.
Publicité des Chambres provinciales et municipales.

(*a*) Moniteur du dimanche, 12 avril 1818, nº 102.

délibérations dans les Conseils - généraux,
les Conseils d'arrondissement, et les Conseils
municipaux ou Assemblées de notables et
principaux imposés, tels que ces Conseils et
Assemblées existent aujourd'hui. Mais nous
ne craignons pas d'affirmer qu'aucun de ces
motifs ne subsisterait et ne pourrait être justement objecté, si les Chambres départementales, cantonales et communales, qui devraient, à certains égards, remplacer ces
Conseils et Assemblées municipales, étaient
constituées et composées conformément aux
principes d'organisation qui ont été précédemment développés.

Au contraire, il existerait alors plusieurs
raisons très-péremptoires pour se hâter d'a-
dopter ce principe.

Premièrement, la liberté des discussions,
la publicité des délibérations sont de l'essence
de la démocratie; et les Chambres représentatives, à quelque degré que ce soit, tiennent
évidemment à la partie démocratique d'une
Organisation mixte de sa nature, telle que la
Monarchie constitutionnelle, et participant du
Gouvernement d'un seul et de la démocratie.

Deuxièmement, dans la Monarchie constitutionnelle, cette liberté de discussion, cette publicité des délibérations dans les Chambres représentatives nationales doivent avoir essentiellement pour but de s'éclairer mutuellement, d'appliquer au profit de tous les idées et les lumières de chacun, et de répandre ainsi dans la société l'instruction sur toutes les matières de l'administration et du gouvernement; mais, si l'on veut voir en effet, au sommet de la hiérarchie représentative, des hommes tout-à-la-fois administrateurs instruits, hommes d'état expérimentés, législateurs profonds, et orateurs persuasifs et éloquens, il faut nécessairement que la jeunesse des deux principales classes appelées à prendre part à l'exercice de la puissance législative, trouve partout auprès d'eux, dans les départemens, dans les arrondissemens, et même dans les communes, des modèles à suivre, à imiter, à surpasser; il faut que ces modèles eux-mêmes s'exercent, qu'ils se fortifient et se perfectionnent par degrés, et que surtout ils apprennent à régler les mouvemens de leur éloquence, à n'employer les traits de force et l'énergie que pour produire le bien, pour faire adopter des opinions sages et utiles, pour rallier en ce sens les esprits, persuader, entraîner, convaincre, et non pour diviser, blesser, aigrir et irriter.

Troisièmement, dans la Monarchie constitutionnelle, cette liberté, cette publicité des discussions, des délibérations dans les Chambres représentatives, de quelque degré que ce soit, a pour objet de diriger l'opinion publique, d'inspirer la confiance, de mettre en pratique et de rendre vulgaire cette précieuse maxime que la bonne foi est dans le fait la seule base des sages institutions ; et, si la stricte et religieuse observation de ces maximes à l'égard des Chambres nationales assure aujourd'hui le crédit dans l'État, leur application aux Chambres représentatives de degrés inférieurs aurait pour résultat nécessaire de l'affermir de même dans les provinces.

Quatrièmement, n'est-il pas naturel d'ailleurs que les intéressés puissent connaître de quelle manière se règlent et s'administrent eurs intérêts communs les plus directs et les plus rapprochés de leurs intérêts privés ? Ne doivent-ils pas savoir quelles vues, quels principes dirigent et déterminent la marche de leurs Administrations locales, et les avantages qu'ils peuvent en retirer?

Cinquièmement enfin, n'est-ce pas de cette manière qu'ils peuvent apprendre à discerner et reconnaître en effet les hommes auxquels ils peuvent confier avec une entière sécurité la défense de leurs intérêts d'un ordre plus étendu et plus élevé, dans les délibérations des Chambres nationales?

Aujourd'hui que ce moyen de fixer le choix des électeurs sur les éligibles n'existe pas, sait-on seulement qui l'on nomme sous le rapport des talens, aussi bien que relativement aux principes et à l'intégrité? Non, certes : car qu'arrive-t-il habituellement? que, faute de pouvoir asseoir son opinion et fixer son jugement sur la connaissance de ces qualités essentielles, chacun se trouve comme forcé de porter son attention sur le candidat que lui imposent véritablement les cabales des partis ou le ministère, et qu'il finit, malgré soi, par lui donner sa voix. Mais aussi comment la haute représentation nationale se

trouve-t-elle composée ? Comment les intérêts
généraux y sont-ils défendus et discutés ? Il
existe, il est vrai, dans cette représentation,
quelques grands talens ; mais ceux qui les
possèdent en font-ils toujours le meilleur
usage possible ? et quand cela serait, la masse
n'étant pas ce qu'elle devrait être, les efforts
des mieux pensans, des plus éclairés, des
plus éloquens, des plus habiles, peuvent-ils
agir avec efficacité ? L'expérience n'est pas
éloignée de nous ; depuis plusieurs années, elle
se trouve placée sous nos yeux. Qu'on la consulte de bonne foi ; et nous ne craignons point
de le dire, il n'est pas un seul de nos lecteurs,
qui, d'après elle, ne donne ensuite sur cette
question la réponse que nous faisons pressentir ici assez clairement pour qu'il ne soit
pas nécessaire de la préciser davantage.

Observation.

Nous finirons cette dernière section ainsi
que nous avons terminé la section correspondante de la première partie de la division
première du même paragraphe, en faisant remarquer que, s'il existe quelques autres dis-

positions d'organisation que nous n'aurions
pas su pénétrer et prévoir, et propres cependant à consolider et garantir l'observation des
principes de l'inviolabilité, de l'indépendance,
de la publicité des Chambres représentatives
en général, de même que l'inviolabilité,
l'indépendance et la publicité des Chambres
nationales, on doit s'empresser de les adopter; parce que, hors de l'observation stricte
de ces principes, la Monarchie Constitutionnelle se trouve privée de plusieurs de ses appuis essentiels et que l'on ne saurait répondre
de sa stabilité; tout édifice dont les bases
sont fragiles, sans ensemble et sans accord,
ayant toujours éloigné la confiance et fait
craindre sa ruine.

DEUXIÈME PARTIE.

DISPOSITION CONSTITUTIONNELLE LIMITATIVE DES ATTRI-
BUTIONS DE LA PUISSANCE LÉGISLATIVE-LOCALE, DANS
LES DÉPARTEMENS, LES ARRONDISSEMENS ET LES COM-
MUNES.

> « La Distinction des Pouvoirs étant le principe essentiel du
> « Gouvernement constitutionnel, il y a désordre du moment
> « où l'un d'eux usurpe les Attributions de l'autre » (a).

> « Dans la Monarchie constitutionnelle *même*, si l'un des Pou-
> « voirs commence par sortir de ses limites, on l'attaque d'a-
> « bord dans ce qu'il a d'irrégulier; puis on va bientôt plus
> « loin, et on le force enfin dans l'enceinte de ses *Attributions*
> « réelles : chaque Pouvoir a donc intérêt à se retrancher dans
> « ses limites *naturelles*, où il est inviolable » (b).

SOMMAIRE. Sujet et Division de cette seconde Partie.

RELATIVEMENT aux intérêts de pure localité, dans les départemens, dans les arrondissemens et dans les communes, la disposition constitutionnelle limitative des attributions de la puissance législative pourrait être
conçue à-peu-près en ces termes : Toute ré-

(a) *Voy. ci-dessus*, vol. VI, pag. 316.

(b) Du Conseil-d'État, envisagé comme conseil et
comme juridiction, etc., tom. III, chap. XIII, pag. 177.

solution législative (*a*), en quelque matière que ce soit, mais relative à un objet d'intérêt *purement local*, émane, dans chaque département, dans chaque arrondissement et dans chaque commune, du concours unanime des trois volontés distinctes; 1° de la Puissance royale manifestée, suivant l'ordre hiérarchique, par l'intermédiaire des Préfets, des Sous-Préfets et des Maires; 2° des Chambres de la Propriété; et 3° des Chambres de l'Industrie.

Nous essayerons, par quelques développemens, de faire bien comprendre l'application et les avantages de cette disposition constitutionnelle.

D'après ce que nous venons d'établir, au sujet des Principes de l'Organisation de ces Chambres inférieures, composées des mandataires, députés ou représentans de la Propriété et de l'Industrie, dans les départemens, dans les arrondissemens et dans les communes, peut-être entrevoit-on déjà quelle eût été leur utilité, en France, lorsqu'en quelque sorte chaque partie de ce royaume,

_____

(*a*) *Voy. ci-des.*, vol. iv, pag. 69; et vol. vi, pag. 317.

chaque province, chaque généralité, chaque bailliage, chaque paroisse, avait ses usages, ses lois, ses coutumes particulières et souvent opposées, même sur les parties essentielles, sur les points principaux de la législation administrative, civile, commerciale et criminelle.

De l'organisation de ces Chambres de la Propriété et de l'Industrie, d'après ses véritables bases dans toutes les divisions du territoire, il serait infailliblement résulté que les intérêts généraux de ces deux classes principales de la société se seraient peu-à-peu introduits dans tous les élémens de la législation. Ils y auraient insensiblement remplacé les intérêts féodaux, les prétentions injustes et vexatoires des seigneurs, de leurs castes, des communautés et corporations partielles; et, substituant ainsi, avec le temps, l'esprit d'utilité publique, d'ordre, d'équité, à celui de l'intérêt purement privé, d'égoïsme, d'exception, d'immunité, de privilége, de désordre et d'injustice, ils auraient, par un effet naturel de toute amélioration, de tout perfectionnement, rapproché de la concordance et de l'uniformité ces diverses législations coutumières ou locales, pour toutes les parties qui, de leur nature, étaient susceptibles d'atteindre à ce point de similitude, à cet état d'ensemble et d'unité ; et, quant à celles qui, par une suite des différentes influences des localités, ne peuvent réellement pas être uniformes entre elles, cet ordre de choses les eût encore réglées dans des intentions et des vues d'utilité générale et de justice, d'après les intérêts réels de ces diverses localités.

En Angleterre, et dans plusieurs autres pays, les objets auxquels il y aurait lieu d'appliquer aujourd'hui l'exercice de la puissance législative locale de ces Chambres provinciales ou municipales en général, sont encore très nombreux ; tandis que la promulgation d'une législation générale pour toute l'étendue de la France y restreint sans doute beaucoup les attributions de cette même puissance législative.

Cependant il existe encore et il subsistera toujours, en France et dans tous les États d'une grande étendue, quelques objets de détails, quelques intérêts de pure localité, qu'un

Corps de législation administrative, civile, ou commerciale, ne doit et ne peut pas régler d'une manière uniforme et générale pour toutes les parties du territoire ; et à l'égard desquels nous voyons qu'en effet plusieurs dispositions de notre législation s'en réfèrent aux usages des lieux.

Pour embrasser toute l'étendue des attributions de la puissance législative sous ces différens rapports de localité, nous partagerons cette seconde partie, de même que la partie correspondante de la première division de ce paragraphe, en trois sections, ayant pour titre : *la première*, attributions de la puissance législative *locale*, sous le rapport du droit public ; *la seconde*, attributions de cette puissance législative sous le rapport du droit politique ; et *la troisième*, attributions de cette puissance législative sous le rapport du droit des gens.

SECTION PREMIÈRE.

*Attributions de la Puissance législative locale,
sous le rapport du Droit public.*

Sommaire. Sujet et Division de cette première Section.

Nous pouvons classer ces Attributions de
la Puissance législative *locale*, sous trois titres
différens, savoir : 1° Relativement à la Perception, à la Nature et à la Répartition des
Impôts ; 2° Relativement à l'Ordre et à l'Administration en général ; 3° Relativement à
la Législation.

*1° Relativement à la Perception, à la Nature et à
la Répartition des Impôts.*

Si l'on était convaincu des graves inconvéniens de tous les modes de perception, d'assiette et de répartition, adoptés aujourd'hui
pour la levée et le recouvrement des impôts
directs ou indirects, personnels, mobiliers et
fonciers; si l'on concevait bien, nous n'osons

17.

pas dire, la possibilité de l'établissement du
système de contributions unique, simple et
purement volontaire, dont nous avons parlé
dans la première division de ce paragraphe (*a*),
(quoique nous ayons quelques raisons de
penser que, sans grever autant le peuple, les
fonds qu'il verserait dans le trésor national,
ne seraient pas inférieurs à ceux qui, en définitive, y arrivent aujourd'hui), mais au
moins les avantages de l'assiette et du vote
local, par commune, arrondissement et département, tel que nous l'avons expliqué
dans cette même division du présent paragraphe (*b*); nous n'aurions rien à ajouter ici
pour établir l'utilité de l'organisation des
Chambres de la Propriété et de l'Industrie
dans les départemens, les arrondissemens et
les communes.

A cet égard, ces Chambres remplaceraient
les États et Assemblées provinciales; et la
noblesse, le clergé, les corporations, n'ayant
pas de prétentions et de prérogatives à y faire

(*a*) *Voy. ci-dessus*, vol. vi, pag. 323 *et suiv.*
(*b*) *Ibid.*, pag. 388 *et suiv.*

valoir, au préjudice de la masse des propriétaires et des classes industrieuses et commerçantes, les inconvéniens n'en seraient pas les
mêmes, et les avantages en seraient beaucoup
plus grands.

Du reste, il n'est pas moins évident que,
dans l'état actuel des choses, ces Chambres
de la Propriété et de l'Industrie auraient une
grande supériorité sur les Conseils-généraux
de département et d'arrondissement, sur les
Conseils de préfecture, de sous-préfecture et
de mairie, pour la répartition des impôts vo-
tés dans les Chambres nationales, pour le
vote et l'emploi des centimes additionnels
ordinaires et extraordinaires, pour l'établissement des octrois, pour l'aliénation, l'administration, la location des biens communaux, pour l'examen et la discussion des
Budgets, etc.

On aurait même lieu de penser que déja le
Législateur aurait senti, jusqu'à un certain
point, la nécessité de ces Chambres, au moins
pour les communes; puisque, par la loi des
finances de la session de 1817, il a ordonné
pour certains cas l'adjonction des principaux

imposés, aux membres des Conseils municipaux.

Les articles 39, 40, 41 et 42 de cette loi
sont ainsi conçus : « *Art.* 39. Dans le cas où,
les cinq centimes additionnels imposés pour
les dépenses des communes étant épuisés, une
commune aurait à pourvoir à une dépense
véritablement urgente, le maire, sur l'autorisation du préfet, convoquera le Conseil
municipal et les plus forts contribuables au
rôle de la commune, en nombre égal à celui
des membres de ce Conseil, pour reconnaître
l'urgence de la dépense, l'insuffisance des revenus municipaux et des cinq centimes ordinaires pour y pourvoir.

« *Art.* 40. Lorsque les plus forts contribuables seront absens, ils seront remplacés en
nombre égal par les plus forts contribuables
portés après eux sur le rôle.

« *Art.* 41. Le Conseil municipal, auquel,
aux termes de l'article 39, auront été adjoints
les plus forts contribuables, votera sur les
centimes extraordinaires proposés. Dans le cas
où ils seraient consentis, la délibération sera
adressée au préfet qui, après l'avoir revêtue

de son autorisation, la transmettra au ministre secrétaire-d'état de l'Intérieur, pour y
être définitivement statué par une ordonnance
du roi.

« *Art.* 42. Il sera pourvu, dans les formes
prescrites par les articles précédens, aux dépenses extraordinaires, communes à plusieurs
municipalités de département, et dans leur
intérêt. La répartition en sera faite d'après
les délibérations des Conseils municipaux,
formés, comme ci-dessus, par l'adjonction
des plus forts contribuables, duement approuvée par le préfet, et sur le rapport du
ministre secrétaire d'état de l'Intérieur, par
une ordonnance du roi » (*a*).

On reconnaît cependant, par la lecture de
cette loi, combien il s'en faut que ses dispositions établissent ce qui devrait être, relativement à la composition des Chambres communales et à l'étendue de leurs Attributions.

Elles n'admettent à prendre part aux délibérations, que les propriétaires fonciers;

(*a*) Loi sur les finances, du 15 mai 1818. — Bulletin
des Lois, n° 211 (n° 4101).

tandis que les classes industrieuses et commerçantes n'y ont pas un intérêt moins réel.

Cet intérêt des classes industrieuses et commerçantes deviendrait même, à certains égards, supérieur à celui de la classe des propriétaires fonciers, s'il était question de la vérification des produits ou de l'établissement de quelques octrois et autres droits de cette nature.

Mais, de plus, et par une sorte de contradiction, d'incohérence administrative bien manifeste, laquelle tient sans doute à l'opinion que le Législateur lui-même conçoit de la défectuosité des Conseils-généraux de départemens et d'arrondissemens, les articles 43, 44 et 45 de cètte même loi des finances, de la session de 1817, statuent ce qui suit :

«*Art.* 43. A partir de l'ouverture de la session prochaine, les villes dont les revenus excèdent cent mille francs, ne pourront faire aucun emprunt ni imposer aucune contribution extraordinaire qu'en vertu d'une loi, si ce n'est pour des cas urgens, dans l'intervalle des sessions, et sans que ces emprunts ou ces contributions puissent excéder le quart de leurs revenus.

« Ces villes sont dispensées des adjonctions prescrites par l'article 39.

« *Art.* 44. Les budgets desdites villes, et les comptes de leurs recettes et dépenses, tant ordinaires qu'extraordinaires, seront annuellement rendus publics, en chacune desdites villes, par la voie de l'impression.

« *Art.* 45. Il sera présenté, dans chaque session des Chambres, un tableau détaillé des emprunts qui auront été autorisés, et des contributions extraordinaires qui auront été imposées, en conformité des articles précédens : ce tableau indiquera les motifs qui auront rendu lesdits emprunts et impositions nécessaires, la date des lois et ordonnances qui les auront autorisés, leur montant ou le nombre des centimes, leur produit et leur emploi. » (*a*).

Plusieurs de ces dispositions peuvent être prudentes et utiles dans l'état présent de l'orga-

---

(*a*) Loi des finances, du 15 mai 1818. — Bulletin des Lois, n° 211 (n° 4101).

nisation des Conseils-généraux et municpaux.

Mais elles prouvent clairement, disons-
nous, le peu de confiance du Législateur
dans la bonté de cette institution et dans la
sagesse et l'utilité de ses résultats ; tandis que
cette confiance devrait être, et serait en effet
complète et sans réserve, si ces Conseils
étaient remplacés par des Chambres établies
d'après le vrai principe constitutionnel ; et
que, par suite, pour tous les objets de pure
localité, relatifs à la répartition, à l'assiette
et à la perception des impôts, la Puissance
législative se trouvât exercée concurremment
par l'autorité royale, par les mandataires, députés ou représentans de la Propriété, et par
les mandataires, députés ou représentans de
l'Industrie, dans chaque département, dans
chaque arrondissement et dans chaque commune.

2° *Relativement à l'Ordre administratif en général.*

Nous pouvons remarquer, en commençant
cet article, de quelle utilité seraient les
Chambres représentatives *locales* relativement
à l'éducation, et pour l'établissement des écoles

de premier, second, troisième et quatrième
degré, dans les communes, les arrondissemens, les départemens et la capitale; établissement dont nous avons parlé, et fait pressentir les avantages, dans la première division
de ce paragraphe (a).

Nous pouvons aussi observer que, s'il était
reconnu que, par une sorte d'extension des
attributions de la Puissance législative, certains honneurs, certaines grandes récompenses nationales dussent être décernés concurremment et par le prince et par les Chambres représentatives (b), il ne serait pas non
plus impossible que quelques autres récompenses honorifiques, d'un ordre moins élevé,
fussent de même décernées concurremment, et par la Puissance royale manifestée
par les préfets, les sous-préfets et les maires, et par les Chambres départementales,
cantonales et communales; et ces sortes de
récompenses locales pourraient aussi avoir des
résultats favorables, exciter le patriotisme,

(a) *Voy. ci-dessus*, vol. vi, pag. 428 et 429.
(b) *Ibid.*, pag. 482 et suiv.

entretenir, rappeler les bonnes mœurs, et encourager la vertu.

Mais ici, un examen d'un intérêt plus général appelle particulièrement notre attention. Il doit avoir pour but de déterminer les limites des Attributions de la Puissance législative *locale* sur tous les objets d'administration, tels que création et édification d'hospices, ateliers, maisons de bienfaisance et de charité, prisons, casernes, salles de spectacle et autres monumens publics; construction de ports, entrepôts, halles et marchés, granges et greniers, boucheries, abattoirs et autres bâtimens de même nature; percement, alignement, redressement, plantation des routes, ports, places, rues et promenades; ouverture de canaux et établissement de ponts, digues, chaussées, bacs, écluses, usines et moulins; recherches et exploitation des mines; suppression des chemins inutiles; desséchemens, défrichemens; et en général, encouragement et propagation de découvertes et pratiques utiles, de mesures propres à donner un nouveau degré d'activité au développement, au perfectionnement de toutes les branches de l'agriculture et de l'industrie.

Or, sous ce rapport, assez important, comme on le voit, deux choses distinctes sont à considérer; d'une part la nature, d'autre part l'étendue de ces attributions de la Puissance législative *locale.*

1° Sous le premier point de vue, c'est-à-dire, relativement à la nature de ces attributions, nous avons déja eu lieu de remarquer précédemment (*a*) que, dans les Assemblées provinciales créées, sous le ministère de M. Necker, en 1778 et en 1779, dans toutes les Administrations de département, de district et de commune, qui furent établies en France pendant le cours des premières années de la Révolution, et l'on pourrait même ajouter, dans toutes celles dont les publicistes ou les législateurs ont jusqu'ici conçu la pensée, il y eut envahissement, plus ou moins grand, et conséquemment plus ou moins funeste, de l'autorité exécutive ou administrative. Mais la définition que nous avons donnée (*b*) de cette

(*a*) *Voy. ci-dessus*, vol. vi, pag. 148 *et suiv.*
(*b*) *Ibid.*, vol. iv, pag. 75 *et suiv.*

puissance et de la puissance législative , et
qui nous a servi à reconnaître les justes bornes de l'une et de l'autre , doit, en ce moment encore , diriger , affermir notre jugement, et nous sauver d'une telle déviation.

L'exercice de la Puissance législative, quelle
que soit l'étendue ou la circonscription du
cercle où elle commande, où elle répand son
influence, peut et doit être confié à la réflexion , à la méditation de plusieurs ; il peut
et doit être déposé dans le sein d'Assemblées
délibérantes, afin que la loi ne se manifeste
qu'après avoir été approfondie, examinée sous
ses différentes faces , et afin qu'elle soit fortement empreinte du caractère de la sagesse
et de la maturité : mais la Puissance exécutive , depuis le sommet ou le centre, jusqu'aux points les plus rapprochés de la circonférence, jusques dans ses dernières ramifications, doit au contraire reposer dans les mains
d'un seul, si l'on veut éviter les contradictions , les entraves, l'incertitude, la lenteur,
la vacillation, et trouver au contraire unité ,
force , promptitude et ensemble dans son
action.

Ainsi, de tous ces points d'administration ou d'économie publique, que nous venons de désigner, il n'en est pas un seul qui ne donne lieu à l'exercice, premièrement de la puissance législative, secondement de la puissance exécutive.

S'agit-il de l'édification d'un hospice, de l'ouverture d'une route, d'un canal, de la suppression d'un chemin, ou autres travaux de même nature, il faut commencer par proposer, agiter et résoudre la question de savoir s'ils devront ou ne devront pas avoir lieu; et c'est à l'examen, à la solution de cette question que s'applique et se borne l'exercice de la puissance législative.

La résolution prise, arrêtée et promulguée, il faut diriger, conduire, assurer son exécution, ce qui exige des soins assidus et constans, une surveillance active, suivie, journalière et de tous les momens; et c'est à la Puissance exécutive seule que conviennent et que peuvent être utilement confiés ces soins, cette surveillance en général de toutes les opérations secondaires et de pure exécution.

Il ne peut donc pas encore y avoir ici méprise sur la nature et l'application de l'une et de l'autre de ces deux puissances; et, comme les Chambres *locales* de la Propriété et de l'Industrie, de même que les Chambres *nationales*, ne doivent être instituées que pour participer à l'exercice de la puissance législative, il est clair que toutes les fois qu'il s'agit de décider la question de savoir si un établissement, une construction, un travail, une entreprise quelconque d'utilité ou de simple embellissement, devra ou ne devra pas être exécutée, elles doivent être appelées à délibérer et à émettre leur vœu ; mais que lorsqu'elles ont manifesté ce vœu pour l'affirmative, et qu'en conséquence l'exécution est décidée, c'est aux préfets, aux sous-préfets et aux maires, comme agens subordonnés et délégués du pouvoir exécutif, que toutes les opérations, que tous les détails de cette exécution appartiennent exclusivement et dans leur entier.

2° Sous le second point de vue, c'est-à-dire relativement à l'étendue de ces mêmes attributions de la Puissance législative *locale*, la question est encore moins susceptible de

difficultés. Il suffit de considérer que la localité seule ne détermine pas le degré de
compétence, et qu'il faut en outre avoir égard
à l'étendue de l'intérêt, à la spécialité ou
généralité plus ou moins grande de l'objet
en délibération. Ainsi, par exemple, une
route (telles que celles de seconde et de première classes), une chaussée, une rivière,
n'intéresseront pas seulement les communes
où elles sont situées ou qu'elles traversent,
mais l'arrondissement, le département, la nation tout entière. Et alors les résolutions législatives à prendre à l'égard des travaux et
des dépenses que ces divers objets nécessi-
tent, émaneront du Roi et des Chambres nationales, ou des Préfets, des Sous-Préfets et
des Maires, et des Chambres départementales, cantonales et communales, suivant le degré d'étendue et de généralité de l'objet de la
résolution : de telle sorte que, hors les cas de
dissidence, et toutes les fois qu'au contraire il
y aura accord, unanimité de volontés entre
ces divers Agens de la Puissance exécutive
d'une part, les Chambres des mandataires,
députés ou représentans de la propriété d'au-

tre part, et les Chambres des mandataires,
députés ou représentans des classes commerçantes et industrieuses encore d'autre part,
dans les départemens, dans les arrondissemens et même dans les communes, il n'y
aura plus lieu à l'application de la remarque
critique de M. le marquis d'Argenson ; et
alors du moins on pourra, à deux cents lieues
de la capitale, réparer un mauvais pas ou
boucher un trou, sans être forcé de recourir
à la bureaucratie des ministères.

3° *Relativement à la Législation.*

Nous avons dit, en commençant cette partie de notre ouvrage, que le cercle des attributions de la Puissance législative *locale*, est
aujourd'hui beaucoup plus restreint en France
qu'en Angleterre et dans plusieurs autres
pays ; ce qui est un des bienfaits de la promulgation de nos Codes : et c'est en effet relativement aux choses qui se rattachent à la
législation civile, commerciale ou criminelle,
que l'on rencontre moins de cas pouvant encore donner lieu aujourd'hui à l'application
de cette Puissance législative *locale*.

Toutefois, nous l'avons aussi fait pressentir, il existe encore et il subsistera toujours dans un État d'une certaine étendue, plusieurs parties assez essentielles de cette même législation, qui ne pourront être réglées par la loi, d'une manière uniforme et générale, pour toute l'étendue du territoire. Ainsi, par exemple, le Législateur s'est vu forcé d'en référer aux usages locaux par l'article 1736 du Code civil, au livre III, titre VIII, chap. II, section Ire, concernant les règles communes aux baux des maisons et des biens ruraux, et par quelques autres dispositions de ce même Code.

Au nombre de ces différentes branches et parties de législation qui ne peuvent être réglées uniformément pour tous les points du territoire, on peut comprendre la plupart des dispositions législatives de nature à entrer dans la composition des Codes ruraux, celles qui concernent le voisinage, la mitoyenneté, certaines réparations, servitudes et prescriptions, les vues droites et baies de côté, murs, contre-murs, puits, fosses, fossés, haies et clôtures, le cours et l'écoulement des eaux pluviales et autres, les baux à ferme, à chep-

18.

tel et autres, leur durée, leur expiration, les louages et gages de domestiques et ouvriers, les affouages et partages de récoltes et fruits communaux, les diverses mesures et pratiques conservatrices des moissons et récoltes, les règles relatives aux glanage, chaumage, élagage, échenillage, les bans de vendanges, les parcages, parcours et pâturages (a), l'exercice du droit de chasse, l'ouverture des colombiers, etc., etc. Pour la plupart des départemens et des communes, les dispositions légales relatives à ces différens objets de législation partielle ou locale sont éparses et enfouies dans d'anciens édits et réglemens, dans de vieilles coutumes tombées en désuétude. En quelques lieux, elles ne sont connues que par tradition, du moins du plus grand nombre des habitans, et elles sont par conséquent d'une application vague, incertaine et arbitraire.

Il importerait de les réunir, de les coordonner, et d'en composer des Codes partiels et locaux, pour les départemens, les arrondissemens et les communes. Ces codes auraient

(a) On peut, à ce sujet, consulter la loi des 28 septembre et 6 octobre 1791, *Concernant la Police rurale.*

d'ailleurs entre eux autant de conformité, de similitude, que la nature et la diversité des terrains, des localités, des productions agricoles et industrielles, pourraient le permettre.

Or, c'est uniquement encore dans les Chambres représentatives de la Propriété et de l'Industrie pour les départemens, pour les arrondissemens et pour les communes, que ces Codes peuvent êtres mûris et discutés d'une manière vraiment fructueuse et favorable à chacune de ces localités.

Nota. Le décret du 14 décembre 1789, portait : « *Art.* 54. Le Conseil-général de la commune, composé tant des membres du Corps municipal que des notables (en nombre double de celui des membres de ce Corps, *art.* 30 et 31), sera convoqué toutes les fois que l'Administration municipale le jugera convenable. — Elle ne pourra se dispenser de le convoquer lorsqu'il s'agira de délibérer sur des acquisitions ou aliénations d'immeubles ; sur les impositions extraordinaires pour dépenses locales ; sur des emprunts ; sur des travaux à entreprendre ; sur l'emploi du prix des ventes, des remboursemens ou des recouvremens ; sur les procès à intenter, et même à soutenir dans les cas où le fond du droit sera contesté. —(*Voy. aussi* le Décret du 21 fructidor an III).

SECTION II.

Attributions de la Puissance législative locale,
sous le rapport du Droit politique.

Nous envisagerons ici les attributions de la
Puissance législative sous plusieurs points de
vue différens , savoir : relativement 1° à la
conservation de l'esprit national; 2° à la délimitation et circonscription du territoire;
3° au développement de la population; 4° à
la formation de l'armée; et 5° aux traités de
paix, et à l'application du principe de la liberté ou égalité politique.

1° *Relativement à la Conservation de l'Esprit*
national.

Ce qui doit le plus attacher le citoyen à la
patrie, ce qui doit lui inspirer l'amour des
institutions; ce sont les droits, la liberté,
le bonheur dont ces institutions le laissent
jouir et qu'elles lui garantissent ; c'est la

bonté, la raison, la sagesse, l'ordre, la régularité, l'harmonie de ces mêmes institutions.

Si donc l'établissement des Chambres municipales, et, par leur moyen, la juste application des attributions de la Puissance législative sur les objets d'un intérêt de pure localité, deviennent une source de prospérité et
constituent, comme nous l'avons démontré (a),
la plus forte garantie, pour les habitans de
toutes les parties du royaume, que les résolutions de cette Puissance législative auront
pour but et pour résultat leur plus grand
avantage ; il est probable, il est certain que
ces causes seront en même temps un moyen
puissant et indissoluble d'union et de frater-
nité entre toutes les parties de chaque confédération monarchique constitutionnelle.

2° *Relativement à la Délimitation et Circonscription*
du Territoire.

Pour que les résolutions de la Puissance

———————————————————————

(a) *Voy.*, entre autres, vol. VII, même partie, sect. 1re,
pag. 259 *et suiv.*

législative *locale* puissent concorder avec les intérêts généraux de la Propriété et de l'Industrie dans les départemens, les arrondissemens et les communes, il faut, comme nous l'avons fait entrevoir en traitant du rapport qui doit exister entre le nombre des membres de la représentation nationale et la division du territoire par départemens (*a*), que les circonscriptions respectives de ces différentes divisions provinciales ou municipales soient réglées et déterminées d'après de certaines considérations d'ordre naturel, telles, par exemple, que l'étendue superficielle, les distances relatives des différens points de la circonférence au centre ou chef-lieu de département, d'arrondissement, de commune, la force de la population, la plus ou moins grande similitude des différentes natures de terroirs, et par suite celles des productions de l'agriculture et de l'industrie. Mais on peut comprendre qu'il ne serait pas non plus inutile et sans efficacité qu'à cet égard la Puissance législative *locale* offrît un moyen aux

---

(*a*) *Voy. ci-dessus*, vol. vi, pag. 52 *et suiv.*

principaux intéressés d'émettre leur vœu, pour que la Puissance législative *suprême* pût y statuer en connaissance de cause plus complète.

3° *Relativement à la Population.*

Par les soins que la Puissance législative *locale* prendra de protéger le perfectionnement des différentes branches d'agriculture et d'industrie les mieux appropriées à la nature du sol et à la position géographique, de leur ouvrir des débouchés faciles, de multiplier, d'étendre les communications, elle rencontrera et saisira en même temps les moyens les plus sûrs de favoriser le développement de la population, en évitant les inconvéniens qui pourraient résulter de cet accroissement dans un pays sans agriculture, sans industrie, sans activité, sans commerce, sans relations (*a*).

Elle pourra même parvenir, en facilitant l'établissement de quelques usines, ateliers

---

(*a*) *Voy. ci-dessus*, 1re part., vol. II, pag. 39 *et suiv.*; 332 *et suiv.*

et manufactures, à créer de véritables colonisations intérieures dans quelques parties de terres incultes et inhabitées, telles qu'il en existe encore, même en France.

4° *Relativement à la Formation de l'Armée.*

Si, au lieu du système de conscription ou de recrutement en vigueur aujourd'hui, en France et dans presque toute l'Europe, par une suite naturelle des guerres qu'une Organisation sociale vicieuse et incohérente y a suscitées, on admettait au contraire un mode plus analogue aux principes que nous avons précédemment développés (*a*), à l'état de paix qui doit succéder à ces secousses, à ces agitations violentes et forcées, aux vœux de l'utilité générale, de l'agriculture, de l'industrie, des sciences, des arts, de l'humanité, de la religion, l'intervention de la Puissance législative *locale* serait, à la vérité, de même que celle de la Puissance législative *suprême*, sans grande utilité à cet égard ; mais dans l'état de choses

---

(*a*) *Voy. ci-dessus*, 1re part., vol. II, pag. 71, et 2e part., vol. VII, pag. 19 *et suiv.*

subsistant, les Chambres départementales,
cantonales et communales remplaceraient très-
efficacement les Conseils-généraux de département et d'arrondissement et les Conseils municipaux, pour effectuer la répartition équitable des levées d'hommes, de leurs différens
contingens, dans les départemens, dans les
arrondissemens et dans les communes.

5° *Relativement aux Traités de paix, et à l'application du Principe de l'Egalité ou Liberté politique.*

L'établissement de Chambres représentatives *locales* de la Propriété et de l'Industrie
dans toutes les parties du royaume, aurait
merveilleusement secondé et avancé, dès l'o-
rigine de la monarchie en France, le rapprochement et l'union de ces différentes parties,
que réclamaient partout les intérêts généraux des principales classes de la société;
mais, au contraire, le Régime féodal, en
comprimant et arrêtant la manifestation de
ces intérêts généraux, pour n'écouter que l'intérêt particulier et le despotisme des grands
vassaux, des seigneurs et des nobles, tendait

sans cesse à l'indépendance, à la désunion de
ces mêmes parties, et ne réussit malheureusement que trop à l'opérer.

Aujourd'hui l'établissement de cette organisation sociale de ces Chambres représentatives locales, serait quelquefois le seul moyen
d'assurer, lors de la conclusion des traités de
paix, l'observation du principe de la Liberté
politique; principe que nous avons développé et établi dans le second livre de la première partie de cet ouvrage (a); et il est même
à présumer que, si à cet égard l'état de la
civilisation eût été assez avancé pour que
cette organisation eût pu produire l'influence
que l'on en doit espérer, dans les Conféren-
ces et les Congrès fréquens que les princes
des grandes Puissances de l'Europe ont tenus
entre eux depuis quelques années, les résultats de ces Congrès eussent été plus conformes aux vœux et aux intérêts des peuples,
aux principes et aux règles de l'universelle
justice et de l'éternelle équité.

***

(a) *Voy. ci-dessus*, 1re part., vol. ii, pag. 130, 158,
219 *et suiv.*

SECTION III.

Attributions de la Puissance législative-locale, sous le rapport du Droit des Gens.

Article unique.

Nous avons reconnu, avec Montesquieu, que ce furent la cupidité et l'ignorance des petits Souverains despotiques par lesquels la France fut long-temps divisée et opprimée, qui y établirent les droits *insensés* d'Aubaine et de Naufrage, de provinces à provinces, et même de villages à villages (*a*). Une organisation de la Puissance législative *locale*, si elle eût été concordante et identique, eut encore effacé ces traces honteuses de barbarie et de féodalité : et aujourd'hui même, cette organisation pourrait contribuer efficacement à l'observation de tous les Principes du Droit des Gens entre les provinces circonvoisines

---

(*a*) *Voy. ci-dessus*, 1re part., vol. II, pag. 397 *et suiv.*; *Ibid.*, vol. III, pag. 4, 9 *et suiv.*; vol. VII, p. 138 et 139.

et limitrophes des différentes Confédérations
monarchiques constitutionnelles, que l'Europe entière est impatiente de voir se former
et s'établir pour son repos et sa prospérité à
venir.

———

Réflexion.   Non-seulement nous espérons avoir prouvé,
par la force et l'autorité irrécusable du raisonnement, qu'en droit, la Puissance législative
locale, de même que la Puissance législative
suprême, doit être instituée, pour toutes les
parties d'un vaste État, d'après le Principe
fondamental de la séparation des trois Puissances, et d'après celui de la distinction en
trois branches de la première de ces trois
Puissances; mais encore nous croyons avoir
suivi les conséquences naturelles de cette démonstration, sous ces points de vue principaux, aussi loin que cela était nécessaire
pour en faire bien entrevoir tous les avantages et toutes les probabilités.

Quoique cette carrière nouvellement ou-
verte soit encore peu frayée, nous aurions pu
sans doute appuyer nos conjectures d'un assez grand nombre d'autorités, si, entre autres

craintes, nous n'eussions pas eu celle de fatiguer nos lecteurs : car, il faut le dire, par une contradiction assez bizarre et pourtant trop commune, on veut aujourd'hui qu'un auteur qui entreprend de traiter un sujet de l'intérêt le plus général et dont, par cela même, la sphère est fort étendue, on veut d'une part que cet auteur embrasse, dans son ensemble, la science à laquelle son sujet se rattache, qu'il en développe et éclaircisse soigneusement les principes, qu'il pénètre dans les détails, qu'il s'entoure de documens historiques, qu'il appuie de faits et d'autorités ses propres conceptions ; et cependant on demande en même temps que l'ouvrage n'exige pas une lecture et une attention soutenue au-delà de la durée d'un jour, ou tout au plus d'une semaine entière : deux choses, dans la vérité, tout-à-fait inconciliables.

Ce n'est pas ainsi, et en aussi peu de temps, que la science s'acquérait, il y a quelques années ; il fallait consumer un tiers de sa vie à compulser, déchiffrer et méditer d'énormes *in-quarto*, de lourds *in-folio*, avant de parvenir à réunir, à coordonner ensemble quelques notions premières, quelques principes clairs et précis.

La tâche pourra devenir, par la suite, de plus en plus facile ; mais, pendant long-temps encore, il ne sera pas possible de satis-faire complètement le désir de ceux qui pensent qu'elle ne devrait leur coûter nul sacrifice, nulle attention, nul effort (a).

(a) Le Décret du 22 décembre 1789, portant consti-tution des Assemblées primaires et des Assemblées admi-nistratives, statuait : « Sect. 3, art. 1er. Les délibéra-tions des Assemblées administratives, sur tous les objets qui intéresseront le régime de l'administration du royau-me, ou sur des entreprises nouvelles et des travaux ex-traordinaires, ne pourront être exécutées qu'après avoir reçu l'approbation du Roi. Quant à l'expédition des affaires particulières, et de tout ce qui ce s'exécute en vertu de délibérations déja approuvées, l'autorisation du Roi ne sera pas nécessaire ».
— D'après l'exposé que nous venons de faire des vrais principes en cette matière, il sera facile de distinguer ce qu'il y avait de contraire ou de conforme à ces mêmes principes, dans les diverses Attributions données à ces Assemblées administratives de département et de district, par les articles 1, 2, 3 et 4 de ce décret du 22 décembre 1789 et autres.

§ II.

DES COLLÉGES ÉLECTORAUX.

« Garantie de la part des Électeurs envers l'État, Garantie pour
« la Liberté des suffrages ; Mode le plus propre à déterminer
« de bons choix : voilà ce que le Législateur doit se proposer
« dans une Loi d'Election » (a).

« Dicter les Elections est pire cent fois que de les abolir, puisque
« c'est conserver les formes d'un Gouvernement libre pour éta-
« blir le Despotisme » (b).

Sommaire. Sujet et Division de ce Paragraphe.

Après avoir déterminé, ainsi que nous venons de le faire dans le paragraphe qui précède, l'organisation du Pouvoir législatif dans
ses différens degrés d'étendue; après avoir
fixé les limites de ses Attributions centrales
ou générales, et locales ou partielles, sous les
rapports du droit public, du droit politique
et du droit des gens; il importe de porter nos

(a) Discours de M. de Courvoisier. — Moniteur du 30
décembre 1815.

(b) Correspondance politique et administrative, par
J. Fiévée, 6e part., 1816, pag. 81.

regards sur une autre partie essentielle de l'Organisation sociale, sur les Assemblées ou Colléges électoraux.

Toute Constitution où cette autre partie essentielle d'organisation n'est pas réglée, par cela seul est imparfaite ; car, sous un Gouvernement représentatif même, si la bonne organisation des Chambres nationales, départementales, cantonales et communales, est indispensable pour que le Gouvernement puisse produire de salutaires effets, l'observation des vrais principes du Droit pour la formation des Colléges électoraux est de même indispensable pour la bonne organisation de ces diverses Chambres représentatives et législatives ; elle influe nécessairement, d'une manière très-directe et très-sensible, sur les résultats plus ou moins heureux que peut avoir le Gouvernement depuis son sommet jusque dans ses moindres ramifications.

Mais, si les propositions qui doivent naturellement précéder la discussion des diverses questions relatives à la rédaction d'une loi sur les élections, n'ont pas été résolues d'une manière conforme au droit et à la raison, ou qu'elles soient restées indécises, on discutera éternellement, on se livrera indéfiniment à toutes les déclamations qui naissent d'une controverse erronée et vicieuse, sans parvenir jamais à s'entendre, sans arriver à une conclusion assez évidemment juste, assez manifestement utile pour lever les difficultés, écarter les causes ou même les prétextes de dissidence, de division, et rallier enfin tous les suffrages; tandis qu'au contraire, si la solution de ces diverses propositions préliminaires a effectivement précédé l'examen des questions auxquelles elles doivent servir de bases, cet examen ne pourra plus donner lieu à une discussion longue et compliquée, à des difficultés sérieuses et fondées.

En général, c'est l'ignorance des vérités fondamentales, des premiers principes du droit et de l'organisation, ignorance encore aujourd'hui trop commune, même parmi les législateurs, qui fait qu'on les entend souvent parler sans se comprendre réciproquement, et discuter long-temps sans jamais tomber d'accord. Il est de toute évidence que, dans les matières d'organisation politique ou sociale, et particulièrement en ce qui se rattache à l'établissement du système électoral, on ne peut raisonner fructueusement avec des hommes totalement étrangers aux véritables notions de la science, ou qui n'en ont que des idées vagues, incertaines, mal-coordonnées, contradictoires et fausses; ce qui est bien pis encore que de n'en point avoir (a). Avant tout, il faut nécessairement commencer par s'instruire, si l'on veut ensuite raisonner utilement avec ceux qui en sont plus capables, et acquérir en commun et de concert des lumières nouvelles et plus étendues.

On ne doit pas s'attendre à trouver ici un examen particulier des divers modes d'élection, plus ou moins imparfaits, proposés jusqu'à ce jour, ou même de ceux qui ont été mis à exécution : leur réfutation résulte déja d'une manière plus que suffisante, même

---

(a) « Peu de lumières conduisent à l'erreur; beaucoup de lumières conduisent à la vérité ». (Réponse de S. M. Louis XVIII au Grand-Maître de l'Université, 3 mai 1814, à Saint-Ouen. — Moniteur du 4, n° 124).

pour ceux qui ont été adoptés et qui ont obtenu une exécution d'une durée plus ou moins longue, non-seulement de quelques-uns de ces mêmes principes antérieurement démontrés et qui peuvent encore recevoir ici une application juste, directe et spéciale, non-seulement de la simple exposition de la véritable doctrine du système électoral pour une monarchie constitutionnelle, que ce paragraphe a pour but de présenter ; mais encore on peut dire que cette même réfutation se déduit assez évidemment de l'instabilité et du peu de durée de ces différens modes d'élection ; et même, si on le veut aussi, de leurs effets connus, étudiés d'une manière approfondie et sans partialité.

Et dans le fait, s'il doit être désormais incontestable pour tout homme raisonnant et instruit des premières notions de la science, qu'un royaume où l'esprit de parti altère et remplace le sentiment de l'amour national, s'avance vers sa ruine ; que toute maison divisée contre elle-même, doit périr ; que sans union, sans ensemble, sans harmonie, il ne peut exister ni force, ni stabilité, ni bon-

heur dans un État; quel spectacle plus propre
à inspirer la pitié, la défiance, et tout-à-la-
fois plus affligeant, que celui de factions annuellement aux prises avec le ministère dans
l'enceinte des Colléges électoraux, que celui
de ces luttes scandaleuses, de ees manœuvres
corruptrices, d'intrigue, de séduction, que
celui de ces brigues, de ces cabales, de part
et d'autre, ouvertement mises en action pour
entraver, captiver, enchaîner la liberté des
suffrages, et pour se préparer de loin les
moyens de détruire également l'indépendance
des Chambres et le principe de la distinction
du Pouvoir législatif en trois branches, et de
neutraliser ainsi tous les ressorts du Gouvernement constitutionnel-monarchique!

Viendra-t-on encore à ce sujet citer sans
raison et hors de propos, l'exemple de ce
qui se passe en Angleterre? mais nous répon-
drions sans hésiter que cet état de choses est
un scandale, un désordre, un vice d'organisation manifeste, en Angleterre aussi bien
que par-tout; que les conséquences, et les
suites ne peuvent en être que funestes, là
comme ailleurs, et qu'elles le sont en effet

sous mille rapports, et à un tel point que l'embarras des finances y va toujours croissant, que le Gouvernement y est à chaque instant menacé de succomber sous le poids d'une dette que l'on ne saurait trouver le moyen d'amortir, et qu'enfin on serait tenté d'aller jusqu'à dire que, si ce royaume n'était pas séparé des autres Puissances de l'Europe par des limites naturelles, difficiles à franchir, s'il n'avait pas l'Océan pour frontières, il serait peut-être rayé, depuis long-temps déja, du nombre de ces Puissances.

C'est du moins, il faut qu'on en convienne, c'est en Angleterre, en France, et en tout autre État, une imperfection, un vice d'organisation, une lacune sur un point si important, qu'elle paralyse d'abord, en grande partie, le bien qui pourrait résulter des principes d'ordre, d'équité, reconnus et adoptés, et occasionne ensuite une foule d'autres désordres, d'autres abus désastrèux, que l'admission des vrais principes, en ce point, écarterait et détruirait infailliblement.

Or, pour développer et établir ces principes, nous partagerons encore ce paragraphe en deux parties.

Dans la première, nous traiterons de la Composition des Colléges électoraux; et dans la seconde, nous indiquerons les Attributions, le But, l'Objet spécial de ces Colléges.

PREMIÈRE PARTIE.

COMPOSITION DES COLLÉGES ÉLECTORAUX.

Sommaire. Sujet et Division de cette première Partie.

Cette première Partie se divise en cinq Sections, ayant pour titres : *la première*, Conséquence naturelle de la Division du peuple en trois classes, non exclusives, mais distinctes ; *la deuxième*, du Nombre des membres composant les Assemblées ou Colléges électoraux, et de la Nécessité d'admettre un triple degré d'élection dans toute société où le territoire et la population ont pris un grand développement ; *la troisième*, des Conditions auxquelles la Loi Constitutionnelle de l'État peut subordonner la qualité d'électeur, sans blesser l'équité et sans altérer la nature du Gouvernement ; *la quatrième*, des Fonctions avec lesquelles la qualité d'Électeur est essentiellement incompatible ; *la cinquième*, de l'Inviolabilité, de l'Indépendance, du Mode de procéder des Colléges électoraux.

SECTION PREMIÈRE.

Conséquence naturelle de la division du Peuple en trois classes, non exclusives, mais distinctes.

M. de Montesquieu, et ainsi que lui, les plus grands Législateurs, ont reconnu, et nous avons précédemment établi que, même dans un État démocratique, le peuple doit être partagé en de certaines classes; mais, au lieu de choquer la raison, l'esprit de justice, le Principe de l'Égalité sociale; au lieu d'être fondée sur l'hérédité et le privilége, sur des distinctions exclusives, vaines et chimériques, propres à fortifier tous les préjugés funestes de l'orgueil, cette division doit avoir ses bases prises dans la nature vraie et équitable des choses; et nous avons reconnu que la seule division reposant en effet sur de tels fonde-demens, qui n'ait rien de faux, d'injuste, d'idéal, c'est celle qui a uniquement pour appui la distinction nécessaire, et pour ainsi dire préexistante de la Propriété et de l'Industrie (*a*).

L'organisation du Pouvoir législatif, des Chambres nationales, départementales, cantonales et communales, ne doit pas être en opposition avec ce principe, si l'on veut qu'elle n'ait rien en elle-même qui choque la raison, et ce sentiment d'équité naturelle dont la Providence nous a doués, qu'elle a intimement attaché à notre constitution morale, pour nous éclairer, pour nous servir constamment de boussole et de guide dans la conduite de cette vie, pour affermir et en quelque sorte sanctionner les jugemens de notre intelligence ; cette organisation, cette distinction, en trois branches, du Pouvoir législatif, dans son point central et dans ses ramifications inférieures, ne doit pas, sous ce rapport, avoir d'autre fondement, si l'on veut que, parfaitement conforme aux lois de cette justice universelle, immuable, constante, comme son immuable et éternel auteur, cette base fondamentale et si essentielle de l'orga-

---

(*a*) *Voy. ci-dessus,* vol. v, pag. 548 *et suiv.*

nisation obtienne de cette source divine une
sanction manifeste et incontestable.

Cette même distinction de la Propriété et de
l'Industrie doit toujours servir de base à l'Organisation du Pouvoir législatif, dans le cas
même où , par l'accroissement du territoire
et par le développement de la Population,
l'admission du Système représentatif est devenue nécessaire ; lorsque ne pouvant plus
agir directement par elles-mêmes, il devient
indispensable que, suivant le principe auquel
l'immortel auteur de l'Esprit des Lois rend
assez solennellement hommage (a), les deux
classes principales de la Société qui, concurremment avec le Prince, doivent coopérer à
l'exercice de la Puissance législative, y parti-
cipent effectivement par l'intermédiaire de
leurs représentans.

D'après cette autre maxime de droit, qui
veut que les mandataires soient choisis par
ceux qu'ils ont charge de représenter(b), les
mandataires, députés ou représentans de ces

(a) *Voy. ci-dessus*, vol. vi, pag. 9.
(b) *Ibid.*, vol. vi, pag. 60.

deux classes principales de la Société, ne peuvent être légitimement élus que par elles.

Ainsi, par une conséquence directe et nécessaire de ces antécédens, et afin qu'ils reçoivent leur pleine exécution, il est manifestement indispensable que les Assemblées électorales, dans les départemens, dans les arrondissemens et dans les communes, soient divisées en deux Sections ou Colléges. Dans l'un, seront compris tous les citoyens faisant partie de la classe des propriétaires ; et dans l'autre, tous ceux qui appartiennent aux classes industrieuses, lorsque d'ailleurs ces citoyens réuniront en leur personne les diverses conditions que la Société a intérêt et est en droit d'exiger des électeurs, et auxquelles la Loi-Constutionnelle de l'État peut et doit subordonner cette qualité, sans blesser les principes de l'équité naturelle, et sans même altérer aucunement la nature du Gouvernement dans sa partie démocratique ; conditions qui seront déterminées et établies dans les sections suivantes de la première partie de ce second paragraphe, et dont il ne sera pas moins facile de reconnaître l'importance et l'utilité.

Quant au Principe dont il s'agit ici, s'il était nécessaire de l'appuyer davantage, il suffirait assurément de citer les réflexions suivantes émises à la Tribune de la Chambre des Députés par l'un des membres de cette Chambre, pendant le cours de la session de 1817, et qui ne sauraient se rapporter plus intimement au sujet : « Tous les intérêts doivent être représentés et défendus, disait à cette Tribune M. Duvergier de Hauranne; car les lois peuvent leur être favorables ou contraires. Or, deux grands intérêts sont aujourd'hui en action en France, et cette action est la source de la richesse et de la prospérité nationales. Je veux parler de la Propriété et de l'Agriculture d'une part, de l'Industrie et du Commerce de l'autre part. Je crois qu'ils doivent avoir chacun une action spéciale dans les Élections. J'ai remarqué qu'il y a peu de négocians dans la Chambre des Députés; il pourrait donc arriver que les intérêts du commerce et de l'industrie y fussent mal compris, et que de fausses mesures vinssent compromettre les intérêts nationaux, essentiellement liés à la prospérité de notre commerce

maritime, de nos manufactures, et au travail
de nos ouvriers. L'Industrie n'est pas répan-
due en France d'une manière égale ; beaucoup
de départemens sont principalement agricoles,
d'autres sont commerçans ; il en résulte deux
inconvéniens, tour-à-tour favorables et défa-
vorables aux propriétaires et aux commerçans.
Ainsi, dans les départemens agricoles, le plus
grand nombre des électeurs étant propriétaires, les commerçans ont peu l'espoir d'être
élus ; tandis qu'au contraire, dans quelques
départemens, où le plus grand nombre des
électeurs appartient au commerce, l'influence
des propriétaires devient nulle. Ainsi les commerçans des trois quarts des départemens
peuvent n'avoir aucun organe dans la Chambre, et, dans cinq ou six départemens, les
propriétaires sont exposés à perdre toute influence. Ne vaudrait-il pas mieux accorder
aux patentables-commerçans des nominations
spéciales, lorsqu'il y aurait dans un département un nombre déterminé de commerçans,
électeurs par la réunion de leur patente avec
leurs autres impositions ? Dans les départemens où l'industrie et le commerce occupent

la plus grande partie de la population, les commerçans éliraient la moitié des Députés : de cette manière le droit si juste accordé aux patentables d'être électeurs et éligibles ne deviendrait pas illusoire....

« La Chambre se souviendra, ajoutait le même orateur, que, lors de la discussion de la Loi sur les élections, M. le Garde-des-Sceaux actuel proposa de former deux Colléges électoraux, un des campagnes et un des villes. Les motifs sur lesquels il fondait sa proposition sont à-peu-près les mêmes que les miens ; il voulait que tous les intérêts fussent représentés et eussent des Députés spéciaux : il le voulait principalement pour les deux grandes divisions de la Propriété et de l'Industrie (a) ; mais il n'avait pas remarqué que, depuis la Révolution, l'Industrie a formé de grands établissemens dans les campagnes, et qu'alors la division des Électeurs en deux Colléges des villes et des campagnes n'atteignait pas le but où il voulait arriver, et qui serait atteint par ma proposition » (b).

(a) Voy. ci-dessus, vol. vi, pag. 28 et 29.
(b) Moniteur du 14 mars 1819.

C'est ainsi, et ce discours le prouve, que
les pensées fortes, justes et utiles, appuyées
sur la nature et sur la vérité, prennent insensiblement racine, germent, s'élèvent et ne
peuvent manquer de porter de bons fruits.

SECTION II.

Du Nombre des Membres composant les Col-
léges électoraux ; et nécessité d'admettre
un triple degré d'élection dans toute Société
où le territoire et la population ont pris un
grand développement.

Les inconvéniens inséparables du grand
nombre dans les Assemblées démocratiques
et populaires sont moins graves sans doute,
lorsque ces Assemblées n'ont pour objet que
d'élire, et non pas de discuter et de délibérer : cela est incontestable.

Toutefois la réflexion et l'expérience prouvent assez évidemment que, dans le cas même
où, par suite de l'admission du Systême représentatif, le but de ces Assemblées se trouve
ainsi circonscrit et déterminé comme il doit
l'être, elles ne sont pas encore entièrement
exemptes d'inconvéniens très-graves et provenant de la même cause : cela est même si
constant que les défenseurs et les adversaires
du projet de loi sur les élections, discuté dans

les Chambres pendant le cours de la session de 1816, n'ont pu se dispenser de le recon-naître et de le publier respectivement.

« Des divisions fâcheuses, disaient ceux-ci, ont quelquefois éclaté dans les Colléges élec-toraux de deux ou trois cents personnes ; que sera-ce dans la réunion de trois ou qua-tre mille électeurs » (*a*) ?

— « Nous avons vu de nos jours, disaient aussi les autres, deux grandes Assemblées à la nomination desquelles un grand nombre de citoyens avait concouru ; tous même fu-rent appelés à y concourir, et cependant ni l'une ni l'autre n'ont eu le vœu de la nation : l'une fut imprudente, l'autre barbare ; elle a déshonoré le nom français, elle a couvert notre patrie de sang, et il n'est pas un de nous qui ne voulût voir effacer son histoire de nos Annales. Ce n'est donc pas le nombre de ceux qui concourent au choix des Députés qui leur concilie le vœu de la nation. C'est

---

(*a*) *Voy. entre autres*, le discours de M. Josse de Beau-voir, Chambre des Députés. — Moniteur du 28 décembre 1816.

lorsque les actes des élus sont conformes avec le but général de toute l'association, qu'ils obtiennent ce vœu » (a).

— « Si l'on demande, a-t-on dit encore, quel effet a produit l'imprudente introduction des classes inférieures de la Société dans le Système électoral , l'histoire produira pour vous répondre deux témoins sanglans , l'Assemblée Législative et la Convention » (b).

Et nous pouvons encore rapporter ici cette autre réflexion : « Appeler la multitude (dans ce Système , ainsi que dans la Représentation), qu'est-ce autre chose que d'inviter les factions à la remuer à toutes les profondeurs , à la corrompre , à l'enivrer de fausses espérances, à lui promettre des proscriptions et des dépouilles : c'est l'histoire de tous les temps, et c'est aussi la nôtre » (c).

Blackstone, Filangieri et autres publicistes

_____

(a) *Voy. entre autres*, le discours de M. Cuvier, Chambre des Députés. — Moniteur du 3o décembre 1816.

(b) Discours de M. Beugnot. — *Ibid.* — Moniteur du 1er janvier 1817.

(c) Discours de M. Royer-Collard. — *Ibid.* — Moniteur du 27 décembre 1816. — *Et ci-dessus* , vol. v , pag. 572.

disent aussi, et nous croyons pouvoir le rappeler : « Quand, après la Guerre Sociale,
tous les habitans des villes d'Italie furent
admis parmi les citoyens libres de Rome, et
qu'ils eurent voix dans les Assemblées publiques, il devint impossible de distinguer les
votes légitimes des votes qui ne l'étaient pas :
le tumulte et le désordre s'élevèrent, depuis
ce temps, dans les élections et dans toutes
les délibérations populaires ; et c'est ce qui
fraya le chemin à Marius et à Sylla, à Pompée
et à César, pour fouler aux pieds les libertés
de leur pays et pour dissoudre enfin la République » (*a*).

— « Il est essentiel, remarque M. de Montesquieu, de fixer le nombre des citoyens qui
doivent former les Assemblées...; à Rome...,
on n'avait point fixé ce nombre, et ce fut
une des grandes causes de sa ruine » (*b*).

(*a*) Blackstone. Commentaires sur les Lois anglaises,
tom. 1, liv. 1, chap. 11. — *Voy. aussi* Filangieri. Science
de la Législation, tom. 1, liv. 1, chap. x, pag. 118.
— Appien. *De Bello civili,* lib. 1. — Velleius Paterculus,
lib. 11, cap. xv, xvi et xvii.

(*b*) Esprit des Lois, liv. 11, chap. 11.

Ce sera donc bien vainement que l'on essayera de prouver, ainsi que l'ont entrepris quelques autres orateurs dans cette même session de 1816, « que le grand nombre des membres dans les Colléges électoraux est un moyen d'ajouter à leur indépendance, et que, moins ils sont nombreux, plus ils sont accessibles à la brigue » (a).

Un homme de bon sens et quelque peu clairvoyant ne prendra pas ainsi le change ; c'est le caractère, la moralité, l'intérêt des membres des Colléges électoraux, et sur-tout leur indépendance de position, enfin tous les préservatifs dont la Loi constitutionnelle doit les environner, qui peuvent donner la garantie de leur indépendance morale, qui, bien plus que le grand nombre, peuvent rendre impuissantes les manœuvres de la cabale.

En l'absence de ces garanties véritables et solides, le grand nombre au contraire donnera toujours plus de prise aux brigues, et sur-tout aux piéges de la séduction, de l'intrigue ministérielle. Pour en être convaincu,

_____

(a) *Voy. entre autres*, les discours ministériels prononcés à la même époque.

il suffit seulement de remarquer qu'il n'est
pas du tout nécessaire de corrompre, capter
et séduire la majorité des électeurs, pour
entraver la liberté des suffrages et anéantir
l'indépendance des élections : il ne faut
que quelques ambitieux, quelques intrigans
adroits, mais toujours disposés à se vendre,
pour former un noyau, une cabale dont l'influence sera toute puissante, et qui ne manquera pas de rendre en effet cette indépendance tout-à-fait illusoire.

Et pourtant, d'un autre côté, dans un État
libre, sous un Gouvernement qui, de sa nature, participe exclusivement du Gouvernement d'un seul et de la démocratie, si le
territoire et la population sont trop étendus
pour que tous les hommes qui, comme le
dit Montesquieu, sont censés avoir une ame
libre, tous les citoyens qui exercent dans la
société une profession indépendante, puissent concourir directement et par eux-mêmes
à l'exercice de la Puissance législative, la justice, l'essence même de l'institution veut que,
comme nous l'avons reconnu (a), tous ces

(a) *Voy. ci-dessus*, vol. vi, pag. 8 *et suiv.*

mêmes citoyens soient appelés à y prendre part, du moins par l'intermédiaire de leurs représentans. Ce droit doit en quelque sorte être considéré comme l'égide et le palladium de la liberté.

Quels moyens donc de parvenir à concilier ce principe incontestable avec les vérités qui précèdent immédiatement, qui sont indiquées par la réflexion et justifiées par l'expérience, mais qui semblent tellement impliquer contradiction avec ce principe, que l'on serait tenté de le regarder comme entièrement inconciliable avec les conséquences naturelles de ces mêmes vérités relatives aux inconvéniens du grand nombre? Quel sera le moyen possible de concordance : car il doit en exister un?

Disons-le ; c'est bien là l'un des points les plus importans du problême que présente à résoudre la rédaction d'une bonne loi sur les élections ; mais en même temps n'hésitons pas et ne craignons pas d'affirmer que plus on y aura réfléchi mûrement et de bonne foi, et plus on reconnaîtra cette autre vérité que, chez un peuple dont le territoire sera étendu

et la population nombreuse autant et même
moins que ne le sont le territoire et la population de la France, le seul moyen efficace
et sûr d'atteindre le but proposé sera d'admettre le principe du triple degré d'élection,
d'après les divisions par département, par arrondissement, par commune, dont nous nous
sommes occupés, et déja existantes?

On ne peut vouloir sincèrement la fin, sans
en vouloir les moyens. Or, comment concevoir seulement la pensée que tous les propriétaires, tous les manufacturiers, négocians
et autres hommes vivant librement de leur
industrie se détermineront à abandonner leurs
occupations, l'administration et les soins de
leurs affaires journalières, pour aller loin de
leur domicile et à de grandes distances, procéder aux élections? Cet espoir est chimérique et contraire à ce que nous apprennent
chaque jour l'observation et la connaissance
du cœur humain; il faut se hâter d'y renoncer:
car vouloir faire participer de cette manière
tous les citoyens à l'élection immédiate de leurs
représentans, c'est bien certainement, au contraire, les priver de l'exercice de ce droit, et

livrer le champ libre aux hommes oisifs et aux ambitieux.

Mais voulût-on même supposer que le zèle pour le bien public, le patriotisme, le sentiment de la liberté, l'enthousiasme, l'amour des institutions électrisassent assez tous les citoyens pour faire oublier les fatigues, les embarras, et autres obstacles résultans d'un déplacement pénible, sur-tout pour les habitans des campagnes, dans une saison rigoureuse de l'année, et d'un séjour prolongé et dispendieux au chef-lieu du département, nous le demanderons encore, comment ne pas apercevoir de suite le trouble, la confusion, le tumulte et tous les autres inconvéniens inséparables d'une telle affluence, de rassemblemens si nombreux ? Certes, c'est bien alors, et dans ces Assemblées populaires, tumultueuses et sans ordre, que tous les genres de séduction, d'intrigue, de cabales, s'agitent avec succès, ainsi que l'Angleterre sur-tout nous en donne l'exemple, et exercent la plus active et la plus funeste influence. Tous ces désordres et ces inconvéniens sont, chaque année encore, si bien constatés par l'expérience,

même en France, si évidens, si palpables, que
l'on ne saurait de bonne foi se les dissimuler
et se faire illusion à cet égard (*a*).

(*a*) On peut consulter sur ce point plusieurs des discours prononcés dans les Chambres, pendant la session
de 1818, en faveur de la prise en considération de la
proposition faite par M. le marquis Barthélemy, relativement à la revision de la loi des élections.

Un membre de la Chambre des Députés, déja promu
deux fois à la Présidence du Collége électoral de Paris,
publia, entre autres, à cette époque, les remarques suivantes : « appelé deux fois, depuis la dernière loi, à
l'honneur de présider le Collége de Paris, c'est-à-dire de
la ville du royaume, où il est le plus facile de remplir
l'importante fonction d'électeur, puisque personne n'est
obligé de quitter sa maison ni ses affaires, et qu'il suffit
de consacrer quelques minutes à remplir ce grand devoir, j'ai pu vérifier qu'un tiers à-peu-près des électeurs
n'a pas voté : et, je l'avouerai avec une franchise entière,
ce double essai m'a pénétré d'une vive inquiétude, et
j'ajouterai d'un grand regret, d'avoir voté la (précédente) loi ; je me suis effrayé, dans le présent, pour
l'avenir. Quoi ! déja un tiers des électeurs ne vote pas, à
la naissance même de la loi, et dans la plus grande fer-
veur de l'institution ! Ce tiers ne vote pas, lorsque l'amour
du nouveau, si puissant sur l'esprit de tous les Français,
et l'empressement que met la vanité non encore émoussée
par la jouissance, à user de prérogatives inconnues
jusque-là, exercent avec force leur influence ! Ce tiers

A la place de ces modes d'élection ou in-
exécutables ou pernicieux, si l'on admet les
trois degrés d'élection, si tous les citoyens

---

ne vote pas dans la ville de France, où il n'en coûte ni
temps ni argent pour voter, où nul embarras d'aucune
espèce ne vient attiédir le zèle. Que présager pour l'avenir d'une telle défection ! que faut-il attendre du mode
d'élection, quand la nouveauté aura perdu son charme;
quand les électeurs, dont le zèle se sera refroidi, ne
verront plus qu'une corvée dans l'exercice de l'un de nos
plus beaux droits politiques ; quand enfin les hommes
tranquilles, qui sont ceux qui s'effraient le plus du jeu
des passions et des mouvemens tumultueux, voyant
que, par l'absence d'un grand nombre de co-électeurs
apathiques, la brigue l'emporte sur le patriotisme, et
qu'ils ne peuvent empêcher l'urne de donner des noms
qui n'ont pas leur confiance, se seront dégoûtés de revenir tenter des efforts stériles ? Que sera-ce sur-tout
dans les départemens où l'éloignement des lieux, la ra-
reté des moyens de transport, les difficultés des routes
viennent ajouter bien d'autres obstacles à l'exercice d'un
droit que les citoyens ne pourront ainsi exercer qu'à
travers mille fatigues ? Il m'est trop évident qu'à une
époque qui ne peut pas tarder, un découragement presque général prendra aux électeurs ; les forains resteront
chez eux ; le droit d'élection sera abandonné aux seuls
habitans du chef-lieu; parmi ceux-ci, les insoucians ne
s'occuperont même pas des Assemblées : et alors l'élection, livrée à un petit nombre de citoyens, parmi les-

paisibles et laborieux, sans ambition, sans
intrigue, peuvent aisément et sans abandonner leurs foyers, sans être forcés à négliger

---

quels l'intrigue, toujours plus active, et il faut ajouter
toujours plus adroite, que l'amour du bien public,
en débauchera une partie pour porter des candidats
peu estimés, finira par perdre toute espèce d'attrait
pour les citoyens bien intentionnés. Ceux-ci se rebute-
ront d'une assiduité qui ne leur produira que des dé-
faites dont ils connaîtront mieux les motifs qu'ils n'en
pourront paralyser les moyens. Et ainsi, en dernier
terme, tous les choix seront faits par une faction : trop
heureux quand ils ne le seront que par une coterie,
parce qu'avec celle-ci il n'y aura à craindre que la perte
de la liberté, tandis qu'avec l'autre on aura à redouter
le bouleversement de l'ordre social. Voilà ce que j'ai
vérifié, voilà ce que je prévois; et ce qui me fait désirer
que la Puissance législative aille au-devant de ces malheurs par l'amélioration de la loi des élections». (Opinion de M. Bellart, Député de la Seine, sur la proposition relative aux modifications de l'organisation des
Colléges électoraux).

M. le marquis de Lally-Tollendal a dit aussi à ce sujet : « La Loi veut que tous les citoyens ayant les qualités requises et remplissant les conditions prescrites par
elle pour exercer le droit d'élection, jouissent de ce droit
qui est en même temps pour eux un devoir. Or la distance des lieux a paru souvent être un obstacle à cette
jouissance pour les électeurs obligés d'aller chercher au

aucunes de leurs occupations particulières,
donner leurs suffrages dans leurs communes
respectives, il n'y en aura alors aucun parmi

---

loin le chef-lieu du département, pour ceux, par exemple, qui, dans le département de la Charente-Inférieure, partent d'Aiguelin, qui est à la pointe du sud, pour la Rochelle, qui est à la pointe du nord, et qui ont *quatre-vingt-dix* lieues à faire ». (Moniteur du lundi, 1ᵉʳ mars 1819, nº 60). — (*Voy.* encore, entre autres, le discours de M. le marquis de Fontanes. —Séance du 2.— Moniteur du 4, nº 63).

Il ne serait pas non plus impossible de rattacher, d'une manière utile, et sauf quelques modifications, au principe que nous établissons ici, quelques pensées émises dans l'exposé fait par M. le duc Decazes, des motifs d'un nouveau projet de loi sur les élections, dans la session de l'année suivante. (Séance du 15 février 1820).

On y lit, entre autres, le passage suivant : « Ainsi la haute Propriété ne tiendra le droit qui lui sera confié que de l'assentiment des électeurs moins imposés ; ainsi le Collége de département émanera des Colléges d'arrondissement ; ainsi une déférence mutuelle, un besoin réciproque, rapprocheront tous les électeurs. La grande propriété ne sera point une prérogative : car elle aura besoin d'une élection pour être un droit. La petite propriété n'aura plus la puissance exclusive que le système actuel lui accorde : car elle devra faire porter ses choix pour la composition de l'autre Collége sur les hommes

eux qui ne soit jaloux d'user d'un droit précieux dans son propre intérêt, et satisfait de remplir en même temps un devoir essentiel pour la prospérité de l'État ; et, quoiqu'on en puisse dire, choisir les hommes que l'on croit les plus capables de faire à leur tour un bon choix, c'est toujours participer très-réellement et très-efficacement à l'élection des représentans, quoiqu'en effet indirectement et médiatement (*a*).

---

qui offriront la condition d'une fortune plus indépendante». (Cet extrait est tiré de la Minerve française, tom. ix, livraison 108e).

— *Voy. aussi* le discours prononcé à la Chambre des Députés par M. Laisné, rapporteur de la Commission chargée de l'examen de ce nouveau projet de loi sur les élections.— Séance du 6 mai 1820.

— On doit déja distinguer facilement, et bientôt on reconnaîtra mieux encore en quoi ces idées sont en opposition avec le vrai système électoral constitutionnel et monarchique, et en quoi elles y sont conformes.

(*a*) Le Décret du 22 décembre 1789, sur la Constitution des Assemblées primaires et des Assemblées administratives, sanctionné par lettres-patentes du mois de janvier 1790, portait : « Section 1re, *art.* 21. « Il n'y aura qu'un seul degré intermédiaire entre les Assemblées primaires et l'Assemblée nationale....

D'ailleurs, de la manière dont nous concevons l'application de ce principe, ces représentans seront dans la vérité élus directe-

---

« SECTION 2ᵉ, *art.* 1ᵉʳ. Il n'y aura qu'un seul degré d'élection intermédiaire entre les Assemblées primaires et les Assemblées administratives.

—L'article 19, tit. III, de la Constitution du 5 fructidor an III, admettait deux degrés d'élection, et était ainsi conçu : « Il y a au moins une Assemblée primaire par canton.

« Lorsqu'il y en a plusieurs, chacune est composée de quatre cent cinquante citoyens au moins, de neuf cents au plus.

« Ces nombres s'entendent des citoyens présens ou absens ayant droit de voter».

—Le Décret relatif aux élections, du 25 fructidor an III, tit. I, statuait : « *art.* 2. Lorsque le nombre des citoyens, ayant droit de voter dans un canton, ne s'élèvera pas à plus de neuf cents, il n'y aura qu'une Assemblée primaire par canton ; mais au-dessus de ce nombre, il s'en formera au moins deux.

« *Art.* 3. Chaque Assemblée primaire doit tendre à se former de six cents membres ; s'il y a plusieurs Assemblées dans un canton, la moins nombreuse doit être de quatre cent cinquante citoyens ».

— L'Acte Constitutionnel du 22 frimaire an VIII (13 décembre 1799), et le Sénatus-Consulte-Organique, du 16 thermidor an X (4 août 1802), admirent trois degrés d'élection.

ment par leurs plus proches concitoyens,
ainsi qu'on le reconnaîtra dans la section suivante.

— Le titre 1er de ce Sénatus-Consulte s'exprime ainsi :
« *Art.* 1er. Chaque ressort de justice de paix a une Assemblée de canton.

« *Art.* 2. Chaque arrondissement communal, ou district de Sous-Préfecture, a un Collége électoral d'arrondissement.

« *Art.* 3. Chaque département a un Collége électoral
de département ».

— On peut aussi voir, à ce sujet, la loi du 13 ventose
an IX, l'Arrêté du 16 thermidor an X, contenant réglement pour l'exécution de ce Sénatus-Consulte du 16
thermidor an X, le Décret impérial du 17 janvier, le
Réglement du 13 mai 1806, etc.

Mais on a déja pu remarquer aussi, et l'on reconnaîtra
encore, dans les sections suivantes, en quels points essentiels, ces diverses dispositions législatives différaient,
sous d'autres rapports et même relativement à l'application du Principe dont il s'agit ici, des véritables règles
du Droit constitutionnel.

SECTION III.

*Des Conditions auxquelles la Loi Constitu-
tionnelle de l'État peut subordonner la
qualité d'Électeur, sans blesser l'équité et
sans altérer la nature du Gouvernement.*

Malheureusement on ne paraît pas encore
assez généralement convaincu, malgré les
leçons réitérées de l'expérience, que le grand
nombre devient dans les Colléges électoraux,
de même que dans les Assemblées délibérantes, un moyen plutôt de nature à nuire à
leur indépendance, que propre à la garantir
et à la conserver ; mais on a du moins reconnu qu'il y avait nécessité de soumettre la
qualité et l'exercice du droit d'élection, aussi
bien que la qualité d'éligible, à de certaines
conditions.

Et en effet, si ces conditions, titres ou
qualités dont la société a droit d'exiger la
réunion dans les représentans, peuvent réellement garantir et déterminer en eux l'esprit

d'ordre, de modération, d'équité, elles ne détermineront et ne garantiront pas moins le même esprit de prudence, de circonspection, de sagesse, dans les électeurs ; et par suite, la disposition constitutionnelle qui fixera et prescrira ces conditions, n'influera pas d'une manière peu efficace sur la bonté des choix que ceux-ci pourront faire.

D'ailleurs, nous le répéterons encore, dans la démocratie sur-tout, il importe essentiellement de limiter et restreindre l'exercice de ce qu'on appelle les Droits politiques, par l'admission de toutes les conditions qui ne choquent en rien l'équité naturelle ni même la nature de ce Gouvernement ; et cela sous peine de marcher vers l'anarchie.

Ces conditions non exclusives, et que tout homme, de quelque classe qu'il soit, est apte à acquérir, si déja il ne les possède, sont, à l'égard des électeurs tout aussi bien qu'à l'égard des éligibles : 1° la condition d'identité de connaissances, de vues et d'intérêts, c'est-à-dire que tout électeur pour la nomination des mandataires, députés ou représentans de la Propriété, pour la nomination des man-

dataires, députés ou représentans de l'Industrie, doit lui même appartenir à l'une ou à
l'autre respectivement de ces deux classes principales de la société ; 2° la condition expresse
d'un domicile acquis de fait dans l'étendue
de l'arrondissement électoral, dont l'électeur
fait partie ; 3° pour les uns, la possession
d'une propriété foncière d'une certaine valeur ; et pour les autres, la justification d'une
fortune ayant une analogie suffisante avec les
propriétés et les intérêts de la classe dans
laquelle ils doivent prendre part à l'élection,
et d'une quotité pareillement déterminée par la
loi, comme aussi en outre, et pour tous, le
versement, dans une certaine proportion, de
contributions annuelles, pour subvenir aux
besoins, charges et dépenses spéciales des
localités, ou aux besoins, charges et dépenses
générales de l'État ; 4° la maturité de l'âge,
garantie non récusable de l'expérience, de la
maturité du jugement dans la connaissance
et l'appréciation des hommes ; 5° enfin le
titre d'époux, celui de père de famille, autres garanties non moins incontestables du
besoin de l'ordre, de la tranquillité, et de

l'amour véritable des bonnes et solides institutions.

Ces conditions nécessaires de circonspection, de prudence, que la société, que le
Législateur, dans l'intérêt général et bien évident de cette même société, est en droit,
disons plus, est dans l'obligation de prescrire,
ne sont réellement pas contraires à l'équité, à
la nature même du Gouvernement démocrati-
monarchique constitutionnel; parce qu'encore
une fois il n'en résulte aucune exclusion, aucun privilége en faveur de qui que ce soit,
et qu'elles sont prescrites non pas dans l'intérêt particulier d'une famille, d'une corporation, d'une caste, mais bien dans l'intérêt
général de la société, dans l'intérêt de tous
ses membres, de chacun d'eux en particulier,
et de ceux-là mêmes qui par elles se trouvent
être momentanément éloignés de la participation à l'exercice du droit d'élection.

Ces conditions ne sont pas moins motivées,
moins nécessaires et essentielles, les unes que
les autres : mais, s'il fallait cependant opter
entre elles, il semble que celles de ces conditions qu'il serait naturel d'adopter de préfé-

rence, seraient (à l'inverse encore de ce qui se
pratique) celles qui ont pour bases l'identité
d'intérêt, l'acquisition du domicile, la maturité de l'âge, les titres d'époux et de père de
famille, plutôt que celle qui a uniquement pour
fondement l'importance de la fortune : car il
est incontestablement plus utile et plus urgent
d'encourager les hommes aux bonnes mœurs,
d'honorer le mariage et la paternité, qu'il n'est
utile d'honorer la richesse, et nécessaire d'exciter les hommes à accroître leur fortune.

Il ne nous sera pas difficile au surplus
d'appuyer ces vérités, ce principe, de réflexions pleines de justesse et de sens, et
puisées cependant dans des sources fort différentes, dans des discours prononcés à la Tribune par des hommes mus par des sentimens,
par des opinions politiques en général fort di-
vergentes, et peut-être même diamétralement
opposées : ce qui doit donner d'autant plus de
force et d'empire aux points de doctrine sur
lesquels ils se sont rencontrés et dont ils demeurent d'accord.

Nous n'avons, il est vrai, aucune autorité
à rapporter relativement à la première et peut-

être à la plus claire des cinq conditions ci-dessus énoncées, celle de l'identité de vues, de connaissances et d'intérêt, résultante de la distinction des deux principales classes de la société; mais, par exemple, quant à la seconde de ces conditions, celle d'un domicile acquis dans l'étendue de l'arrondissement électoral dont l'électeur fait partie, on peut invoquer ici les termes propres dans lesquels s'exprimait, à une époque trop mémorable, un ministre dont nous avons déja cité, et dont nous cite-rons encore les paroles à l'appui de la démon-stration d'un principe qui se rattache à cette matière (a).

M. le duc Decazes, dans l'exposé des motifs du projet de loi présenté par lui sur un nou-veau mode d'élection dans la session de 1819, disait : « Des Propriétaires enlevés à leur sol, à leurs voisins, à leur horizon politique et social, jetés dans une atmosphère nouvelle, appelés à donner leurs suffrages sans espoir de les appliquer utilèment aux hommes dont les principes, le talent, la vie entière leur sont connus, contraints de demander conseil à des

---

(a) *Voy. ci-des.*, vol. VI, p. 246; *et ci-apr.*, p. 353 *et suiv.*

convictions qu'ils ne peuvent partager, ou à des intérêts étrangers, et de faire porter leurs choix sur des noms qui sont nouveaux pour eux, des électeurs ainsi livrés à toutes les suggestions, à toutes les manœuvres, n'expriment pas et ne peuvent exprimer un vote personnel, un suffrage réel. Dans l'état d'isolement et de dissolution où ils se trouvent, il faut nécessairement, pour exercer sur eux une influence qui les réunisse et les concentre, s'adresser à la partie la plus irritable de leurs intérêts ou de leurs penchans, et l'exalter à tel point qu'elle devienne, pour ainsi dire, une idée fixe, devant laquelle toutes les autres considérations disparaissent. Or de telles influences sont inévitablement partiales et violentes; elles troublent la raison de l'électeur en échauffant ses passions, seul lien commun qu'on puisse créer momentanément entre des hommes qui n'en ont point d'autres; et par là même, elles dégoûtent et écartent de l'élection un grand nombre d'hommes sages et désintéressés, qui ne veulent ni subir un joug étranger ni apporter un vote inutile.

« C'est en effet au sentiment de cette position fausse et inégale, autant qu'à la circonstance de l'éloignement du Chef-lieu, qu'il faut attribuer l'insouciance des électeurs pour un droit souvent illusoire, et dont un grand nombre se sont montrés si peu jaloux, que, presque généralement, plus d'un tiers d'entre eux a négligé de l'exercer.

« Ces vices trompent l'intention première de la loi, et la détruisent dans son principe; puisqu'ils écartent une portion si notable des électeurs à qui la loi confère des droits sans résultat, et qu'ils attaquent la réalité même du vote de ceux qui exercent leurs droits.

« Une conséquence inévitable de cet état de choses est d'assurer au Chef-lieu toute l'influence électorale, et souvent de lui donner numériquement et d'avance la majorité dans l'élection, c'est-à-dire l'élection tout entière (*a*) ».

Relativement à la condition de la maturité

(*a*) Exposé du motif du projet de loi présenté par S. Exc. le ministre de l'Intérieur, sur le nouveau Mode d'élection, dans la séance du 15 février 1820.

de l'âge, et à celle qui exigerait, dans la personne de l'électeur, comme dans celle de
l'éligible, la réunion des titres d'époux et de
père de famille, plusieurs membres de la
Chambre des députés ont rendu hommage
d'une manière assez directe, au principe en
général, lorsque, dans la session de 1816, et
lors de la discussion d'un projet de loi relatif
à cette matière, ils ont dit : « Il ne serait pas
indifférent de voir honorer la vieillesse dans
une Assemblée du peuple, qui a pour objet
de préparer par une bonne élection le bonheur de la génération naissante et des générations futures (a) ». — « On est généralement
plus mûr et plus réfléchi à trente ans qu'on
ne l'est à vingt. Si donc la loi m'oblige à
choisir des Électeurs parmi les hommes de
trente ans et au-dessus, il est plus probable
que mon choix tombera sur un homme sage
et réfléchi, que si j'avais eu la faculté de
choisir un homme moins âgé (b) ».

(a) *Voy*. entre autres, le discours de M. de Metz.
— Chambre des Députés. — Session de 1816.

(b) *Ibid*. Discours de M. de Villèle. — Séance du 26
décembre 1816 ; et *ci-dessus*, vol. vi, pag. 184 et 185.

Nous disons qu'en s'exprimant ainsi, on rend hommage à tous les points, à toutes les parties et conditions, qui se rattachent au même principe : et en effet ce qui est vrai à l'égard des hommes dont la maturité de l'âge garantit les louables intentions, la prudence et la raison, n'est pas moins vrai, et s'applique peut-être même plus particulièrement encore, à l'égard des hommes mariés, des pères de famille, que des rapports plus étendus et des liens plus puissans attachent et intéressent davantage à la prospérité nationale et au repos de l'État.

Quant à la condition du paiement d'une certaine somme annuellement versée à titre de contribution pour subvenir aux besoins, charges et dépenses spéciales des localités, et aux besoins, charges et dépenses générales de l'État, elle doit être essentiellement considérée comme un moyen de stimulation et d'encouragement dont nous avons précédemment reconnu l'utilité et l'application, en traitant des différens modes praticables de contributions et d'impôts (*a*).

(*a*) *Voy. ci-dessus*, vol. VI, pag. 377 *et suiv.*

Enfin, relativement à la condition de la possession d'une propriété foncière ou d'une fortune analogue aux propriétés et aux intérêts de la classe commerçante et industrieuse, il ne serait pas impossible que les opinions fussent partagées à cet égard ; et cependant non seulement plusieurs des raisons que nous avons déja fait valoir dans la première division de ce paragraphe (*a*), peuvent de nóuveau recevoir ici leur application, mais on ne saurait non plus contester la justesse et la force des faits, des considérations et réflexions qui suivent.

En Angleterre, où le mode des élections appellerait des réformes indispensables et urgentes, la qualité de propriétaire se trouve pourtant comprise au nombre des conditions requises, au moins dans la personne des électeurs qui doivent participer à la nomination des représentans des provinces.

«Quant aux conditions nécessaires aux électeurs, dit Blackstone, celle qui est relative à la propriété exigée dans les votans, a pour

---

(*a*) *Voy ci-dessus*, vol. vi, pag. 78 *et suiv.* — vol. vii, pag. 201 *et suiv.*

véritable motif, l'exclusion des individus qui
sont dans une position si basse ou si mal-aisée,
qu'ils sont censés n'avoir pas de volonté qui
leur soit propre. S'ils avaient le droit de voter,
ils seraient tentés de disposer de leur voix sous
telle ou telle autre influence illégitime. Il en
résulterait, pour les hommes puissans ou riches, ou insinuans et adroits, une part, dans
es élections, plus étendue qu'il ne convient
pour le maintien de la liberté générale. S'il était
probable que chacun voterait librement et
sans influence d'aucune espèce, alors, d'après
a vraie théorie et les principes purs de la
iberté, tout membre de la grande communauté, devrait, qnoique pauvre, émettre son
vote, pour l'élection des délégués auxquels
est confiée la disposition de sa propriété, de
a liberté, de sa vie. Mais, comme on ne peut
que difficilement espérer cette indépendance
dans les votes des personnes indigentes, ou
de celles qui sont elles-mêmes immédiatement sous la dépendance d'autrui, tous les
Gouvernemens populaires ont été obligés d'é-
ablir de certaines conditions, au moyen desquelles ceux qu'on présume n'avoir pas de

MONARCHIE.

exclus du droit de voter ; afin que les autres
individus, dont on suppose les volontés plus
indépendantes, soient entre eux plus entièrement de niveau.

« Et le droit de suffrage est ainsi déterminé
d'après un principe plus sage que l'une ou
l'autre des méthodes de voter à Rome, par
centuries ou par tribus. Dans la méthode par
centuries, instituée par Servius Tullius, c'était
principalement la propriété, et non le nombre, qui emportait la balance; dans la méthode
par tribus, que les tribuns du peuple intro-
duisirent par degrés, le nombre seul était
considéré, la propriété n'était d'aucun poids :
de là provenait que les lois établies par la
première méthode avaient communément une
trop grande tendance à l'agrandissement des
patriciens et de la noblesse opulente, et que
les lois instituées par la dernière tendaient
trop à réduire toutes les classes à un même
niveau. Notre Constitution se dirige entre les
deux extrêmes : elle n'exclut entièrement que
ceux qui n'ont pas de volontés indépendantes;
à peine trouverait-on un homme libre de ses

actions et de sa détermination, qui n'ait droit de voter dans quelque lieu du royaume....

« Les chevaliers des comtés ou provinces sont les représentans des propriétaires des terres, ou de l'intérêt territorial du royaume(*a*); leurs électeurs doivent donc avoir des propriétés en terres ou ténemens dans le comté représenté....

« Les autres conditions requises dans les électeurs, pour les comtés d'Angleterre et du pays de Galles, se trouvent en divers statuts(*b*). Ce sont celles qui suivent :

« Nul ne peut voter avant l'âge de vingt-un ans.

« Cette condition et la suivante s'appliquent aux électeurs des villes et bourgs.

« Nul ne peut voter dans aucune élection,

(*a*) En Angleterre, la propriété semblerait donc avoir une représentation particulière et distincte : mais l'inconséquence et le vice d'organisation sont, en Angleterre comme en France, que la Chambre des Pairs ne soit pas exclusivement attribuée à cette Représentation, et la Chambre des Communes à celle des classes commerçantes et industrieuses. (*Voy. ci-dessus*, vol. vi, pag. 8 *et suiv*).

(*b*) 7 et 8 W. iii, *c.* 25.—10 Anne, *c.* 23. — 2 Georg. ii, *c.* 21.— 18 Georg. ii, *c.* 18.

s'il est convaincu de parjure ou de subornation pour parjure.

« Nul ne peut voter en vertu d'une propriété y donnant droit, qui lui aura été passée frauduleusement pour qu'il puisse voter.

« Les transports frauduleux sont ceux qui contiennent une convention de rendre la propriété concédée, ou d'en révoquer le transport. Ces conventions sont annulées ; et la propriété reste sans retour à la personne à qui la concession en a été faite (*a*). Et pour prévenir d'autant plus sûrement de telles fraudes, on a arrêté la disposition qui suit :

« Tout votant doit avoir été en possession réelle, avoir disposé pour son usage des revenus du *franc-ténement* (*b*) qui lui donne droit de suffrage, pendant douze mois *de Calendrier* (*c*), ou une année accomplie, avant

---

(*a*) « Et toute personne qui aura préparé ou exécuté ce transport, ou qui aura voté au moyen de ce transport, payera une amende de 40 liv. sterl. » (10 Anne, c. 23, § 1).

(*b*) *Voy.*, pour l'explication de ce mot *franc-ténement*, chap. vii, liv. ii des Commentaires de Blackstone.

(*c*) Voici de quelle manière la Loi anglaise calcule et

de voter; à moins que cette propriété ne lui

---

divise le temps : L'année est un intervalle de temps déterminé et bien connu, composé en général de trois cent
soixante-cinq jours : car, quoique l'année bissextile
soit proprement de trois cent soixante-six jours, cependant, d'après le statut 21 du règne de Henri III, le jour
ajouté à l'année bissextile ne compte que pour un jour
avec celui qui le précède.

« La durée du mois est plus douteuse, parce qu'on
admet communément deux modes différens pour le calcul de cette durée, ou deux espèces de mois différens;
les mois lunaires composés chacun de vingt-huit jours,
temps supposé de la révolution de la lune, ce qui donne
treize mois pour l'année; et les mois inégaux du Calendrier de la période *Julienne*, conformément à nos alma-
nachs ordinaires, douze desquels mois composent une
année.

» Dans le langage de la loi, on entend par un mois le
mois lunaire, à moins que cela ne soit autrement exprimé; tant parce que c'est une période toujours uniforme, que parce qu'il en résulte naturellement la division en quatre semaines. En conséquence, un bail pour
douze mois n'est que pour quarante-huit semaines;
mais s'il est *pour une suite de douze mois*, au singulier,
il est valable pour une année : car ici la loi ne calcule
pas comme à l'ordinaire, parce que l'ambiguité cesse,
puisqu'on entend généralement, par cette expression
au singulier, une suite de douze mois (a *twelvemonth*),

ait été dévolue par succession, convention de

---

une année entière, consistant dans une révolution so-
laire (*).

« L'espace d'un jour comprend ordinairement les vingt-
quatre heures, la loi rejetant en général toute fraction
de jour, pour éviter les contestations. Si donc je dois

(*) « Dans tous les statuts, un *mois* signifie un mois *lunaire*,
à moins qu'il ne soit évident qu'on a entendu exprimer un mois
de Calendrier. Mais dans les lettres de change et les billets,
un mois est toujours un mois *de Calendrier* : si, par exemple, un
billet est daté du 10 janvier, et payable à un mois de date, il est
dû le 13 février, en y comprenant les trois jours de grace.

« Dans les cas de dévolu et de *quare impedit* (ordonnances
qu'obtient le propriétaire d'un droit de patronage contre celui qui
le trouble dans l'exercice de ce droit, lorsque le bénéfice est vacant,
note de M. Chompré), les six mois sont aussi des mois *de Calendrier*.

« Il est à remarquer que nos écrivains en matières de loi n'ont
pas distingué entre six mois de Calendrier et une demi-année.
Lord Coke dit qu'une demi-année est de cent quatre-vingt-deux
jours, (1 Inst. 135). Mais six mois de Calendrier contiennent une
ou deux jours de plus ou de moins qu'une demi-année, suivant
qu'ils renferment ou non le mois de février. En parlant d'un même
procès, Lord Coke considère le *tempus semestre*, comme étant des
six mois *de Calendrier*, et Sir George Croke, comme étant des
cent quatre-vingt-deux jours; et ni l'un ni l'autre ne prend la
différence en considération.

« Il paraît que la signification de déguerpir à un tenancier occupant,
pour chaque année commencée, doit être datée d'une demi-année
à l'avance, et non de six mois de Calendrier, quoique ce dernier
calcul fût plus simple ». (*Note de M. Christian*).

mariage, testament, ou promotion à quelque bénéfice ou place (*a*).

« Nul ne peut voter en vertu d'une *annuité* ou d'une *rent-charge* (*b*), si elle n'a été enregistrée par le greffier de la justice de paix depuis douze mois *de Calendrier* (*c*).

« Celui qui est en possession de l'usufruit

———

payer une somme un certain jour fixe, il suffit que je paie avant minuit de ce même jour (*) ». (BLACKSTONE. Commentaires sur les Lois anglaises, liv. II, chap. IX. *Trad. de M. Chompré*).

(*a*) Pourquoi donc une telle exception, en faveur de celui qui se trouve promu à quelque bénéfice ou charge? n'en résulte-t-il pas, pour le ministère, un moyen d'influence irrégulier et illicite?

(*b*) *Voy.* pour l'explication de ces mots *annuité*, *rent-charge*, les §§ 9 et 10, ch. III, liv. II des Commentaires.

(*c*) « Ce doit être une *annuité* ou *rent-charge*, provenant d'un *franc-ténement* : et, si on n'en devient possesseur par l'opération de la loi, que dans l'année de l'élection, le Greffier de la Justice de paix doit le certifier par un acte délivré avant le 1er jour de l'élection, 3 Geo. III, c. 24. — Heyw. 145 ». (*Note de M. Christian*).

(*) « Les Juges ont différé d'opinion sur cette question : une lettre de change, peut-elle être protestée à défaut de paiement, le jour même où elle est due, ou l'acceptant a-t-il le jour entier pour payer ? 4 T. R. 170 ». (*Note de M. Christian*).

22.

d'une propriété, ou du revenu d'un bien engagé pour dettes, a droit de suffrage, sauf
les restrictions qui précèdent.

« Un seul vote doit être admis pour une
seule maison ou un seul *ténement*, afin de
prévenir le morcellement des propriétés(*a*).

(*a*) « Cela n'est exact que quand un *franc-ténement* est
morcelé et divisé par celui qui concède, pour multiplier
les votes, et en vue de l'élection. On ne peut supposer sans
absurdité, quoique cela ait été soutenu, que cette disposition s'étende jusqu'à l'acquisition de partie d'une grande
propriété par une personne de bonne foi et sans aucune
vue tendante à l'élection. Le serment du *franc-tenancier*
renferme cette clause, que sa propriété ne lui a pas été
transportée frauduleusement, pour le mettre en état de
voter; et je ne crois pas qu'on puisse inférer d'aucun
statut qu'il y ait fraude si un homme achète une propriété, purement dans la vue d'avoir droit de suffrage,
sans aucune réserve, sans convention secrète entre le
vendeur et lui.

« Du reste, jamais on n'a supposé que le statut s'étendit
aux cas qui naissent de la détermination de la loi, comme
legs, succession, etc. Qu'une propriété, par exemple,
passe, par succession, à plusieurs femmes; le mari de
chacune d'elles aura droit de voter, si sa part dans le
revenu monte à 40 *sch.* par an.

« Un mari peut voter en vertu du droit de douaire de
sa femme sur la propriété de son premier époux, sans

« Une propriété ne peut donner le droit de voter, si elle n'a été soumise à quelques impositions sur les terres, au moins douze mois avant l'élection (*a*).

« Le tenancier par *copy-hold* (ou par trans-

---

que les limites de ce douaire aient encore été fixées et bornées. (20 Geog. III, *c.* 17, § 12).

« Mais il a été décidé qu'un membre d'une corporation ne peut voter à raison d'un bien appartenant à cette corporation. (Heyw. 71).

« On peut voter successivement plus d'une fois, dans une même élection, pour un même bien ou intérêt ; par exemple, quand un franc-ténancier vote et meurt, son héritier ou son légataire peut voter après lui, dans la même élection.

« En général, il paraît que lorsqu'un acte de Parlement n'exige pas un temps de possession déterminé, l'électeur peut être admis à voter, quoique son droit ne lui soit acquis que depuis le commencement de l'élection». (1. Doug. 272.— 2. Lud. 427). (*Note de M. Christian*).

(*a*) « Cela a été changé par le statut 20 Georg. III, *c.* 17. La propriété doit être comprise dans l'impôt sur les terres six mois avant l'élection, sous le nom du propriétaire ou de son fermier. Mais si cette propriété lui est échue par succession, mariage, ou autre opération de la loi, elle doit avoir été comprise dans la taxe sur les terres dans les deux années avant l'élection, soit au nom du prédé-

cription sur le registre seigneurial) ne peut être admis à voter comme *franc-tenancier*»(a).

En France, la Constitution dite de la République, en date du 5 fructidor an III,

---

cesseur ou de la personne de laquelle le votant dérive son droit de suffrage, soit au nom du tenant de cette propriété.

« Et pour lever les doutes sur le sens du statut 20 Georg. III, *c.* 17, le stat. 3o Georg. III, *c.* 35, dit expressément qu'il suffit que le nom ou du propriétaire, ou de l'occupant, soit inscrit sur le rôle de l'imposition.

« On a eu pour but en exigeant cette inscription, de prévenir la fraude et la confusion ; en se procurant une preuve immédiate de l'existence de la propriété du votant, et une sorte d'évaluation de cette propriété. Mais peut-être en résulte-t-il un mal plus grand que celui qu'on a eu l'intention d'écarter : car une omission, une irrégularité dans le rôle, a le même effet que la privation du droit de suffrage. Tout franc-tenancier qui veut conserver cet important privilége doit donc, chaque année, examiner soigneusement le rôle, quand il est affiché à la porte de l'Église, pour voir s'il est régulièrement inscrit; et, s'il ne l'est pas, il doit recourir aux commissaires pour l'impôt, de la décision desquels l'appel se porte aux prochaines *quarter-sessions* ». (*Note de M. Christian*).

(a) BLACKSTONE. Commentaires sur les Lois anglaises, tom. 1, liv. 1, chap. 11. (*Trad. de M. Chompré*).

contenait les dispositions qui suivent. « Titre IV. Assemblées électorales. *Art.* 35. Nul
ne pourra être nommé électeur, s'il n'a vingt-
cinq ans accomplis, et s'il ne réunit aux
qualités nécessaires pour exercer les droits de
citoyen français, l'une des conditions suivantes, savoir :

« Dans les communes au-dessus de six mille
habitans, celle d'être propriétaire ou usufruitier d'un bien évalué à un revenu égal à
la valeur locale de deux cents journées de
travail, ou d'être locataire, soit d'une habitation évaluée à un revenu égal à la valeur
de cent cinquante journées de travail, soit
d'un bien rural évalué à deux cents journées
de travail ;

« Dans les communes au-dessous de six
mille habitans, celle d'être propriétaire ou
usufruitier d'un bien évalué à un revenu égal
à la valeur locale de cent cinquante journées
de travail ; ou d'être locataire, soit d'une habitation évaluée à un revenu égal à la valeur
locale de cent cinquante journées de travail,
ou d'être locataire, soit d'une habitation évaluée à un revenu égal à la valeur de cent

journées de travail, soit d'un bien rural évalué cent journées de travail;

« Et dans les campagnes, celle d'être propriétaire ou usufruitier d'un bien évalué à un revenu égal à la valeur locale de cent cinquante journées de travail, ou d'être fermier ou métayer de biens évalués à la valeur de deux cents journées de travail.

« A l'égard de ceux qui seront en même temps propriétaires ou usufruitiers d'une part, et locataires, fermiers ou métayers, de l'autre, leurs facultés à ces divers titres seront cumulées jusqu'au taux nécessaire pour établir leur éligibilité » (aux fonctions ou à la qualité d'électeur) (a).

L'article 40 de la Charte du 4 juin 1814, et l'article 1er de la Loi du 5 février 1817, exigent que, pour concourir à l'élection des députés du département où il a son domicile *politique* (b), tout Français (c), jouissant de

---

(a) *Voy.* la Collection générale des Décrets rendus par la Convention nationale. Fructidor an III, pag. 38 et 39.

(b) *Voy.* l'*Art.* 3 de la même loi ; le tit. 3, liv. 1 du Code Civil ; et le nouveau Répertoire de Jurisprudence, au mot *Domicile.*

(c) **Les** étrangers, devenus citoyens français, et pourses droits civils (*a*) et politiques (*b*), soit en outre âgé de trente ans accomplis, et paie trois cents francs de contributions directes.

Et la Loi du 29 juin 1820, porte, *art.* 4 : « Les contributions directes ne seront comptées pour être électeur que lorsque la pro-

---

vus de *lettres de naturalisation*, et les français des anciens départemens réunis, pourvus de *lettres de déclaration de naturalité*, sont susceptibles d'être électeurs. Ils ne peuvent être élus députés, ni être appelés dans la Chambre des Pairs, s'ils n'ont obtenu des *lettres de grande naturalisation*, vérifiées dans les deux Chambres. (Ordonnance, 4 juin ; loi, 14 octobre 1814 ; Instruction ministérielle du 18 avril 1817, *question* 3).

(*a*) Code Civil, liv. 1, tit. 1 ; et Instruction ministérielle, 1817, *question* 18).

(*b*) Dans les lois, le mot *politique* est synonyme de *civique*.

Les droits politiques se perdent par la condamnation à des peines afflictives ou infamantes, même temporaires. (Code pénal, *art.* 7 et 8. — Instruction de 1820, *Réponse à la question* 23ᵉ).

Les faillis excusables ne jouissent pas de ces droits. — Ordonnance de 1673. — Déclaration du 22 décembre 1699. — Décret du 21 vendémiaire an III, *art.* 2. — Constitution de 1795, tit. xiii. — Constitution de l'an VIII, *art.* 5. — Code de Commerce, *Réhabilitation.* — Instruction de 1820, *Réponse à la question* 24ᵉ.

priété foncière aura été possédée, la location faite, la patente prise et l'industrie sujette à patente, exercée, une année avant l'époque de la convocation du Collége électoral. Ceux qui ont des droits acquis avant la publication de la présente loi, et le possesseur à titre successif, sont seuls exceptés de cette condition ».

Mais, comme en Angleterre aussi, *l'art.* 2 de cette même loi du 5 février 1817, dispose que, « pour former la masse des contributions nécessaires à la qualité d'électeur ou d'éligible, on comptera au mari les contributions de sa femme, et au père, celle des biens de ses enfans mineurs dont il aura la jouissance » (*a*).

Et la Loi du 29 juin 1820 ajoute, *art.* 5, que « les contributions payées par une veuve seront comptées à celui de ses fils, à défaut de fils à celui de ses petits-fils, et à défaut

---

(*a*) Cette jouissance a lieu au profit du père, jusqu'au moment où ses enfans atteignent l'âge de dix-huit ans, ou jusqu'à leur émancipation. (Code civil, *art.* 384. Instruction de 1820, *Réponses aux questions* 37, 38 et 43).

de petits-fils à celui de ses gendres, qu'elle désigne » (*a*).

L'auteur du Système Social dit : « La faculté d'élire les représentans ne peut appartenir qu'à de vrais citoyens, c'est-à-dire à des hommes intéressés au bien public par des possessions qui répondent de leur attachement.... Des hommes qui ne tiennent point à l'État, ne sont pas faits pour choisir les administrateurs de l'État » (*b*).

Dans la session de 1816, l'un des membres de la Chambre des Députés a dit : « La plus sûre garantie que l'électeur puisse donner,

---

(*a*) Aux États-Généraux de 1789, les veuves et filles possédant fief avaient le vote viril, sans pouvoir l'exercer que par un fondé de pouvoir noble. — *Voy.* le Réglement du 14 janvier 1789, *art.* 20.

— *Voy.* aussi sur les difficultés d'exécution que les dispositions ci-dessus rapportées ont fait naître, les Instructions ministérielles de 1817, *questions* 15 et 16 ; et de 1820, *questions* 3, 6, 7, 8, 10, 11, 12, 13, 15, 16, 17 et 18.

— La veuve en état de faillite ne peut pas transférer ses droits à ses fils, petits-fils ou gendres. — Instruction de 1820, *Réponse à la question* 12e.

(*b*) Système social, 2e part., chap. IV.

c'est la propriété. Le propriétaire est inhérent au sol ; il n'est point de troubles qui ne le fatiguent, point de calamités qui ne l'atteignent, point de prospérités dont il ne jouisse. Cette garantie ne saurait blesser ceux qu'elle exclut : car elle n'a pour règle ni l'état, ni le rang, ni la personne » (*a*).

À la même époque, un autre membre de la même Chambre s'exprimait ainsi : « Certes, il n'est pas dans ma pensée de calomnier ceux que le hasard fait naître dans des rangs obscurs. Ce n'est pas dans cette enceinte, ce n'est pas à moi qu'il sera dit que le peuple soit sans vertus. Je sais que la patrie trouve en lui des défenseurs, que son courage sauve les États, que sa patience dans le travail les enrichit. Tous les jours, on a l'occasion de louer sa probité, son humanité, ses mœurs domestiques. On peut dire que ses vertus lui appartiennent, et que le plus souvent ses fautes sont à ceux qui le trompent et qui l'entraînent ; mais c'est par cela même, c'est parce

_____

(*a*) Discours de M. de Courvoisier. — Moniteur du 3o décembre 1816.

que ses besoins, son défaut d'éducation, son aveuglement sur ses vrais intérêts, le mettent à la discrétion de toutes les ambitions, qu'il serait imprudent de lui laisser l'occasion de les servir....

« Voudrait-on flatter la classe inférieure en l'admettant dans le premier degré d'élection? On se tromperait; elle préfère, et avec raison, de donner son temps à des travaux lucratifs, plutôt qu'à des fonctions gratuites dont elle dédaigne le stérile honneur, dont elle n'entrevoit pas l'importance. En réalité, les droits d'élection n'ont pas d'importance par rapport au peuple. Il est dérisoire de l'enlever à d'utiles travaux pour le charger de nommer, à l'exclusion des hommes qui lui appartiennent, des électeurs étrangers à sa classe et qu'il connaît à peine, avec mission d'élire des députés dont il n'apprendra presque jamais le nom » (a).

Un troisième encore disait : « Serait-ce sur des hommes sans fortune que des in-

(a) Discours de M. Bouin, sur le projet de loi relatif aux élections. — Moniteur du 5 janvier 1816.

fluences étrangères seraient sans danger ? Il l
est impossible de ne pas s'apercevoir que
c'est là sur-tout que se formerait le premier
foyer de toutes les tentatives faites ou pro-
jetées pour troubler l'ordre public et constitutionnel et arriver à des bouleversemens
de diverses natures(a).

Enfin, c'est ainsi que parlait un quatrième :
« Dieu me préserve, d'avoir une assez mauvaise opinion de la nature humaine, pour
croire qu'un homme pauvre ne puisse avoir
une ame libre et un esprit éclairé ! Mais la
loi ne peut sonder les cœurs ; elle est obligée
de s'en rapporter à des signes extérieurs, et,
dans l'état actuel de la société, celui de la
fortune est, sans contredit, le plus probable,
en même temps que le plus apparent. Cette
exclusion donnée à la plus grande masse de la
nation, dont on fait de si vives plaintes, est
donc fondée sur la raison et même sur son
propre intérêt....

(a) *Voy.* le discours de M. Sartelon, parlant en faveur
du projet de loi. — Moniteur du 29 décembre 1816.
— Séance du 28.

« Supposons pour un moment que la dernière classe fût appelée aux élections ; quel
caractère y montrera-t-elle ? ou elle sera vénale, ou elle se laissera subjuguer par l'ascendant d'hommes puissans, ou elle se laissera
entraîner par les séductions des démagogues.
Supposons le premier cas, qu'elle devienne
vénale. Alors cette influence du Gouvernement *que l'on redoute tant*, deviendra toute-
puissante par le plus ignoble de tous les ressorts ; la corruption s'introduira dans le germe
même de notre représentation. Supposons,
au contraire,.... que la multitude qui n'a ni
volonté ni jugement propres, se laisse entraîner à l'ascendant d'hommes puissans ; elle
pourra devenir l'auxiliaire des grandes propriétés. Vraiment j'avoue que cela est possible ; il est même probable qu'elle le deviendra, au moins dans quelques lieux ; mais ce
sera un auxiliaire aveugle, elle ne secondera
pas les grands propriétaires dans l'intérêt de
l'État ! Comme elle soumettra sa volonté et
son jugement aux leurs, elle les soumettra
également à leurs passions ; l'esprit de faction
entrera donc dans les Chambres électives,

précisément dans le foyer où il peut causer
le plus de mal. C'est ce qui arrivait en Pologne,
où les plus pauvres gentilshommes avaient
droit de voter dans les Assemblées électorales :
chacun d'eux était devenu un serviteur à
gages, que son maître n'employait qu'à dé--
chirer sa patrie : cet État a été entièrement
détruit....

« Mais c'est pour un moment que j'ai sup--
posé que cette multitude se laisserait dominer
par l'ascendant des hommes puissans. S'il faut
dire quelle est ma véritable pensée, c'est
qu'elle se laissera entraîner aux séductions
des démagogues. Nous n'avons pas conservé
ce degré de respect pour la grandeur, qui
fait que nous pouvons en devenir les instrumens. L'orgueil est plus éclairé de nos jours.
Dans son espoir trompeur, il embrassera la
richesse et le pouvoir qu'on lui promettra ;
c'est alors que se manifesteront de nouveau
ces épouvantables catastrophes dont on nous
rappelle l'image. C'est à l'époque où les
hommes les plus pauvres ont été appelés
aux élections, que tout ce qu'il y avait de
grand tomba sur l'échafaud, et le mérite y

monta aussi bien que la richesse et la puissance....

« Voilà donc, selon moi, quel serait le résultat probable de l'admission des *Prolétaires*.... Et j'appelle Prolétaires tous ceux qui n'ont pas en bien ce qui est nécessaire à une existence indépendante, et telle que quelque instruction et le sentiment raisonné des devoirs puissent y être joints » (a).

M. le Duc Decazes, dans son exposé des motifs du projet de loi sur le nouveau mode d'élection présenté dans la session de 1819, reconnaissait pareillement cette même vérité, lorsqu'il parlait ainsi : « En fait, le propriétaire qui n'a pas un revenu suffisant pour vivre de ce revenu, et qui se voit obligé d'exercer une industrie ou de cultiver lui-même son patrimoine, n'est pas moins honorable que le citoyen plus aisé; souvent même il peut présenter des principes plus droits, des mœurs plus pures, sur-tout dans la vie active et simple des campagnes : mais il n'a pas tou-

---

(a) Discours de M. Cuvier. — Moniteur du 30 décembre 1816.

jours reçu l'éducation qui procure les lumières; et sa position ne lui a pas donné toute l'indépendance de la fortune; ses rapports moins étendus, moins multipliés, ne lui permettent ni de connaître les hommes ni de juger sainement les choses et les grands intérêts politiques. De tels électeurs laissés à eux-mêmes, et n'écoutant que leur propre conscience, feraient sans doute de bons choix; mais placés sous l'influence des partis, ils en reçoivent d'autant plus les impressions, qu'ils sont forcés de les recevoir aveuglément, et ne peuvent juger les conseils qu'ils demandent, ou qu'on vient leur prodiguer.

« C'est sur cette classe si estimable d'ailleurs que s'exerce l'empire de ces feuilles qui ont conçu et, il faut le dire à notre honte, réalisé trop souvent la prétention de diriger l'opinion publique en la corrompant » (a).

Toutes ces considérations sont puissantes sans doute, et demandent à être pesées at-

(a) Exposé des motifs du projet de loi présenté par S. Exc. le Ministre de l'Intérieur, sur le nouveau Mode d'élection, dans la séance du 15 février 1820.

tentivement dans la balance du Législateur. Elles établissent sur-tout la nécessité de diviser le peuple en trois classes, et de ne pas appeler la troisième soit à une participation immédiate et directe à l'exercice de la puissance législative dans une société peu nombreuse et peu étendue, où le Système de la représentation ne serait pas encore indispensable à admettre (*a*), soit même à l'exercice du simple droit d'élection dans tous les cas où le Système représentatif est admis.

Mais, en pesant en effet ces réflexions, et même afin de pouvoir réellement les apprécier à leur juste et véritable valeur, il en est d'autres que le Législateur ne doit pas non plus mettre en oubli.

Si la fortune est une garantie, assurément ce n'est pas seulement alors qu'elle est considérable et de nature immobilière. Quiconque vit dans l'aisance et exerce dans la société un état honorable et indépendant possède assez pour être intéressé au maintien de l'ordre et

---

(*a*) *Voy. ci-dessus,* vol. iv, pag. 391; et vol. v. pag. 135, 568 *et suiv.*

de la tranquillité. Celui qui ne peut rien perdre sans tomber dans un état de gêne sera
même naturellement plus attentif et plus cir-
conspect que celui qui peut au contraire perdre beaucoup, sans en éprouver une privation
sensible. Aussi voit-on l'ambition répandre
ses poisons plus souvent dans les classes opu-
lentes que dans les classes médiocres et mo-
destes de la société.

On se rappelle ce que nous avons déja eu
l'occasion d'exposer à ce sujet (a); et l'Auteur
de la Science du Gouvernement dit aussi :
« Les personnes qui tiennent le milieu entre
les grands et le peuple, également éloignées
de la puissance des uns et de la misère des
autres, sont plus faciles à gouverner. Les dé-
portemens des grands sont suivis de violence,
ceux des petits de fraude et de malice; mais
les personnes d'une fortune médiocre se portent rarement à des entreprises dangereuses,
parce qu'elles n'ont pas assez de motifs d'orgueil, et qu'elles ne sont pas pressées par la
nécessité » (b).

(a) *Voy. ci-dessus*, vol. vi, pag. 95 *et suiv.*
(b) DE RÉAL. Science du Gouvernement.

L'un des orateurs précédemment cités disait également : « Ce n'est pas cette classe moyenne, dont on veut nous effrayer, qui fit régner le glaive de la terreur ; elle-même fut décimée par lui : ce fut cette classe inférieure que l'on espère s'attacher aujourd'hui, mais qui échappera au premier appas de la séduction, aux guides imprudens qui veulent s'en saisir » (*a*).

A une époque antérieure, un membre de la Chambre des Pairs disait : « Ces vérités ont tellement été justifiées par l'expérience de tous les temps qu'elles ont passé en proverbe et sont devenues triviales....

« Avoir ou ne pas avoir, être ou ne pas être indépendant en raison de ce que l'on a ou de ce que l'on n'a pas, voilà tout ce que l'on peut trouver d'absolu sur cette question; le reste sera toujours relatif » (*b*).

(*a*) (Discours de M. Cuvier. — Moniteur du 30 décembre 1816.)

N'est-il pas surprenant qu'à l'époque où ces discours ont été prononcés, ce soit le parti favorable à l'aristocratie qui ait réclamé l'admission des dernières classes du peuple dans les Colléges électoraux ?

(*b*) Rapport fait à la Chambre des Pairs, sur le projet

En Angleterre, suivant le statut de l'an 8 du règne de Henri VI, ch. vii, et le statut de l'an 10 du même règne, chap. ii, modifié par le statut de l'an 14 du règne de Georges III, chap. xviii (*a*), les chevaliers de comtés, ou provinces, doivent être choisis parmi ceux qui y possèdent un *franc-tènement* de 40 schellings (environ 48 liv. tournois) de revenu, libre de toutes charges et déductions, d'après des statuts subséquens, si ce n'est des taxes parlementaires et paroissiales (*b*).

---

de loi relatif à l'organisation des Colléges électoraux, par M. le marquis de Lally-Tollendal. — Moniteur du 26 janvier 1817.

(*a*) « Ce statut 14 Georg. III, *c*. 58, dispense les élec-teurs et les élus de la résidence dans leurs comtés, villes ou bourgs respectifs. Elle était exigée par divers statuts. (1 Henri V, *c*. 1 ; 8 Henri VI, *c*. 7 ; et 23 Henri VI, *c*. 14). Néanmoins, en 1620, la Chambre des Communes avait décidé que ces statuts n'étaient pas impératifs, mais seulement de direction ; et le haut shérif du Leicestershire fut censuré pour n'avoir pas compris, à cause de la non-résidence, sur la liste des élus, un individu qui avait obtenu une majorité de votes. La Chambre le déclara légalement élu, et ordonna que la liste fût corrigée. *Journal des Communes.* 515 ». (*Note de M. Christian*).

(*b*) « La Preuve, par témoignage, de la valeur du revenu

« Ces biens, dit Blackstone, doivent être des *francs-ténemens*, au moins à vie, parce que les baux à long terme n'étaient pas en usage dans le temps où furent passés les statuts cités, et que les tenanciers par *copy-hold* (a)

---

du votant doit être admise, lors de la formation de la liste des votans ; mais elle peut être contredite par d'autres témoignages et jugée au scrutin, ou par un comité. Le stat. 7 et 8 W. III, c. 25, déclare expressément que les taxes publiques ne doivent pas être regardées comme des charges payables sur les propriétés ; il semble, par conséquent, que le sens clair et naturel est que, lorsqu'un *franc-tenancier* a une propriété qui lui rapporte 40 schel. avant le paiement de ces taxes, ou pour laquelle il recevrait 40 schel. de rente, s'il acquittait lui-même ces taxes, il devrait avoir un droit de suffrage : cependant un comité a décidé que quand un fermier paie moins de 40 schel. de rente, mais en payant ainsi des taxes paroissiales qui, ajoutées à la rente, forment un total de plus de 40 schel., le propriétaire n'a pas droit de suffrage, 2. *Lud.* 475.

« Deux comités ont maintenu que l'intérêt payé sur un immeuble engagé pour dettes est une charge qui prive du droit de voter, si elle réduit la valeur du revenu au-dessous de 40 *schel. :* le contraire a été décidé par un comité tenu entre l'un et l'autre de ces comités. *Ib.* 467 ». (*Note de M. Christian*).

(a) *Voy.*, pour l'explication de ce terme, *Copyhold*, le § 3, chap. vi, liv. ii, des Commentaires de Blackstone.

n'étaient guère au-dessus des *villains* (ou serfs), et dépendaient absolument de leurs seigneurs : ce franc-ténement devait être de 4o schellings de revenu annuel, parce que cette somme suffisait alors, avec quelque industrie pour fournir à tous les besoins de la vie, et rendre le *franc-tenancier* indépendant, s'il le voulait : car l'évêque Fleetwood, dans le *Chronicum pretiosum*, qu'il écrivait au commencement du dix-huitième siècle, a démontré que 4o schellings de revenu sous le règne de Henri VI, étaient équivalens à 12 liv. sterl. *per annum*, sous le règne de la reine Anne ; et comme la valeur de l'argent a considérablement baissé depuis l'époque où l'évêque écrivait, je crois pouvoir légitimement en conclure, ainsi que de quelques autres considérations, que ce qui était équivalent à 12 *liv. sterl.* de son temps, l'est à 20 *liv. sterl.* (280 fr. monnaie de France) aujourd'hui » (*a*).

— « Le droit de voter, dit M. Cottu, n'est pas renfermé en Angleterre, comme en France,

_____

(*a*) BLACKSTONE. Commentaires sur les Lois anglaises, tom. 1, liv. 1, chap. 11. (*Trad. de M. Chompré*).

dans une petite classe de citoyens ; il appartient à tout citoyen qui possède 40 schellings
de revenu ; et dans quelques villes privilégiées, comme Londres et quelques autres, il
suffit même, pour en jouir, de faire partie
de certaines corporations : de sorte que l'on
peut dire, qu'à l'exception du bas peuple,
dont l'influence sur les élections est encore
très-considérable, tous les citoyens ont le
droit de coopérer à la nomination des membres du Parlement. J'ai même ouï dire que
dans Westminster, il n'était besoin pour être
électeur que de payer ce que l'on appelle
Scot and lot, c'est-à-dire les droits de paroisse,
droits qui sont exigés de tout individu qui a
la disposition d'une cheminée où il peut *faire*
cuire son dîner ; et qu'à Liverpool, il suffisait
de n'être point inscrit sur la liste des pauvres
auxquels on distribue des secours » (a).

Voici comment s'exprime à cet égard

(a) (De l'Administration de la Justice en Angleterre,
chap. vi, pag. 160).

Mais nous aurons bientôt lieu de reconnaître que l'expérience démontre clairement le vice de cette trop grande
extension du droit d'élection.

M. l'Abbé de Pradt : « En France , la médio-
crité des fortunes n'exclut pas l'éducation qui
rend propre à traiter les affaires publiques ;
elle n'éteint pas les sentimens patriotiques ,
suite de l'intérêt que l'on porte à la chose publique par la considération de son propre intérêt. En France, l'homme de 6,000 fr. de rente
peut être éclairé et citoyen autant que celui
de 100,000 fr. ; ces qualités ne s'accroissent
pas en raison des 1,000 fr. de rentes. Celui qui
a moins doit être plus attaché à ce moins,
qui est sa seule ressource , que celui qui a
plus ne l'est à ce plus dont une grande partie
pourrait lui échapper sans qu'il fût atteint
jusqu'au vif, comme le serait le premier par
la perte de 300 fr.

« En France, 300 fr. d'impôts directs sup-
posent un homme suffisamment bien élevé pour
connaître les qualités de celui qu'il doit nommer , et celles du vote qu'il est appelé à
émettre.

« Mille francs d'impositions directes suppo-
sent un homme d'une éducation et d'une indépendance suffisantes pour garantir à la société le bon emploi du pouvoir qui lui sera

remis. Dans une matière pareille, rien ne peut être de rigueur; tout est probabilité : il suffit que celles-ci se montrent, pour que les droits généraux de la société ne soient pas lésés.... » (a).

Un journaliste a fait aussi récemment une réflexion qui peut-être se rattache mieux encore à la première partie de la proposition que nous examinons en ce moment qu'à la seconde, mais que l'on peut cependant citer ici : « Le droit d'élire, dit-il, n'est pas anéanti, mais suspendu, à l'égard de ceux des citoyens qui n'offrent point, dans leur qualité de propriétaire, la garantie de leur aptitude intellectuelle et morale ; ils sont dans la position des mineurs, qui ont des droits et ne peuvent pourtant les exercer. Mais, de même que le mineur, dès qu'il atteint sa vingt et unième année, est investi, par le seul fait, de la jouissance de ses droits, de même le citoyen qui atteint la propriété fixée par la loi, rentre à l'instant même, dans l'usage de ses droits po-

---

(a) Petit Catéchisme sur l'État de la France, ch. iv, pag. 96 *et suiv.*

litiques momentanément suspendus. Dès-lors,
qu'importe une propriété plus ou moins considérable? dès que la quotité fixée par le Législateur est offerte par l'électeur, le citoyen
qui paie cent écus d'impôts et celui qui paie
dix mille écus ne diffèrent point aux yeux
de la loi » (a).

Pour nous, nous rappellerons encore ici ce
que nous avons précédemment exposé, dans
le paragraphe premier de ce titre, au sujet de
la variation fréquente de l'importance relative
des fortunes (b); et, d'après cela, si l'on veut
que la disposition constitutionnelle, relative à
cette dernière condition requise pour l'exercice du droit d'élection, soit conçue et rédigée,
ainsi que cela doit être, dans un esprit de
permanence et d'universalité, de manière à ce
qu'on ne soit pas dans l'obligation de la modifier, de la changer, suivant les temps et les
lieux, nous dirons qu'au lieu d'exiger la justification préalable d'une quotité fixe de for-

---

(a) *Voy.* le Journal *Constitutionnel* du lundi 24 avril
1820, n° 115.

(b) *Voy. ci-dessus*, vol. VI, pag. 101 *et suiv.*

tune, de revenu ou d'impôt; quotité qui, dans le fait, ne peut, sans inconvénient, être partout et invariablement la même; il conviendra mieux que cette disposition se borne à établir un rapport quelconque entre le nombre des membres des Colléges électoraux et celui des citoyens compris, par chaque commune, dans les deux principales classes de la société, celle de la Propriété et celle de l'Industrie; de telle sorte, que d'une part les propriétaires fonciers, et d'autre part, les fabricans, manufacturiers, négocians ou autres exerçant une profession industrieuse, indépendante et libre, soient respectivement admis (en commençant par les plus riches, ou même, si l'on veut, par ceux dont la fortune n'excède pas certaines bornes, et descendant toujours successivement jusqu'à concurrence, par exemple, des trois quarts ou des deux tiers de leur nombre total) à composer, les uns, le collége électoral de la Propriété, les autres, le collége électoral de l'Industrie.

Les Colléges électoraux, de *commune* ou de *premier degré*, ainsi composés, dans chaque commune, désigneront le dixième d'entre eux

pour se réunir et former au Chef-lieu de l'arrondissement, les Colléges électoraux d'*arrondissement* ou de *second degré*; et ceux-ci, dans
chaque arrondissement, désigneront à leur
tour le dixième de leurs membres pour se
réunir, et former, au Chef-lieu du département,
les Colléges électoraux de *département* ou de
troisième degré; et ces derniers désigneront
parmi eux les membres des Chambres représentatives nationales, lesquels, comme on le
voit, seront toujours, en suivant cette marche,
des hommes directement élus par leurs plus
proches concitoyens; puisque les Colléges
électoraux de *communes* ou de *premier degré*
auront nécessairement choisi pour électeurs
les hommes qu'ils auront en même temps
jugés les plus capables de bien remplir les
fonctions représentatives dans les Chambres
nationales (*a*).

(*a*) *Voy.*, à ce sujet, l'Acte constitutionnel du 22 frimaire an VIII (13 décembre 1799), tit. 1er.

Les *art.* 7, 8 et 9 de ce titre sont ainsi conçus :

« *Art.* 7. Les citoyens de chaque arrondissement communal désignent par leurs suffrages ceux d'entre eux
qu'ils croient les plus propres à gérer les affaires publi-

ques. Il en résulte une liste de confiance, contenant un
nombre de noms égal au dixième du nombre des citoyens
ayant droit d'y coopérer; c'est dans cette première liste
communale que doivent être pris les fonctionnaires publics de l'arrondissement.

« *Art.* 8. Les citoyens compris dans les listes communales d'un département désignent également un dixième
d'entre eux. Il en résulte une seconde liste dite départementale, dans laquelle doivent être pris les fonctionnaires
publics du département.

« *Art.* 9. Les citoyens portés dans la liste départementale désignent pareillement un dixième d'entre eux : il
en résulte une troisième liste qui comprend les citoyens
de ce département, éligibles aux fonctions publiques
nationales ».

— *Voy. aussi* la Loi du 13 ventôse an IX, chap. 1, tit. 1,
art. 16, § 7; chap. 11, tit. 1, *art.* 52, § 8; *ibid.*, *art.* 54
hap. 11, tit. 111, *art.* 88; chap. 111, tit. 1, *art.* 90, § 5

— La loi sur les élections, du 19 juin 1820, porte :
« *Art.* 2. Les Colléges de département seront composés
des électeurs les plus imposés, en nombre égal au quart
de la totalité des électeurs du département ».

SECTION IV.

Des Fonctions avec lesquelles la qualité d'Élec-teur est essentiellement incompatible.

SE refuse-t-on à l'observation de ces règles ou conditions d'éligibilité puisées dans les principes de la raison, de l'ordre et du droit, que nous venons d'établir dans la section qui précède; qu'en résulte-t-il? On se croit obligé d'appeler dans les élections les hommes qui, par une position subordonnée dans la ligne hiérarchique du Pouvoir exécutif, ne doivent avoir aussi, et n'ont en effet qu'une volonté également subordonnée, et dépendante de la volonté ministérielle; c'est-à-dire qu'on les y admet précisément par la raison qui commande impérieusement de les en exclure, et qui, comme nous l'avons précédemment remarqué en traitant de la division de la société en trois classes principales, les range naturellement dans la dernière de ces trois classes, exclusivement composée de tous ceux qui, par leur position, ne peuvent être censés avoir une volonté propre, entièrement libre et indépendante (*a*). Et c'est encore ainsi que, pour ne pas reconnaître l'empire tutélaire des lois que dictent la prudence et le bon sens, on se voit soumis au joug arbitraire et tyrannique de celles qu'imposent et que font peser sur nous le machiavélisme, et le despotisme qui cherche à se déguiser; c'est ainsi qu'au lieu d'être d'accord avec soi-même, on rejette les conséquences immédiates et les plus évidentes des vérités fondamentales et des premiers principes de l'Organisation constitutionnelle; et que, bien loin d'établir l'ordre, d'affermir les institutions, l'on y substitue le désordre, la confusion, et l'on détruit les bases essentielles de la stabilité.

Les Chambres représentatives, nationales, départementales, cantonales et communales, doivent être essentiellement indépendantes; c'est une règle qui se rattache au principe de la séparation des trois Pouvoirs, à celui de la distinction du Pouvoir législatif en trois branches; nous l'avons clairement et complète-

_____

(*a*) *Voy. ci-dessus*, vol. v, pag. 555.

ment démontré dans le précédent paragraphe (*a*): le Chef de la puissance exécutive ne
doit pas être représenté; il agit directement
par lui-même ou par ses agents et délégués,
ministres, préfets, sous-préfets et maires;
nous en avons aussi amplement développé les
motifs en plusieurs endroits de cet ouvrage (*b*):
et les mandataires ne peuvent être régulièrement et légitimement élus que par ceux qu'ils
doivent représenter; autre maxime de droit
élémentaire et générale dont nous avons pareillement reconnu la nécessité de faire l'application à ce sujet (*c*).

Cela posé, peut-il donc ressortir de ces vérités et de ces principes une conséquence plus
évidente et plus manifeste que celle qui devient elle-même la base de cet autre principe
constitutionnel que nous avons pour objet
d'établir ici, relativement à l'organisation du
Système électoral, du principe de l'incompatibilité de la qualité d'électeur avec toutes ces

---

(*a*) *Voy. ci-dessus*, vol. VI, pag. 276 *et suiv.*

(*b*) *Ibid.*, *entre autres*, vol. IV, p. 391 *et suiv.*; vol. VI,
pag. 61 *et suiv.*

(*c*) *Ibid.*, vol. VI, pag. 60; et vol. VII, p. 197 *et suiv.*

fonctions de ministre, préfet, sous-préfet, maire ou autres agents quelconques, qui, par position et par devoir, doivent être essentiellement subordonnés et obéissants à la volonté du Chef suprême de la puissance exécutive?

Aussi cette conséquence ou plutôt ce principe d'organisation qui en découle, et s'y rattache d'une manière si immédiate et si intime, est-il éludé aujourd'hui bien plus qu'il n'est méconnu ou contesté.

A la vérité, on entend encore quelquefois des voix surannées, ou qui sont tout près de l'être, on est forcé de supporter encore trop souvent la lecture de quelques écrits éphémères et sans fonds, que le temps laisse chaque jour s'enfoncer dans l'oubli, qui répètent que l'influence ministérielle dans les élections, et jusque dans le sein des Chambres représentatives, est une chose de la plus grande utilité pour lier ces Chambres au Gouvernement, pour établir entre elles et lui l'union et l'harmonie; et que, privé de cette influence, ce Gouvernement serait sans force et sans appui. Mais on apprécie assez ces allégations à leur juste valeur; on comprend qu'elles ont, sinon pour but, du moins pour résultat, le renversement du Gouvernement monarchique constitutionnel, ou, ce qui n'est peut-être pas moins funeste, le dérangement, l'altération de tous ses ressorts et la destruction de ses plus salutaires effets.

Heureusement on voit aussi paraître journellement des discours plus profonds et plus sensés, des ouvrages dont les auteurs se rapprochent davantage de la droite voie, et qui répondent avec la force et l'autorité que leur donne ici l'ascendant victorieux d'un principe fondé sur la saine doctrine et la logique : « Dicter les élections est pire cent fois que de les abolir, puisque c'est conserver la forme d'un Gouvernement libre pour établir le despotisme ». — « Garantie de la part des électeurs envers l'État; garantie pour la liberté des suffrages; mode le plus propre à déterminer de bons choix : voilà ce que le Législateur doit se proposer dans une loi d'élection » (a). — « Le premier principe à professer publiquement et sévèrement, c'est dans une

---

(a) Voy. ci-dessus, vol. VII, pag. 289.

Chambre législative l'indépendance des votes, et dans une Chambre élective l'indépendance des choix » (*a*). — « Une Chambre des Députés doit se composer de manière que le Gouvernement (c'est-à-dire le pouvoir exécutif, le ministère) soit sans influence dans le choix de ses membres ; si elle est dépendante, elle cesse d'être une branche du pouvoir » (*b*). — « Une augmentation indiscrète de l'influence royale paraîtrait au peuple un empiétement sur ses droits, un renversement de l'équilibre établi par la Charte » (*c*). — « Un ministre a déclaré récemment à la Chambre des Députés que, de tous les pouvoirs, celui sur lequel il faut que l'autorité royale exerce le plus d'influence, c'est le pouvoir électoral : ce qui veut dire, en d'autres termes, que les repré-

---

(*a*) Rapport fait à la Chambre des Pairs, par M. le marquis de Lally-Tolendal, au nom de la Commission spéciale chargée de l'examen du projet de loi relatif à l'organisation des Colléges électoraux. — Session de 1816. Séance du jeudi, 23 janvier 1817. — Moniteur du 26.

(*b*) Discours de M. Carbonnel. — Chambre des Députés. Moniteur du 29 décembre 1816.

(*c*) *Ibid.*

sentans du peuple doivent être nommés par
le roi. Dans ce cas, les chambellans devraient
l'être par le peuple » (*a*). — « Voulez-vous sincèrement maintenir dans votre constitution
un esprit de conservation et de vie ? entrete-
nez et assurez la liberté des suffrages dans
les élections : c'est par elle seule que vous
connaîtrez la véritable opinion publique qui,
comme l'a dit un membre de la Chambre (*b*),
doit tôt ou tard prévaloir sur les intérêts
personnels dont se compose l'opinion populaire » (*c*). — « L'intérêt du Roi et celui de la
France (car ils sont toujours d'accord) veulent que les élections soient libres, que la
Chambre des Députés soit indépendante de
ceux dont elle doit discuter les propositions,
et que les ministres se placent au niveau des
institutions de leur pays, au lieu de provoquer le sacrifice des bases fondamentales de
ses institutions à l'accroissement de leur in-

_____

(*a*) Considér. sur les princ. évén. de la Révol. franç.,
tom. III, 6ᵉ part., chap. IX, pag. 341.

(*b*) M. de Bonald.

(*c*) Discours de M. Carbonnel. — Moniteur du 29 décembre 1816.

fluence...... Pourquoi donc des pouvoirs sans contradicteurs ? Pourquoi des influences opposées à l'esprit de nos institutions ? ne serait-ce pas au contraire en calmant et rassurant tous les esprits, en donnant, à tous, les moyens d'être représentés et défendus par les Chambres, en laissant à toutes les opinions la faculté d'être également publiées et discutées, en garantissant à tous les Français leur liberté individuelle...., que les ministres pourraient acquérir en effet une véritable influence, une influence honorable, une influence qui ne leur serait pas contestée, parce qu'elle aurait pour base la confiance, la sécurité et l'intérêt de tous les Français » (a). — « Il y a des influences légitimes, il y en a de mauvaises et de criminelles. La calomnie, la menace, la séduction, la corruption, sont de ce nombre. L'influence juste et salutaire du ministère se réduit à l'opinion qu'il répand lui-même sur sa conduite par ses maximes, ses principes

(a) Discours de M. de Villèle, sur le projet de loi relatif aux élections. — Chambre des Députés. — Séance du 26 décembre 1816.

et ses actes, le choix de ses agens et la direction qu'il leur donne »(a).

Le principe dont il s'agit ici peut aussi s'induire de ce que nous avons développé dans le même paragraphe qui précède, première division (b).

Et l'on peut encore rattacher ici les réflexions suivantes, extraites de l'ouvrage ayant pour titre : Institution d'un Prince ou Traité des qualités, des vertus et des devoirs d'un Souverain. « Un grand Prince, dit l'auteur de cet ouvrage, est toujours sincère ; ce qu'il paraît vouloir, il le veut en effet ; il ne défend pas (secrètement) ce qu'il semble exiger (ostensiblement) ; et, s'il veut que les premiers magistrats de son royaume autorisent la loi qu'il leur adresse, il leur laisse le pouvoir de le faire, et il ne les dégrade pas, en faisant mine de les consulter : autrement ce qu'il y a de plus auguste dans l'État, n'est qu'un vain

_____

(a) Discours de M. Benoist. — Moniteur du 31 janvier 1817.

(b) *Voy.* vol. vi, entre autres, pag. 63 *et suiv.*; et pag. 194 *et suiv.*

spectacle et dégénère en pure cérémonie ; en sorte que rien n'est moins approuvé que ce qui paraît l'être » (*a*).

(*a*) (Tom. 1, 2ᵉ part. , *art.* 2, § 8 et 9, pag. 113. — *Voy. aussi ci-dessus* , vol. v, pag. 198 *et suiv.*).

— En Angleterre , d'après le statut 22 Georg. III , c. 41, aucun de ceux qui sont employés dans l'administration ou la perception des droits d'excise, de douane, des droits sur le papier et autres compris sous le nom de *Stamp-Duries*, des droits sur le sel, les fenêtres, les maisons, ou des revenus des postes, ne peut voter dans aucune élection ; et si quelqu'un de ces employés transgresse cette défense, il est condamné à une amende de 100 liv. sterl.

« Cet acte ne s'étend pas aux offices concédés, par lettres-patentes, en *franc-ténement* ». (Blackstone. Commentaires, tom. 1, liv. 1, chap. 11).

SECTION V ET DERNIÈRE.

Inviolabilité, Indépendance, Mode de procéder, des Colléges électoraux.

En appliquant à l'organisation des Colléges électoraux le Principe de la division du peuple en trois classes non exclusives, mais distinctes, et en n'admettant dans leur composition que les deux premières de ces trois classes, savoir, d'une part celle de la Propriété, et d'autre part celle de l'Industrie ; en adoptant aussi le Principe du triple degré d'élection, dans toute société dont le territoire et la population sont très-étendus ; en déterminant les conditions auxquelles la Loi constitutionnelle de l'État peut subordonner la qualité d'électeur, sans commettre d'injustices, sans blesser en rien l'équité naturelle, sans créer ni prérogatives ni priviléges contraires au véritable esprit des Principes du Droit, sans altérer enfin la nature du gouvernement ; en désignant les fonctions avec lesquelles cette qualité d'électeur est essentiellement incompatible, nous avons fait connaître, dans les quatre sections qui précèdent, les seuls moyens praticables, propres à éloigner de ces Colléges la confusion, le désordre, le trouble, les cabales, les brigues, les influences illégitimes, ministérielles ou autres, et en général tous les inconvéniens inséparables des Assemblées populaires et nombreuses, lors même qu'elles n'ont pour objet que de procéder à des élections : nous avons indiqué les seuls moyens propres tout-à-la-fois à limiter le nombre des membres des Colléges, et à mettre cependant en état de prendre part à leurs opérations tous les citoyens auxquels appartient réellement le droit d'y concourir, et qui y ont un intérêt véritable, tous les hommes qui doivent vouloir l'ordre, la tranquillité, la prospérité publique et celle de leurs plus proches concitoyens, et cela, par état, par position, et sans qu'il soit nécessaire de supposer en eux un effort surnaturel de vertu nationale, de patriotisme, qualités trop affaiblies de nos jours et toujours trop rares dans les sociétés anciennes et nombreuses, pour qu'il soit prudent d'en faire l'unique base des institutions.

Présentement, il faut encore donner au Gouvernement un autre principe dé vie, un nouveau régulateur de l'ordre et du mouvement, un plus haut degré de force et de stabilité, en consacrant et garantissant l'inviolabilité de ces mêmes Colléges électoraux.

A cet effet, qu'il nous suffise de rappeler les maximes suivantes : « Si le Corps législatif était un temps considérable sans être assemblé, il n'y aurait plus de liberté : car il arriverait de deux choses l'une; ou qu'il n'y aurait plus de résolution législative, et l'État tomberait dans l'anarchie; ou que ces résolutions seraient prises par la puissance exécutrice, et elle deviendrait absolue ». —« Lorsque le prince empêche que le Corps législatif ne s'assemble dans le temps convenable ou que l'Assemblée législative n'agisse avec liberté et conformément aux fins pour lesquelles elle a été établie, le Pouvoir législatif est altéré ».—«Si chaque monarque peut empêcher l'assemblée des États de son royaume, s'il faut sa permission, on ne doit

plus parler de lois fondamentales, de monarchie tempérée, de limitation au pouvoir souverain, de sermens, de promesses qui lient
les rois : ce sont autant de mots vides de sens ;
il n'y a plus qu'un seul Gouvernement dans
le monde, le Gouvernement asiatique » (*a*).

Si ces vérités sont démontrées et constantes
pour nous, ainsi qu'elles doivent l'être pour
tous les hommes ennemis du pouvoir absolu,
du despotisme, et amis de l'ordre, de la liberté, si nous raisonnons conséquemment
d'après elles, il y a nécessité évidente d'en faire
encore l'application aux Colléges électoraux,
de même qu'aux Chambres représentatives,
nationales, départementales, cantonales et
communales : car s'il dépendait de la volonté
du Chef de la puissance exécutive de mettre
obstacle à la réunion des Colléges, ces diverses Chambres représentatives seraient dès-
lors comme taries dans leur source, le Pouvoir législatif serait réellement altéré, il n'y
aurait plus de résolution législative, et l'État

(*a*) *Voy. ci-dessus*, vol. vi, pag. 259 *et suiv.* ; vol. vii,
pag. 232 *et suiv.*

tomberait dans l'anarchie; ou ces résolutions seraient prises par la Puissance exécutive, elle deviendrait absolue, et la Monarchie constitutionnelle serait en effet convertie en un véritable Gouvernement despotique.

La Loi Constitutionnelle disposera donc expressément que toutes les fois qu'il y aura notoirement lieu à procéder au remplacement des membres de la représentation, dont les places seront devenues vacantes par quelqu'une des causes que nous avons précédemment indiquées (*a*), ou par décès, les membres de ces Colléges électoraux se réuniront de plein droit, et, à défaut de toute autre convocation, à une époque et pendant un délai fixes et déterminés (*b*).

(*a*) *Voy. ci-dessus*, vol. vi, p. 216 *et suiv.* — Vol. vii, pag. 226 *et suiv.*

(*b*) L'article 36, tit. iv, de la Constitution du 5 fructidor an III, était ainsi conçu : « L'Assemblée électorale de chaque département se réunit le 22 germinal de chaque année, et termine, en une seule session de dix jours au plus, et sans pouvoir s'ajourner, toutes les élections qui se trouvent à faire; après quoi, elle est dissoute de plein droit ».

Mais nous avons indiqué (dans le 1er § de ce titre,

Et, si l'on ne perd pas de vue les règles
d'organisation dont nous avons reconnu la
nécessité relativement à la durée des fonctions
représentatives (a), si l'on considère que, par
une suite naturelle de ces règles, il ne se fera
guère que des élections partielles, tantôt dans
un lieu, tantôt dans un autre ; on aura bientôt achevé de dissiper la crainte que cette disposition constitutionnelle pourrait inspirer à
quelques hommes craintifs auxquels la préoc-
cupation d'un danger chimérique et sans réalité cache l'existence du péril véritable dont
ils sont imminemment menacés, et qui, peu

1re division, 2e part., pag. 388 *et suiv.*) plusieurs motifs, et il en existe d'autres encore que peut-être nous
aurons lieu par la suite de développer, pour placer
l'époque de cette réunion constitutionnelle et légale des
Colléges électoraux dans la première semaine du mois de
décembre.

Nous pouvons même déja faire remarquer que cette époque est celle de la morte saison pour les travaux de la
campagne, ou du moins celle dans laquelle ils n'ont pas
autant d'urgence, et où ils exigent moins de surveillance
et d'activité.

(a) *Voy. ci-dessus*, voi. vi, pag. 219 *et suiv.* — Vol. vii,
pag. 228 *et suiv.*

exercés d'ailleurs dans la science du droit, ont peine à embrasser dans tout leur ensemble les conséquences naturelles d'un systême d'organisation complet, et en tous points fondé sur ces principes du droit.

Indépendance
des
Colléges élec-
toraux. On pourrait appliquer ici la plupart des réflexions que nous avons présentées en désignant dans la précédente section les diverses fonctions avec lesquelles la qualité d'électeur est incompatible (a) : mais nous nous bornerons à rappeler celles qu'un publiciste et un membre de la Chambre des députés nous ont offertes dans le premier paragraphe de ce titre. Suivant l'un, « il est important de maintenir les suffrages, tant des Sénateurs que des Assemblées du peuple, libres et entièrement dégagés de toute influence étrangère; et, s'il arrive une fois que quelque pouvoir puisse commander ces suffrages, c'en est fait de la liberté». — « Le plus puissant auxiliaire de la tyrannie, a dit l'autre, c'est une Assemblée asservie par la crainte, avilie par les bassesses ou entraînée

(a) *Voy. ci-dessus*, vol. VII, pag. 368 *et suiv.*

ar les passions ; et lorsque l'on montre *d'a-*
ance l'envie de créer un tel instrument, c'est
lors qu'il est permis sans doute de s'alarmer :
ar l'arme que l'on prépare, inoffensive, mais
oujours dangereuse, dans les mains d'un
age ministère, peut lui être ravie, et passer
ubitement dans des mains moins innocen-
es (*a*) ».

Nous remarquerons aussi que c'est à ce
ujet sur-tout qu'un autre Publiciste célèbre
éploie la plus grande sévérité, tant il pénétrait
ien toutes les conséquences de la violation
'un principe si essentiel. Il met de pareilles
ianœuvres au nombre de ces abus des moyens
onfiés au Pouvoir exécutif, qui, dans son
pinion, doivent amener la dissolution du
ouvernement. « Le pacte est nul, dit-il, si
puissance exécutrice emploie la force, les
ésors et les emplois de la société pour cor-
ompre les représentans, ou gagner ouverte-
ient les électeurs et leur prescrire les per-
onnes qu'ils doivent nommer. Car désigner
insi les candidats, diriger les électeurs, ar-

(*a*) *Voy. ci-dessus*, vol. vi, pag. 277 et 278.

ranger à son gré les élections, n'est-ce pas couper le Gouvernement par les racines, et empoisonner la source même de la sûreté publique....?

« Lorsque le Prince, dit-il encore, par un pouvoir arbitraire, sans le consentement du peuple et contre les véritables intérêts de l'État, change ceux qui élisent les membres de l'Assemblée législative ou la manière de procéder à cette élection, le Pouvoir législatif est aussi changé. En effet, si le Prince fait choisir d'autres que ceux qui sont autorisés par la société, ou si l'on procède à l'élection d'une manière différente de celle que la société a prescrite, certainement ceux qui sont élus et assemblés de la sorte ne sont point une Assemblée législative désignée et établie par le peuple » (a).

Aussi, en Angleterre, d'après ce que rapporte Blackstone, « comme il est essentiel pour la composition légitime du Parlement, que les élections soient absolument libres,

_____

(a) LOCKE. Traité du Gouvernement civil, ch. xviii. *De la dissolution du Gouvernement*, § 6.

)n a déclaré illégale et défendu sévèrement oute influence illégitime sur les électeurs...(*a*).

« En conséquence, continue-t-il, dès que e temps et le lieu de l'élection sont fixés, oit dans les comtés ou dans les bourgs, les oldats en quartier dans le lieu désigné oivent s'en éloigner, au moins un jour avant élection, et à la distance de deux milles ou lus, et ne revenir qu'un jour après les votes erminés.

« Souvent aussi les élections ont été décla- ses nulles à cause des violences et des désor- res survenus.

« De plus, la Chambre des Communes, à quelle seule appartient le pouvoir de pro- oncer sur les élections contestées, a aussi

---

(*a*) On cite généralement à l'appui de ce principe le at. 3 Edw. I, *c.* 5 : « *Et pur ceo que élections doivent tres franches, le roi défende sur sa greve forfaiture que il haut homme n'autre par poiar des armes, ne per enaces, ne distourbe de faire franche élection....* ». — «Conformément au même principe et à la saine poli- [ue, tout pari entre deux électeurs sur le succès de ars candidats respectifs, est déclaré nul et illégal : car attente évidemment à la liberté des suffrages ». T. R. 55. *Vote de M. Christian*).

25.

décidé qu'aucun pair, ou lord lieutenant d'un comté, n'a droit d'intervenir dans l'élection des membres des Communes (a); et un statut défend au Lord Garde des *Cinq-Ports* (b) d'y recommander aucun membre. Si un officier de l'excise, ou des douanes, ou de l'impôt du timbre, ou de certaines autres branches de revenus, ose se mêler des élections, en per-

---

(a) « Les shériffs des Provinces, les maires et les baillis des bourgs ne peuvent être élus dans leurs juridictions respectives, parce que ce sont eux qui président les élec-tions ». (Commentaires, tom. 1, liv. 1, ch. 11).

En France, d'après la loi des 14 et 16 mai 1790, les membres de l'Assemblée nationale ne pouvaient assister comme électeurs dans les Assemblées de district et de département.

(b) On désigne par cette expression, les cinq ports que l'on considérait autrefois comme les plus importans du royaume, savoir : Douvres, Hythe, Romney et Sandwich dans la province de Kent, et Hastings dans le Sussex. On y a ajouté trois des ports de cette dernière pro-vince, Rye, Winchelsey et Sexford. Leurs représentans portent le nom de barons, et ils jouissent de priviléges particuliers, de franchises, semblables à beaucoup d'é-gards à celles des comtés palatins, et spécialement d'une juridiction exclusive administrée par les maires et les ju-rats de ces ports.

suadant ou dissuadant un électeur, il encourt
une amende de 100 *liv. sterl.*, et est déclaré
incapable d'occuper aucun emploi. Les électeurs de l'une des branches de la Législature
sont mis ainsi à l'abri de l'influence illégale
de chacune des deux autres et de toute vio-
ence ou contrainte extérieure.

« Mais le danger le plus grand, c'est celui
auquel ils coopèrent eux-mêmes, par la pratique infame de la corruption vénale (*a*).

« Pour l'empêcher, il a été statué que nul
candidat ne peut, après la date (appelée communément *Teste*) des writs (ou ordonnances) (*b*), ou après la vacance d'un siége à la
Chambre, donner aucun argent à ses électeurs, ni les traiter, ni leur faire des promesses de cette nature, soit individuellement,
soit en général, pour parvenir à être élu ; sous
peine de ne pouvoir être élu pour le Parle-

(*a*) Nous avons indiqué précédemment quelques-unes
des causes les plus ostensibles de cette fatale accessibilité
à la corruption. *Voy. entre autres*, pag. 347, 361 *et suiv.*

(*b*) Ou après la signature de l'ordre au chancelier de
faire expédier les writs. (*Note de M. Christian*).

ment en ce même lieu (*a*). Et si quelque argent, don, récompense, office ou emploi, a

---

(*a*) Cette incapacité résulte du stat. 7 W. III, *c.* 4,
communément appelé *Treating-act*, qui porte que le candidat qui l'enfreindra sera déclaré incapable *de l'élection
dont il s'agit.* Le sens naturel de cette expression, et en
général du statut, est que *traiter* un électeur a pour
conséquence de rendre nul le droit du candidat pour
cette élection seulement, mais non pas pour être réélu
et prendre séance d'après une seconde élection. Néanmoins le contraire avait été décidé dans le cas de Honi-
ton en 1782. (3 *Lud.* 162, 475).

« D'après l'élection générale en 1796, l'élection de
l'un des membres pour le bourg de Southwork fut dé-
clarée nulle par un comité, parce qu'il fut prouvé qu'il
avait *traité* des électeurs pendant l'élection. Le siége
étant ainsi vacant, il se présenta de nouveau comme candidat, et fut élu par la majorité. Mais, sur la pétition de
son concurrent, un autre comité décida que le membre
admis était inéligible, et que le pétitionnaire devait être
porté sur la liste des membres élus. En conséquence celui-ci prit le siége.

« On avait supposé que le paiement des frais de voyage
et une compensation pour la perte de temps n'étaient
considérés, ni par ce statut ni par aucun autre, comme
des traitemens et des moyens de corruption, et un bill
passa à la Chambre des Communes, pour soumettre ces
sortes de cas aux peines imposées par le stat. de Geor. II,
c. 24, aux personnes coupables de corruption : mais ce

été donné ou promis à quelque votant, en
aucun temps, pour obtenir ou pour em-

)ill fut rejeté dans la Chambre Haute, Lord Mansfield y
ayant soutenu avec énergie que ce bill était inutile, qu'une
pareille conduite était évidemment illégale d'après les lois
existantes, et devait, dans une Cour de justice, être punie
comme ayant la corruption pour but (2 *Lud.* 67). Et en
effet, elle répugne tellement à la lettre et à l'esprit des
tatuts, qu'il est surprenant qu'une telle pratique, une
elle opinion ait jamais prévalu. On doit certainement
egretter qu'un électeur quelconque soit empêché par sa
pauvreté d'exercer un privilége important; mais le pays,
n général, souffrirait probablement un bien plus grand
préjudice, s'il était privé du service de tous les gens de
lasse honorable, mais de fortune modérée, par l'auto-
isation d'une telle pratique, même quand on l'accom-
pagnerait des restrictions les plus justes; sans compter
que cette autorisation ouvrirait la porte à la dépravation,
la corruption la plus grossière.

« Néanmoins Lord Ellenborough et M. Tompson
nt soutenu, dans une Cour de *nisi prius* (pour l'intel-
igence de cette expression, *Voy.* les Commentaires,
iv. III, chap. IV, § XI), qu'une indemnité raisonnable
our la perte de temps et les frais de voyage, n'était pas
llégale.

« Dans les sessions de 1806, M. Tierney proposa un
)ill pour empêcher les candidats de transporter les élec-
eurs à leurs frais. M. Fox s'opposa à cet excellent bill;
l prétendit qu'il porterait préjudice à la partie populaire

pêcher son suffrage, celui qui accepte et celui qui offre ces moyens de corruption, encourent également l'amende de 5oo *liv. sterl.*, et sont déclarés incapables pour toujours de voter et d'exercer aucune fonction dans aucune corporation ; à moins de faire connaître, avant la conviction, quelque autre individu coupable du même délit ; ce qui les garantit (*a*)

---

du Gouvernement, en réduisant le nombre des électeurs. Mais assurément cette partie perd bien plus par la diminution du nombre des éligibles ; beaucoup d'entre eux sont exclus, par la pratiqué actuelle, du service de leur pays au Parlement, et seraient cependant regardés comme les plus dignes de ce service, *par les électeurs résidens, qui connaissent mieux leur mérite.*

« Si un aubergiste fournit des provisions à un votant, contre la disposition du stat. 7 W. III, *c.* 4, quoique sur la demande expresse ou l'ordre de l'un des candidats, il ne peut exercer aucune action contre le candidat ; parce que les Cours de justice n'ordonneraient pas l'exécution d'un accord fait en violation directe de la Loi-générale du pays ». (*Note de M. Christian*).

(*a*) « C'est à peu près de même, que la Loi Julienne, *de ambitu*, condamnait à l'amende et à l'infamie ceux qui étaient coupables de corruption dans les élections. Mais si le coupable prouvait le même délit de la part d'un autre, il recouvrait son honneur et son crédit, ff. 48, 14, 1 ». (*Note de Blackstone*). — Toutefois perdes suites de leur propre infraction à la loi (*a*).

« Le premier exemple que l'on rencontre d'une élection par corruption, date de la trei-

---

sonne ne lira ceci, sans remarquer qu'une semblable provocation à la délation est réprouvée par la morale et peu digne de la Législation d'un peuple libre.

(*a*) C'est ce qui a été ordonné par le statut 2 Geor. II, c. 24, expliqué et étendu par les statuts 9 Georg. II, c. 38 et 16 Georg. II, c. 11. Mais du reste ces statuts ne créant aucunes nouvelles incapacités pour l'admission à la Chambre, elles ne résultent que du statut 7 W. III, c. 4, déja cité.

« On a dit qu'il y avait corruption si un candidat payait un électeur pour voter pour lui, quoique ensuite cet électeur votât pour un autre (3 *Burr.* 1235) : et on ne peut douter qu'il n'y ait aussi corruption dans le votant : car les termes du statut établissent clairement qu'il y a offense des deux parts. Et il a été décidé qu'un pareil vote n'est pas valable pour la personne à qui il est ensuite donné gratuitement : car l'électeur jure qu'il n'a reçu ni argent, ni don ou récompense, pour donner sa voix, et une élection ne doit pas dépendre d'un vote souillé de parjure, de corruption et de trahison ; et la conduite précédente du votant fait soupçonner fortement qu'il donne actuellement sa voix, moins d'après son opinion que parce qu'un autre l'a payé plus cher. Cependant des autorités respectables ont douté de la légitimité de cette décision. (2 *Doug.* 416).

« Il existe un exemple de 22 amendes (11,000 liv. st.)

zième année du règne d'Élisabeth. Un certain
Thomas Longe, homme simple et de trop peu
de capacité pour siéger au Parlement, avoua
qu'il avait donné 4 *liv. sterl.* à l'officier chargé
du renvoi de l'ordre de convocation, et à d'autres du bourg pour lequel il avait été élu, et

---

prononcées contre un seul candidat (4 *Doug*. 366). Mais
outre les amendes imposées par les statuts de la Législature, la corruption est un crime suivant la *Loi-commune*,
qui se poursuit par voie ou d'accusation par grand jury
ou de dénonciation. Il est vrai que, dans les cas ordinaires, *la Cour du Banc du Roi* n'admet pas la dénonciation dans les deux ans, terme d'usage au-delà duquel
une action tendante à des peines pécuniaires ne peut plus
être suivie (3 *Burr*. 1335, 1359). Mais ce point de jurisprudence ne s'applique pas aux poursuites faites par le
procureur-général par l'une des deux voies ci-dessus. Deux
candidats s'étaient fait élire en achetant des suffrages ; la
Chambre ordonna au procureur-général de les pousui-
vre ; ils furent convaincus, et condamnés par *la Cour
du Banc du Roi* à la prison pour six mois, et, chacun,
à une amende de 1,000 marcs (4 *Doug*. 292).

« Dans une action pour corruption, un homme peut
être admis comme témoin, quoiqu'il convienne qu'il entend se prévaloir, comme premier dénonciateur, de la
conviction de l'accusé, pour servir à le protéger lui-
même dans une action intentée contre lui pour délit pareil. 4 *Inst*., 180 ». (*Note de M. Christian*).

qu'il l'avait été à ce prix. Pour cette offense,
le bourg fut condamné à une amende pécu-
niaire (*a*), le membre fut exclus, et l'officier
condamné à l'amende et emprisonné (*b*). Mais,
comme cet abus a pris depuis des racines
bien plus étendues et plus profondes, il a
donné lieu aux statuts salutaires que nous
avons cités : pour les rendre complètement
efficaces, il suffirait qu'on apportât à leur
application stricte de la résolution et de l'intégrité » (*c*).

On serait donc fondé à présumer que ces
deux conditions manquent essentiellement :

(*a*) « Lord Mansfield a observé, sur ce fait, que l'amende
ne pouvait être prononcée dans cette occasion par la
Chambre des Communes, et qu'elle devait avoir été
imposée par la Chambre étoilée (3 *Burr.* 1336) : mais
les journaux des Communes, aux passages cités par
Blackstone, disent expressément que la *Chambre des
Communes* ordonna qu'une amende de 20 liv. st. serait
levée sur la corporation, *à cause de son attentat infame
et perfide* ». (Note de M. Christian).

(*b*) 4 *Inst.* 23. — *Hale, of parl.* 112. — *Journ. des
Comm.*, 10 et 11 mai 1571.

(*c*) BLACKSTONE. Comment. sur les Lois angl., tom. 1,
liv. 1, chap. 11. (*Trad. de M. Chompré.*)

car, si nous avons foi, et à ce qu'ajoute affirmativement Blackstone lui-même, et aux notes de M. Christian, et aux relations les plus récentes sur ce qui se passe présentement en Angleterre, au sujet des élections, tous les faits constatent que les statuts sont tombés dans la plus complète désuétude, et portent à croire que le Gouvernement ne s'est point encore assez pénétré de quel incalculable intérêt il serait pour lui de les faire strictement exécuter : il doit être le premier à observer les lois, s'il veut qu'on les respecte.

L'auteur anglais continue : « Les mesures contre toute influence illégitime étant ainsi établies, (et je voudrais que la dépravation des hommes ne me défendît pas d'ajouter, et remplissant entièrement leur but), on procède à l'élection le jour indiqué; le schériff ou autre officier chargé du renvoi de l'ordre de convocation et de la liste des élus, prête le serment d'exercer ses fonctions comme il le doit, et sans corruption. De même les candidats, s'ils en sont requis, doivent affirmer par serment (a), qu'ils ont

_____

(a) « Si un candidat refuse cette affirmation par serles qualités exigées, ainsi que les électeurs dans les comtés; et, soit dans les comtés, soit dans les bourgs, on peut encore obliger les électeurs à prêter le serment d'abjuration, et le serment contre la corruption et la vénalité. Il serait peut-être bon que les candidats fussent tenus de prêter aussi ce dernier serment; ce qui probablement produirait beaucoup plus d'effet qu'on n'en obtient en le recevant des électeurs seulement » (*a*).

—« Les électeurs, dit M. Cottu, ne sont pas toujours scrupuleux; il y a des villes, comme Hall en Yorkshire, où les votes s'achètent publiquement; un vote entier coûte environ trois guinées, un demi-vote la moitié. Un électeur est dit donner son vote entier, lorsque, ayant deux votes à émettre, parce qu'il y a deux députés à nommer, il en promet un

---

ment, lorsqu'il en est requis raisonnablement par un autre candidat, ou par deux des électeurs, soit pendant l'élection, soit en tout autre temps, avant le renvoi de l'ordre de convocation, son élection sera nulle. 9 *Ann.*, c. 5 ». (*Note de M. Christian*).

(*a*) BLACKSTONE. Comment. sur les Lois angl., tom. 1, liv. 1, chap. II. (*Trad. de M. Chompré*).

et renonce à disposer de l'autre. Il est dit ne donner qu'un demi-vote quand il partage ses deux votes entre deux candidats rivaux. Le candidat qui achète un vote entier, acquiert une voix réelle ; s'il n'achète qu'un demi-vote, il ne réussit qu'à annuler une des voix qui pourrait être portée sur son concurrent.....

« Il y a en Angleterre, remarque encore le même écrivain, une grande quantité de terres appartenantes aux premiers seigneurs du royaume, qui ne sont louées par eux que la moitié de leur valeur, dans l'unique but de s'assurer des voix pour le Parlement....

« C'est encore ainsi que les chefs de manufactures ou de grandes entreprises commerciales, jouissent dans leur comté, d'une si haute considération. On respecte en eux le nombre de votes dont ils peuvent disposer ; je dis disposer, car il n'est à cet égard aucune espèce de pudeur, et lorsqu'un homme dans la dépendance d'un autre, ne vote pas comme son patron, il est assuré de perdre sa place ou son emploi....

« Aussi, à l'exception des députés des *Rot-*

ten-Boroughs, qui sont des hommes absolument dévoués aux propriétaires qui les nomment, et engagés sur leur honneur à voter comme eux, tous les membres de la Chambre des Communes appartiennent ordinairement aux plus riches familles d'Angleterre ; et il se trouve toujours parmi eux un grand nombre de fils de pairs. . . .

« Quand on pense que sur les six cent cinquante-huit membres que comprend la Chambre des Communes pour l'Angleterre, l'Écosse et l'Irlande, il y en a trois cent sept, c'est-à-dire près de la moitié, élus pour des *Rotten-Boroughs*, et dont la nomination appartient exclusivement à cent cinquante-quatre propriétaires ; on devrait croire que c'en est fait de la liberté, et que l'aristocratie va tout dévorer (*a*)...

(*a*) Comme elle dévore tout en effet, et nous avons déja remarqué qu'il n'en faut pas d'autre preuve que la législation sur l'inégalité des Partages dans les successions ; source de ruine pour l'État, de misère et de détresse pour le peuple, dont une partie est dans la réalité réduite à mourir de faim.

Les fabricans de bas de Nottingham ont rédigé et présenté une adresse dans laquelle ils s'expriment ainsi :

« L'aristocratie , ainsi qu'on le voit, est
donc la véritable puissance qui gouverne.
Elle gouverne les provinces où elle occupe
tous les emplois administratifs; elle gouverne
le royaume entier par la puissance parlemen-
taire qui lui est aussi presque exclusivement
attribuée. Le roi n'est, pour ainsi dire, qu'un
être de raison, c'est une espèce d'idole destinée
à être placée sur l'autel pour offrir au peuple
un objet apparent de respect. On le couvre
d'or et de pierreries pour le rendre plus vé-

« Après avoir travaillé de quatorze à seize heures par
jour, nous gagnons seulement de quatre à sept schellings
par semaine, pour nous substanter avec nos femmes et
nos familles. Nous avons substitué le pain et l'eau , ou
les pommes de terre et le sel à l'aliment plus salubre
qui abondait toujours autrefois sur les tables des Anglais;
et cependant nous protestons qu'après le travail fatigant
de toute une journée , nous avons , à plusieurs reprises ,
été forcés de nous retirer et de mettre nos enfans au lit ,
sans souper, pour ne plus entendre les cris de la faim.
Nous déclarons de la manière la plus solennelle que
pendant les derniers dix-huit mois , nous avons à peine
connu ce que c'était que d'être libres de la souffrance de
la faim ». (Edimbourg Review. mai, 1820, pag. 334.
— *Voy. aussi*, Annal. de Législ. et de Jurisprud. publiées
à Genève, 1820, tom. 1 , 1ʳᵉ part., pag. 142).

nérable, on se prosterne devant lui avec les témoignages de la plus profonde soumission ; mais ce sont les ministres qui sont chargés de rendre ses oracles... (*a*).

En France, l'art. 32, tit. II, de la Constitution du 5 fructidor de l'an III, portait : « Tout citoyen qui est légalement convaincu d'avoir vendu ou acheté un suffrage, est exclus des Assemblées primaires et communales, et de toute fonction publique, pendant vingt ans ; en cas de récidive, il l'est pour toujours » (*b*).

Mais, si les élections ne sont pas aujourd'hui précisément vénales, c'est-à-dire si elles ne s'achètent et ne se vendent pas à prix d'argent ; l'expérience dit cependant que, sous plus d'un rapport, nous n'avons pas été jusqu'ici plus sages qu'en Angleterre.

Quand s'établira donc enfin le règne de la

(*a*) De l'Administration de la Justice en Angleterre, par M. Cottu, conseiller, etc., chap. VI, pag. 160, 161, 162, 163, 165 ; *Ibid.*, chap. VII, pag. 175.

(*b*) *Voy.* la Collection générale des Décrets rendus par la Convention nationale. Fructidor an III ; pag. 38.

— *Voy. aussi* la Loi du 3 brumaire an IV.

droiture et de la bonne foi ? Quand parvien-
dra-t-on à se convaincre généralement que,
sans ces vertus, il n'est point d'ordre, de
repos, de prospérité, de paix, de salut, pour
les gouvernemens et pour les peuples?

Puissions-nous voir arriver bientôt le moment où cette conviction triomphera, du
moins dans la conscience de ceux qui, d'après
le poste qu'ils occupent, sont plus spécialement appelés à donner l'impulsion?

Concluons que la surveillance, la police intérieure des Colléges électoraux doivent leur
appartenir exclusivement; qu'aucun agent du
Pouvoir exécutif ne peut y être admis (a); et

(a) L'Article 53, tit. IV, de cette même Constitution de
l'an III, que nous venons de citer, était conçu en ces
termes : « Le Commissaire du Directoire exécutif près
l'Administration de chaque département est tenu, sous
peine de destitution, d'informer le Directoire de l'ouverture et de la clôture des Assemblées électorales : ce
commissaire n'en peut arrêter ni suspendre les opérations, ni entrer dans le lieu des séances ; mais il a droit
de demander communication du procès-verbal de chaque séance dans les vingt-quatre heures qui la suivent,
et il est tenu de dénoncer au Directoire les infractions
qui seraient faites à l'Acte constitutionnel.

« Dans tous les cas, le Corps législatif prononce seul

que leurs présidents, secrétaires et scrutateurs
doivent être choisis dans leur propre sein par
l'ancienneté d'âge, la voie du sort ou l'élection.

Mais, dira-t-on peut-être, si des hommes
sont réunis en grand nombre dans un même
lieu, pour y prendre quelque délibération,
ou seulement pour procéder à des élections,
il ne suffit pas qu'ils se trouvent ainsi rapprochés les uns des autres, pour qu'ils forment
une Assemblée régulière et capable de procéder avec ordre. Il faut qu'avant tout l'Assemblée s'organise, se constitue, et elle ne
peut guère s'organiser et se constituer, sans
avoir déja un président, des secrétaires, des
scrutateurs qui lui donnent un corps, un ensemble, et qui règlent et dirigent ses opérations. C'est donc en quelque sorte se placer
dans un cercle vicieux que de donner à une
réunion d'hommes, non encore constituée en
Assemblée régulière et capable de procéder,
le soin de nommer ces membres essentiels

ur la validité des operations des Assemblées électorales».
Voy. aussi la Loi du 3 brumaire an IV).

pour l'accord et l'union, sans lesquels elle ne saurait rien faire; en d'autres termes, il est nécessaire que le président, les secrétaires, les scrutateurs d'une Assemblée soient désignés avant que les hommes qui doivent faire partie de cette Assemblée ne soient réunis, ou tout au moins au moment même de leur réunion.

Le mode de procéder par ancienneté d'âge, prévient cette objection, et offre le moyen d'employer ensuite la voie du sort ou celle de l'élection, entre lesquelles on ne doit pas donner la préférence à la première. Le sort est à la vérité impartial et sans prévention, lorsque des ministres intègres l'interrogent, lorsqu'une main fidèle et une bouche véridique lui servent d'interprêtes; mais il faut reconnaître aussi qu'alors sur-tout il est aveugle et sans prévoyance.

Les articles 20 et 21, tit. III, de la Constitution du 5 fructidor an III, étaient ainsi conçus:

« *Art.* 20. Les Assemblées primaires se constituent provisoirement sous la présidence du plus ancien d'âge : le plus jeune remplit provisoirement les fonctions de secrétaire.

« *Art.* 21. Elles sont définitivement constituées par la nomination, au scrutin, d'un président, d'un secrétaire et de trois scrutateurs ».

Le décret du 25 fructidor an III, relatif aux Elections, statuait ainsi, tit. II : *Election des présidents, secrétaires et scrutateurs :*

« *Art.* 1. Toute Assemblée publique se forme sous la présidence provisoire du plus ancien d'âge; les plus âgés après lui, remplissent provisoirement les fonctions de scrutateurs, et le plus jeune, celles de secrétaire....

« *Art.* 3. Dès que les officiers provisoires ont pris leur place, on procède immédiatement à l'élection d'un président, d'un secrétaire et de trois scrutateurs définitifs.

« *Art.* 4. Cette élection se fait par un seul scrutin de liste, et à la pluralité relative.

« Chaque votant écrit sur son bulletin, ou y fait écrire par l'un des scrutateurs autant de noms qu'il y a d'officiers à nommer.

« Celui des citoyens présens qui obtient le plus de suffrages est président; le suivant, secrétaire; et les trois autres, scrutateurs.

« *Art.* 5. Le bureau de l'Assemblée, une fois formé, ne peut plus être renouvelé, durant la même session d'une Assemblée primaire, communale ou électorale.

« *Art.* 6. En cas d'absence, démission ou destitution, le président est suppléé par le secrétaire; celui-ci, par le premier scrutateur; et les scrutateurs, par les membres de l'Assemblée qui ont obtenu le plus de voix après eux » (*a*).

Mais, dans des Assemblées qui n'ont pour objet que de procéder à des élections, toutes ces opérations d'élection préliminaire ne sont-elles pas pour le moins inutiles? N'ont-elles pas le grave inconvénient de consommer une grande partie du temps en pure perte? Et ne serait-il pas beaucoup plus simple et tout aussi favorable à l'ordre, que les présidens, scrutateurs et secrétaires d'âge, conservassent l'exercice de ces fonctions pendant tout le temps de la session, ou que le choix de leurs successeurs leur fût dévolu pour les cas où, par cause d'absence, de maladie ou autre, il y aurait obstacle à ce qu'ils pus-

_____

(*a*) Collection générale des Décrets rendus par la Convention nationale.—Décret du 25 fructidor, an III, p. 284 et 285.

sent les remplir par eux-mêmes? Ne serait-ce
pas encore une occasion d'honorer la vieillesse; et lorsqu'elle se présente, n'est-ce pas
pour le Législateur un devoir que d'en pro-
fiter, et de se rapprocher ainsi des institutions
de la nature? On entend souvent préconiser les
anciens usages; bien des hommes mêmes s'exal-
tent et ne connaissent point de bornes, lorsqu'il s'agit de faire l'apologie de quelques-unes
de ces lois évidemment imposées par le despotisme ou par la superstition, et que l'esprit
d'équité réprouve formellement; mais nous
ne respectons pas assez, nous ne pratiquons
pas, autant que nous pourrions le faire, ces
mœurs, ces lois, ces institutions antiques,
toutes les fois qu'elles se trouvent d'accord
avec les principes et les règles du droit naturel, de la morale et du bon sens.

Dans les siècles les plus reculés, parmi ces
premières familles habitantes d'un sol vierge
et non encore souillé de toutes les déprédations de la tyrannie, la vieillesse, par-dessus
tout, était honorée et respectée; il en est de
même encore aujourd'hui, dans d'autres cli-
mats, et parmi ces peuplades que nous appe-

lons sauvages, peut-être parce que la corruption et le luxe de nos cités n'y sont point encore parvenus, et n'y ont pas étouffé les sentiments et les lois d'institution primitive et naturelle. S'il s'agit, pour ces petites tribus, de délibérer sur leurs plus chers, sur leurs communs intérêts, l'ordre et le silence règnent dans leurs assemblées ; on y parle sans confusion et sans trouble ; on sait y écouter avec patience et modération ; les acclamations et l'enthousiasme mêmes attendent, pour s'y manifester, qu'un dernier avis, plus conciliant et plus sage que ceux qui l'ont précédé, soit parvenu à rapprocher les opinions contradictoires et opposées : et qui donc peut mettre ainsi un frein puissant à leur impétuosité naturelle, leur inspirer ce respect de l'ordre, cette retenue, cette modération, cette patience ? Quelque image vivante de la divinité préside-t-elle au milieu d'elles, et les pénètre-t-elle d'un sentiment de respect et de religion ? ou n'est-ce pas réellement la vieillesse qui, par sa présence, maintient ainsi l'union, l'accord, l'harmonie, et rend toujours présent à leur pensée le véritable but de leur réunion, l'intérêt commun et le salut de la patrie ?

Mais si, dans les sociétés plus nombreuses, la corruption et les vices produisent l'oubli de cette déférence et de cette vénération que l'on devrait toujours conserver pour la vieillesse, n'est-ce donc pas du moins au Législateur de nous les rappeler sans cesse par la nature et l'esprit des institutions? Peuples civilisés que le flambeau des sciences éclaire! Monarques puissans qui régnez sur de vastes royaumes, dont le trône est placé dans l'enceinte de palais somptueux, où toutes les productions d'une active industrie, l'or et les richesses éblouissent les yeux d'une immense population! Sachez reconnaître et séparer les institutions que la nature, sous l'influence immédiate de la divinité, a pris soin elle-même de créer, et que tous vos efforts devraient tendre à rétablir ou à conserver, d'avec ces monumens monstrueux et informes, productions de la force, du machiavélisme, de l'imposture, de la superstition et de l'impiété, que, pour votre repos, pour le bonheur de l'humanité tout entière, l'autorité, d'accord avec la saine philosophie et la sagesse, devrait travailler avec zèle à miner jusque dans leurs fondemens les plus cachés.

Il faut encore que quelques dispositions de la Loi Constitutionnelle règlent et détermi- nent d'une manière claire et précise le mode de procéder dans les Colléges électoraux; et cette partie de la Loi Constitutionnelle, pour être conforme à la volonté constante, univer- selle et immuable du Suprême Législateur, doit toujours être exclusivement fondée sur les principes d'équité naturelle, sur des motifs d'utilité générale manifestes et bien démontrés; et c'est alors seulement que l'on sera fondé à la considérer aussi comme l'expression propre et véritable de la volonté sociale; ou, si l'on aime mieux, comme étant de nature à obtenir l'assentiment de la société entière.

Et d'abord le but que pour cela cette loi doit se proposer d'atteindre, c'est de simpli- fier les opérations, d'écarter toutes les forma- lités superflues, propres encore à entraîner la perte du temps, à provoquer l'ennui et le dégoût, et par suite à occasionner les méprises, les erreurs involontaires, ou même à favoriser le succès des factions et des intrigues, les surprises et les fraudes. « La loi des élections, disait un membre de la Chambre des Députés dans la session de 1816, doit être simple, pour que l'exécution n'en puisse jamais être embarrassée : tout ce qui fait obstacle à une marche régulière, gêne l'émission libre du vœu des électeurs » (*a*).

Cette première réflexion bien sentie doit devenir, pour la recherche et l'étude des questions qui nous restent à résoudre, un guide salutaire, un point de ralliement et d'appui qu'il ne faut pas perdre de vue, que l'on doit s'efforcer de ne pas abandonner.

Ces questions qui doivent faire l'objet de notre examen actuel, peuvent se réduire ou être envisagées sous trois points de vue seulement ; et nous considérerons en effet, d'après cette classification, 1° la question de savoir si les séances des Colléges électoraux doivent être publiques ; 2° celle qui a pour

(*a*) Discours de M. de Corbières. — Moniteur du 5 janvier 1817.

objet de déterminer le nombre des membres présens et des votes effectifs, nécessaire pour la validité de l'élection; et 3° celles qui sont relatives à la forme du scrutin.

1° *La tenue des Colléges électoraux doit-elle être publique ?*

Nous avons fait connaître les raisons sur lesquelles est fondé le Principe de la Publicité des Chambres représentatives, nationales, départementales, cantonales et communales : ces raisons sont en général l'utilité, le besoin d'appliquer au profit de tous les idées, les lumières de chacun, de s'éclairer mutuellement par la discussion, de mettre au grand jour tous les motifs de la législation, toutes les opérations du gouvernement, d'inspirer par là la confiance, d'affermir le crédit, de diriger l'opinion publique, de répandre ainsi dans la société l'instruction sur toutes les matières de gouvernement et d'administration, de préparer d'avance des législateurs profonds, enfin de justifier et de rendre vulgaire cette précieuse maxime, que la bonne foi est dans le fait la seule base d'une sage politique et des

bonnes institutions. Particulièrement au sujet
des Chambres départementales, cantonales et
communales, ces raisons sont de faire connaître aux intéressés de quelle manière se
règlent et s'administrent leurs intérêts communs, les plus directs et les plus rapprochés
de leurs intérêts privés, les principes et les
vues qui règlent et déterminent la marche de
leurs Administrations locales et les avantages
qu'ils peuvent en retirer.

Mais ni ces raisons, ni aucune autre ne
motivent la publicité des séances des Assemblées électorales, et il en existe au contraire
plusieurs qui s'opposent à ce que l'on puisse
l'admettre.

Entre autres, cette publicité aurait pour
résultat infaillible, de ramener dans ces Assemblées la confusion, le trouble, le désordre,
les surprises, les fraudes, les collusions, et
généralement tous les inconvéniens que l'admission des principes relatifs à leur organisation, que nous venons de développer, a pour
objet de prévenir et d'éloigner. Elle menace-
rait et compromettrait même imminemment
leur indépendance et leur inviolabilité.

Si, donc, toutes les dispositions législatives, relatives à la tenue de ces Assemblées, n'ont pas formellement exclu du lieu de leurs séances les citoyens qui ne se trouvaient pas appelés à en faire partie, l'usage, comme cela devait être, y a toujours suppléé, si ce n'est aux époques des crises violentes et révolutionnaires de la démocratie : ce qui justifierait d'autant plus, si elle en avait besoin, la disposition constitutionnelle et injonctive de non-publicité ou d'exclusion (*a*).

2° *Quel doit être le nombre des Membres présens et des votes effectifs nécessaire pour la validité des Élections ?*

Est-il nécessaire qu'un certain nombre des membres des Colléges électoraux soient présens, qu'un certain nombre de votes aient été

(*a*) L'Article 8, sect. 1re, titre 1er de l'Arrêté du 19 fructidor an IX, contenant réglement pour l'exécution du Sénatus-Consulte du 16 thermidor, relativement aux Assemblées de canton, aux Colléges électoraux, etc., renfermait les dispositions suivantes : « Ceux qui auront droit de voter, pourront seuls entrer dans l'Assemblée. « Il n'y aura jamais de spectateurs ».

émis? en d'autres termes, la loi doit-elle déterminer d'avance un *minimum* de ces membres et de ces votes, pour que les Colléges puissent procéder valablement aux élections?

Quelques précautions que la Loi Constitutionnelle prenne pour écarter ou diminuer les obstacles résultans de l'éloignement des lieux et d'autres causes, pour simplifier les opérations et prévenir le dégoût et l'ennui (*a*), quelque étendue que soit la confiance que l'on puisse avoir dans l'empressement des électeurs à user de leur droit, dans leur patriotisme et leur zèle, il n'est cependant pas douteux que la prévoyance du Législateur ne doit négliger aucun moyen possible de soutenir, même de stimuler d'autant plus ces bonnes dispositions.

Mais la nature des voies les plus propres à produire cet heureux résultat, n'est peut-être pas tout-à-fait aussi évidente. Aura-t-on recours, ainsi qu'on l'a fait quelquefois, aux moyens coërcitifs, aux peines, aux amendes?... Excluera-t-on de toutes autres places, les ci-

---

(*a*) *Voy. ci-dess., entre autres*, vol. vii, p. 313 *et suiv.*

toyens qui ne justifieraient pas avoir fait usage de leur droit d'élection?...

Toutes ces mesures, l'expérience autorise à le croire, auraient peu d'efficacité; et loin d'atteindre leur but, elles pourraient bien contribuer, comme par le passé, à produire l'insouciance, le mécontentement, à éloigner toute espèce de zèle et de bonne volonté....

D'un autre côté, si la loi statue qu'aucune élection ne sera valable qu'autant qu'elle sera le résultat d'une pluralité de voix absolue, et pourtant relative au nombre des membres dont chaque collége se compose, il ne sera pas impossible que le caprice, l'indolence, la coupable inaction de quelques électeurs ne mette quelquefois des entraves aux élections, et ne paralyse ainsi la marche même du gouvernement.

Une disposition toute contraire aura probablement des effets tout opposés. Qu'aucune partie du territoire ne puisse être privée de ses représentans, voilà l'objet essentiel et important.

Que les élections aient donc lieu, quel que soit le nombre des membres présens et le

ombre des votes émis dans le Collége; que
amais, et quel que soit ce nombre de mem-
res et de votes, elles ne puissent être arrê-
ées ou suspendues : chaque électeur craindra
'abandonner exclusivement à une dangereuse
iinorité l'exercice d'un droit si important,
t duquel dépend essentiellement la prospé-
té de l'État, et le bien-être, la fortune, le
epos, la tranquillité de chaque citoyen; et
ientôt chaque électeur s'habituera à consi-
érer l'exercice de ce droit, qui est en même
mps l'accomplissement d'un devoir, comme
n besoin réel pour lequel il suspendra vo-
ntiers toute autre occupation laborieuse et
tile, et qu'à plus forte raison, il substituera
ns répugnance à des plaisirs si souvent insi-
iifians et futiles.

La session de 1816 peut nous fournir plu-
eurs autorités à l'appui de cette probabilité
du principe auquel elle doit servir de base.
ans cette session, un membre de la Chambre
es Députés a dit : « Il faut des élections, et
ne faut pas que ces élections puissent ne
s avoir lieu, parce qu'il aura plu à des élec-

teurs de s'ennuyer et de s'en aller, ou au
moins de ne pas venir » (a).

Un autre s'est exprimé en ces termes : « Il
faut faire cesser le scandale des scissions. Je
ne vois pas par quels motifs on apprendrait
aux électeurs qu'ils peuvent se retirer, et
qu'ainsi ils empêcheront les élections d'avoir
lieu.

« Il faut qu'ils sachent bien, au contraire,
que si, par une coalition condamnable, on
se retire, l'élection n'en aura pas moins lieu,
et n'en sera pas moins bonne et valable » (b)..

Voici de quelle manière un troisième s'est
expliqué sur cette question : « Il y a (en cette
matière) un principe supérieur à tous les principes. Il faut que le Gouvernement marche;
pour qu'il marche, il faut une Chambre des
députés; pour avoir une Chambre des députés, il faut des élections; et si, à force d'entraves et de difficultés, on arrive à ce résultat,
qu'il n'y aura pas d'élections, il n'y a plus de
Gouvernement....

(a) Discours de M. Voisin de Gartempe. — Séance du
6 janvier 1817. — Moniteur du 10.

(b) Discours de M. Sartelon. *Ibid.*

« La loi convoque, elle appelle : c'est tout ce qu'elle peut faire...

« A Athènes, où vingt à vingt-cinq mille citoyens avaient le droit de voter sur la place publique, jamais, si nous en croyons Thucydide, on n'en compta plus de deux à trois mille.

« En Angleterre, les élections se font par les électeurs qui se présentent, quel que soit leur nombre. Là, celui qui se refuse à voter n'a pas le droit d'empêcher le suffrage de celui qui vote » (a).

3° *Questions relatives à la manière de recueillir les suffrages.*

I. *Nécessité du scrutin secret.* Dès le 5 thermidor an III, on reconnut les inconvéniens des votes faits à haute voix ou d'un scrutin signé ; et, par un décret en date de ce jour, la Convention nationale prononça : « Qu'il ne serait plus fait à l'avenir aucune élection dans son sein, à haute voix, mais au scrutin secret

_____

(a) Discours de M. Royer-Collard. — Séance du 6 janvier 1817. — Moniteur du 10.

et non signé ; et d'après un appel nominal » (a).

Peu de temps après, lors de la présentation de la Constitution, M. le comte Boissy-
d'Anglas disait : « Vous sentez que nous n'a-
vons pu concevoir aucune élection à haute
voix. La liberté n'est plus entière si, quand
il s'agit de nommer un homme, l'élection se
fait ainsi. C'est à cette pratique meurtrière,
inventée par vos oppresseurs, que vous avez
dû tant de mauvais choix. Ceux qui osèrent
la proposer et qui ne le firent qu'en parlant
du courage du républicain, savaient bien quel
fonds il fallait faire sur le courage de tout
homme forcé de prononcer, devant la multitude, pour ou contre celui qu'elle protége.

« D'ailleurs, dans cette manière d'élire, celui
qui opère le premier, a essentiellement l'ini-
tiative du choix, et son influence est incalculable sur les hommes faibles qui lui suc-
cèdent » (b).

(a) Voy. la Collection générale des Décrets de la Convention nationale. — Thermidor an III, pag. 3o.

(b) Voy. le Discours prononcé par M. le comte Boissy-
d'Anglas, à la Convention nationale, lors de la présen-

Dans des Assemblées électorales moins nombreuses et moins turbulentes que celles qui précédèrent l'époque où fut prononcé ce discours, et composées d'hommes naturellement plus intéressés au maintien de l'ordre, plus expérimentés, plus réfléchis et plus sages, le mode de donner les suffrages à haute voix ou celui du scrutin signé n'auraient probablement pas les mêmes dangers; cependant il est hors de doute qu'ils ne sont à préférer ni l'un ni l'autre au mode d'élection par voie de scrutin secret, et que ce dernier mode ne soit réellement le seul raisonnable et admissible, comme étant le seul aussi qui laisse subsister une indépendance entière, une pleine et parfaite liberté.

Dans les temps de démocratie pure, d'organisation plus ou moins imparfaite, de révolutions et d'orages, le péril toujours présent de ne pas suivre la direction imprimée par les chefs du parti dominant, ne peut en effet manquer d'intimider le citoyen paisible; il

tation de la Constitution du mois de fructidor an III (août 1795).

ébranle les plus intrépides, et fait souvent
chanceler les résolutions les mieux affermies;
mais dans un temps de meilleure organisation,
d'ordre et de paix, si ce péril n'existe pas,
des considérations de même nature, quoique
prises dans un sens opposé, la crainte du
pouvoir, ou simplement des motifs d'ambition, d'intérêt personnel, quelques égards
de politesse, de déférence, d'urbanité, tout
cela peut encore contribuer à gêner l'indépendance des choix ; et plusieurs orateurs ont développé cette vérité à la tribune
de la Chambre des Députés, lors de la discussion du projet de la nouvelle loi sur les
élections, dans la session de 1819. L'un
d'eux, entre autres, disait à ce sujet : « Le
scrutin signé ressemble tellement au suffrage
à haute voix, qu'on peut lui opposer les
mêmes objections...

« Cette manière de voter semble appartenir
plus particulièrement au temps d'une simplicité républicaine, aux époques d'une demi-
civilisation. Mais lorsque les relations de la
société sont nombreuses et fréquentes, lorsque les frottemens sont rapides et continus,

lorsque la politesse, cette petite monnaie du mensonge, est en grande circulation, il convient d'éviter de blesser tant de vanités qui sont sous les armes, tant d'amours-propres qui sont sur le qui-vive; et l'habileté sociale est de passer, sans les blesser, au milieu de toutes les prétentions qui se croisent, s'irritent et s'alarment. Dans une telle situation le scrutin secret exprime seul le véritable vœu » (*a*).

2. *De la majorité simple ou pluralité relative.* La nécessité du scrutin secret reconnue; dans l'ordre naturel des idées, il reste encore à résoudre deux questions essentielles, celles de savoir si les élections doivent avoir lieu à la majorité ou pluralité *absolue*, ou à la majorité ou pluralité *simple* et *relative*, et s'il est par conséquent nécessaire ou non de recourir à deux ou plusieurs tours de scrutin.

On entend par majorité ou pluralité *absolue*, celle qui se forme par un nombre

---

(*a*) Disc. de M. le comte Français de Nantes. — Séance du 15 mai 1820. — Journal *Constitutionnel* du 18, n° 137, *supplément.*

de voix égal au moins à la moitié, plus un, du nombre des votans.

Dans ce cas, si, au premier ou second tour de scrutin, nul n'a obtenu un nombre de suffrages égal à cette majorité absolue, on a recours à un troisième et deriner tour de scrutin, lors duquel les votans ne peuvent faire porter leur choix que sur ceux qui ont obtenu le plus de voix au scrutin précédent. On donne le nom de *ballotage* à ce dernier tour de scrutin.

On entend par majorité ou pluralité *simple* ou *relative*, celle qui résulte d'un plus grand nombre de votes réunis sur une même personne, sans avoir d'ailleurs égard au rapport que ce nombre de voix peut avoir avec celui des membres votans.

De cette autre manière, on peut ne pas recourir à un second ou troisième tour de scrutin, si ce n'est lorsqu'il existe égalité de voix; et encore la préférence peut alors être déterminée, ainsi que cela se pratique habituellement, par l'ancienneté d'âge (*a*).

_____

(*a*) *Voyez*, *entre autres*, le Décret et l'Instruction

Nous arriverons promptement et simulta-
nément à la solution des deux questions dont -

---

de l'Assemblée nationale, du 14 décembre 1789, *article* 21.

— L'*Art.* 12, tit. 1er du Décret relatif aux Élections,
du 25 fructidor an III, porte : « Dans toute élection,
lorsqu'il y a égalité de suffrages, le plus ancien d'âge est
préféré ; dans le cas d'égalité d'âge, le sort décidera ».

— « Dans tous les cas où il y aura concours par égalité
de suffrages, l'âge décidera de la préférence ». (Loi du
5 février 1817, *art.* 16). Cette disposition a été appliquée
à la formation des listes des électeurs de département.
En cas de concurrence, on admet le plus âgé. (Circulaire
de 1820. *Réponse à la deuxième question*).

— Le Décret du 25 fructidor an III, relatif aux élections, titre III, contenait les dispositions suivantes :

« *Art.* 7. On procède à un premier scrutin : il est *individuel*, s'il s'agit de l'élection d'un seul fonctionnaire ;
il est *de liste*, s'il s'agit de l'élection de plusieurs fonctionnaires du même genre et du même nom.

« *Art.* 8. Si ce premier scrutin donne la majorité absolue à un ou à plusieurs candidats, ils sont élus selon
l'ordre du nombre des suffrages qu'ils ont réunis.

« *Art.* 9. Si un nombre suffisant de candidats n'a point
obtenu la majorité absolue, on forme une liste de ceux
qui ont obtenu la plus forte pluralité relative : cette liste
a pour limite un nombre de noms égal à dix fois le
nombre des fonctionnaires à élire dans le même scrutin.

« *Art.* 10. On procède ensuite à un second scrutin,

il s'agit ici, si nous n'avons pas encore perdu
de vue qu'il importe bien essentiellement

---

dans lequel on ne peut donner de suffrages qu'aux candidats inscrits sur la liste mentionnée dans l'article précédent.

« *Art.* 11. Pour le scrutin définitif, chaque votant dépose à-la-fois, en deux vases différens, deux billets,
l'un *de nomination*, l'autre *de réduction*.

« Sur le premier bulletin, il inscrit autant de noms
qu'il y a de fonctionnaires à élire.

Sur le second bulletin, il inscrit le nom des citoyens
qu'il entend retrancher de la liste des concurrens : ce
bulletin peut ne contenir aucun nom ; il peut en contenir
un nombre indéterminé, mais toujours au-dessous de la
moitié du nombre de ceux portés sur la liste mentionnée
en l'article 9 du présent titre.

« *Art.* 12. On fait d'abord le recensement universel des
billets *de réduction* ; et les candidats qui ont été inscrits
sur ces billets par la majorité absolue des votans, ne
peuvent être élus, quel que soit le nombre des suffrages
positifs déposés en leur faveur dans les bulletins *de nomination*.

« *Art.* 13. On dépouille ensuite les bulletins *de nomination*, et les élus sont ceux qui, n'étant point dans le
cas de l'article précédent, réunissent la pluralité des suffrages positifs ».

— Quelque ingénieux que puisse paraître, au premier
aperçu, ce mode de procéder, il ne faut que très-peu de
réflexion pour reconnaître ses inconvéniens et son in-

d'éviter les complications, les longueurs de
nature à provoquer la perte du temps, le

---

suffisance. Aussi ces dispositions n'ont-elles pas été long-
temps en vigueur.

La Loi du 28 pluviose an VI (16 février 1798, — 11 ,
B. 183 , n° 1729, et 184, n° 1733), l'a formellement
abrogé, et a ainsi statué : « *Art.* 1er. Le scrutin *de réduction et de rejet* est aboli.

« *Art.* 2. Toute élection se fera à la majorité *absolue*
ou *relative* par la voie des scrutins *individuels de ballotage*
ou *de liste*, conformément à la loi du 22 décembre 1789,
et à l'instruction du 8 janvier 1790 ».

— Les instructions à ce sujet ont été souvent renouve-
lées, et il est peu de dispositions législatives qui aient
autant exercé les combinaisons et la sollicitude du Législa-
lateur.

On peut, entre autres, voir les décrets, lois et instructions du 25 fructidor an IV (11 septembre 1796 ,
—11, B. 195, n° 1162); 5 ventose an V, tit. 1er (23 février
1797, — 11, B. 108 et 114 *bis*, n° 1036 et 1097 *bis*);
18 ventose an VI (8 mars 1798, — 11, B. 188, n° 1745);
5 germinal an VI (26 mars 1798, —11, B. 192, n° 1778);
18 ventose an VII (8 mars 1799, — 11, B. 264, n° 2616);
25 janvier 1807 (IV, B. 134, n° 2178).

La loi du 28 ventose et celle du 6 germinal an VI,
sur-tout, renfermaient une nouvelle instruction fort étendue sur la tenue des Assemblées électorales en général.
Celle du 6 germinal, chap. III, § 1er, s'exprime ainsi à

dégoût et l'ennui. Dans la session de 1816,

---

l'égard du scrutin : « Toutes les élections se font au scrutin *secret.* (*Art.* 31 de la Constit.)

« Pour organiser l'exécution de cet article, la loi du 28
pluviose an VI a réglé, *art.* 11, que toute élection se
fera à la majorité *absolue* ou *relative*, par la voie du
scrutin *individuel* et *de ballotage* ou *de liste*, conformément à la loi du 22 décembre 1789, et à l'instruction du
8 janvier 1790.

« Nous observerons qu'il y avait auparavant plusieurs modes de scrutin, parmi lesquels on avait introduit un scrutin *de rejet* ou *de révision :* le simple usage
a démontré l'embarras, l'inutilité de cette espèce de
scrutin ; il a entraîné des inconvéniens et des dangers.
La loi du 28 pluviose l'a donc aboli, et elle a rapporté les
dispositions de la loi du 25 fructidor an V., et de l'instruction en forme de loi, du 5 ventose an V.

« A ce moyen, il ne reste plus que deux modes de
scrutin : en effet, l'article 3 de cette loi ne reconnaît
plus que ces deux modes, et veut que la manière de les
appliquer aux différentes élections soit déterminée par
une nouvelle instruction.

« C'est ces deux modes et leur application qu'il s'agit
de développer.

« Le scrutin *individuel* est celui par lequel on vote séparément sur *chacun* des citoyens à élire, en recommen-
çant autant de scrutins qu'il y a de nominations à faire.

« Le scrutin *de liste* ou *de ballotage* est celui par lequel on vote à-la-fois sur tous les citoyens à élire pour

telles fonctions , en écrivant sur le même billet autant de noms qu'il y a de nominations à faire de ce genre de fonctionnaires.

« Il y a aussi diverses manières d'élire déterminées par les lois : l'une, à la pluralité *absolue* des suffrages ; l'autre, à la pluralité *relative*.

« L'élection à la pluralité *absolue* des suffrages est celle pour laquelle il faut réunir la moitié de toutes les voix, et une en sus.

« L'élection à la pluralité *relative* est celle pour laquelle il suffit d'avoir obtenu plus de voix que ses compétiteurs , quoique le plus grand nombre de voix obtenues ne s'élève même pas à la moitié du nombre total des suffrages (*).

« Le mode de scrutin et la manière d'élire concourront ensemble suivant l'espèce de fonctions à laquelle la loi les applique.

« Il y a donc telles élections qui doivent se faire au scrutin *individuel* et à la majorité *absolue* des suffrages, et telles autres qui se font au scrutin *de liste* ou *de ballotage*, sur plusieurs individus à-la-fois, et qui se

(*) « Ainsi de douze votans, cinq nomment A, quatre nomment B, les trois autres nomment C, il faudrait sept voix réunies sur A, pour qu'il fût élu à la pluralité *absolue* ; mais il est élu par cinq à la pluralité *relative*, parce qu'il en a une de plus que B, et deux de plus que C ». (Loi du 18 ventose an VI , chap. 2, § 2).

aux élections, un ministre (M. le Garde des

---

terminent au dernier tour par la simple pluralité *relative*.

« Lorsqu'on élit au scrutin individuel et à la pluralité absolue des suffrages, il faut obtenir cette pluralité *absolue*, même au troisième tour de scrutin, lorsque les deux premiers tours ne l'ont pas produite.

« Jamais aucun scrutin individuel ou autre ne comporte plus de trois tours; il est complet et doit nécessairement opérer son effet au troisième tour.

« C'est par cette raison, qu'après le second tour de scrutin *individuel* à la pluralité *absolue*, les noms des deux qui ont obtenu le plus grand nombre de suffrages sont proclamés à l'Assemblée pour terminer l'élection au troisième tour, et qu'à ce dernier tour il n'est permis de voter qu'entre ces deux candidats seulement.

« Il peut arriver qu'à ce troisième tour il y ait partage de voix : mais, comme il faut nécessairement terminer l'élection, on a saisi une autre mesure que la pluralité *absolue* des suffrages ; dans ce cas le plus âgé obtient la préférence et demeure élu.

« Il n'en est pas de même lorsqu'on élit au scrutin *de liste* ou *de ballotage ;* ceux qui ont obtenu la pluralité *absolue* des suffrages au premier et au second tour, sont élus ; mais s'il faut faire un troisième tour, parce qu'au premier et au second toutes les places n'auront pas été remplies, alors la simple pluralité *relative* suffit à cette troisième fois pour déterminer l'élection.

« Et si par hasard il se trouvait partage de voix entre

Sceaux), disait avec vérité : « Un scrutin de

---

deux candidats, lorsqu'il n'y a plus qu'une place à remplir, le plus âgé serait préféré.

« Il y a entre ces deux modes de scrutin des différences
sensibles et qu'il est bon de remarquer.

« D'abord, le scrutin *individuel* ne comprend jamais
qu'un seul individu, et le scrutin *de liste* comprend à-
la-fois tous ceux dont le nombre est nécessaire pour tel
genre de fonctions.

« Après le second tour de scrutin *de liste*, on ne pro-
clame pas les noms des deux candidats qui ont obtenu
le plus de suffrages, parce qu'au troisième tour le choix
des électeurs peut encore se porter librement sur tous
les citoyens éligibles ; mais aussi à ce troisième tour, la
simple pluralité *relative* suffit, et celui qui l'a obtenue
demeure élu.

» Dans le scrutin *individuel*, les trois tours n'amènent
toujours en résultat qu'un seul individu.

« Dans le scrutin *de liste*, chaque tour peut en produire un ou deux, et tous demeurent nécessairement élus
par le troisième à la pluralité *relative*, si les deux premiers n'ont donné aucun résultat».

— *Voy. aussi* le Décret impérial du 17 janvier 1806,
contenant des dispositions réglementaires pour l'exécution des Actes des constitutions de l'empire des 22 frimaire an VIII, 16 thermidor an X, et 28 floréal an XII,
en ce qui concerne les Assemblées de canton, titre II,
art. 27, 28, 29 et 30 ; et le Réglement en date du 13
mai 1806, pour l'exécution des mêmes Constitutions,

ballotage peut entraîner un, deux jours, peut-
être plus; alors les électeurs se fatigueront,
et la minorité triomphera » (*a*).

Quel est donc l'avantage, l'utilité réelle, la
nécessité de n'admettre d'élection que d'après
la majorité absolue ? N'est-il pas évident au
contraire que, quel que soit le nombre des
voix réunies sur une même personne, si ce
nombre de voix excède celui que d'autres
auront obtenu, il en résulte une préférence
certaine, marquée, et moins équivoque que
celle dont on prétend tirer la preuve plus
constante, d'un ballotage, dont l'inévitable
inconvénient est de forcer les électeurs à
donner leurs suffrages à des hommes qui
leur sont inconnus ou indifférens, à des
hommes même que peut-être il est totalement contre leur conscience et leur intention
d'élire? Est-il, dans la réalité, rien de plus
propre à rendre tout-à-fait problématique, à

---

en ce qui concerne les Colléges électoraux, tit. 1, *art.* 19,
21 et 22.

(*a*) Chambre des Députés. — Séance du 7. — Moniteur
du 9 janvier 1817.

dénaturer même entièrement le véritable vœu de la majorité?

En Angleterre, toutes les élections se font à la majorité *simple*, et, s'il y a deux ou trois députés à nommer, les deux ou trois candidats qui réunissent le plus de suffrages, sont proclamés (*a*).

Si pourtant on trouvait quelques inconvéniens à n'admettre qu'un seul tour de scrutin à la pluralité *relative*, soit parce qu'il en résulterait qu'une trop faible réunion de suffrages pourrait quelquefois déterminer l'élection, soit par toute autre raison, dont nous sommes cependant bien éloignés de reconnaître l'exactitude et le solide fondement, au moins conviendrait-il de se borner à un premier tour à la majorité *absolue*, et à un second tour à la pluralité *relative*, en excluant expressément toute espèce de *ballotage*.

De cette manière, les éligibles qui, au premier tour, obtiendraient la majorité *absolue*

(*a*) *Voy.*, *entre autres*, De l'Administration de la justice en Angleterre, par M. Cottu, chap. vii. *Des Élections*, pag. 184.

des votes exprimés (a), seraient définitivement
élus; mais, s'il restait encore quelques places à
remplir, les noms de ceux qui réuniraient le
plus grand nombre de voix, sans avoir toutefois obtenu la majorité *absolue*, seraient proclamés en nombre double de celui des places
demeurées vacantes, afin que, l'attention
des électeurs étant provoquée par là autant
que légitimement il est possible qu'elle le
soit, ces électeurs pussent de nouveau, et
pour la dernière fois, manifester leur choix,
mais toujours avec une entière liberté, c'est-
à-dire sans qu'il leur soit imposé d'autres
limites que celles des conditions de l'éligibilité
que doit déterminer la Constitution, et qui
ont été développées dans les sections précédentes.

Observation.

Si l'on s'astreignait généralement à suivre
ces règles, puisées dans le droit et dans la
nature même des choses, ou plutôt si la Loi

(a) *Voy.* l'*Art.* 15 de la Loi du 5 février 1817 : et l'*Article* 7 de la Loi du 29 juin 1820.

constitutionnelle, ou encore une loi addition-
nelle, supplétive, et spéciale sur le Systême
électoral, les consacrait formellement et ordonnait de les observer, il est fort présu-
mable que les résultats de cette loi ne donneraient jamais lieu à des critiques aussi justes et
à des plaintes aussi graves que celles qui ont
été faites à la tribune, dans la session de 1820,
contre la manière actuelle de procéder aux
élections : « S'il est vrai, a dit, entre autres,
l'un des membres de la Chambre des Députés,
que, dans presque tous les départemens , la
formation des listes électorales, livrée à la
discrétion des préfets, ait laissé en dehors de
ces listes des contribuables qui payaient le
cens voulu par la loi, tandis qu'elle admettait
des hommes qui ne le payaient pas; s'il est
vrai que les réclamations les plus justes aient
été repoussées, les unes par un dédaigneux
silence, les autres par les chicanes les plus
effrontées ; s'il est vrai qu'on ait admis à
voter dans tel ou tel Collège des hommes
qui, l'année précédente, avaient rempli leur
devoir d'électeurs dans d'autres départemens;
il est vrai que l'on ait omis d'adresser des

28.

cartes à certains électeurs, afin d'empêcher
des hommes timides, qui n'en auraient pas
reçu, de se présenter aux élections; s'il est vrai
que tous les agens du pouvoir, préfets, sous-
préfets, maires, procureurs du Roi, présidens
et membres des tribunaux, juges de paix,
receveurs et contrôleurs des contributions et
de l'enregistrement, généraux et gendarmes,
que même les ecclésiastiques de tout rang et
de tout grade, aient été transformés en autant de commissaires agissant d'une manière
plus ou moins licite, mais agissant tous par
voie de séduction, d'entraînement ou d'effroi,
sur chacun des électeurs, pour leur arracher
un vote contraire à leur sentiment; s'il est
vrai que des menaces de destitutions aient
été faites, que des destitutions nombreuses
aient eu lieu à l'égard de fonctionnaires,
d'ailleurs irréprochables, qui ne voulaient
point faire de leur vote une honteuse spé-
culation; s'il est vrai que les bureaux sur lesquels ont été écrits les bulletins étaient, par
une miraculeuse simultanéité, disposés par-
tout de telle manière que l'électeur appelé à
écrire son vote secrètement, votait en réalité

sous les regards attentifs du président et des scrutateurs, en sorte que sa main tremblante a pu être réduite, par crainte de dangereuses inimitiés, à écrire, quoiqu'à regret, des noms recommandés, ou même commandés par l'influence redoutée du pouvoir; s'il est vrai qu'en certains pays des électeurs aient été amenés par des gendarmes, comme des criminels, pour déposer un vote prescrit; s'il est vrai enfin, que, sans compter les circulaires menaçantes et calomnieuses des Préfets et autres agens, divers genres d'iniquités matérielles et morales aient signalé, dans un grand nombre de départemens, l'exécution de la loi du 29 juin 1820, quel est l'homme de bonne foi, et surtout quel est le ministère qui puisse considérer comme ayant un caractère de durée une loi qui par sa nature est condamnée à être exécutée comme elle a été faite, c'est-à-dire avec un esprit destructif de toute espèce de libertés, une loi donnée, pour ainsi dire, à l'essai, dans laquelle le ministère lui-même, en la soutenant, avait reconnu de graves défectuosités, mais dans laquelle ni les ministres, ni nous, n'avions aperçu tous les vices qu'a révélés son application ? » (a).

(a) (Discours de M. Dupont-de-l'Eure. — Chambre des Députés. — Séance du 23 février 1821).

— *Voy. aussi* le Courrier français , du samedi 24 du même mois.

DEUXIÈME PARTIE.

ATTRIBUTIONS, OU OBJET SPÉCIAL, DES COLLÈGES
ÉLECTORAUX.

Article unique.

Le Décret du 14 décembre 1789, sur l'organisation des Municipalités, sanctionné par
Lettres-patentes du même mois, contenait la
disposition suivante : « *Art.* 62. Les citoyens
actifs ont le droit de se réunir paisiblement
et sans armes, en Assemblées particulières,
pour rédiger des adresses et pétitions, soit au
Corps municipal, soit aux Administrations de
département et de district, soit au Corps législatif, soit au Roi, sous la condition de
donner avis aux officiers municipaux, du
temps et du lieu de ces Assemblées, et de ne
pouvoir députer que dix citoyens pour apporter et présenter ces adresses et pétitions. »

On ne fut pas long-temps sans ressentir les
funestes effets de ces Assemblées particulières,
de ces Clubs anarchiques, et de la latitude
indéfinie qui fut alors donnée à l'exercice du

droit de pétition. Il importe de le remarquer ; telle fut peut-être l'une des causes les plus actives de tous les désastres, de toutes les horreurs qui ont souillé et fait décrier la Révolution.

Si l'on a bien compris ce qu'en principe nous avons précédemment exposé, relativement à la véritable théorie du Système représentatif (a), on reconnaîtra que c'est ici le lieu d'en faire une juste et utile application, et qu'il n'en faut pas davantage pour repousser les conséquences contraires que l'on a cherché à tirer de la doctrine mal entendue de la Souveraineté du peuple, doctrine dont le moindre inconvénient doit être de rester à jamais rangée au nombre des abstractions métaphysiques et oiseuses qui sont condamnées, par la nature même des choses, à ne recevoir aucune exécution. En effet, « Il est, dit l'un même des plus zélés et des plus éloquens partisans de cette doctrine (b), il est contre l'ordre naturel que le grand nombre gouverne et que le petit nombre soit gouverné. » — « Le grand avantage

---

(a) *Voy. ci-dessus*, vol. IV, pag. 393 *et suiv.*

(b) JEAN-JACQUES ROUSSEAU lui-même.

des représentans, suivant M. de Montesquieu,
c'est qu'ils sont capables de discuter les affaires; tandis que le peuple n'y est point du
tout propre » (a).

Si l'on consulte l'histoire, y trouve-t-on,
dans le fait, rien de plus propre à produire
la confusion et le désordre, rien de plus capable d'enfanter l'anarchie que ces réunions
partielles et discordantes, turbulentes et tumultueuses, songeant toujours plus à imposer
la loi de la force que disposées à se soumettre
à celle de la raison, dont les membres n'offrent aucune garantie à l'État, à la Société,
dont aucunes dispositions constitutionnelles ne
régularisent l'organisation, ne règlent et ne
dirigent les délibérations? Leur sort habituel
et commun est de se laisser séduire et entraîner par la loquacité, par le dévergondage
des paroles, de devenir le jouet et la victime
de quelques effrontés déclamateurs, de quelques audacieux intrigans.

N'est-ce donc pas en partie pour prévenir
ces causes de trouble et de ruine, sans toute-

(a) *Voy. ci-dessus*, vol. iv, pag. 394 et 495.

fois se soumettre à l'esclavage, sans courber la tête sous le joug non moins redoutable du despotisme d'un seul, de l'oligarchie ou de l'aristocratie, que l'on désire l'etablissement d'institutions vraiment libérales, où la modération et l'exacte répartition des puissances préviennent l'excès et les abus de l'autorité, et qui n'appellent jamais à l'administration publique, à l'exercice de la Puissance législative sur-tout, que des hommes éclairés, muris par l'âge, l'étude, l'expérience, et réellement intéressés au maintien de l'ordre et de la tranquillité?

Cette même doctrine de la Souveraineté du Peuple pourrait d'ailleurs servir elle-même à démontrer l'irrégularité, l'illégitimité de ces Assemblées particulières et inconstitutionnelles : car, pour donner à cette doctrine toute son application, il faudrait que le peuple entier et sans exception s'assemblât et délibérât en corps, afin que les gens sages et bien intentionnés, prudens et réfléchis, se trouvassent ainsi opposés aux séditieux et aux brouillons; mais on ne prétend sûrement pas que l'on doive aujourd'hui remettre en vigueur la loi de Solon, qui dé-

clarait infames tous ceux qui, dans une sédi-
tion, ne prendraient aucun parti : car « Il faut
faire attention, remarque à ce sujet l'auteur de
l'Esprit des Lois, aux circonstances dans lesquelles la Grèce se trouvait pour lors. Elle
était partagée en de très-petits États : il était
à craindre que dans une république travaillée
par des dissensions civiles, les gens les plus
prudens ne se missent à couvert, et que par
là les choses ne fussent portées à l'extrémité.

« Dans les séditions qui arrivaient dans ces
petits États, le gros de la cité entrait dans la
querelle, ou la faisait. Dans nos grandes monarchies, les partis sont formés par peu de
gens, et le peuple voudrait vivre dans l'inaction (*a*). Dans ce cas il est naturel de rappeler
les séditieux au gros des citoyens, non pas
le gros des citoyens aux séditieux : dans
l'autre, il faut faire rentrer le petit nombre
de gens sages et tranquilles parmi les séditieux : c'est ainsi que la fermentation d'une
liqueur peut être arrêtée par une seule goutte
d'une autre » (*b*).

(*a*) C'est-à-dire en paix.
(*b*) Voy. l'Esprit des Lois, liv. xxix, chap. iii.

Quant aux pétitions individuelles, ou qui ne peuvent pas être considérées comme l'œuvre d'une réunion ou d'un concert séditieux, il est vrai qu'elles n'inspirent pas les mêmes inquiétudes, qu'elles ne font pas craindre d'aussi grands dangers; mais elles ne sont pourtant pas non plus sans inconvéniens, et n'ont d'ailleurs que fort peu d'efficacité, soit pour la conception des idées et l'adoption des projets d'utilité générale, soit pour la dénonciation et la répression des abus particuliers.

Ce sont là les deux points de vue sous lesquels on pourrait les regarder comme nécessaires; mais il est vrai de dire qu'elles n'atteignent le but ni d'un côté ni de l'autre.

Sous le premier rapport, celui des projets d'utilité générale, il arrivera de deux choses l'une : ou bien les pétitions qui y sont relatives appelleront et captiveront pendant longtemps l'attention des Chambres, et alors elles leur feront souvent consumer en pure perte un temps précieux, et qui serait beaucoup plus utilement employé à méditer et mûrir les plans conçus dans leur propre sein, ou à approfondir et à discuter de bonne foi ceux qui sont proposés par le ministère ; ou bien, et c'est là ce qui se réalisera le plus souvent, ces pétitions ne provoqueront qu'un faible intérêt dans ces mêmes Chambres, elles n'en obtiendront qu'un examen superficiel, et fort insuffisant, qui n'en absorbera pas moins, sans aucun résultat favorable, une grande partie du temps de leurs séances ; l'expérience nous en offre chaque jour une preuve nouvelle.

Sous le second rapport, celui de la dénonciation des infractions aux lois, des abus partiels des dépositaires et délégués de l'autorité exécutive, croit-on réellement que parce que quelques dénonciations de ce genre, justes et fondées, seront prises en considération dans les Chambres et renvoyées avec recommandation spéciale à tel ou tel ministère, auquel elle aura déjà été (ou dû être) préalablement présentée, et qui aura conséquemment refusé d'y faire droit, croit-on qu'elles en seront, dans ce cas, beaucoup moins exposées à être de nouveau ensevelies et oubliées dans les cartons de ce même ministère ? L'expérience est toujours là pour répondre.

C'est encore par d'autres voies, c'est par un plus grand développement des institutions constitutionnelles, par l'établissement de Chambres ou Administrations *locales*, dans les différentes divisions et subdivisions du territoire, par l'organisation de tribunaux indépendans, sagement constitués et mieux répartis (*a*), que l'on peut sérieusement songer à pourvoir à ces différens besoins de la justice et du bon ordre dans la société.

C'est bien à la vérité l'insuffisance actuelle de ces institutions constitutionnelles et de droit, l'absence de ces Chambres représentatives *locales*, la confusion de la Puissance exécutive et de la Puissance judiciaire, ou, ce qui revient au même, le défaut d'indépendance dans la magistrature, qui motivent et justifient aujourd'hui cette opinion, que l'exercice du droit de pétition adressée aux Chambres représentatives nationales, est le premier et principal appui de la liberté, de l'ordre, de la justice, un moyen victorieux de répression, et la voie la plus sûre d'as-

_____

(*a*) *Voy. ci-après*, tit. III, § 1.

surer le triomphe des opinions éclairées. Mais
créer un vice réel d'organisation, ou y recourir lorsqu'il existe, le louer, le vanter
outre mesure, par cela qu'il y en a déjà
d'autres auxquels on veut le faire servir d'an-
tidote ou de contre-poids; c'est, il faut le
dire, c'est proprement prendre le contre-pied,
et se laisser entraîner dans une direction
toute contraire à celle qu'il importe de tenir
pour arriver au but. Voulez-vous perfectionner? Poursuivez, détruisez tous les abus;
substituez partout les principes salutaires de
l'ordre aux germes funestes de la confusion;
faites disparaître tous les vices, toutes les
imperfections de l'organisation, et n'en créez
pas de nouveaux, parce que tous ne sont pas
encore effacés.

S'il est vrai que nous ayons parlé avec liberté, que nous ayons élevé la voix avec
quelque énergie contre le despotisme, et en
général contre toute espèce d'injustice et de
tyrannie, nous devons pouvoir de même ici,
sans craindre de faire suspecter notre patriotisme et notre amour de la liberté, manifester
avec franchise notre pensée, quoiqu'elle soit

malheureusement opposée au sentiment que
quelques vrais amis de cette liberté, de la
patrie, de la justice, ont cru devoir publier,
mais que partagent sur-tout et que doivent
préconiser les dangereux fauteurs de l'anarchie ou du despotisme populaire.

Nous ne serions pas dépourvus non plus
d'autorités; nous pourrions, sur ce point
même, nous appuyer d'un assez grand nombre d'avis recommandables; et, si nous ne le
faisons pas, nous en avons fait connaître le
motif véritable dans la réflexion qui termine
le paragraphe précédent (a).

D'ailleurs il ne s'est pas élevé de difficultés,
en aucun temps, il n'a réellement pu exister
de doute pour le législateur, relativement à
la question qui doit être ici le principal objet
de notre examen; et pour en demeurer convaincu, il suffit de consulter le texte de la
plupart de nos lois.

Dès le 28 mai 1790, à cette époque même
où la loi autorisait les pétitions de la part
des Assemblées particulières; le décret con-

(a) *Voy. ci-dessus*, vol. VII, pag. 286 et 287.

cernant les Assemblées électorales, sanctionné par Lettres-patentes en date du même jour, portait : « *Art.* 6. Les Assemblées électorales ne s'occuperont que des élections et des objets qui leur seront renvoyés par les décrets de l'Assemblée nationale ; elles ne prendront aucune délibération sur les matières de législation ou d'administration, sans préjudice des pétitions qui pourraient être présentées par les Assemblées tenues en la forme autorisée par l'article 62 du Décret sur les Municipalités » (*a*).

Dans le décret du 28 février 1791, relatif au respect dû aux juges et à leurs jugemens, sanctionné par Lettres-patentes du 17 avril suivant, se trouvait insérée la disposition suivante : « La Souveraineté étant une, indivisible, et appartenant à la nation entière, aucune administration de département ou de district, aucune municipalité, aucun tribunal, aucune commune, aucune section de commune, aucune Assemblée *primaire ou élec-*

(*a*) Ce Décret est celui du 14 décembre 1789, ci-dessus transcrit, pag. 439.

torale, non plus qu'aucune section du peuple ou de l'empire, sous quelque dénomination que ce soit, n'a le droit et ne peut exercer aucun acte de la Souveraineté. »

Ce à quoi il était ajouté : « Mais chaque citoyen a le droit de pétition, dont il pourra faire usage, suivant les formes qui sont ou qui seront décrétées ».

La Constitution du 3 septembre 1791, portait : «Titre III, chap. 1, section 4, *art.* 1. Les fonctions des Assemblées primaires et électorales se bornent à élire; elles se sépareront aussitôt après les élections faites, et ne pourront se former de nouveau que lorsqu'elles seront convoquées, si ce n'est au cas de l'article 1 de la section 2, et de l'article 1 de la section 3, ci-dessus » (*a*).

(*a*) Ces Articles sont ainsi conçus : Sect. 2, *article* 1. « Pour former l'Assemblée nationale législative, les citoyens actifs se réuniront tous les deux ans en Assemblées primaires dans les villes et dans les cantons.

« Les Assemblées primaires se formeront de plein droit le second dimanche de mars, si elles n'ont pas été convoquées plutôt par les fonctionnaires publics déterminés par la loi.

Section 3, *art.* 1er. « Les électeurs nommés en chaque

Le décret du 27 nivose an II (16 janvier 794), statuait aussi que les Assemblées électorales devaient se borner aux seules élections (*a*).

La Constitution du 5 fructidor an III contenait les articles dont la teneur suit :

« Titre III, *art.* 26. Les Assemblées primaires se réunissent pour faire les élections qui leur appartiennent, suivant l'Acte constitutionnel...

« *Art.* 29. Ce qui se fait dans une Assem-

---

département se réuniront pour élire le nombre des représentans dont la nomination sera attribuée à leur département, et un nombre de suppléans égal au tiers de celui des représentans.

« Les Assemblées électorales se formeront de plein droit le dernier dimanche de mars, si elles n'ont pas été convoquées plutôt par les fonctionnaires publics déterminés par la loi ».

(*a*) Ce Décret était ainsi conçu : « Sur la proposition, faite par un membre, de renvoyer à l'examen du comité de Législation la question de savoir si les électeurs des départemens peuvent se rassembler et délibérer, la Convention nationale passe à l'ordre du jour, motivé sur ce que les Assemblées électorales ne sont pas des Corps permanens, et que la loi limite leurs fonctions aux élections, et leur ordonne de se dissoudre aussitôt qu'elles sont terminées ».

29.

blée primaire ou communale au delà de l'objet de la convocation et contre les formes déterminées par la Constitution, est nul.

« *Art* 30. Les Assemblées, soit primaires, soit communales, ne font aucune autre élection que celles qui leur sont attribuées par l'Acte Constitutionnel...

« Titre IV. *Assemblées électorales.*

« *Art.* 37. Les Assemblées électorales ne peuvent s'occuper d'aucun objet étranger aux élections dont elles sont chargées ; elles ne peuvent envoyer ni recevoir aucune adresse, aucune pétition, aucune députation.

« *Art.* 38. Les Assemblées électorales ne peuvent correspondre entre elles.

« *Art.* 39. Aucun citoyen ayant été membre d'une Assemblée électorale, ne peut prendre le nom d'électeur, ni se réunir en cette qualité à ceux qui ont été avec lui membres de cette même Assemblée.

« La contravention au présent article, est un attentat à la sûreté générale. »

— *Décret du* 25 *fructidor an* III, (11 septembre 1795).

« Titre I. *Art.* 7. Les Présidens, secrétaires

et scrutateurs sont personnellement responsables de tout ce qui se ferait dans les
Assemblées primaires, communales ou électorales, d'étranger à l'objet de leur convocation, ou de contraire à la Constitution et à
la loi.

« *Art.* 8. Lorsque le Corps législatif aura
déclaré illégal un acte d'une Assemblée primaire, communale ou électorale, il prononcera
sur la question de savoir si les Présidens, secrétaires et scrutateurs de cette Assemblée,
doivent être poursuivis criminellement.

« *Art.* 9. Le Président doit déclarer que
l'Assemblée est dissoute, aussitôt qu'elle a
terminé les opérations pour lesquelles elle
était convoquée » (*a*).

Pour assurer d'autant plus l'exécution de
ces dispositions, par un décret du 5 vendémiaire an IV, (27 septembre 1795), la Convention nationale, « considérant que d'après

---

(*a*) 11 B., 195, n° 1162.

— *Voy. aussi* la Loi du 5 ventose an V, et la Loi du
18 ventose an VI, contenant une longue instruction, la
1ʳᵉ sur la tenue des Assemblées primaires et électorales,
la 2ᵉ sur les Assemblées primaires et communales.

la Constitution acceptée par le Peuple français, tout individu qui se permettrait d'en violer les dispositions se rend coupable, et doit être puni suivant la gravité des circonstances, décrète : *Art.* 1. A dater de la publication du présent décret, les Présidens et secrétaires des Assemblées primaires ou électorales, qui mettraient aux voix ou signeraient des arrêtés ou autres actes étrangers aux élections ou à la police intérieure des séances, en seront responsables.

« *Art.* 2. Ceux qui les imprimeraient, publieraient, afficheraient ou crieraient, en seront également responsables.

« *Art.* 3. Si lesdits arrêtés ou autres tendent à provoquer à la révolte, à la résistance aux lois, les Présidens et secrétaires seront déclarés coupables d'attentat à la sûreté intérieure de la République, et punis comme tels. Ceux qui les proclameraient, imprimeraient, distribueraient, colporteraient, afficheraient ou crieraient, seront punis de la même peine, s'ils sont fonctionnaires publics ; et, s'ils ne le sont pas, de deux années de fers.

« *Art.* 4. Si lesdits arrêtés ou actes provo-

quent à la désobéissance aux lois, les présidents et secrétaires seront punis de deux ans
de fers.

« Ceux qui les proclameraient, imprimeraient, distribueraient, colporteraient, afficheraient ou crieraient, seront punis de la
même peine s'ils sont fonctionnaires publics;
et, s'ils ne le sont pas, de deux années de dé-
tention.

« *Art.* 5. Si les arrêtés ou actes ne portent
pas les caractères déterminés par les articles
précédens, et se trouvent néanmoins étrangers aux fonctions des Assemblées primaires
ou électorales, les Présidens et les secrétaires
seront punis d'une amende de cinq cents
francs chacun... » (*a*).

— *Décret du 3 brumaire an IV.*

« *Art.* 1. Les individus qui, dans les Assemblées primaires ou dans les Assemblées électorales, auront provoqué ou signé des mesures
séditieuses ou contraires aux lois, ne pourront, jusqu'à la paix générale, exercer aucunes fonctions législatives, municipales et

____

(*a*) 1 B. 183, n° 1124.

judiciaires, ainsi que celles de haut-juré près
la Haute-Cour nationale, et de juré près les
autres tribunaux... »

— *Loi du 6 germinal an VI* (26 mars 1798).

« Chap. v. *Art.* 1. Ce qui se fait dans une
Assemblée électorale au delà de l'objet de sa
convocation et contre les formes déterminées
par la Constitution, est nul » (*a*).

— *Sénatus - consulte - organique de la Constitution du 16 thermidor an X, (4 août
1802).*

« Titre iv. *Art.* 36. Les Colléges électoraux
ne peuvent s'occuper que des opérations pour
lesquelles ils sont convoqués, ni continuer
leurs séances au-delà du terme fixé par l'acte
de convocation.

« S'ils sortent de ces bornes, le gouvernement a le droit de les dissoudre.

« *Art.* 37. Les Colléges électoraux ne peuvent, ni directement, ni indirectement, sous
quelques prétextes que ce soit, correspondre
entre eux, etc., etc. »

(*a*) (11 B., 192, n° 1778). *Art.* 29 de la Constitution
du 5 fructidor an III.

— *Loi sur les élections du 5 février* 1817.

« *Art.* 8. Les Colléges électoraux ne peuvent s'occuper d'autres objets que de l'élection des Députés ; toute discussion, toute délibération, leur sont interdites. »

— *Ordonnance du* 11 *octobre* 1820.

« *Art.* 10. S'il s'élève des discussions dans le sein d'un collége ou d'une section, le Président ou vice-Président rappellera aux électeurs, qu'aux termes de l'article 8 de la loi du 5 février 1817, toute discussion, toute délibération, leur sont interdites : si, malgré cette observation, la discussion continue, et si le président n'a pas d'autre moyen de la faire cesser, il prononcera la levée de la séance, et l'ajournement au lendemain au plus tard. Les électeurs seront obligés de se séparer à l'instant. »

Il importe en effet de consacrer par la Loi Constitutionnelle quelques dispositions semblables, dans la vue de limiter expressément le devoir, les attributions, l'objet spécial et unique des Colléges électoraux, aux seules opérations d'élection que la Constitution doit aussi spécialement leur attribuer : nous ne désignerons ces attributions avec dé-

tail que dans le second paragraphe du titre III
de ce livre, parce qu'alors nous pourrons les
indiquer toutes.

Observation. A ces dispositions principalès relatives à
l'organisation et à l'objet spécial des Colléges
électoraux, on doit ajouter en leur lieu, quelques autres dispositions secondaires et de détail, par exemple, celles qui sont relatives à
l'impression et affiche des listes d'éligibles et
d'électeurs, auxquelles il convient de donner
la publicité la plus grande et la plus prompte,
afin de faciliter les réclamations et leur jugement (a); celles qui sont relatives à la division
des Colléges en sections, dans le cas où l'étendue de la population rendrait cette division

---

(a) La Loi du 29 juin 1820, art. 3, statue que « la
liste des électeurs de chaque Collége sera imprimée et
affichée un mois avant l'ouverture des Colléges » : délai
bien évidemment insuffisant, du moins dans l'état actuel
et d'après le mode adopté pour le jugement des réclamations. (Voy. art. 5 et 6 de la loi du 5 février 1817).

On reconnaîtra, dans le titre III, relatif à l'organisation
du Pouvoir judiciaire, par qui et de quelle manière ces
réclamations devraient être jugées.

nécessaire (*a*); celles qui sont relatives au dépôt des bulletins, lesquelles doivent être conçues de manière à respecter le secret, à assurer la liberté des votes (*b*); celles qui sont relatives

---

(*a*) La Loi du 5 février 1817, *art.* 9, à peu près comme celle du 22 décembre 1789, sur la Constitution des Assemblées primaires et administratives, sect. 1re, *art.* 13, (*Voy. ci-dessus*, pag. 320), limitait le nombre des membres des Colléges électoraux de trois à six cents; la loi du 29 juin 1820, le fixe de trois à quatre cents seulement. (*Voy.* cette Loi, *art.* 1er, 2e *alinéa*).

(*b*) L'*Art.* 6 de cette même loi du 29 juin 1820, porte : « Pour procéder à l'élection des députés, chaque électeur écrit *secrètement* son vote *sur le bureau*, ou l'y fait inscrire par un autre électeur de son choix, sur un bulletin qu'il reçoit à cet effet du président; il remet son bulletin, écrit et fermé, au président, qui le dépose dans l'urne destinée à cet usage ».

Cet article renferme deux dispositions qui paraissent essentiellement contradictoires, et il est surprenant que le Législateur n'en ait pas senti l'incohérence.

L'obligation imposée à tout électeur d'écrire son bulletin *sur le bureau*, et par conséquent en présence du président, du secrétaire et des scrutateurs, doit nécessairement s'opposer, dans l'exécution, à la condition *du secret*, que le même article consacre; elle doit apporter ainsi une véritable entrave à la liberté des suffrages, et c'est aussi dans le fait ce que M. Dupont de

au dépouillement du scrutin, à la durée des sessions et des séances (a), et autres.

Elles doivent toutes se coordonner avec les

---

l'Eure et plusieurs autres orateurs ont annoncé avoir généralement eu lieu. (*Voy. ci-dessus*, pag. 435 *et suiv.*).

On ne conçoit pas bien d'ailleurs dans quel but d'utilité elle peut avoir été prescrite. Serait-ce pour éviter que les bulletins ne fussent dictés par l'intrigue ? mais alors elle ne remplit pas son objet, et ne peut pas le remplir ; puisque d'une part, elle permet que le vote soit inscrit par une main étrangère, et puisque d'autre part elle ne défend pas et ne peut pas défendre de copier ou de dicter ce vote, d'après une liste préparée et communiquée d'avance.

(a) La Loi du 5 février porte : « *Art.* 12. La session des Colléges est de dix jours au plus.

« Chaque séance s'ouvre à huit heures du matin ; il ne peut y en avoir qu'une par jour, qui est close après le dépouillement du scrutin.....

« *Art.* 13. Chaque scrutin, après être resté ouvert, au moins pendant six heures, est clos à trois heures du soir, et dépouillé séance tenante.

« L'état du dépouillement du scrutin de chaque section est arrêté et signé par le bureau. Il est immédiatement porté par le vice-président au bureau du Collége, qui fait, en présence des vice-présidens de toutes les sections, le recensement général des votes.

« Le résultat de chaque tour de scrutin est sur-le-champ rendu public ».

dispositions principales que nous venons d'examiner et d'expliquer; elles doivent être conçues dans le même esprit. Il serait inutile d'entrer ici à cet égard dans de plus longs développemens; elles pourraient même être, sans inconvéniens, la matière de quelques ordonnances ou réglemens d'exécution, pourvu que ces ordonnances ou réglemens fussent toujours conçus et rédigés dans le même esprit et d'après la même conviction (*a*).

Nota. M. de Barante, pair de France, a publié récemment un ouvrage, ayant pour titre « *Des Communes et de l'Aristocratie* », dans lequel se trouvent habilement exposées des vérités propres à établir d'autant mieux les Principes que

---

(*a*) *Voy.* au surplus, sur tous ces détails, les Éclaircissemens donnés aux préfets, par MM. Laisné et Siméon, ministres de l'intérieur, en date du 18 avril 1817, et 29 août 1820, les différentes circulaires ministérielles, n° 57, du 27 juillet 1820; n° 67, 30 août; n° 69, 5 septembre; n° 73, 15 du même mois; et les notes servant de commentaire au Code électoral actuel, par M. Isambert, avocat aux Conseils du Roi et à la Cour de cassation, publiées au mois d'octobre 1820, à Paris, chez Dècle, libraire, place du Palais de Justice.

— Et si, comme nous venons de le dire, on a com-

nous venons de poser dans ce paragraphe et dans
la seconde division du paragraphe qui précède,
relativement à l'organisation des Conseils (ou Chambres) de département, d'arrondissement, de commune, et à l'organisation des Colléges électoraux.

L'impression de ces deux parties de la Science
du Publiciste était terminée, lorsque nous avons
connu cet ouvrage ; en sorte que nous n'avons pu
le citer comme autorité, ainsi que nous eussions
eu fréquemment occasion de le faire, si nous eussions eu l'avantage d'y puiser plutôt : mais nous
tâcherons d'y suppléer, en en transcrivant quelques
passages, dans la partie de notre Appendice, qui
correspond à ce livre (3).

---

mencé par se bien pénétrer de l'esprit d'ordre, de
concordance, d'utilité réelle, de bonne foi, qui appartient aux vrais principes de la science, qui les caracté-
rise, et qui doit servir également à en faire discerner les
justes conséquences, on reconnaîtra sans peine en quoi
ces instructions se rapprochent ou s'éloignent, plus ou
moins, de ces mêmes conséquences naturelles des principes du droit.

TITRE II.

POUVOIR EXÉCUTIF.

Seconde Proposition subsidiaire.

SOMMAIRE. Application à l'Organisation de la Monarchie Constitutionnelle, du Principe d'Unité quant à l'exercice de la Puissance exécutive.

> « Dans les Gouvernemens représentatifs, les Institutions
> « doivent maintenir les Pouvoirs dans leurs bornes respec-
> « tives.
>
> « Le Pouvoir exécutif tend-il à agrandir sa sphère ? on
> « marche vers le Pouvoir absolu ; et si c'est le Corps lé-
> « gislatif, l'on marche vers l'anarchie » (a).

Nous avons reconnu, dans le premier livre de cette seconde partie, que le meilleur Gouvernement, de sa nature, est celui qui, avec le moins de complication, avec le plus

_____

(a) *Voy.* dans le Journal des Débats du samedi, 27 octobre 1821, l'Analyse du plaidoyer de M. Beyens, avocat, à Bruxelles.

de simplicité possible, dans son organisation,
réunit aux avantages d'une parfaite garantie
quant à l'exercice de la Puissance législative,
les avantages non moins précieux d'une exécution forte, prompte et sûre (a); nous venons de voir, dans le titre qui précède, que
cette garantie quant à l'exercice de la Puissance législative résulte principalement, dans
la Monarchie Constitutionnelle, de la distinction du Pouvoir législatif en trois branches,
et que, pour affermir la constitution d'un
peuple et sa prospérité, on doit avoir essentiellement en vue la religieuse et stricte observation de ce principe fondamental d'organisation.

Présentement, et en commençant ce second
titre, il s'agit d'établir la vérité sur laquelle
repose immédiatement cet autre Principe fondamental de l'Organisation Constitutionnelle,
que le Prince doit y être le Chef suprême de
la Puissance exécutive. Or, pour cela, il nous
suffira sans doute de rappeler ce que nous

(a) *Voy. ci-dessus*, vol. IV, pag. 55; et vol. V, p. 261
et 262.

avons aussi démontré précédemment au sujet
de la supériorité du Gouvernement d'un seul
quant à l'exercice de la Puissance exécutive.

En effet, nous avons alors prouvé assez
clairement qu'après avoir été mûrement délibérées dans la vue de l'intérêt public, les résolutions législatives doivent être exécutées
d'une manière uniforme et régulière, avec
promptitude et fermeté; et que, pour qu'il
en soit ainsi, le principal mobile de l'exécution doit être concentré, parce que l'uniformité, la promptitude et la force ne peuvent
résulter que de l'ensemble et de l'unité.

Aussi Blackstone, dans ses Commentaires
sur les lois d'Angleterre, dit-il : « La Constitution anglaise a sagement placé la puissance
exécutive dans une seule main, pour obtenir
force et promptitude. Si le pouvoir exécutif
appartenait à plusieurs, il dépendrait de plusieurs volontés; si ces volontés sont désunies,
si elles se dirigent en sens inverse, il en résulte de là faiblesse dans le Gouvernement;
et pour réunir ces différentes volontés, pour
les réduire à une seule, il faut plus de temps,
plus de délai que ne le permettent les besoins

de l'État. Aussi le roi d'Angleterre est-il non-
seulement le premier, mais proprement le
seul magistrat de la nation; tous les autres
n'agissant que d'après une commission émanée
de lui, et lui étant subordonnés. C'est ainsi
que, lors de la grande révolution du Gouvernement romain, toutes les anciennes magis-
tratures de la république furent concentrées
dans le nouvel empereur; en sorte que, comme
le dit Gravina, « *In ejus personâ veteris rei-
publicæ vis atque majestas per cumulatas ma-
gistratuum potestates exprimebatur* » (*a*).

Et M. Necker, en traitant du Pouvoir exécutif dans les grands États, s'exprime ainsi :
« On peut donc avancer sans légèreté que la
constitution du Pouvoir exécutif compose la
principale et peut-être l'unique difficulté de
tous les systêmes de gouvernement.

« Ce Pouvoir, quoique le second en apparence dans l'ordonnance politique, y joue le
rôle essentiel; et si, par une fiction, l'on per-
sonnifiait pour un moment le Pouvoir légis-

(*a*) BLACKSTONE. Commentaires sur les Lois anglaises,
tom. I, liv. I, chap. VII.

latif et le Pouvoir exécutif, le dernier, en parlant de l'autre, emprunterait de l'esclave athénien ce mot venu jusqu'à nous : *Tout ce que celui-ci vient de dire, je le ferai.*

« Les lois en effet ne seraient que des conseils, des maximes plus ou moins sages, sans cette autorité active et vigilante qui assure leur empire, et qui transmet à l'administration le mouvement dont elle a besoin. Ce pouvoir, quand il passe certaines limites, menace la liberté, et peut mettre en danger la constitution même; et lorsqu'on le dépouille les prérogatives qui composent sa force, il ne peut remplir son importante destination, et sa place reste comme vacante au milieu de l'édifice social.

« C'est donc par l'efficacité de ce pouvoir et par sa prudente mesure, que l'intention primitive des sociétés politiques est essentiellement remplie; et la perfection de son essence, toute en proportion, toute en équilibre, dérive des combinaisons les plus exactes » (*a*).

(*a*) Œuvres complètes, tom. viii, pag. 17 et 18.

30.

§ I.

DU MONARQUE, DU CONSEIL-D'ÉTAT, DU MINIS-
TÈRE, DES PRÉFETS, SOUS-PRÉFETS, MAIRES,
CONSEILLERS DE PRÉFECTURE, ET AUTRES AGENS
DE LA PUISSANCE EXÉCUTIVE.

SOMMAIRE. Sujet et Division de ce Paragraphe.

Nous traiterons d'abord, dans ce paragraphe, de ce qui concerne directement et
spécialement la personne même du Monarque,
son Inviolabilité, les Attributions et la Prérogative essentiellement inhérentes à la Couronne.

Les deux divisions suivantes seront relatives, savoir : l'une au Conseil-d'État, au Ministère, et à leurs Attributions; l'autre aux
Préfets, aux Sous-Préfets, aux Maires, Conseillers de Préfecture et autres Agens de la
Puissance exécutive, et à leurs diverses Attributions.

DIVISION PREMIÈRE.

DU MONARQUE ET DE SON INVIOLABILITÉ ; DE SES DROITS OU ATTRIBUTIONS, ET DE SA PRÉROGATIVE.

> « Quelle heureuse place que celle qui fournit, dans tous les
> « instans, l'occasion à un homme de faire du bien à tant
> « de milliers d'hommes ? Et quel dangereux poste que
> « celui qui expose à tous momens un homme à nuire à un
> « million d'hommes » ! LA BRUYÈRE (a).

CETTE première division est elle-même divisée en deux parties, ayant pour titre : *la première*, « du Monarque et de son Inviolabilité ; *la seconde*, « des Droits ou Attributions et de la Prérogative spécialement inhérens à la Couronne ».

(a) Caractères de ce siècle, chap. x. *Du Souverain et de la République.*

PREMIÈRE PARTIE.

DU MONARQUE, DE SON INVIOLABILITÉ.

Sommaire. Dans la Monarchie Constitutionnelle, le Roi est
le Chef suprême de la Puissance exécutive ; mais il est,
comme tel, essentiellement soumis aux Lois émanées de
lui-même, comme étant l'une des trois branches nécessaires de la Puissance législative.

L'Inviolabilité de sa Personne est une conséquence
naturelle et forcée de ce principe.

« Si veut le Roi, si veut la Loi ».

Les vrais publicistes ont toujours inter-
prété cette ancienne maxime, *si veut le Roi,
si veut la Loi*, en ce sens qu'elle reconnaît et consacre la soumission du prince à
la loi ; et ils n'en ont pas conclu que la volonté isolée du prince pût tenir lieu de loi.
« Cette maxime ne signifie rien autre chose,
disent-ils, si ce n'est qu'en France, le Roi ne
veut jamais rien que ce que veut la loi » (a).

(a) (*Voy. entre autres*, Loysel, Delaunay, les Maximes
du Droit public franç., tom. ii, pag. 114, *édit.* in-4°).
« *Volumus quod nostræ leges volunt* ». (Nov. 82, c. 13).

Suivant les auteurs des Maximes du Droit public français, « le Roi veut tout ce que veut la loi; il ne veut rien qu'elle ne veuille : mais faire dire à la règle que tout ce que le Roi veut est à l'instant même une loi, ce serait confondre la France avec les États despotiques, où il n'existe en effet d'autre règle, d'autre loi que la volonté versatile d'un seul homme » (*a*).

Dans la session de 1817, un membre de la Chambre des Députés, depuis ministre de l'Intérieur et aujourd'hui pair de France, disait bien en ce sens : « Les lois peuvent pourvoir à tout, parce qu'elles sont d'un ordre supérieur, parce qu'à la volonté du Roi qui leur donne l'existence et la force, se joint l'assentiment des Chambres qui représentent à cet égard les Grands et le Peuple. *Lex fit voluntate regis, consensu populi;* c'était l'ancienne maxime de la Monarchie, consignée dans les Capitulaires de Charlemagne, et c'est le principe fondamental de la Charte.... Je vois des bornes à

(*a*) Maximes du Droit public franç., tom. IV, ch. VI, pag. 333. *Édition* in-12.

ce qu'on appelle le domaine des ordonnances;
je n'en connais point d'autres que *l'injustice* (a)
au domaine des lois : les ordonnances sont
des réglemens d'administration publique; elles
ne sauraient obliger au-delà de ce que prescrivent les lois, et sont incapables de les suppléer » (b).

D'où découlent évidemment ces autres vérités proclamées par un membre de la Chambre des Pairs, dans la session précédente,
celle de 1816 : « Les ministres ne peuvent pas
plus déroger aux lois qui garantissent la sûreté, que mettre à la liberté des restrictions
que les lois ne lui imposent pas. Ils ne peuvent ni ordonner ni défendre ce que la loi
n'ordonne ou ne défend pas, ni défendre ou
ordonner autrement que la loi ne défend ou
n'ordonne : là où la loi se tait, il faut qu'ils
se taisent; et là où la loi parle, il faut qu'ils
parlent comme elle » (c).

(a) *Voy.* la définition de ce mot, *ci-dessus*, 1re part.,
vol. 1. pag. 155 *et suiv.*

(b) Discours de M. Siméon, sur le projet de loi relatif
a l'organisation de l'armée. — Chambre des Députés. —
Séance du 4 février 1818. — Moniteur du 5.

(c) Moniteur du 14 janvier 1817.

En Angleterre, « le principal devoir du roi,
dit Blackstone, est de gouverner son peuple
conformément à la loi. *Nec regibus infinita
aut libera potestas*, telle était la maxime des
Germains, nos ancêtres sur le continent (*a*);
et non-seulement elle est d'accord avec les
principes de la nature, de la liberté, de la
raison et de la société; mais encore on l'a
toujours considérée comme faisant expressément partie de la loi-commune d'Angleterre,
même quand la prérogative royale était à son
plus haut degré. *Le roi*, ainsi que s'exprime
Bracton, qui écrivait sous Henri III, *ne doit
pas être assujetti à l'homme, mais à Dieu et
à la loi; car c'est la loi qui fait le roi. Que le
roi rende donc à la loi ce dont la loi l'a investi par rapport aux autres, la supériorité et
le pouvoir; car il n'est pas vraiment roi, s'il
a pour règle de son gouvernement sa volonté
et son plaisir, et non la loi....* Et ailleurs, « *le
roi aussi a un supérieur, savoir Dieu, et de
plus la loi par laquelle il a été fait roi* (*b*). De

(*a*) Tacit. *De Morib. German.* c. 7.

(*b*) C'est ce qui est encore exprimé avec énergie dans

même, après une juste distinction entre une monarchie absolue, ou despotiquement royale, établie par la conquête et par la violence, et une monarchie politique et civile, établie par un consentement mutuel, Fortescue (dont l'opinion est que le Gouvernement de l'Angleterre est de la seconde de ces sortes de monarchies) pose immédiatement ce principe, *que le roi d'Angleterre doit gouverner son peuple conformément aux dispositions des lois du pays, d'autant plus que, par le serment qu'il prête à son couronnement, il est tenu d'observer et de maintenir ses propres lois.* Mais pour obvier à tous les doutes et difficultés sur cette matière, il a été expressément déclaré par le statut des années 12 et 13 du règne de Guillaume III, chap. 2, *que les lois de l'Angleterre sont un droit inhérent au peuple de ce pays; que tous les rois et reines qui monteront sur le trône de ce royaume devront gouverner d'après lesdites*

---

les **Annuaires** (*Year-Books*) : « *La ley est le plus haute inhéritance que le roy ad : car par la ley il même et touts ses sujets sont rulés ; et si la ley ne fuit, nul roy, et nul inhéritance sera* ». 19 Hen. VI, 63. (*Note de M. Christian*).

lois; que tous leurs officiers et ministres doivent les servir, suivant leurs fonctions, en conformité des mêmes lois; et que, en conséquence, toutes les lois et statuts de ce royaume ayant pour but le maintien de la religion établie et les droits et libertés du peuple anglais, et toutes les autres lois et statuts actuellement en vigueur, sont ratifiées et confirmées.

« Et quant aux termes du contrat original entre le roi et le peuple, il me semble qu'ils sont consignés dans le serment du couronnement qui, d'après le statut 1er du règne de Guillaume et Marie, chap. vi, doit être prêté par chaque roi ou reine succédant à la couronne impériale de ces royaumes, en présence de tout le peuple qui, de son côté, doit à la couronne le serment d'obéissance et de fidélité » (a).

(a) « Voici les termes de ce serment du couronnement.

« L'Archevêque ou Évêque doit dire : *Promettez-vous solennellement et jurez-vous de gouverner le peuple de ce royaume d'Angleterre et des pays qui en dépendent, conformément aux statuts arrêtés en Parlement, et aux lois et coutumes d'Angleterre ?*

« Le Roi (ou la Reine) doit répondre *Je promets solennellement de le faire.*

Mais aussi, lorsque le Chef de la Puissance exécutive, ses ministres et autres agens, se renferment dans les justes limites des Attributions de cette même Puissance, rien ne doit, d'après l'ordre constitutionnel, entraver et paralyser son action, et l'auteur de l'Esprit des Lois dit fort bien en ce sens : « Il ne faut pas que la Puissance législative ait la faculté

« L'Archevêque ou Évêque : *Promettez-vous d'employer votre pouvoir pour que la loi et la justice soient observées dans tous vos jugemens, en inclinant pour l'indulgence ?*

« Le Roi (ou la Reine) : *Je le promets.*

« L'Archevêque ou Évêque : *Promettez-vous de maintenir de tout votre pouvoir les lois de Dieu, la vraie profession de l'Évangile et la Religion protestante réformée établie par la loi ; et promettez-vous de conserver aux Évéques et aux Clergé de ce Royaume, et aux Églises confiées à leurs soins, tous les droits et priviléges qui appartiennent par la loi à eux ou à l'un quelconque d'entre eux, ou qui doivent leur appartenir.*

« Le Roi (ou la Reine) : *Je promets de le faire.*

« Après cela, le Roi (ou la Reine), la main sur l'Évangile, doit dire : *Je ferai et je maintiendrai tout ce que je viens de promettre ici ; Ainsi Dieu me soit en aide.* Et il (ou elle) baise le livre saint ». (BLACKSTONE. Commentaires sur les Lois angl., liv. 1, chap. VI).

d'arrêter la Puissance exécutrice.... Et la puissance des tribuns à Rome était vicieuse, en ce
qu'elle arrêtait non-seulement la législation,
mais même l'exécution. : ce qui causait de
grands maux » (*a*). Bossuet pose également
ce principe, qu'il n'y a point de force coactive contre le prince ; mais il ajoute aussi qu'il
est soumis comme les autres à l'empire et à
l'équité des lois ; « Il y est soumis, dit-il, non
point quant à la puissance *coactive* ou *exécutive*, mais quant à la puissance *directive* ou
législative » (*b*).

Et de cette incontestable vérité dérive encore essentiellement, comme conséquence naturelle et forcée, le principe de l'inviolabilité
du prince ; principe sacré dans une monarchie
où règne la justice, où les règles de l'ordre
et du droit sont respectées et observées, mais
sans application et sans force dans un État où
toutes ces règles sont ignorées ou méconnues.

(*a*) Esprit des Lois , liv. xi, chap. vi.

(*b*) Politique tirée de l'Écriture-Sainte, liv. iv, art. i,
proposition 4e, *vers la fin.*

Sous un Gouvernement despotique et absolu, où il n'existe d'autres lois que celle de
la force, d'autres mesures pour apprécier le
mérite des actions, que celle de leur bon ou
mauvais succès, peut-on dire en effet que
la personne du prince soit inviolable ? Et
quand on chercherait à en établir le principe;
isolé de tous les autres, quel en serait le
soutien ?

En réalité, dans cette hypothèse, ce principe en lui-même ne subsiste pas : car, contre
la tyrannie, l'arbitraire, l'oppression, l'esclavage, contre la force sans modérateur, sans
ordre, sans équité, il n'y a que la force à opposer; c'est une loi de la nature que rien ne
saurait détruire ou faire changer (a).

Et s'il se pouvait qu'en droit, ce principe unique de l'inviolabilité du prince, faisant exception, survécût à tous les autres,
et se maintînt théoriquement, par sa propre
vertu, au milieu des ruines, c'est bien en
vain que l'on tenterait de le faire entendre
et respecter par des hommes libres, et peut-

(a) *Voy. ci-dessus*, vol. III, pag. 195 *et suiv.*

être moins encore par des esclaves; ce serait perdre sa voix dans le désert, et épuiser infructueusement ses forces à lutter contre les vagues d'une mer agitée.

Lorsque le despotisme, l'excès et les abus du pouvoir, la violation de tous les droits, les exactions, les violences, qui sont les résultats habituels et comme inséparables de la nature de ce Gouvernement, provoquent sans cesse, et peuvent à chaque instant exciter un soulèvement général, ou de nombreuses et fréquentes séditions; lorsque tout est désordre, injustice, trouble et chaos, comment, au milieu des agitations tumultueuses et convulsives qui bouleversent la société, vouloir que la personne du despote soit, en droit comme en fait, plus inviolable que celle d'un autre citoyen. Placé dans le lieu le plus ambitionné et le plus élevé, c'est au contraire vers lui que se dirigent tous les traits : semblable au chêne dont la cime orgueilleuse surpasse celle de la forêt et semble provoquer l'orage, il attire sur lui les coups de la tempête. C'est ce qui fait dire à Tacite, « que la sûreté du prince s'affaiblit, lorsque son autorité franchit toutes les bornes : *Nec unquam satis fida potentia ubi nimia est* » (*a*); à Bossuet, « que le souverain qui règne par la violence, vit au milieu de ses ennemis » (*b*); à Montesquieu, « que le pouvoir va croissant, et la sûreté diminuant jusqu'au despote sur la tête duquel est l'excès du pouvoir et du danger » (*c*).

Au contraire, dans une Monarchie Constitutionnelle où les Pouvoirs sont modérés, distincts, et répartis suivant les règles évidentes de la nature et de la raison, où le roi n'exerce la Puissance législative que de concert avec les principales classes de la société; dans ce Gouvernement régulier, dont l'ordre et la justice constituent l'essence, où il doit nécessairement exister des principes certains, et motivés sur l'intérêt même de la société, l'un de ces principes les plus incontestables, c'est celui de L'INVIOLABILITÉ DU ROI.

Car, *en droit*, puisque, dans ce Gouverne-

(*a*) Histoire, liv. II.

(*b*) Politique tirée de l'Écriture-Sainte, liv. III, art. 3, *Proposit.* 14.

(*c*) Esprit des Lois, liv. VIII, chap. V. —*Et ci-dessus*, vol. IV, pag. 232.

ment, toutes les résolutions législatives peuvent en effet être considérées comme la manifestation de la volonté générale, et que les actes du Roi, comme Chef de la Puissance exécutive, se renferment dans les bornes de l'exécution de ces mêmes résolutions législatives, il y aurait absurdité manifeste à ce que la société s'irritât de leurs résultats, quelque funestes et désastreux qu'ils pussent être, en supposant que dans ce cas les résultats des décisions législatives puissent jamais devenir funestes.

En fait, la société entière, comme aussi chacun de ses membres en particulier, supporte tout avec calme et résignation ; la vérité du principe est alors sentie, son application est appréciée, sans qu'il soit besoin de démonstration ; nul orage ne se forme dans son sein, ou, si quelque choc vient encore à menacer le trône, un rempart inébranlable s'offre de toutes parts ; avant d'arriver au prince, il faut percer le cœur de ses sujets : « *Unum est expugnabile munimentum, amor civium* » (a).

_____

(a) Senec. *De clem.* lib. 1 ; *et ci-dessus*, vol. v, pg. 284.

Et nous pourrions même ajouter que, dans
ce gouvernement, image de la puissance paternelle, le roi ne sera pas plus jugé par le
peuple, qu'un père ne saurait l'être par ses
propres enfans.

Mais, *en droit encore*, si la société, si le
peuple entier ne peut, dans une monarchie
régulièrement organisée, se constituer juge
légitime de son roi, à plus forte raison les
représentans que ce peuple institue pour
l'exercice de la puissance législative exclusivement, lorsque, nombreux et répandu sur
un vaste territoire, il se trouve dans la nécessité de recourir à cet égard à l'admission du
Systême de la Représentation : non-seulement
ses représentans ne sont, disons-nous, et ne
doivent jamais être institués que pour l'exercice exclusif de la puissance législative, et non
pas pour l'exercice de la puissance judiciaire;
mais encore ils ne sont ou ne doivent être
institués pour exercer la puissance législative
même, que d'accord et concurremment avec
le prince; et leurs résolutions, tant que son
approbation ne les sanctionne pas, sont sans
force et sans autorité. Autrement l'équilibre

cesserait d'exister, la stabilité du gouvernement serait détruite, sa nature, son essence
serait changée, altérée; elle deviendrait absolue, despotique; et l'Assemblée, le Corps
représentatif qui prononcerait un jugement
sacrilége et téméraire, qui, dans la personne
du monarque, frapperait du glaive parricide
l'une des branches essentielles et nécessaires
de la Puissance législative, et le Chef suprême de la Puissance exécutive, renverse-
rait, détruirait, du même coup, les fondemens de la Constitution, et confondrait dans
ses mains les trois élémens constitutifs dont
la réunion sera toujours la mort de la liberté.
Aussi M. de Montesquieu, reconnaissant que
le Pouvoir législatif a le droit, et doit conserver la faculté d'examiner de quelle manière
les lois qu'il a faites ont été exécutées, ajoute :
« Quel que soit cet examen, le Corps législatif ne doit pas avoir le pouvoir de juger la
personne, et par conséquent la conduite de
celui qui exécute. Sa personne doit être sa-
crée, parce qu'étant nécessaire à l'État pour
que le Corps législatif n'y devienne pas tyrannique, dès le moment qu'il serait accusé

ou jugé, il n'y aurait plus de liberté. Dans ce cas, l'État ne serait point une monarchie, mais une République non libre » (*a*), c'est-à-dire, suivant la définition de M. de Montesquieu lui-même, une démocratie ou une aristocratie *simple* (*b*).

Mme de Staël aussi dit bien en ce sens : « Un Code pénal contre un Monarque est une idée sans application, que ce monarque soit fort ou qu'il soit faible. Dans le second cas, le Pouvoir qui le renverse ne s'en tient pas à la loi, de quelque manière qu'on la conçoive » (*c*).

Ailleurs, elle dit encore : «La condamnation de Louis XVI a tellement ému tous les cœurs, que la Révolution pendant plusieurs années en a été comme maudite » (*d*). Et en effet, quoique l'organisation fût alors bien éloignée d'être complète, cette catastrophe funeste

---

(*a*) Esprit des Lois, liv. xi, chap. vi.

(*b*) *Ibid.*, liv. ii, ch. ii et iii; *ci-des.*, vol. iv, pag. 5o2.

(*c*) Considér. sur les princip. évèn. de la Rév. franç., tom. i, pag. 4o9.

(*d*) *Ibid.*, tom. ii, 3e part., chap. xii. *Procès de Louis XVI*, pag. 9o.

fut évidemment une des sources les plus
réelles du déluge de maux et de calamités
qui vint fondre bientôt après sur la France,
et qui affligera toujours les peuples assez peu
clairvoyans pour ne pas se garantir à l'avance
d'un semblable attentat.

DEUXIÈME PARTIE.

DISPOSITION CONSTITUTIONNELLE RELATIVE A LA PRÉROGA-
TIVE ET AUX ATTRIBUTIONS IMMÉDIATEMENT INHÉRENTES
A LA COURONNE.

« Un Roi juste, actif et bienfaisant est le présent le plus
« précieux que le ciel puisse faire à la terre ».

« *Qui aliis, suavi et profondo somno, vigilans obdurat* ».
THEOPHIL.

SOMMAIRE. Sujet et Division de cette deuxième Partie.

DANS le premier chapitre du livre qui précède, nous avons indiqué les bases des véritables limites des Attributions de la Puissance
exécutive (*a*). Dans le second chapitre de ce
premier livre, nous avons reconnu les dangers
de l'inexacte répartition de ces Attributions
dans un Gouvernement mixte (*b*).

Le Pacte Constitutionnel doit donc, par
l'une de ses dispositions fondamentales, déterminer d'une manière précise les véritables
Attributions de ce Pouvoir; et cette disposi-

(*a*) *Voy. ci-dessus*, vol. IV, pag. 69 *et suiv.*
(*b*) *Ibid.*, vol. V, pag. 244 *et suiv.*

tion pourrait être conçue à peu près en ces termes : L'exécution de toutes les résolutions législatives, en ce qui concerne le droit public, le droit politique et le droit des gens, appartient au Roi comme Chef suprême du Pouvoir exécutif. De là suit que tout acte, quand il est une conséquence naturelle d'une résolution législative, tous réglemens, toutes ordonnances de pure exécution émanent du Roi et ne deviennent exécutoires que par la manifestation de sa volonté.

Dans la deuxième et la troisième division de ce paragraphe, nous entrerons dans le détail des conséquences de cette disposition, relativement aux Attributions du Conseil-d'État, du Ministère, des Préfets, Sous-Préfets, Maires, Conseillers de préfecture, et autres Agens de la Puissance exécutive.

Quant à présent, nous nous bornerons à l'examen des trois sections suivantes : 1° Liste civile et Inaliénabilité des Domaines de la Couronne; 2° Droit de faire grace (seule prérogative du Trône); 3° Restriction du Droit de commander en personne les armées.

Nous remarquerons aussi que l'énonciation

seule de cette même disposition constitutionnelle relative à la délimitation des Attributions royales en général pourrait suffire pour
démontrer l'absurdité du système étrange,
admis par quelques faux esprits, et duquel
il résulterait que, dans la Monarchie Constitutionnelle, le Roi ne serait qu'une vaine
représentation, un être en quelque sorte
inerte, passif, sans activité et sans action,
dont la présence, l'image, le nom, seuls,
seraient de quelque utilité à l'État ; système
absurde et dérisoire qui tend à déconsidérer
le Monarque, à dégrader et avilir la Royauté
même.

Dans tout État, l'oisiveté, l'inaction du
moindre citoyen est coupable autant que dé-
gradante ; car elle est préjudiciable à la société : non seulement elle la prive du bien
que son travail y pourrait produire ; mais elle
y occasionne une consommation journalière,
une perte réelle, qui, en se multipliant, devient pour elle un fardeau. Que serait-ce
donc de la nullité, de l'indolence, de la paresse contagieuse du premier fonctionnaire
public, du Chef de la Monarchie ?

Dans un État bien constitué, il ne devrait pas y avoir un seul homme dont l'existence pût être considérée comme inutile au bien général ; tous doivent y concourir, d'une manière plus ou moins directe et puissante, en raison de l'importance des professions, des emplois, des rangs, de la fortune. Comment le Monarque, placé au sommet même de l'édifice, et devant ressentir tous les besoins, pourrait-il donc demeurer dans l'indifférence et l'inaction, lorsqu'il s'agit de rechercher et d'employer les moyens les plus propres à les satisfaire tous, autant qu'il se peut, sans en blesser aucun ? Sans doute sa vigilance, son active et continuelle surveillance doivent être averties, soutenues, secondées, dans la méditation et la conception, par le Conseil-d'État ; dans la délibération, par les Chambres et par l'opinion ; dans l'exécution, par le Ministère : mais, au milieu de cet ensemble de mouvement, d'activité, le centre où tout correspond restera-t-il immobile ; ou plutôt ne devrait-on pas pouvoir le comparer à la plus noble partie de l'homme dans un corps intelligent, laborieux et d'une constitution saine ? Ne serait-ce pas de ce centre même, de la Royauté, qu'il faudrait dire ce qu'un orateur a dit du ministère, que, dans l'organisation du Gouvernement Constitutionnel, non plus que dans tout autre, « elle n'est pas une tente dressée au milieu d'un camp pour le sommeil » (a). Un Pair de France, auteur d'un ouvrage qui n'annonce pas qu'il ait bien compris la doctrine de Montesquieu, sur la balance des Pouvoirs, puisque cet ouvrage a pour but de la réfuter, dit à ce sujet, non sans raison : « Un simple particulier qui se laisse interdire la gestion de son patrimoine, perd l'estime publique. Le Prince qui s'endort sur le trône, par caractère ou par système, ne peut être respecté par ses sujets, et encore moins par des Français, et s'ils découvrent que l'empreinte de la main royale n'est qu'une sorte de sceau, mécaniquement employé pour expédier les brevets de chancellerie aux mi-

---

(a) Disc. de M. Royer-Collard, lors de la discussion du projet de loi sur les élections. — Chambre des Députés. — Session de 1819. — Séance du 17 mai 1820. — Journal *Constitutionnel*, du 18, n° 139.

nistres qu'imposent les vrais possesseurs du pouvoir, ils ont bientôt brisé cet instrument avili et dispendieux ; et s'ils ne tombent pas dans les plus affreux désordres, ils s'en re- mettent de leurs destinées à ceux qu'ils con- naissent de longue main pour en être les ar- bitres et les régulateurs. Je ne crains pas de le dire, l'avilissement de la Royauté aux yeux des peuples sera toujours le plus grand mal- heur qui puisse leur arriver....

« En vérité, je ne sais jusqu'où l'homme peut s'égarer dans ses pensées, lorsqu'on le voit capable d'imaginer que le succès des plans d'un ministère n'est pas de la plus haute importance, non seulement pour les peuples, mais pour le monarque lui-même; et que celui-ci peut voir ses sujets gémir sous des opérations de finances mal conçues, les armées et les soldats manquer d'armes et d'approvi- sionnemens, les ennemis du dehors et les factions du dedans accroître de jour en jour leurs triomphes, sans en concevoir la moin- dre inquiétude d'esprit, et sans recourir à d'autres soins qu'à celui de renvoyer ses mi- nistres et d'en nommer d'autres, en leur enjoignant, s'ils veulent être conservés, d'être plus habiles ou plus heureux que leurs prédécesseurs....

« Cette *impassibilité* du Roi est, si je ne me trompe, ce que nos bons aïeux auraient tout simplement désigné sous le nom de *fainéantise*.... (*a*).

Mais un autre Écrivain a publié plus récemment un ouvrage, dans lequel il établit clairement que ce n'est pas là la doctrine que doivent professer les hommes sensés, qui savent juger le Gouvernement représentatif

---

(*a*) L'auteur rapporte ensuite l'épisode suivante : « J'avais, dit-il, à mon service un certain cocher du Bailli d'Est.... Il me racontait souvent que ce maître, dont il parlait toujours avec respect, n'était cependant pas exempt de certaines bizarreries plus risibles que condamnables. Il en avait une qui consistait à ne voyager jamais que de nuit et dans les plus profondes ténèbres. Il habitait une province où les chemins étaient extrêmement dangereux et où de nombreux ravins les rendaient presque impraticables ; et, lorsqu'il montait en voiture, sa coutume était d'appuyer sa tête sur les coussins, et de dire au cocher : *maintenant cela te regarde* ; puis il s'endormait profondément. Or, ce cocher, sur son siége, et dans les embarras de la route, s'émerveillait du sang-froid de son maître, et pensait que le succès du voyage

ou constitutionnel, et que cette critique doit
bien plutôt s'adresser aux Gouvernemens asia-
tiques ou absolus. « Dans les États despotiques de l'Orient, dit-il, un visir ambitieux
qui veut envahir et exercer seul le pouvoir,
s'applique à fortifier, dans l'esprit de son
maître et du peuple, l'idée que les souverains
sont des divinités sacrées, infaillibles, invisi-
bles, dont toutes les relations avec leurs
sujets doivent consister à recevoir les hommages de la flatterie et de l'adoration ; tout
se fait au nom du monarque ; l'amour et les

---

le regardait tout aussi bien que lui. — Et moi, reprend
l'auteur, je suis émerveillé, à mon tour, qu'un roi puisse
dire à ses ministres : Gouvernez, *bien ou mal*, il n'im-
*porte ; je ne m'en embarrasse pas, pourvu que je n'en-
tende jamais prononcer votre nom par ceux qui pourraient troubler mon repos, en exigeant de moi que je
vous ôte votre place ; c'est tout ce que je demande ; et
comme il est important pour vous de vous les rendre
favorables, je vous conseille de faire ce qui leur plaira.*
Quel peuple ne serait révolté d'un pareil langage et
d'une si étrange apathie» ? (Réfutation de la Doctrine
de Montesquieu, sur la Balance des Pouvoirs, etc., par
M. le comte de Saint-Roman, pair de France, *supplément*, pag. 231 *et suiv.*).

respects sont pour lui seul : mais il demeure étranger au gouvernement de son empire ; le danger et la responsabilité des affaires ne conviennent point à son imperturbable dignité ; il est relégué dans l'auguste oisiveté de sa cour ; il ne paraît que dans les occa= sions solennelles ; on se prosterne devant lui ; il passe , il rentre dans son palais ; et quand la tyrannie effective du visir , devenue insupportable , excite des révoltes dont le bruit parvient jusqu'au trône , l'envoi d'un lacet et l'appel d'un visir nouveau sont les seuls actes par lesquels le souverain s'occupe un moment de la destinée de ses peuples.

« Seraient-ce là , dans les Gouvernemens représentatifs, le sort et la tâche des Rois ?

« Étrange et déplorable abus de la flatterie ! Par-tout elle sert de masque et d'instrument à l'ambition ; elle exalte les souverains pour les écarter , les éblouit de leur grandeur afin d'usurper leur puissance, et s'efforce de leur persuader que le culte que l'on rend à d'immobiles idoles leur convient mieux que les tributs de respect et d'amour qu'on offrait à des divinités actives et tutélaires.

« Pour nous, ce n'est pas ainsi que nous voulons que les rois soient servis et honorés; nous désirons qu'ils exercent effectivement leur pouvoir, qu'ils en connaissent la réalité et l'étendue, comme les devoirs et les bornes; et nous sommes loin de penser que la nature du Gouvernement représentatif les oblige nécessairement à n'être en fait que des rois fainéans et des monarques d'Asie » (*a*).

_____

(*a*) (Du Gouvernement représentatif et de l'État actuel de la France, par M. F. Guizot, maître des requêtes au Conseil d'État, etc. , chap. iii, pag. 32 *et suiv.*).

— C'est même dans une Monarchie Constitutionnelle ou bien réglée, seulement, que l'on pourra voir s'effectuer l'entière application de ce qu'expose M. l'Abbé Du Guet, dans son Institution d'un Prince, en développant ces deux propositions : « *La vie d'un Prince est une vie sérieuse, chargée de soins et de travaux*». — « *Un Prince habile et prudent n'a point de premier ministre* ».

Nous ne transcrirons pas ici le développement qu'il donne à ces deux propositions, parce que nous aurons occasion d'en faire par la suite une application plus directe.

Voy., au surplus, l'Institution d'un Prince ou Traité des qualités, des vertus et des devoirs d'un Souverain, *soit par rapport au Gouvernement temporel, soit comme chef d'une société chrétienne qui est nécessairement liée avec la Religion.* Tom. 1, 2ᵉ part., chap. xi, *art.* 1 et 2, pag. 183 *et suiv.*; 175 *et suiv.*

SECTION PREMIÈRE.

Liste-Civile. — Inaliénabilité des Domaines de la Couronne.

SOMMAIRE. Sujet et Division de cette Section.

LE sujet de cette Section serait susceptible de beaucoup de développement. Il pourrait, seul, faire la matière d'un Traité de Droit très-utile, dans lequel il serait facile de renfermer l'examen de plusieurs questions d'une haute importance agitées en ce moment devant les Tribunaux, et dont la défense est confiée à des avocats d'une réputation méritée (*a*).

(*a*) *Voy.*, *entre autres*, la Consultation de MM. de la Croix-Frainville, Colin, Scribe, et celle de MM. Dupin et Dupin jeune, sur le pourvoi en cassation de la Liste-Civile, contre l'Arrêt de la Cour royale de Paris, du 19 janvier 1821, délibérées, la première, le 26 juin, et la seconde, le 16 décembre, 1821.

. — *Voy. aussi* l'Arrêt de la même Cour rendu, dans le procès de M. Peysson de Bacot, contre Sa Majesté, le 21 décembre 1821.

Mais nous ne nous proposons pas d'entrer dans ces détails, de compulser longuement à ce sujet les gloses et commentaires des auteurs, de recourir à l'historique de cette partie de la Législation, soit en France, soit en Angleterre, ou en d'autres monarchies ; c'est un véritable dédale, et peut-être plusieurs années d'un travail assidu suffiraient à peine pour en reconnaître les issues : d'ailleurs on ne peut guère y recueillir que des faits ; moisson peu profitable, lorsque le jugement n'en tire pas de justes conséquences, d'utiles argumens contre ou pour l'établissement de tel ou tel principe dangereux ou salutaire.

Il n'est pas dans notre plan d'envisager ce sujet sous toutes ses faces, et nous ne devons en parler qu'autant qu'il se rapporte directement à la rédaction de l'Acte Constitutionnel, c'est-à-dire, d'après la division indiquée dans le titre de cette même section, relativement 1° à la fixation de la Liste-Civile, 2° à la question d'Inaliénabilité du Domaine de la Couronne.

Cette section se partage donc naturelle-

ment en deux articles, dont il convient de
s'occuper distinctement.

1° *Liste-Civile.*

Tout fonctionnaire public doit être payé
par l'État; c'est, ainsi que nous l'avons déja
prouvé plusieurs fois (*a*), un principe d'équité
et d'intérêt national. Or, le Roi étant le premier fonctionnaire de la République, le Chef
de la Monarchie, il doit être environné d'un
éclat qui réponde à l'importance, à la majesté
de ses augustes fonctions, et à la richesse, à
la splendeur du peuple qui le reconnaît pour
souverain.

D'autre part, il est incontestable que la
dilapidation des deniers publics sera toujours
une cause active de discrédit, d'affaiblisse-
ment et de ruine; que leur mauvais emploi,
chez les peuples où les richesses et l'or ont
acquis tant de poids, pourra détruire, ou tout
au moins contrarier les effets des plus heureuses institutions, recéler un foyer de cor-

---

(*a*) *Voy. ci-dessus*, entre autres, vol. vi, pag. 207 *et
suiv.*; vol. vii, pag. 223 *et suiv.*

ruption : et par ce motif encore, il importe qu'une disposition fondamentale et constitutionnelle distingue les revenus publics de ceux de la Couronne, et s'oppose à ce qu'ils se trouvent livrés à la discrétion d'un seul homme. À ce sujet, voici quelles sont les réflexions de l'auteur du Système Social :

« Des droits indéfinis, des prérogatives trop étendues, une trop grande masse de pouvoirs et de *richesses*, confiée au monarque, sont des choses qui l'inviteront toujours à empiéter sur les droits légitimes de son peuple....

« Les deniers·publics, levés sur le travail et les possessions des citoyens, sont destinés à servir aux vrais besoins de l'État ; ils ne sont pas faits pour être sacrifiés à la vanité d'une Cour, ou pour corrompre les représentans du peuple ; ce n'est pas pour alimenter la paresse de quelques courtisans inutiles, ou pour récompenser les conseils perfides de quelques favoris, que les citoyens sacrifient une portion de leurs biens. Les trésors d'une nation ne peuvent, sans une prévarication manifeste, être employés à la corruption ou à payer des traîtres. La nation elle-même doit confier les

32.

fonds destinés au maintien de la chose publique , à des hommes choisis qui lui en rendent un compte fidèle , sous peine d'être sévèrement punis. Les malversations et les vols publics sont-ils donc les seuls que les lois doivent autoriser » (a) ?

La Révolution , en créant la *Liste - Civile* , en France , a produit , dans cette partie de la Législation , comme en beaucoup d'autres , une amélioration importante , et dont le besoin se faisait sentir depuis long-temps. L'acception que l'on attache aujourd'hui à cette expression , ne remonte pas à une époque plus reculée ; et le décret du 7 octobre 1789 , qui statuait que « chaque Législature voterait les sommes destinées soit à l'acquittement de la dette publique, soit au paiement de la *Liste-Civile* » , est peut-être le premier acte législatif dans lequel il en ait été fait usage , sans qu'il en contienne néanmoins la définition.

Cette acception est empruntée de celle qu'en Angleterre on donnait déja depuis long-

(a) Système Social , 1re part. , chap. iv.

temps à cette même expression ; le sens en est cependant beaucoup plus restreint qu'il ne l'était et qu'il ne l'est peut-être encore dans ce Royaume.

Ici, elle désigne simplement la somme que l'État paie, chaque année, au Roi, et les Domaines dont il lui abandonne la jouissance, pour sa dépense personnelle et celle de sa maison.

En Angleterre, elle signifiait orignairement les revenus et droits publics et *civils*, appliqués par la couronne, d'après la loi, aux dépenses comprises dans cette *liste civile*, et parmi lesquelles se trouvaient en première ligne, celles du roi et de la famille royale.

Voici au surplus ce que dit Blackstone à ce sujet : « Avant qu'aucune partie du fonds *agrégé* (a) (dont les excédans sont une des principales bases du fonds d'amortissement), puisse être employée à diminuer le capital de la dette publique, il demeure affecté par le Parlement pour la levée d'une somme annuelle servant à l'entretien de la maison du

(a) Réunion de divers produits et impôts.

Roi et à l'établissement de la *Liste-Civile*.
Sous les derniers règnes, on y pourvoyait en
assurant au roi, sa vie durant, tant pour sa
maison que pour soutenir l'honneur et la dignité de la couronne, le produit de certaines
branches de l'excise et des douanes, celui des
postes, le droit sur les licences pour la vente
du vin, les revenus des biens fonds restés à
la Couronne, les profits provenans des cours
de justice (lesquels articles comprennent tous
les revenus héréditaires de la Couronne), et
de plus, une annuité de 120,000 *liv. sterl.*,
net, en argent. Le produit de ces divers articles s'est élevé quelquefois à près d'un million (*sterling*), sous le règne de George II:
mais il était incertain; et, en conséquence,
le parlement s'engagea à fournir un supplément pour le porter à 800,000 *liv. sterl.*, s'il
n'atteignait pas cette somme annuellement.
Mais George III ayant déclaré spontanément,
aussitôt après son avénement à la Couronne,
qu'il consentait qu'il fût disposé des revenus
héréditaires, de manière à contribuer, autant
qu'il se pourrait, à l'utilité et à la satisfaction publique, et ayant accepté la somme circonscrite

de 8oo,ooo *liv. sterl.*, par an, pour l'établissement de sa *Liste-Civile*, lesdits revenus héréditaires et autres ont été réunis au fonds
agrégé; et ce fonds a été chargé (*a*) du paiement à la Couronne de l'annuité entière de
8oo,ooo *liv. sterl.*, laquelle, ayant été trouvée
insuffisante, a été portée, en 1777, à 9oo,ooo
liv. sterl. par an.

« De cette manière, les revenus réunis
confiés aujourd'hui à la même surveillance, à
la même administration, que les autres branches du patrimoine public, produisent eux-
mêmes davantage, et sont mieux perçus qu'auparavant; et le public gagne encore près de
1oo,ooo *liv. sterl.* annuellement, par la conduite désintéressée de la Couronne....

« La *Liste-Civile* paie toutes les dépenses
qui, sous quelque forme que ce soit, sont
relatives au Gouvernement *Civil :* telles sont
les dépenses de la maison du roi, les traitemens annuels alloués aux juges avant 1758,
les salaires des officiers d'État, de tous ceux

(*a*) Par le Statut de la première année du règne de
George III, c. 1.

qui sont attachés au service du Roi, les ap-
pointemens des ambassadeurs, l'entretien de
la Reine et de la famille royale, les dépenses
particulières ou de la cassette du Roi, et
beaucoup d'autres articles, comme services
secrets, pensions, et autres graces; ce qui a
quelquefois tellement excédé les revenus affectés à cet objet, qu'il a été nécessaire de
recourir au parlement pour le paiement des
dettes contractées par la *Liste-Civile*. C'est
ainsi qu'en 1724, un million (*sterling*) fut accordé pour cet objet par le statut de la
onzième année du règne de George I, ch. 16,
et qu'en 1769 et 1777, un demi-million, et
600,000 *liv. sterl.* furent appliqués au même
usage, d'après les statuts 9 George III, c. 34,
et 17 George III, c. 47.

« Dans la vérité, la *Liste-Civile* est proprement tout le revenu du Roi, considéré personnellement et comme revêtu de la dignité
royale : le reste est plutôt le revenu du public
ou des créanciers de l'État, quoique perçu et
réparti au nom de la Couronne et par ses
officiers. Elle remplace aujourd'hui l'ancien
revenu héréditaire; et comme ce revenu a

diminué par degrés, la somme annuelle accordée par le parlement, a été en augmentant. Le revenu entier de la Reine Élisabeth ne montait pas à plus de 6oo,ooo *liv. sterl.* par an (*a*); celui de Charles I était de 8oo,ooo *l. st.*; et le revenu voté pour Charles II, de 1,2oo,ooo *liv. st.* (*b*); mais on prétendit, au moins dans les premières années, qu'il ne s'élevait pas aussi haut (*c*). On doit observer au surplus que ces sommes comprenaient toutes les dépenses publiques, entre lesquelles lord Clarendon, dans son discours au Parlement, comptait pour 8oo,ooo *liv. sterl.* la charge annuelle des forces de mer et de terre; ce qui montait dix fois plus haut qu'avant les derniers troubles (*d*). Le même revenu, sujet aux mêmes charges, fut attribué à Jacques II (*e*): mais, mieux administré, et le commerce s'étant accru, ce revenu s'éleva, année commune, à un million et demi, outre quelques droits ad-

---

(*a*) Lord Clarendon, continuation, 163.
(*b*) Journal des Communes, 4 septembre 166o.
(*c*) *Ibid.*, juin 1663.
(*d*) Lord Clar., 165.
(*e*) Statut 1 Jacques II, c. 1.

ditionnels des douanes accordés par le Parlement (*a*), et qui produisirent un revenu de 400,000 *liv. st.* La dépense annuelle des armées de mer et de terre, à la charge de ce revenu, fut, sous ce prince, de 1,100,000 *liv. st.* (*b*). Après la révolution, lorsque le parlement se fut chargé de la dépense annuelle des forces de mer et de terre, le revenu du nouveau roi et de la nouvelle reine fut fixé à 700,000 *liv. st.* par an, y compris les droits héréditaires; et la même somme fut continuée à la reine Anne et au roi George I (*c*). Nous avons vu qu'elle fut portée, pour le roi George II, à une somme présumée de 800,000 *liv. st.*, mais, qui, dans le fait, s'élevait plus haut ; et que, pour George III , elle a été fixée à 900,000 *liv. st.* sans variation.

« Il n'est pas douteux qu'il ne soit plus avantageux et à la Couronne et au peuple, que ce revenu du Roi soit réglé comme il l'est aujourd'hui, plutôt que de l'ancienne ma-

---

(*a*) Statut, 1 Jacques II, c. 3 et 4.
(*b*) Journal des Communes , mars 1688.
(*c*) *Ibid.*, mars 1701 ; août 1714.

nière. La perception en est plus certaine et plus facile pour la Couronne ; et le peuple est maintenant délivré des exigeances féodales et des autres branches odieuses de la *Préroga- tive* (*a*); et quoiqu'on se soit plaint souvent de l'accroissement de la *Liste-Civile,* cepen- dant, si nous considérons quelles sommes étaient précédemment accordées, les limites de celle qui les remplace aujourd'hui, les re- venus et les prérogatives abandonnées par la Couronne en compensation, les branches nombreuses de la famille royale actuelle, et par-dessus tout, la diminution de la valeur de l'argent, comparée à celle qu'il avait dans le dix-septième siècle, nous reconnaîtrons que ces plaintes n'ont aucun fondement rai- sonnable, et qu'il est impossible qu'un roi de la Grande-Bretagne soutienne sa dignité avec un revenu moindre que celui qui est à pré- sent fixé par le parlement » (*b*).

(*a*) En Angleterre, ce mot signifie, en général, les droits ou priviléges de la Couronne. *Voy. ci-apr.*, Sect. 2.

(*b*) Blackstone. Commentaires sur les Lois anglaises, liv. 1, chap. viii. (*Traduction de M. Chompré*).

— « Par le statut 44 Georg. III, c. 80, la somme de

En France, la *Liste-Civile* de Louis XVI fut réglée par un décret de l'Assemblée Constituante du 9 juin 1790, et par un autre décret du 26 mai 1791, à 25 millions, payables en douze termes égaux, de mois en mois, sans qu'ils pussent être, sous aucun prétexte, anticipés ni retardés.

Le douaire de la reine avait en même temps été fixé à 4 millions, également payables, en France, le cas arrivant, en douze termes égaux, de mois en mois.

Un décret du 13 juin 1791, sanctionné le 17, et se référant à un autre du mois d'octobre 1789, contenait à cet égard les dispositions suivantes :

« *Art.* 94. Le Corps législatif ne pourra accorder aucun impôt, que pour le temps qui s'écoulera jusqu'au dernier jour de la session suivante. Toute contribution cessera de droit à cette époque, si elle n'est pas renouvelée : mais chaque législature votera, de la manière qui lui paraîtra le plus convenable, la somme

---

900,000 *liv. sterl.*, attribuée au roi annuellement, a été augmentée de 60,000 *livres sterling* par an ». (*Note de M. Christian*).

)destinée, soit à l'acquittement de la dette pu-
lblique, soit au payement de la *Liste-Civile....*

« *Art.* 96. La fixation de la *Liste-Civile*
:cessera de plein droit à chaque changement
:de règne ; et le Corps législatif déterminera
:de nouveau, les sommes nécessaires.

« *Art.* 97. Dans le cas de régence, le Corps
législatif fixera les traitemens du régent, et
:le celui qui sera chargé de la garde du Roi,
ainsi que les sommes nécessaires pour les be-
:soins personnels du Roi mineur. Celles-ci
:ourront être augmentées à mesure que le
Roi avancera en âge, et ne seront fixées définitivement pour la durée du règne, qu'à la
majorité du Roi. Le traitement du Régent ne
oourra de même être changé pendant la du-
:rée de la régence.

« *Art.* 98. Les fonds de la *Liste-Civile* ne
ourront être accordés qu'après que le Roi
:ura prêté, en présence du Corps législatif,
:e serment que tout Roi des Français est obligé
:ar la Constitution, de faire à la nation, lors
:e son avénement au trône » (a).

(a) *Voy.* la Collection générale des Décrets rendus par
l'Assemblée nationale, juin 1791, pag. 163 et 164.

La Constitution du 3 septembre 1791 renfermait encore les dispositions suivantes :

« Titre III, chap. II, sect. I, *art.* 10. La nation pourvoit à la splendeur du trône par une *Liste-Civile*, dont le Corps législatif déterminera la somme à chaque changement de règne, pour toute la durée du règne.

« *Art.* 11. Le Roi nommera un administrateur de la *Liste-Civile*, qui excercera les actions judiciaires du Roi, et contre lequel toutes les actions à la charge du Roi, seront dirigées et les jugemens prononcés. Les condamnations obtenues par les créanciers de la *Liste-Civile*, seront exécutoires contre l'administrateur personnellement, et sur ses propres biens....

« Titre V, *art.* 2. Sous aucun prétexte, les fonds nécessaires à l'acquittement de la dette nationale et au payement de la *Liste-Civile*, ne pourront être ni refusés, ni suspendus » (*a*).

Cette *Liste-Civile* fut supprimée par un décret de l'Assemblée législative, du 10 août

---

(*a*) Collection générale des Décrets rendus par l'Assemblée nationale, septembre 1791, pag. 23 et 44.

1792, et ne fut rétablie que par l'article 15 du Sénatus-Consulte du 18 mai 1804 (28 floréal an XII). « La *Liste-Civile*, y est-il dit, sera réglée, ainsi qu'elle l'a été par les articles 1 et 4 du décret du 26 mai 1791. »

Le Sénatus-Consulte du 30 janvier 1810 détermina la forme dans laquelle doivent être intentées et soutenues en justice les actions relatives aux domaines dépendans de la *Liste-Civile*.

A l'égard des actions mobilières qui intéressent la *Liste-Civile*, il y fut statué par le décret impérial du 11 juin 1806, *art.* 14.

Ni ce décret, ni celui du 22 juillet suivant, n'avaient réglé le mode d'instruction des affaires de la *Liste-Civile*, qui sont portées au Conseil-d'Etat ; mais il avait été suppléé à leur silence par un autre décret impérial du 12 juillet 1807.

La Charte Constitutionnelle, du 4 juin 1814, porte :

« *Art.* 23. La *Liste-Civile* est fixée, pour toute la durée du règne, par la première Législature assemblée depuis l'avénement du Roi. »

Enfin, la loi du 8 novembre 1814, relative à la *Liste-Civile* et à la dotation de la Couronne, arrête entre autres, ce qui suit :

« *Art.* 1. Il sera payé annuellement, par le trésor royal, une somme de 25 millions pour la dépense du roi et de sa maison civile.

« *Art.* 2. Cette somme sera versée chaque année, entre les mains de la personne que le Roi aura commise à cet effet, en douze payemens égaux, qui se feront de mois en mois, sans que les dits payemens puissent, sous aucun prétexte, être anticipés ou retardés.

« *Art.* 3.... Il sera fait aux frais de l'État, une nomenclature exacte, et dressé les plans des palais, châteaux, bois, forêts, et autres immeubles affectés à la dotation de la Couronne, par les lois du 13 juin 1791, et Sénatus-Consultes des 20 janvier 1810, 1 mai 1812 et 14 avril 1813.

« *Art.* 7. Conformément à l'article 23 de la Charte Constitutionnelle, la présente *Liste-Civile* est fixée pour tout le règne du Roi....

« Titre III. *Dispositions relatives à la dotation des princes de la famille royale.*

« *Art.* 23. Il sera payé annuellement par le trésor royal, une somme de 8 millions pour les princes et princesses de la famille royale, pour leur tenir lieu d'apanage.

« Le paiement de la dite somme de 8 millions sera fait conformément à ce qui est prescrit par l'article 2. Le Roi en fera la répartition.

« La présente fixation ne pourra éprouver de changement, qu'autant qu'il en surviendrait dans le nombre des membres de la famille royale, auquel cas, il y sera pourvu par une loi ».

2° *Inaliénabilité des Domaines de la Couronne.*

« Aux dépens de son peuple, on n'est pas généreux ».

DOCIS.

CHOPIN définit le Domaine de la Couronne qu'on appelle aussi Domaine du Roi, ou simplement Domaine, « celui qui, de toute an-« cienneté, est uni et annexé aux fleurons du « Diadème royal, pour la dépense de table ou « suite de la Cour royale, et qui est hono-« rable pour la conservation du Royaume, « titres, honneurs et dignités de la Majesté « royale » (*a*).

Mais, lorsque Chopin s'exprimait ainsi, le Domaine de la Couronne se confondait avec le Domaine de l'État, ou, ce qui est la même chose, avec le Domaine Public.

Aujourd'hui, d'après la nouvelle Législation, cette confusion n'existe plus. Le Domaine Public ou Domaine de l'État comprend tous les biens qui appartiennent à l'État, c'est-à-dire au Peuple considéré comme Corps social ; et le Domaine du Roi ou de la Couronne

---

(*a*) Liv. II, tit. II, § 6.

ne se compose que de quelques biens meubles et immeubles faisant partie de ce Domaine Public, mais dont la jouissance seulement est abandonnée au Roi comme complément de la *Liste civile*, soit pour son habitation personnelle, soit pour le mettre d'autant mieux en état de soutenir l'éclat de la couronne.

Relativement au Domaine Public, par suite de la confusion dont nous venons de parler, et au milieu du chaos général de la législation, la question de l'Inaliénabilité avait pu faire doute autrefois, ou du moins se trouver résolue tantôt dans un sens, tantôt dans un autre, ou affirmativement ou négativement. C'est en effet ce qui arriva souvent, et ce dont il est facile de se convaincre, pour peu que l'on consulte les auteurs.

Mais aujourd'hui ce doute, ou plutôt cette versatilité de législation ne peut plus subsister, au moins à cet égard; et, ce qui est reconnu appartenir au Peuple, considéré comme Corps social, peut être aliéné, si son intérêt le réclame, par le Peuple ou par son Roi et ses Représentans, c'est-à-dire par la

33.

volonté unanime des trois branches distinctes de la Puissance législative ; mais il ne peut évidemment l'être d'une autre manière, ou par l'une seulement de ces trois branches de la Puissance législative.

Relativement au Domaine de la Couronne, il n'est pas moins évident que le Roi seul, non plus que l'une et l'autre des deux autres branches de la Puissance législative, ne peut légitimement en disposer, l'aliéner soit pour un temps, soit à perpétuité ; car la nue propriété en appartient toujours au Corps social, et la propriété utile, la jouissance ou usufruit seulement, en est abandonné à la Couronne.

M. de Montesquieu en parlant du Domaine en général et sans restriction, s'exprime ainsi : « Le Domaine de l'État est-il aliénable ou ne l'est-il pas ? Cette question doit être décidée par la loi *politique*, et non par la loi *civile* (a).

« Elle ne doit pas être décidée par la loi

(a) Cette distinction est inexacte ici et sans véritable fondement.

C'est bien réellement par une loi civile, que la ques-

civile, parce qu'il est aussi nécessaire qu'il y ait un Domaine pour faire subsister l'État, qu'il est nécessaire qu'il y ait dans l'État des lois civiles qui règlent la disposition des biens.

« Si donc on aliène le Domaine, l'État sera forcé de faire un nouveau fonds pour un autre Domaine. Mais cet expédient renverse encore le gouvernement politique, parce que, par la nature de la chose, à chaque Domaine qu'on établira, le sujet paiera toujours plus, et le souverain retirera toujours moins; en un mot, le Domaine est nécessaire, et l'aliénation ne l'est pas » (*a*).

En appliquant, ainsi que M. de Montesquieu semble le faire ici, au Domaine de l'État en général, le raisonnement que renferme ce passage de l'Esprit des Lois, il se trouve fondé sur une proposition, sinon fausse et

---

tion doit être décidée; mais par une loi civile d'une haute importance, puisqu'elle touche directement à l'intérêt général de la société; par une loi fondamentale, et qui conséquemment doit faire partie de l'Acte Constitutionnel. *Voy. ci-dess.*, 1re part., Préface, p. xxxi *et suiv.*

(*a*) Esprit des Lois, liv. xxvi, chap. xvi.

erronée, du moins très-contestable : car, bien loin qu'il soit évident que le Domaine, considéré d'après cette acception générale, soit nécessaire pour faire subsister l'État, il ne serait peut-être pas difficile d'établir clairement que l'existence de ce même Domaine, lui est beaucoup plus onéreuse que profitable, et que, par exemple, la plupart des biens ruraux qui en dépendent, seraient mieux administrés, mieux cultivés, et par conséquent produiraient bien plus d'avantages pour la Société et pour l'État, s'ils étaient partagés en propriétés partielles, et que le prix de leur aliénation fût convenablement employé à l'amortissement de la dette nationale.

Et si l'on restreint la conclusion de ce même raisonnement au Domaine de la Couronne seulement, il suffira alors de dire qu'en effet ce Domaine étant nécessaire à la résidence du prince et à l'éclat de la Couronne, si on l'aliène, l'État sera forcé de faire de nouveaux fonds pour en créer un autre, ce qui doit, selon toute apparence, entraîner une perte réelle.

Aussi le Principe de l'Inaliénabilité consacré par la législation nouvelle ne s'applique-t-il qu'à cette partie du Domaine public, spécialement connue sous la dénomination de Domaine du Roi ou de la Couronne. Le Sénatus-Consulte du 30 janvier 1810, portait : « Tit. 1, Sect. 11, *Art.* 10. Les biens *qui forment la dotation de la Couronne*, sont inaliénables et imprescriptibles.

« *Art.* 11. Ils ne peuvent être engagés ou chargés d'hypothèques ou d'affectations ».

Et la loi du 8 novembre 1814 s'exprime à peu près, dans les mêmes termes :

« Tit. 1, Sect. 11, *art.* 9. Les biens *qui forment la dotation de la Couronne*, sont inaliénables et imprescriptibles, sauf ceux qui, provenant de confiscations, auraient été réunis aux Domaines de l'État, et dont la restitution sera ordonnée par une loi ».

« *Art.* 10. Ces biens ne peuvent être engagés, ni grevés d'hypothèques ou d'autres charges ».

Ce même Sénatus-Consulte du 30 janvier 1810, portait aussi :

« *Art.* 12. L'échange des immeubles attachés

à la dotation de la Couronne, ne peut avoir lieu qu'en vertu d'un Sénatus-Consulte ».

Et de même, cette loi du 8 novembre 1814 arrête :

« *Art.* 11. Que l'échange des immeubles affectés à la dotation de la Couronne, ne peut avoir lieu qu'en vertu d'une loi ».

De plus, elle contient cette autre disposition :

« *Art.* 15. Les Domaines productifs, affectés à la dotation de la Couronne, peuvent être affermés, sans que néanmoins la durée des baux puisse excéder le temps déterminé par les articles 595, 1429, 1430 et 1718 du Code civil, à moins qu'un bail emphytéotique n'ait été autorisé par une loi ».

Il résulte évidemment de ces points constans de législation, que le principe de l'Inaliénabilité est admis, à l'égard du Domaine de la Couronne, d'une manière rigoureuse et inflexible ou irrévocable, de telle sorte que la législation interdit bien positivement à la Puissance législative même d'autoriser l'aliénation d'une partie quelconque de ce Domaine, quelque avantage qui puisse se trouver attaché à cet acte d'aliénation.

Et pourtant, il est difficile de comprendre par quel motif raisonnable et péremptoire, le Corps social pourrait ainsi s'interdire à lui-même la faculté de disposer de la moindre partie des biens affectés au Domaine de la Couronne, dans tous les cas où l'utilité, l'urgence de l'aliénation, seraient manifestement démontrées, et reconnues par le Corps social même, ou du moins par les trois branches du Pouvoir législatif constitué régulièrement, et devenu par là le seul, le véritable interprète de ses besoins et de sa volonté.

A l'appui de cette opinion qui nous paraît incontestable, nous pouvons citer la loi du 22 novembre — 1 décembre 1790.

Dans son préambule, elle reconnaissait, entre autres principes, « que le Domaine Public, dans son intégrité et avec ses accroissements, appartient à la nation ; que cette propriété est la plus parfaite qu'on puisse concevoir, puisqu'il n'existe aucune autorité supérieure qui puisse la modifier ou la restreindre ; que la faculté d'aliéner, attribut essentiel du droit de propriété, réside également dans la nation; et que si, dans des circonstances particulières, elle a voulu en suspendre pour un temps l'exercice, comme cette loi suspensive n'a pu avoir que la volonté générale pour base, elle est de plein droit abolie, dès que la nation, légalement représentée, manifeste une volonté contraire;

« Que le produit du Domaine était devenu trop au-dessous des besoins de l'État, pour remplir sa destination primitive; que la maxime de l'Inaliénabilité, devenue sans motifs, serait encore préjudiciable à l'intérêt public, puisque des possessions foncières, livrées à une administration générale, sont frappées d'une sorte de stérilité; tandis que, dans la main de propriétaires actifs et vigilans, elles se fertilisent, multiplient les subsistances, animent la circulation, fournissent des alimens à l'industrie et enrichissent l'État ».

NOTA. *Du Domaine extraordinaire et du Domaine privé.*

Domaine extraordinaire. Ce même Sénatus-Consulte, du 30 janvier 1810, ci-dessus cité, et dont les dispositions sont en partie revivifiées par celles de la loi du 8 novembre 1814 pareillement citée,

avait créé un *Domaine extraordinaire* « se compo-
« sant, portait-il (tit. ii, *art.* 20), des Domaines
« et biens mobiliers et immobiliers que l'Empereur
« exerçant le droit de paix et de guerre, acquiert
« par des conquêtes ou des traités, soit patens, soit
« secrets » (*a*).

C'est ici, sur-tout, que se retracent plus vivement à la pensée, et que s'appliquent avec une
plus rigoureuse et plus entière exactitude, les premiers mots des réflexions critiques de l'auteur du
Systême social, transcrites en commençant cet article : « Des droits indéfinis, des prérogatives trop
étendues, une trop grande masse de pouvoirs et de
richesses confiée au monarque, sont des choses
qui l'inviteront toujours à empiéter sur les droits
légitimes de son peuple » (*b*).

M. de Montesquieu dit aussi : « Les trésors amas-
sés par des princes n'ont presque jamais que des
effets funestes : ils corrompent le successeur, qui en
est ébloui ; et, s'ils ne gâtent pas son cœur, ils
gâtent au moins son esprit. Il forme d'abord de
grandes entreprises avec une puissance qui est d'ac-
cident, qui ne peut pas durer, qui n'est pas na-

_____

(*a*) *Voy. ci-dessus*, vol. vii, p. 80 *et suiv.*, si ce droit
de paix et de guerre appartient, d'après les vrais principes du Droit, au Chef de la Puissance exécutive exclusivement.

(*b*) *Voy. Ibid.*, pag. 499.

turelle, et qui est plutôt enflée qu'agrandie » (*a*).

Et, entre autres observations qui peuvent encore se rattacher ici et démontrer les dangers de ce Domaine *extraordinaire*, un membre de la Chambre des Députés, s'exprimait ainsi, dans la session de 1817, lors de la discussion de la loi des finances qui en a ordonné la supression : « Il se peut que lorsque la liberté se rétablit sous un monarque légitime, un *Domaine extraordinaire*, tel qu'il est constitué en France depuis quelques années, épouvante les peuples. Il est en effet difficile de concilier une telle institution avec le Système représentatif. Donner à un souverain tout militaire (ou autre), le droit de se former à part du Domaine Public, un vaste trésor dont il dispose à sa volonté, c'est contredire ou du moins exposer ces principes par lesquels les finances se règlent dans un État libre. On a beau dire que ce *Domaine extraordinaire* se forme par les conquêtes, et se trouve naturellement destiné à récompenser les auxiliaires du conquérant; il n'en est pas moins vrai que ce trésor ne s'emplit que par le sang des peuples, et quand il grossit, il se prodigue bientôt pour subjuguer les familles des soldats du conquérant » (*b*).

(*a*) Grandeur et Décadence des Romains.

(*b*) Discours de M. Roi, Rapporteur de la Commission chargée de l'examen de la loi des finances. — *Voy. aussi*

Domaine privé. Ce même Sénatus-Consulte, qui précéda à peine de quelques années la chute du Gouvernement impérial, avait en outre créé un *Domaine privé* « provenant, portait-il (titre III. « *art.* 31), soit de donations, soit de successions, « soit d'acquisitions, le tout conformément aux « règles du droit civil ».

La loi du 8 novembre 1814 porte : tit. II, *art.* 18. « Le Roi peut acquérir des domaines privés par « toutes les voies que reconnaît le Code Civil, et « suivant les formes qu'il établit ».

On pourrait avec fondement reproduire, au sujet du *Domaine privé*, la plupart des objections faites à l'égard du *Domaine extraordinaire.*

Et c'était peut-être, en partie, d'après de semblables et si puissans motifs, qu'autrefois, en Pologne, l'une des dispositions des *Pacta Conventa,* qui étaient les conditions sous lesquelles les rois étaient élus, dressées et arrêtées avant l'élection, et à l'exécution desquelles l'obéissance du peuple se rattachait, était ainsi conçue :

« *Ni nous ni aucune personne interposée en notre* « *place, n'acquerront de biens héréditaires pour nous* « *ou notre postérité : ce que nous décernons tant à* « *notre égard qu'à l'égard de nos successeurs* ».

---

le Discours du Ministre de l'Intérieur. — Moniteur du 21 et 22 avril 1818, n°ˢ 111 et 112.

Cette règle, du moins, était sage et dictée en ce sens par la prudence ; mais il existe, au contraire, dans cette partie de la nouvelle législation, en France, une sorte de contradiction ou d'incohérence.

En effet, les précédentes et anciennes dispositions législatives, relativement à la confusion des biens particuliers que le Roi possédait à son avènement, n'ayant pas été formellement abrogées, elles sont censées, par cela même, avoir repris vigueur. La loi du 8 novembre 1814 porte même formellement, tit. II, *art.* 20. « Que les biens particuliers du Prince qui parvient au trône, sont, de plein droit et à l'instant même, réunis au Domaine de l'État, et que l'effet de cette réunion est perpétuel et irrévocable » (*a*). Or, si le Roi peut posséder un *Domaine privé*, dont la libre disposition lui soit réservée, pourquoi la propriété des biens qu'il possède déja, à l'époque de son avènement,

---

(*a*) La Constitution du 3 septembre 1791, titre III, chap. II, sect. Ire, *art.* 9, portait aussi, à peu près dans les mêmes termes :

« Les biens particuliers que le Roi possède à son avènement au trône, sont réunis irrévocablement au Domaine de la nation ; il a la disposition de ceux qu'il acquiert à titre singulier ; s'il n'en a pas disposé, ils sont pareillement réunis à la fin du règne ».

ne lui serait-elle pas particulièrement conservée et attribuée? ou, si cette même propriété des biens qui lui appartiennent à son avènement doit s'évanouir, de plein droit, à ce moment même, s'il existe, dans ce cas, de justes motifs pour le dépouiller ainsi d'une possession particulière, comment et par quelles autres raisons contraires lui attribuer le droit d'acquérir, à titre particulier, et dans l'instant même, la propriété privée de ces mêmes biens ou de tous autres? N'y a-t-il pas réellement incohérence et véritable contradiction?

Si cette distinction du Domaine de la Couronne et d'un Domaine privé peut subsister sans nul inconvénient pendant toute la durée d'un règne, par quelles autres raisons plausibles, en prescrire la confusion avec le Domaine Public, dans le cas où le Roi viendrait à décéder sans en avoir disposé? A quoi bon alors cette distinction d'un Domaine dont le Roi ne peut disposer que pendant sa vie, de même que des revenus des biens dépendans du Domaine de la Couronne? Cette distinction n'est-elle pas, dans la vérité, plus propre à faire naître en mille circonstances diverses la confusion, les contestations et les doutes, qu'utile et profitable en rien, soit à la Couronne elle-même, soit à l'État? A quoi bon créer ainsi une sorte de nécessité de rétablir à chaque changement de règne, avec de nouveaux frais et une dépense toujours croissante et toujours

plus onéreuse, ce *Domaine privé* destiné à se dissiper sans cesse? N'y a-t-il donc aucun danger réel
à ouvrir ainsi un faux-fuyant, à donner une direction étrangère, et aux fonds de la Liste-civile, et
aux revenus des Domaines de la Couronne?

Ce Sénatus-Consulte du 3o janvier 1810, dont
la loi du 8 novembre 1814 rappelle l'existence,
était, ce semble, en ce point, plus conséquent
dans sa rédaction. Par les articles 43, 44, 45, 46
et 47, tit. III, la succession de l'empereur se trouvait réglée et répartie entre les membres de la
famille impériale pour le cas où son décès advien-
drait sans qu'il eût disposé, en tout ou en partie,
de son *Domaine privé*; et *l'art.* 48, portait : « Les
biens immeubles et droits incorporels faisant partie
du *Domaine privé* de l'empereur, ne sont, en aucun temps, ni sous aucun prétexte, réunis de
plein droit au Domaine de l'État. La réunion ne
peut s'opérer que par un Sénatus-Consulte.

« *Art.* 49. Leur réunion n'est pas présumée,
même dans le cas où l'empereur aurait jugé à propos de les faire administrer, pendant quelque laps
de temps que ce soit, confusément avec le Domaine de l'État ou de la Couronne, et par les
mêmes officiers ».

D'après la loi du 8 novembre 1814, au contraire, tit. II, *art.* 21. « Les Domaines privés pos-
sédés ou acquis par le Roi, à titre singulier, sont

et demeurent pendant sa vie, à sa libre disposition ; mais, s'il vient à décéder sans en avoir disposé, ils sont réunis de plein droit au Domaine de l'État.

Art. 22. Dans la disposition que le Roi peut faire de ses domaines privés, il n'est lié par aucune des prohibitions du Code Civil ».

Le Sénatus-Consulte du 30 janvier 1810 portait de même, tit. III, *art.* 36 : « l'empereur dispose de son Domaine privé, soit par acte entre-vifs, soit par disposition à cause de mort, sans être lié par aucune des dispositions prohibitives du Code Napoléon ».

Et cependant, on serait plutôt porté à penser qu'en admettant l'existence d'un Domaine privé on devrait naturellement et par analogie admettre aussi, quant aux biens qui en dépendent, l'application des règles de la loi civile, relatives à la disposition des propriétés particulières en général.

Mais, au surplus, c'est en ce point qu'il convient tout-à-fait de rappeler les principes de l'ancienne législation, et de faire l'application, la seule interprétation raisonnable et utile, de cette maxime invoquée par le procureur-général De la Guesle, et, depuis, tant de fois citée à tort ou à droit.

L'élévation du Prince sur le trône est une consécration de sa personne, un mariage par l'effet

« duquel sa personne privée, éteinte et confondue
« dans la personne publique dont il est revêtu,
« n'a plus d'existence que dans l'ordre physique,
« et n'en a plus aucune dans l'ordre de la loi.... »;
et cette autre « qu'en France il n'y a pas de dis-
« tinction de Domaine dans le Roi; qu'il n'y a en
« lui qu'un Domaine Public, lequel absorbe le par-
« ticulier, que le Roi avait avant son avénement à
« la Couronne, et celui qui lui est échu depuis
« par succession, libéralité, casuel et conquête » (a).

Ces principes ont été reconnus et consacrés
par l'édit du mois de juillet 1607, par lequel
Henri IV révoqua la déclaration du 13 avril 1590,

(a) « Quand Louis XIV eut acheté le Palais d'Orléans,
autrement nommé le Luxembourg, il dit à M. le procureur-général de Harlay, depuis premier-président, que
c'était pour remplacer le Palais-Royal qu'il avait donné
à M. le duc de Chartres, son gendre : ce magistrat lui
demanda en quel nom il l'avait acheté. — *Au mien*, répon-
dit le Roi. — *Tant pis*, sire, répliqua le Procureur-Géné-
ralcar: *tout ce que vous acquérez en votre nom appartient
à la Couronne ; par conséquent l'achat du Luxembourg
ne remplace point l'aliénation que vous avez faite. Pour
assurer la possession du Palais-Royal à M. le duc de
Chartres, il fallait acheter le Luxembourg en son nom,
et en faire un échange avec le Palais-Royal ».* (BRILLON,
au mot *Domaine*, n° 65).

et les arrêts intervenus en conséquence, en quelques-uns des parlemens (*a*).

Par cette déclaration, ce prince avait protesté qu'il n'entendait point réunir à la Couronne de France les biens patrimoniaux de sa maison, mais les posséder à titre particulier.

Le parlement de Paris (*b*) refusa d'enregistrer cette déclaration; il fit plusieurs remontrances pour établir qu'elle était contraire aux lois du Royaume, lesquelles voulaient que tout ce qui appartenait au Souverain ne formât, avec le Domaine de l'État (autrement dit alors de la Couronne), qu'un seul et même patrimoine.

Deux lettres de jussion, des 18 avril et 29 mai 1591, furent inutilement adressées à cette Compagnie; et ce fut alors que M. De la Guesle, procureur-général, s'étant formellement opposé à cet enregistrement, il intervint, sur la troisième lettre de jussion, le 29 juillet 1591, un arrêt portant que le parlement ne pouvait ni ne devait procéder à la vérification de ces lettres.

Enfin l'édit du mois de juillet 1607, enregistré, au mois de septembre 1609, par le parlement de Paris, reconnut au contraire que l'union des biens

---

(*a*) Entre autres, au Parlement de Bordeaux, et au Parlement de Toulouse.

(*b*) Alors siégeant à Tours.

34.

patrimoniaux du Prince à ceux du Domaine s'était opérée par le seul fait de son avénement à la Couronne. Henri IV y rendit hommage à ce principe et à la fermeté avec laquelle le Parlement de Paris en avait soutenu les conséquences : ce qui fut confirmé par quatre arrêts du Conseil des 31 août 1728, 8 mai 1742, 7 mai 1746, et 9 juillet 1754. « Ainsi, ajoute l'ancien Répertoire de jurisprudence de qui nous empruntons, en partie, l'énoncé de ces faits, il n'est plus permis d'agiter comme une question l'union des biens patrimoniaux du prince, au moment et par le seul fait de son avénement à la Couronne : c'est un principe reconnu et confirmé par l'édit de 1607, émané du prince même qui l'avait combattu. Cet édit enregistré dans toutes les Cours doit fixer tous les doutes sur cette question importante » (a).

Mais une remarque utile aussi est à faire à ce sujet; c'est que cette législation sur la réunion des domaines patrimoniaux du prince à ceux de la Couronne, à son avénement au trône, était originairement fondée en grande partie sur des idées et des notions tirées d'ailleurs, et exclusivement applicables à un principe de la démonstration duquel nous aurons lieu de nous occuper dans la

_____

(a) *Voy.* au mot *Domaine de la Couronne*, tom. VI, pag. 71.

suite (*a*), celui de l'Indivisibilité de la Couronne ou, si l'on veut, des Droits et Attributions inhérens à la Royauté.

Cette confusion d'idées et de principes était une conséquence naturelle de celle que l'on faisait alors du *droit de propriété* qui ne peut jamais s'exercer que sur les choses, et du Droit de Suzeraineté (ou Souveraineté) qui s'applique à l'administration de l'État, à la conduite et direction des citoyens qui en sont membres ; et, pour le dire en passant, cette confusion du droit de propriété sur les choses et du Droit de Souveraineté sur l'État et le Peuple, était, pour les Publicistes mêmes, une source de conséquences erronées, et pernicieuses. Elle contribua, par exemple, à leur faire admettre ou concevoir la distinction des Royaumes ou États en Royaumes *électifs* ou *usufructuaires*, et en Royaumes *successifs* ou *patrimoniaux*, et à poser en principe qu'à l'égard de ces derniers Royaumes les Rois devaient être considérés comme étant maîtres d'en aliéner la Souveraineté, en tout ou en partie. Burlamaqui, entre autres, dit à ce sujet : « Pour « connoître de quelles choses un Roi peut disposer « par un traité de paix, il ne faut que faire atten- « tion à la nature de la Souveraineté et à la manière « dont il la possède.

_____

(*a*) *Voy. ci-après*, même titre , § 2.

« 1° Dans les Royaumes *patrimoniaux*, à les
« considérer en eux-mêmes, rien n'empêche que
« le Roi n'aliène la Souveraineté en tout ou en
« partie.

« 2° Mais les Rois qui ne possèdent la Souverai-
« neté qu'à titre d'usufruit ne peuvent, par aucun
« traité, aliéner de leur chef ni la Souveraineté
« entière, ni aucune de ses parties ; pour valider
« de telles aliénations, il faut le consentement de
« tout le Peuple ou des États du Royaume.

« 3° A l'égard du Domaine de la Couronne, il
« n'est pas non plus, pour l'ordinaire, au pouvoir
« du Souverain de l'aliéner » (a).

Volff dit aussi, dans ses Institutions du Droit de
la Nature et des Gens, § 1040 : « Comme le Roi ne
« peut sans dépenses se soutenir lui-même, et sou-
« tenir sa famille et la splendeur de la dignité
« royale, et qu'il exerce l'empire pour le bien des
« sujets, dans un Royaume, les sujets doivent
« fournir au Roi de quoi se soutenir lui-même,
« soutenir sa famille et la splendeur de la dignité
« royale : par conséquent il faut assigner au fisc
« certains revenus, qu'on doit augmenter suivant
« la diversité des circonstances. On appelle *Domaines*
« les fonds dont les revenus sont destinés à sou-

(a) Burlamaqui. *Princ. du Droit des Gens*, 4ᵉ part.,
chap. XII, § 5, pag. 247. *Edit.* 1768.

« tenir le Prince et sa famille, et ces revenus sont
« ses biens propres : il peut donc disposer à son gré
« des revenus des *Domaines;* mais, pour les *Domaines*
« mêmes, comme il n'en est que l'usufruitier, il ne
« peut les aliéner ni les engager : ceux qui sont
« aliénés peuvent être requis par son successeur, et
« ils ne peuvent être prescrits par aucun temps,
« quelque long qu'il soit. Mais comme, dans le
« *Royaume patrimonial parfaitement tel*, tout a été
« constitué dans le Domaine du Roi à cause de
« l'Empire, le Roi peut aliéner et engager les Do-
« maines, et si le Roi a le droit, sans aucune res-
« triction, de mettre de nouveaux impôts pour une
« nouvelle cause, il peut engager les Domaines,
« *puisqu'au lieu de l'argent qu'il emprunte, il aurait*
« *pu mettre des impôts* ».

Et pour l'intelligence de ce paragraphe, l'auteur,
suivant sa méthode, renvoie aux paragraphes précédens, entre autres, § 986 : « Si l'empire n'est
« transféré au Prince que par rapport à l'exercice,
« on l'appelle *Usufructuaire* ; s'il est transféré quant
« à la substance, on l'appelle *Patrimonial.* C'est
« pourquoi l'empire patrimonial est possédé *de plein*
« *droit*, l'usufructuaire *d'un droit moins plein.* Il pa-
« raît au reste que l'empire *usufructuaire plein* peut
« être absolu et souverain, et que l'empire patri-
« monial peut être *moins plein* et limité. La manière
« de posséder l'empire n'étant pas une partie de

« l'Empire, mais en étant distinguée comme une
« chose différente, ne change rien à l'empire même
« et n'en regarde point l'exercice.

« § 987. Puisque les choses mêmes incorporelles
« peuvent être inféodées, l'empire peut aussi être
« inféodé. L'inféodation regardant la manière de
« posséder l'empire, un empire inféodé peut être
« *absolu*, *plein et souverain*; il est possédé cependant
« moins pleinement.

« § 988. Puisqu'il dépend entièrement de la vo-
« lonté du peuple de déférer l'empire comme il lui
« plaît, l'empire peut aussi être déféré par ma-
« nière de fidéi-commis, c'est-à-dire, à condition
« que dans un certain temps, ou en mourant, le
« Prince le restituera à un autre. Et il paraît, comme
« dessus, qu'un empire déféré de cette manière peut
« être *absolu*, *plein et souverain*.....

« § 266. On dispose de la substance de la chose
« en changeant un fonds, ou sa surface, ou en
« changeant quelque autre chose, ou en faisant
« une espèce avec quelque matière, cela est évident
« par soi-même. Puis donc que le maître a le
« droit de disposer à son gré de sa substance, ou
« qu'il en a la propriété, il a aussi le droit de
« changer son fonds, ou sa surface, ou d'y changer
« quelque autre chose, et de faire une espèce avec
« sa matière; mais le changement et la spécifi-
« cation sont illicites pour celui qui n'est pas le
« maître.

« § 267. Par la même raison, le maître a droit,
« en vertu de la propriété, de transférer à un autre
« le domaine de sa chose; et par conséquent, puisque
« la translation du domaine à un autre, s'ap-
« pelle *aliénation de la chose,* parce que la chose
« passe à un autre maître que celui qui l'était au-
« paravant, *il a le droit de l'aliéner :* mais toute alié-
« nation de la chose d'autrui est illicite, puisqu'elle
« se fait par celui qui n'est pas le maître; d'où il
« suit encore qu'une chose reçue de celui qui n'en
« est pas le maître ne devient pas la chose de ce-
« lui qui la reçoit, mais qu'elle appartient toujours
« à son maître. Et puisque les choses incorporelles,
« telles que sont les droits, sont aussi dans le do-
« maine, le maître peut aussi aliéner ses droits,
« tels que les droits de pêche, de chasse, etc ».

Quelle doctrine ! Quelles bases, quel enchaîne-
ment, quelles conclusions ! En faut-il davantage
pour prouver combien il importe d'apporter un
sens droit et plus de discernement dans l'observation des faits et des choses, lorsqu'il s'agit d'établir
un raisonnement, sur-tout en semblable matière !
En faut-il plus pour démontrer dans quels écarts
peut entraîner cette inadvertance première, d'appliquer, sur certains points, des principes qui ne
sont applicables et vrais qu'à d'autres égards et
sous des rapports tout différens.

Cette inadvertance est beaucoup trop fréquente

encore de nos jours; mais elle était commune, et
pour ainsi dire habituelle, dans nos anciens ouvrages
de Droit public les plus célèbres; et l'on ne doit
pas, dès-lors, s'étonner que la science s'égarât souvent dans de fausses routes, qu'elle fût par suite
obligée de revenir sur ses pas, et qu'en conséquence
ses progrès ne fussent pas, en définitive, plus certains et plus rapides.

Comme nous venons de le voir, à l'égard de la
transmission des droits de *propriété* sur les choses,
sur les biens meubles ou immeubles, héréditaires et
composant le patrimoine du Prince, à l'époque de
son avénement à la Couronne, il ne s'agit pas, il
ne peut être aucunement question de Royaumes
prétendus patrimoniaux, des principes de la transmission de l'Empire, ou des Droits et Attributions inhérens à la Royauté relativement à l'administration
de la chose publique, ou du Royaume : les raisons
de décider sur ces diverses matières, sont aussi
différentes les unes des autres, elles n'ont pas plus
d'analogie que les choses même auxquelles elles
ont rapport n'en ont entre elles.

Cela bien compris, et si l'on raisonne strictement
d'après les vrais principes de la matière, relativement à la transmission des biens meubles et immeubles appartenans au Prince à l'époque de son
avénement à la Couronne, peut-être on reconnaîtra
sans peine qu'il serait tout à-la-fois et plus juste

et plus profitable à l'État, de les transmettre, dans l'ordre prescrit par la loi pour le partage des successions, aux autres membres de la famille royale.

Il en résulterait, entre autres, l'inappréciable avantage d'écarter une foule de discussions et de procès, pour ainsi dire insolubles, au sujet de la confusion et du paiement des dettes, desquelles ces héritiers déterminés par la loi resteraient incontestablement tenus, seuls, personnellement et hypothécairement, et comme héritiers et comme détenteurs.

Cela pourrait être aussi un moyen simple de ne plus créer à l'avenir, pour ces mêmes membres de la famille royale, des apanages fort souvent très-onéreux pour l'État (a).

(a) La loi du 22 novembre 1790, portait, *art.* 16, qu'il ne serait concédé à l'avenir aucun apanage *réel;* « les fils puinés de France, ajoutait-elle, seront élevés et entretenus aux dépens de la Liste Civile, jusqu'à ce qu'ils se marient, ou qu'ils aient atteint l'âge de vingt-cinq ans accomplis : alors, il leur sera assigné sur le trésor national des rentes apanagères, dont la quotité sera déterminée à chaque époque par la Législature en activité ».

La loi du 21 décembre suivant avait fixé le taux des rentes apanagères dont devaient jouir les princes; mais elles avaient été supprimées par celle du 24 septembre

1792, et rétablies par le Sénatus-Consulte du 28 floréal
an XII, *art.* 15 : enfin le Sénatus-Consulte du 30 janvier
1810, tit. IV, avait établi à ce sujet de nouvelles règles.

Toujours par suite de cette même confusion que nous
venons de signaler dans cet article, on distinguait deux
sortes de biens Domaniaux, en France ; les uns *Doma-*
niaux, disait-on, *par la nature de la chose*, tels que la
mer, les fleuves, les rivières navigables, les grands chemins, les murs, remparts, fossés et contrescarpes des
villes (*) ; les autres qui n'étaient *Domaniaux*, que parce

(*) Aujourd'hui le Code civil porte : « *Art.* 538. Les chemins,
routes et rues à la charge *de la Nation*, les fleuves et rivières navigables ou flottables, les rivages, lais et relais de la mer, les
ports, les havres, les rades, et généralement toutes les portions
du territoire national qui ne sont pas susceptibles d'une propriété
privée, sont considérées comme des dépendances *du Domaine*
Public.

« *Art.* 539. Tous les biens vacans et sans maîtres, et ceux des
personnes qui décèdent sans héritiers, appartiennent *à la Nation*,

« *Art.* 540. Les portes, murs, fossés, remparts des places de
guerre et des forteresses, font aussi partie *du Domaine Public.*

« *Art.* 541. Il en est de même des terrains de fortifications et
remparts des places qui ne sont plus places de guerre ; ils appartiennent *à la Nation*, s'ils n'ont été valablement aliénés, ou si la
propriété n'en a pas été prescrite contre elle.

« *Art.* 542. Les biens communaux sont ceux à la propriété ou
au produit desquels les habitans d'une ou plusieurs communes
ont un droit acquis ».

— *Voy. aussi* la loi du 22 novembre 1790, *art.* 1, 2, 3.

ıqu'ils faisaient partie du Domaine dès le commencement ıde la monarchie, ou qu'ils y avaient été unis dans la ısuite ».

On distinguait donc de cette manière, le Domaine *ancien*, du Domaine *nouveau ou adventif.*

Dans le Domaine *ancien*, on comprenait les Villes et les Provinces dont les Rois avaient joui dès l'établissement de la Monarchie, les mouvances qui y étaient attachées et en général tout ce qu'ils possédaient, sans qu'on vît le commencement de cette possession. A quoi l'on ajoutait tout ce qui avait été réuni à la Couronne sans qu'on connût l'origine de l'acquisition ; parce que cette ignorance du principe de la possession faisait supposer qu'elle avait commencé au moment qu'ils avaient fait la conquête des Gaules.

Le Domaine *nouveau* était composé des terres et biens qui avaient été unis dans la suite au Domaine *ancien*, soit par l'avénement du Roi à la Couronne, soit par les successions qui leur étaient échues, soit par les acquisitions qu'il avait pu faire, à titre onéreux ou lucratif.

Les biens qui composaient le Domaine, soit ancien, soit nouveau, consistaient ou en immeubles réels, comme les villes, duchés, comtés, marquisats, fiefs, justices, maisons, ou en droits incorporels, comme le droit d'amortissement ou autres semblables.

Les immeubles réels qui dépendaient du Domaine donnaient lieu à la subdivision en *grand* et *petit* Domaine.

Le grand Domaine consistait en seigneuries ayant

justice haute, moyenne et basse, telles que les duchés, principautés, marquisats, comtés, vicomtés, baronnies, chatellenies, prévôtés, vigueries et autres, avec leurs mouvances, circonstances et dépendances.

Le petit Domaine consistait en divers objets détachés, et qui ne faisaient partie d'aucun corps de seigneurie. L'édit du mois d'août 1708 mettait dans cette classe les moulins, les fours, les pressoirs, les halles, les maisons, les boutiques, les échopes, les places à étaler, les terres vaines et vagues, les communes, les landes, les bruyères, les pâtis, les palus ou marais, les étangs, les boquetaux séparés des forêts, les bacs, les péages, les travers, les ponts, les droits de minage, de mesurage et d'aunage, les poids, les greffes, les tabellionages, les prés, les îles, les îlots, les accroissemens et attérissemens, les droits sur les rivières navigables, leur fond, lit, bords, quais et marchepieds, dans l'étendue de vingt-quatre pieds, les bras, courans, eaux mortes et canaux, soit que ces bras et canaux fussent navigables ou non, les places qui avaient servi aux fossés, remparts et fortifications, tant anciennes que nouvelles, de toutes les villes du royaume, et l'espace étant au dedans de ces villes, près des murs, jusqu'à concurrence de neuf pieds, soit que les villes appartinssent au Roi ou à des seigneurs particuliers (*).

(*) On en considérait l'aliénation à titre de propriété incommutable comme permise, par la raison que l'exploitation en était dispendieuse et le revenu modique.

Charles IX, par l'édit donné à Moulins, en février 1666, ordonna qu'attendu l'utilité et la nécessité de mettre en culture

Les immeubles réels pouvant être dans la main du Roi ou hors de sa main, cela formait une autre division du Domaine, *engagé* et *non engagé.*

Le Domaine engagé était celui que le Roi cédait à titre d'engagement, soit par concession en apanage, sous condition de réversion à la Couronne, soit par vente, sous faculté de rachat perpétuel, expresse ou tacite.

Les droits incorporels faisant partie du Domaine se subdivisaient également suivant leur nature. Les uns dépendaient de la Souveraineté, et étaient dits *Domaniaux par essence*, comme le droit de directe universelle, les droits d'amortissement, de francs-fiefs et de nouveaux acquêts, le droit d'aubaine, le droit de légitimer les bâtards par lettres-patentes, et de leur succéder exclusivement, hors les cas où les hauts-justiciers y étaient fondés; les droits d'anoblissement, de grande voierie, de varech sur certains effets, de joyeux avénement, de régale, de marc d'or; le droit appelé *Domaine et Barrage*, les droits sur les mines, les droits des postes et messageries, les droits de créer des offices, d'établir les foires et mar-

---

et labour *les terres vaines et vagues, prés, palus et marais vacans* appartenans au Roi, il en serait fait aliénation à perpétuité, à cens, rentes et deniers d'entrée modérée, sans que ces aliénations pussent être dans la suite révoquées pour quelque cause et occasion que ce fût: cet édit avait été enregistré au Parlement de Paris le 27 mai suivant.

Louis XIV a rendu plusieurs ordonnances semblables. La déclaration du 8 avril 1672 est une des principales. (*Voy.* entre autre, le Nouv. Répert. de Merlin, *verbo* Domaine Public, et *Ibid.* § 3, vol. III, p. 846).

chés, d'imposer et concéder les octrois de villes, d'accorder des lettres de regrat, les droits de contrôle des exploits et actes de notaires, et sous signature privée, d'insinuation, de centième denier et de petit scel.

Les autres droits incorporels n'étaient point considérés comme étant Domaniaux de leur nature, et dépendaient *du Droit de justice*, comme les droits de deshérence, de confiscation, de grueries, de grairies, de tiers et danger; les offices dépendans des terres domaniales, et par cette raison appelés domaniaux ou patrimoniaux; les amendes, les droits de bannalité, de tabellionage, de poids-le-Roi, de minage et d'épave.

D'autres droits incorporels et domaniaux étaient considérés comme n'étant attachés ni à la souveraineté ni à la justice; tels que les redevances en argent ou en grains, ou autre espèce de prestations; les rentes foncières sur des maisons situées dans des villes ou sur des héritages de la campagne, les droits d'échange dans les terres des seigneurs particuliers.

On divisait encore le Domaine en *Domaine muable*, qu'on donnait à ferme et dont le produit augmentait suivant les circonstances, comme les greffes, les tabellionages; en *Domaine immuable*, dont le produit était censé ne pas augmenter ni diminuer, comme les cens et les rentes; en *Domaine fixe*, dont l'existence était censée certaine et connue, et ne dépendre d'aucun événement; et en *Domaine casuel*, attaché à des événemens incertains, comme les droits de quint et requint, de reliefs, de rachats, de lots et ventes, les successions des au-

baines et des bâtards (aujourd'hui supprimés), les confiscations et les amendes.

Enfin, on reconnaissait encore plusieurs autres espèces
de Domaines, telles que le *Domaine forain*, consistant
en certains droits domaniaux qui se levaient sur des
marchandises lors de l'entrée ou sortie du royaume; et
le *Domaine en pariage*, c'est-à-dire les seigneuries et
autres biens, que le Roi possédait en commun avec des
seigneurs particuliers.

On distinguait aussi deux sortes de privilèges du
Domaine; les uns, tels que celui de l'Inaliénabilité,
étaient dits *inhérens*, comme étant destinés à l'usage du
prince pour le bien public. Les autres avaient rapport,
tant à la conservation du Domaine, qu'aux tribunaux où
les causes qui le concernent devaient être traitées, et à
la nature des actions dont il était susceptible.

Les privilèges qui avaient rapport à la conservation
du Domaine, consistaient en ce qu'il était affranchi de la
condition commune des autres héritages, suivant laquelle
ils sont susceptibles de toutes sortes de conventions,
donations, ventes, échanges et autres dispositions, et
sujets à la prescription; au lieu que le Domaine, considéré comme hors du commerce des hommes, ne pouvait
être ni aliéné ni prescrit (*).

(*) Le Code civil porte encore, liv. III, tit. xx, chap. 1.
art. 2226 : « On ne peut prescrire le domaine des choses qui ne
sont point dans le commerce ».

Mais il ajoute. *art.* 2227 : « La nation, les établissemens
publics et les communes sont soumis aux mêmes prescriptions
que les particuliers, et peuvent également les opposer ».

Les priviléges du Domaine, qui avaient rapport aux tribunaux où les causes qui les concernaient devaient être portées, consistaient en ce que la connaissance de ces causes ne pouvait appartenir aux juges des seigneuries, ni même à tous les officiers royaux, mais seulement à ceux à qui cette attribution avait été spécialement donnée, soit en première instance, soit par appel. De là, cette règle attestée par tous les auteurs, que, quoique le Domaine fût enclavé dans la justice d'un seigneur, il ne pouvait être soumis à sa justice, et qu'une terre qui y était soumise, cessait de l'être lorsqu'elle était acquise par le Roi.

Les priviléges qui avaient rapport à la nature des actions que le Roi pouvait intenter, étaient la préférence, sur les biens des fermiers de ses Domaines, fixée à trois différens objets, par un édit d'août 1669; sur les meubles et les deniers comptans, les immeubles et les offices; la contrainte par corps qui pouvait être exercée pour le paiement des revenus du Domaine, aux termes de l'article 5 du titre xxxiv de l'ordonnance de 1667; le droit de plaider main-garnie et d'obliger à la représentation des titres; le droit de se pourvoir même contre des arrêts contradictoires, ou par la voie de lettres de rescision contre des actes passés, soit au nom du Roi, soit au nom de celui qui l'avait précédé, à quelque titre que ce puisse être.

Enfin les priviléges du Domaine, qui avaient rapport à la nature des actions dont il était exempt, étaient de ne pouvoir être sujet, à aucune action de complainte, («Parce que, disait-on, cette action qui suppose une «voie de fait, une violence, et par conséquent une injus-

« tice, ne pouvait être intentée contre le Roi qui est la « source et la distribution de toute justice, sans blesser « le respect dû à la majesté du Prince ») ; et de ne pouvoir également être sujet à l'action du retrait lignager, (« par « la raison que, quand le Roi acquiert un héritage, on « devait présumer qu'il avait en vue le bien et l'utilité de « l'État, qui doit l'emporter sur l'objet qu'ont eu les cou- « tumes de conserver les héritages dans les familles »).

On ne pouvait pas non plus opposer, par exception contre le Domaine, la péremption d'instance, la com- pensation, la cession de biens, les lettres de répi, les lettres d'état, les lettres de bénéfice d'inventaire; et les causes qui le concernaient ne pouvaient être évoquées, même dans le cas où le procureur du Roi n'était pas seule partie, mais seulement intervenant dans une ins- tance commencée par un autre.

Après avoir d'abord entrevu combien il serait facile de simplifier et d'améliorer encore la législation dans cette partie importante et fondamentale ou constitution- nelle, il suffit sans doute d'avoir aussi jeté, ainsi que nous venons de le faire, un coup-d'œil en arrière et sur ce qu'était avant la Révolution, cette partie de l'an- cienne législation, pour reconnaître quelles étaient alors son obscurité, sa confusion, les abus, les déprédations qui en résultaient, les difficultés inextricables, les ver- satilités funestes qui se reproduisaient et se renouve- laient sans cesse, et dont le désordre et les maux toujours croissans n'ont pas peu contribué à produire le mécon- tentement général, et par suite les crises violentes de cette même Révolution.

35.

— On peut au surplus consulter sur cette matière, Chopin, Traité du Domaine; La Planche, Traité du Domaine; Pasquier, Recherches de la France; Dupuy, Traité des Droits du Roi; Bacquet, Traité de la Chambre du Trésor; Brillon, Dictionnaire du Droit français; Le Bret, Traité de la Souveraineté; De Réal, Science du gouvernement; De Beloi, Dissertation sur l'édit de 1607; le Dictionnaire des Domaines, au mot *Domaine*, n° 13; l'Ancien Répertoire de jurisprudence, par Guyot; et le Nouveau Répertoire, par Merlin, aux mots: *Apanage*, *Aliénation*, *Biens*, *Domaine*, *Échange*, *Engagement*, *Fisc*, *Inaliénabilité*, *Privilège*, etc. On peut voir aussi les Capitulaires des rois de France, le Recueil des Ordonnances de la troisième race; Husson, Mémoire sur la Baronnie de Montmirail; l'Abrégé chronologique de l'Histoire de France par le président Hénault; l'abbé Garnier, Continuateur de l'Histoire de France, par l'abbé Vely; De Thou, sur l'année 1607; Dutillet, Recueil des rois de France; Seyssel, la Grande Monarchie de France; l'Ordonnance de Moulins, 1566; les Registres du Parlement de Paris. *Lit de justice du 20 décembre* 1527; l'Edit du mois d'avril 1667, ceux du 29 décembre 1682, de mars 1695, d'août 1708; Lettres-patentes de 1590; la Loi contenant création de la Liste civile, du 9 juin 1790; celles du 21 septembre, 26 mai -1er juin, 22 novembre-1er décembre, 3-17 septembre 1792, 10 frimaire, 30 ventôse an II, 14 ventôse an VII, 16 pluviose an VIII, la Charte Constitutionnelle du 4 juin, et la loi du 8 novembre, 1814, etc., etc.

SECTION II.

Droit de Grace et de Commutation de Peine.

(Unique et seule Prérogative véritable de la Royauté).

> Sommaire. Qu'est-ce que la Prérogative ?
> Abolition du Droit de Grace en France ;
> Son Rétablissement ;
> Opinion de quelques auteurs sur cette matière ;
> Conclusion.

> « *Ejusdem ingenii est , delicto se obstringere , et delictorum sup-*
> « *plicia impedire ; omninò , aut hunc pœnas dare , aut Rem-*
> « *publicam interire , necesse est* ».

> « *Nulla erit distantia personarum : ita parvum audieris ut*
> « *magnum , nec accipietis cusjusquam personam , quia Dei*
> « *judicium est* ».

Le mot de *Prérogative* a, en Angleterre, aussi bien que celui de *Liste-civile* et quelques autres, une acception fort étendue. On l'emploie pour exprimer tous les droits, attributions et priviléges exercés par le Roi, comme Chef de la Puissance exécutive, par ses ministres et autres agens, et dont plusieurs cependant excèdent de beaucoup les

Qu'est-ce que la Prérogative ?

justes limites des attributions de cette Puissance (*a*).

En France, quelques hommes qui, sans doute, seraient bien aises de voir la chose même s'accroître, afin de l'appliquer d'autant plus facilement à leurs intérêts personnels, s'attachent, autant qu'ils le peuvent, à donner au nom un sens également fort étendu; mais, malgré leurs efforts, pour ceux qui raisonnent et qui donnent aux mots leur juste valeur, la signification de celui-ci est, et sera toujours infiniment plus restreinte. Il demeure, comme il l'a été jusqu'à ce jour, le synonyme de *privilége*, et non pas celui de *droit ;* il désigne un pouvoir, une faculté *exorbitante* ou qui ne se trouve pas ren-

---

(*a*) Les Rois d'Angleterre jouissent en outre de ce privilége, qu'on ne peut réclamer contre eux les frais de justice, et de celui d'être toujours payés de leurs débiteurs avant tous autres créanciers : ce qui semble provenir de ce que l'on confondrait encore dans ce pays, comme autrefois en France, les droits et priviléges du Roi avec ceux de l'État; droits qui doivent être cependant bien distincts en matière civile, et spécialement au sujet des contributions judiciaires... (*Voy.* la section précédente, pag. 514 *et suiv.*).

fermée dans la sphère des règles ordinaires du droit, ainsi que doivent l'être en général les attributions de la Puissance exécutive.

C'est en ce sens, que l'on peut dire avec raison que le Droit de Grace et de Commutation de peine est en effet l'unique, la seule *Prérogative* véritable de la royauté : car, l'exercice de ce droit emportant exception et dérogation à la loi, il semble que, par cette raison, il devrait naturellement se rattacher aux attributions de la Puissance de laquelle la loi doit exclusivement émaner; et cependant, il n'en est pas ainsi.

D'autres motifs péremptoires, pareillement fondés sur l'utilité, sur la nature même des choses, font qu'il en doit être autrement ordonné dans une monarchie bien constituée : 1° La nécessité de recourir aux Chambres essentiellement appelées à participer à l'exercice de la Puissance législative, lesquelles ne doivent pas être toujours assemblées (a), ne saurait se concilier et se coordonner avec l'exécution prompte que les décisions de la

---

(a) *Voy. ci-dessus*, 2ᵉ partie, vol. vi, pag. 255 *et suiv.*

Puissance judiciaire doivent y recevoir; 2° la loi ne devant statuer que d'une manière générale et sans application spéciale, sur un objet particulier (*a*), le Droit de Grace, dans les cas ordinaires, ne se trouve plus, sous ce rapport, aussi exactement circonscrit dans les termes des attributions naturelles de la Puissance législative; 3° le Roi, comme Chef de la Puissance exécutive, étant en partie chargé de cette application spéciale de la loi aux cas particuliers (*b*), tandis qu'il est en même temps l'une des trois branches nécessaires de la Puissance législative (*c*), il est évident que par lui seul peut être utilement exercé, qu'à lui seul doit être raisonnablement dévolu le Droit de Grace et de Commutation de peine, et que ce droit nécessairement transmis, sous un certain rapport, d'une Puissance à une autre Puissance, devient par là, sous ce rapport aussi, la véritable Prérogative de la Royauté, des soins et des travaux

(*a*) *Voy, ci-dessus*, vol. I, pag. 243 et 247; vol. IV, pag. 67 et 81.

(*b*) *Ibid.* entre autres, vol. IV, pag. 81.

(*c*) *Ibid.*, vol. V, pag. 583; et vol. VI, pag. 8 *et suiv.*

de laquelle il est naturel qu'il soit en même temps une juste récompense.

Considéré sous un autre point de vue, ce même Droit de Grace, peut encore être dit une *Prérogative* dans la personne du monarque; et cela, en ce qu'il doit être *directement* et *exclusivement* exercé par lui.

Anciennement, en France, plusieurs seigneurs et grands officiers, tels que le connétable, les maréchaux de France, les gouverneurs des provinces, etc., s'étaient arrogé le droit de donner des lettres de grace; mais par une ordonnance du 13 mai 1359, Charles V leur défendit de donner de pareilles lettres à l'avenir; et Louis XII réitéra cette défense en 1499.

Cependant, lorsque Charles VI établit le duc de Berri, son frère, pour son lieutenant dans le Languedoc, en 1380, il lui avait donné le pouvoir d'accorder des lettres de grace.

Louis XI permit aussi à Charles, duc d'Angoulême, d'en délivrer une fois dans chaque ville où il ferait son entrée.

Louis de Savoie, ayant obtenu le privilége de donner des lettres de grace dans le duché d'Anjou, s'en départit, lorsqu'il apprit que le parlement de Paris, avait délibéré de faire au Roi des remontrances à ce sujet.

Il est quelquefois arrivé que, dans les facultés des légats envoyés en France par la Cour de Rome, on a inséré le pouvoir de remettre le crime d'hérésie, dont les accusés pourraient être prévenus. Mais les parlemens ont toujours rejeté ces sortes de clauses. Le cardinal de Plaisance, légat, ayant, en l'année 1547, donné des lettres de grace à un clerc qui avait tué un soldat, il fut dit, par arrêt du 5 janvier 1548, qu'il avait été mal, nullement et abusivement procédé à l'entérinement de telles lettres par le juge ecclésiastique, et que, nonobstant ces lettres, le procès serait fait et parfait à l'accusé.

Les évêques d'Orléans donnaient aussi des lettres de grace à tous les criminels qui venaient se rendre dans les prisons d'Orléans, lors de leur entrée solennelle dans cette ville ; et, par succession de temps, le nombre de ces criminels s'accrut tellement qu'en 1707, il y en eut jusqu'à neuf cents, et, en 1733, il y en eut plus de douze cents. L'édit du mois d'avril 1758 restreignit ce privilége. Il ne fut plus exercé qu'à l'égard des crimes commis dans l'étendue du diocèse d'Orléans, tandis qu'autrefois il pouvait s'étendre à tous les criminels qui étaient dans les prisons de cette ville, lors de l'entrée de l'évêque, en quelque lieu que leur crime eût été commis.

Suivant une possession immémoriale, le Chapitre de l'église de Rouen avait aussi le privilége, à cause de la *fierte* ou *chasse* de Saint-Romain (a), de délivrer tous les ans, le jour de l'Ascension, un criminel et ses complices.

(a) Ce que Pasquier raconte dans ses *Recherches de la France*, sur l'origine de ce privilége, est assez curieux pour qu'on nous pardonne de le transcrire ici : «Vous entendrez « donc, s'il vous plait, dit-il, que les doyens, chanoines « et chapitre de l'église de Rouen tiennent pour histoire « très-véritable qu'ils ont apprise de mains en mains, de « tout temps immémorial, que sous le règne de Clotaire II, « il y eut un dragon, depuis appelé *Gargouille*, qui faisait « une infinité de maux aux environs de la ville, aux « hommes, femmes, petits enfans, ne pardonnant même « pas aux vaisseaux et navires qui étaient sur la rivière « de Seine, lesquels il bouleversait; que Saint-Romain, « lors archevêque de Rouen, meu d'une charité très— « ardente, se mit en prières et oraisons; et armé d'un sur- « plis et estole, mais beaucoup plus de la foi et assurance

La ville de Vendôme avait pareillement le droit de délivrer, tous les ans, un criminel, le vendredi avant les Rameaux, en conséquence d'un vœu solennel que fit Louis de Bourbon, comte de Vendôme, par un acte du 31 août 1428.

Il serait superflu, sans doute, de nous arrêter à démontrer longuement combien ces priviléges ainsi délégués étaient abusifs, et contraires à la plénitude de l'autorité souveraine et aux droits de la justice distributive. L'auteur de l'Abrégé de la République de Bodin dit à ce sujet : « Le droit d'accorder des

---

« qu'il avait en Dieu, ne doubta de s'acheminer en la
« caverne où cette hideuse bête faisait son repaire;
« qu'en ce grand et mystérieux exploit, avant que de
« partir, il se fit délivrer par la justice un prisonnier
« condamné à mort, comme il était sur le point d'être
« envoyé au gibet ; que là il dompta cette bête indomp-
« table, lui mit son estole au col et la bailla à mener au
« prisonnier, à quoi elle, devenue douce comme un
« agneau, obéit, jusqu'à ce que, menée en laisse dedans
« la ville, elle fut arse et brûlée devant tout le peuple :
« victoire dont Saint-Romain ne voulut rapporter autre
« trophée que la pleine délivrance du prisonnier qui était
« condamné à mort, qui lui fut libéralement accordée.
« Mais Saint-Ouin, son successeur, le voulant renvier
« sur lui, pour immortaliser ce miracle, obtint du roi

graces aux criminels, ne devrait jamais être cédé ni communiqué. Il y en a cependant des exemples. L'évêque d'Orléans en jouissait à son sacre. On resserre ce droit, on le restreint; on devrait l'abolir. C'est un abus qui est le fruit d'une pitié mal-entendue. François I permit au duc de Lorraine de condamner et d'absoudre dans le duché de Bar; son procureur-général s'en plaignit à lui-même, il lui fit apercevoir quelles en étaient les consé-

---

« Dagobert, fils de Clotaire II, que de là en avant les
« doyen, chanoines et chapitre pourraient, tous les ans,
« au jour et fête de l'Ascension, faire congédier des pri-
« sons celui qui se trouverait avoir commis le plus exé-
« crable crime, à la charge de lever et porter la *fierte* et
« *châsse* de Saint-Romain en une procession solennelle qui
« se ferait tous les ans; auquel cas il obtiendrait une abo-
« lition générale, tant pour lui que pour ses complices,
« (voire pour le plus scéléré de la troupe), ores qu'ils ne
« fussent entrés aux prisons. Que ce privilége avait été
« continué de temps en temps jusqu'au règne du roi
« Philippe-Auguste, lequel ayant réuni à la Couronne
« toute la Normandie, dont auparavant l'Anglais jouis-
« sait, pour s'éclaircir de tout ce que dessus, décerna
« sa commission à Robert, archevêque de Rouen, et
« Guillaume de la Chapelle, chastelain de l'Arche (de
« Pont de l'Arche), qui firent appeler devant eux, le

quences; ses représentations eurent leur effet.
On exigea d'Antoine, et après lui, de François,
ducs de Bar, des déclarations formelles. Elles
portent qu'ils n'usaient de cette Prérogative
que par tolérance. Il eût encore été mieux de
révoquer la permission » (*a*).

Mais au moins, il importe de le remarquer, tous ces priviléges n'étaient pas entièrement illimités; l'usage ou la loi y apportaient
quelques bornes et restrictions: par exemple,
ils ne pouvaient pas être exercés relativement

« jour de Saint-Pierre et Saint-Paul, en l'église de Saint-
« Ouin, trois ecclésiastiques, Henri, chantre, Raoul,
« archidiacre, Guillaume de Castenay, chanoine; trois
« gentilshommes, Jean Després, Luc son fils, Robert de
« Flêches; trois citoyens de la ville de Rouen, Jean
« Froissart, Laurent Turrelieu et Jean Luce; tous les-
« quels, après serment par eux fait, déclarèrent, sur
« l'obscurité qui lors se présentait, que du temps de
« Henri et Richard, rois d'Angleterre et ducs de Nor-
« mandie, ils n'avaient jamais vu ce privilége révoqué
« en doubte; que même pendant la prison de Richard en
« Allemagne, n'ayant été aucun prisonnier délivré, sou-
« dain après qu'il eut main-levée de sa personne, on en
« délivra deux au chapitre pour suppléer le défaut de la
« précédente année ».

(*a*) Abrégé de la Républ. de Bodin, tom. 1, pag. 194.

à certains crimes déclarés irrémissibles par les Ordonnances du royaume, tels que le crime de lèse-majesté au premier chef, la fausse monnaie, le duel, l'assassinat prémédité, l'empoisonnement, le viol, etc., etc.

Ils furent tous abolis par le code pénal du 25 septembre 1791, lequel avait même enlevé au Roi le droit de faire grace. *L'art.* 13, titre VII, 1re partie de cette loi, était ainsi conçu : « L'usage de tous actes tendant à empêcher ou à suspendre l'exercice de la justice criminelle, l'usage des lettres de grace, de rémission, d'abolition, de pardon et de commutation de peines, sont abolis pour tout crime poursuivi par voie de jurés ».

Par suite de cette même loi, un décret en date du 3 septembre 1792, et un autre décret du 29 juin 1793, déterminèrent, l'un le mode des demandes en commutation de peines prononcées antérieurement à l'institution du jury, et l'autre, les formalités à remplir par les condamnés antérieurement à cette époque, pour faire procéder à un nouveau jugement.

Mais nous n'avons pas besoin d'entrer dans l'examen et l'appréciation de ces disposi-

Abolition du Droit de Grace en France.

Rétablissement du Droit de Grace en France.

tions législatives, transitoires ou de pure circonstance ; il nous suffit de constater l'état
de la législation actuelle à cet égard , et,
pour cela , de rappeler que le Droit de Grace ,
rétabli en faveur du Chef du gouvernement,
par le Sénatus-Consulte organique de la constitution du 4 août 1802 (16 thermidor an X),
a été consacré par la Charte Constitutionnelle
du 4 juin 1814.

L'article 86, tit. x, de ce Sénatus-Consulte
était ainsi conçu : « Le premier consul a droit
de faire grace. Il l'exerce après avoir entendu , dans un Conseil privé, le grand-juge ,
deux ministres , deux sénateurs , deux conseillers d'état , et deux juges du tribunal de
cassation ».

L'article 68 de la Charte porte seulement :
« Le Roi a le droit de faire grace, et celui de
commuer les peines ».

Or, d'après cette dernière rédaction sur-
tout, il paraît évident que, si ce droit est aujourd'hui, ainsi qu'il doit l'être, strictement
inhérent à la personne du monarque, que si,
sous ce point de vue, ce droit peut encore
être considéré comme une véritable préroga-

tive dont le Roi doit user exclusivement et directement, par lui-même, et sans délégation, il n'est d'un autre côté aucune sorte de règle, de restriction et limitation apportées à la faculté d'en faire usage : ce qui n'est peut-être pas non plus exempt de véritables inconvéniens.

Pour être mieux en état de les apprécier, nous commencerons par rapporter les opinions de quelques publicites relativement à l'existence et à l'exercice de ce droit; et nous ferons connaître ensuite, suivant la méthode à laquelle nous nous sommes conformés jusqu'ici, notre propre opinion, c'est-à-dire les conclusions que, d'après cet exposé et ces développemens, nous croyons convenable de déduire et d'adopter sur cette matière.

Opinions de quelques auteurs sur la question.

Cicéron dit que, si on fait grace aux condamnés, si on délie leurs fers, la chute de la république est assurée (*a*).

Totila, roi des Goths, tenait, à peu près dans les mêmes termes, un discours plus sé-vère aux personnes de sa cour qui imploraient

(*a*) Orat. vii, *in Verrem.*

son indulgence pour un coupable : « commettre un délit ou s'opposer à son châtiment, disait-il, c'est être animé du même esprit; il faut que les méchans soient punis ou que l'empire s'écroule. *Ejusdem ingenii est, delicto se obstringere, et delictorum supplicia impedire; omninò, aut hunc pœnas dare, aut Gothorum rempublicam interire, necesse est».*

Machiavel soutient que les crimes, les délits, les plus simples infractions de la loi, ne sauraient être rachetés par l'éclat des plus brillantes actions, par les actes de dévouement, de générosité, de courage, par les plus éminens services rendus à l'État. « Si, dit-il, un citoyen qui aura rendu quelque service signalé à la société, vient à joindre au crédit et à la réputation que ce service lui donne, la hardiesse et l'assurance de pouvoir faire impunément quelque mauvaise action, il deviendra, avant peu, si insolent qu'il sera capable de renverser la république ». Et de là, l tire cette induction, «que ce fut avec autant de raison et de sagesse que de justice, qu'à Rome l'on n'eut aucun égard aux services que Manlius avait rendus à la patrie, et qu'on le condamna à être précipité du haut de ce même capitole qu'il avait peu auparavant défendu avec tant de gloire » (*a*).

Filangiéri considère la question sous un point de vue différent, et la résoud néanmoins dans le même sens. Voici comment il s'exprime : « Si la loi doit condamner, et le prince pardonner, les lois, au lieu d'arrêter les actes de violence particulière, seront entre les mains d'un tyran, des moyens toujours sûrs pour opprimer les membres de la société, qui n'ont pas su obtenir sa faveur. Elles seront un objet de ridicule et de mépris pour l'esclave audacieux, qui peut les violer avec impunité, sous les auspices d'un courtisan ou d'une femme en crédit. Le principal intérêt des citoyens sera donc, non d'obéir aux lois, mais de plaire au maître. Le juge qui a vendu la justice, le magistrat qui s'est rendu coupable de concussion et d'extorsion, le général qui a sacrifié à son intérêt la sûreté et la gloire de sa patrie, le ministre qui s'est servi

---

(*a*) Disc. polit. sur la première Décade de Tite-Live, liv. 1, chap. xiv.

de son pouvoir pour enrichir sa famille et opprimer ses rivaux, n'auront besoin, pour
échapper à la punition de leurs crimes, que
de livrer une partie de leurs richesses à la
maîtresse ou à l'ami du prince. La sévérité de
la loi ne frappera que le malheureux qui n'a
pu s'élever au-dessus d'elle, par la multiplicité de ses crimes » (a).

Le célèbre auteur du Traité des délits et
des peines, Beccaria, dont on ne saurait suspecter l'humanité, la philantropie, se montre
néanmoins de même peu favorable à l'exercice de ce droit d'exception, à cette prérogative. « Le meilleur frein du crime n'est
pas, dit-il avec beaucoup de raison, la sévérité de la peine, mais la certitude d'être puni. De là, dans le magistrat, la nécessité de
la vigilance et de cette inexorable sévérité,
qui, pour être une vertu utile, doit être
accompagnée d'une législation humaine et
douce. La certitude d'un châtiment modéré
fera toujours une plus forte impression que

(a) Science de la Législat., tom. v, liv. iii, ch. xxxii,
pag. 254.

la crainte d'une peine plus sévère, jointe à l'espérance de pouvoir l'éviter. Les maux, quelque légers qu'ils soient, lorsqu'ils sont certains, effrayent les hommes, au lieu que l'espérance qui leur tient souvent lieu de tout, éloigne de l'esprit du scélérat la crainte des maux les plus grands, pour peu qu'elle soit fortifiée par les exemples d'impunité que l'avarice ou la faiblesse accorde souvent....

« A mesure que les peines deviennent plus douces, la clémence et le pardon sont moins nécessaires. Heureuse la nation où on ne donnerait pas à ces deux actes le nom de vertus : car la clémence, qui a quelquefois été pour les princes un supplément aux qualités qui leur manquaient pour remplir les devoirs du trône, devrait être bannie d'une bonne législation où les peines seraient douces, et la jurisprudence criminelle moins imparfaite. Cette vérité semblera bien dure à ceux qui vivent sous le désordre de la législation actuelle, dans lequel le pardon et les graces sont nécessaires, en raison même de l'atrocité des peines et de l'absurdité des lois. Le droit de faire grace est une des plus belles

prérogatives du trône; mais ce droit, accordé
aux dispensateurs bienfaisans de la félicité publique, est une désapprobation tacite des lois
elles-mêmes. La clémence est la vertu du législateur, et non de l'exécuteur des lois; elle
doit éclater dans le code, et non dans les jugemens particuliers. Faire voir aux hommes
que le crime se pardonne, et que la peine n'en
est pas toujours la suite nécessaire, c'est nourrir en eux l'espérance de l'impunité, et leur
faire croire que les peines que subissent ceux
à qui on ne pardonne point, sont plutôt des
actes de violence et de force, que des actes
de justice. Le souverain, en faisant grace,
livre la sûreté publique au pouvoir d'un particulier, et dans un acte privé, dicté par une
bonté aveugle, prononce un décret général
d'impunité. Que les exécuteurs des lois soient
donc inexorables, mais que le législateur soit
indulgent et humain. Architecte habile, qu'il
élève l'édifice de la félicité publique sur la
base de l'amour que tout homme a pour
son bien-être, et qu'il sache faire résulter le
bien général du concours des intérêts particuliers de chacun. Il ne sera pas forcé à sé-

parer ensuite, par des lois particulières et par des moyens peu réfléchis, le bien de la société du bien des particuliers, et d'établir par la crainte et la défiance, le simulacre du bonheur public » (a).

— « Il faut, dit un autre auteur, il faut ajouter à la grandeur de la peine tout ce qui lui manque du côté de la certitude. Moins les peines sont certaines, plus elles doivent être sévères; plus elles sont certaines, plus on doit diminuer de leur sévérité.

« Que dire d'un pouvoir établi précisément pour les rendre incertaines? Telle est cependant la conséquence immédiate du pouvoir de pardonner.

« Dans l'espèce comme dans l'individu, l'âge des passions précède celui de la raison. La colère et la vengeance ont dicté les premières lois pénales. Mais lorsque ces lois grossières, fondées sur des caprices et sur des antipathies, commencent à choquer un public éclairé, le pouvoir de pardonner, offrant une sauve-garde contre la rigueur sanguinaire

---

(a) Traité des Délits et des Peines, § 26.

des lois, devient, pour ainsi dire, un bien comparatif, et l'on n'examine pas si ce prétendu remède n'est pas un nouveau mal.

« Que d'éloges prodigués à la clémence! on a répété mille fois qu'elle est la première vertu d'un souverain. Sans doute, si le délit n'est qu'une atteinte à son amour-propre, s'il s'agit d'une satire qui tombe sur lui ou sur ses favoris, la modération du prince est méritoire, le pardon qu'il accorde est un triomphe sur lui-même; mais quand il s'agit d'un délit contre la société, le pardon n'est plus un acte de clémence, c'est une prévarication réelle.

« Dans les cas où la peine ferait plus de mal que de bien, après des séditions, des conspirations, des désordres publics, le pouvoir de pardonner n'est pas seulement utile, il est nécessaire. Ces cas étant prévus et indiqués dans un bon système législatif (a), le pardon qui s'y applique n'est point une viola-

---

(a) Quelque Système législatif que l'on puisse concevoir, les cas dont parle ici l'auteur ne pourront jamais y être prévus et indiqués : la moindre réflexion suffit pour le concevoir.

tion, c'est une exécution de la loi. Mais pour ces pardons non motivés, effets de la faveur ou de la facilité des princes, ils accusent les lois et le gouvernement, les lois d'être cruelles envers les individus, ou le gouvernement d'être cruel envers le public. Il faut que la raison, la justice, l'humanité manquent quelque part : car la raison n'est pas en contradiction avec elle-même; la justice ne peut pas détruire d'une main, ce qu'elle a fait de l'autre; l'humanité ne peut pas ordonner d'établir des peines pour la protection de l'innocence, et d'accorder des pardons pour l'encouragement du crime.

« Le pouvoir de pardonner, dit-on, est la plus noble prérogative de la couronne. Mais, cette prérogative ne pèse-t-elle jamais dans les mains qui l'exercent? Si, au lieu de procurer au prince un amour plus constant de la part des peuples, elle l'expose aux caprices des jugemens, aux clameurs, aux libelles; s'il ne peut ni céder aux sollicitations sans être soupçonné de faiblesse, ni se montrer inexorable sans être accusé de dureté, où est donc la splendeur de ce droit dangereux? Il me

semble qu'un prince humain et juste re-
grettera souvent d'être exposé à ce combat
entre les vertus publiques et privées.

« L'homicide au moins (s'il a été prémédité) doit toujours faire une exception. Celui qui aurait le droit de pardonner ce délit
serait maître de la vie de tout le monde.

« Résumons ces idées : si les lois sont trop
dures, le pouvoir de faire grace est un correctif,
mais ce correctif est un autre mal. Faites de
bonnes lois, et ne créez pas une baguette
magique qui ait la puissance de les annuller.
Si la peine est nécessaire, on ne doit pas la
remettre ; si elle n'est pas nécessaire, on ne
doit pas la prononcer » (a).

On peut aussi citer ici ce que l'auteur du
Traité de l'Institution d'un prince, dit en po-
sant les règles qu'il regarde comme nécessaires à suivre de la part de ce prince pour
qu'il ne commette aucune faute contre la jus-

(a) (BENTHAM. Princ. du Code pénal, tom. II, 3ᵉ part.,
chap. x. *Du Pouvoir de Pardonner*, pag. 432).

— *Voy. aussi* BURLAMAQUI. Principes du Droit de la
nature et des Gens, tom. VII, 2ᵉ part. , chap. XI, n. 99,
pag. 91. *Edit.* 1768.

tice qu'il doit à ses sujets. Suivant lui, « le prince doit se rendre inexorable dans les occasions où le public attend de lui une invincible fermeté. Il ne souffrira ni concussions, ni violences. Il n'accordera jamais de grace aux crimes également lâches et noirs, tels que l'assassinat et l'empoisonnement. Il aura pitié du peuple, et non de ceux qui l'oppriment. Il sera plein de compassion pour le faible, pour le pauvre, pour l'innocent, et non pour celui qui s'en est rendu indigne, en devenant injuste » (*a*).

C'est dans ce même esprit, et par des vues qui ne sont certainement pas dépourvues de prévoyance et de sagesse, que l'on a plus d'une fois proposé de ne pas admettre le Droit de Grace en faveur de ministres convaincus de crimes et de prévarications, comme étant évidemment dans ce cas, de nature à rendre leur responsabilité entièrement vaine et illusoire (*b*).

(*a*) Institution d'un Prince, etc., tom. 1, 2ᵉ part., chap. iv, pag. 59.

(*b*) Nous aurons lieu par la suite de traiter cette question. *Voy. ci-après*, § 2.

L'auteur du Traité sur les lois pénales dit, dans un sens analogue à celui qui a en général pour objet l'adoption de restrictions à apporter à l'exercice de ce Droit de Grace : « Un prince humain résiste difficilement à l'expression du repentir, aux larmes de l'infortune, aux sanglots d'une famille désolée ; mais la loi peut venir à son secours et réprimer une sensibilité que ses effets rendraient nuisible.

« Chez les Visigoths, le Roi, pour certains crimes, était soumis, lorsqu'une compassion naturelle l'entraînait vers l'indulgence, à n'y pas céder sans obtenir l'assentiment des premiers hommes de la religion et de l'empire (a).

« En Angleterre, on a mis au droit de faire grace plusieurs restrictions utiles, quoique le nombre n'en soit pas suffisant. La première tient à la liberté *publique* (ou plutôt *individuelle*) (b). Emprisonner un citoyen hors du

(a) *Voy. Leges Wisigothorum*, lib. vi, tit. vii.
(b) *Voy. ci-dessus*, la distinction établie à cet égard, vol. 1, pag. 66, note (a) de la pag. 64.

royaume est un délit que le Roi même ne
peut pardonner. Il ne peut davantage pardonner à l'offenseur au détriment de l'offensé,
et sa pitié est forcée de se taire dans tous les
procès criminels instruits à la requête d'une
partie civile. Dans ceux même qui sont instruits en son nom, s'il y a eu un dommage
public, tant qu'il n'est pas réparé, la Prérogative royale est suspendue. Enfin, la clémence du Roi peut s'exercer envers les citoyens que le Parlement a condamnés; mais
elle ne peut les soustraire à la publicité de
l'accusation et du jugement. La Chambre des
Communes déclara nul et illégal le pardon
que Charles II avait accordé au comte de
Danby, pour arrêter les poursuites judiciaires;
et le principe a, depuis, été consacré par
une déclaration solennelle » (*a*).

En effet, Blackstone dans ses Commentaires,
dit : «Les pouvoirs de la Couronne paraissent
avoir été considérablement restreints et di-
minués depuis le règne de Jacques I; parti-

(*a*) Pastoret. Lois pénales, tom. 1, 1re part., ch. iv,
pag. 46.

culièrement par l'abolition de la Chambre étoilée et des Cours de haute commission sous Charles I; par l'abandon que fit ce même prince de l'usage de la loi martiale, et du pouvoir de lever des taxes sur les sujets; par la cessation de l'application des lois *forestières* tombées en désuétude depuis un siècle; et par d'excellentes mesures adoptées par Charles II, entre autres l'abolition des tenures militaires, celle du droit de *pourvoirie* et de *préemption*, l'acte *d'habeas corpus*, l'acte pour empêcher qu'il s'écoulât plus de trois ans sans assemblée du parlement; et, depuis la Révolution, par la force et l'énergie des termes qui déterminent nos libertés dans le bill des droits et dans l'acte de réglement pour la succession au trône; par l'acte pour les élections triennales devenues depuis septennales; par l'exclusion de divers titulaires d'offices, de la Chambre des communes; par l'indépendance qu'assurent aux juges la permanence de leurs siéges, l'importance et la fixité de leurs traitemens; et enfin, *par la restriction apportée au droit du Roi de faire grace, pour qu'il ne puisse empêcher l'effet des accusations portées par le Parlement* (a).

A ce sujet, nous citerons encore le passage suivant du même auteur, jusqu'ici trop peu connu en France, et qui n'y sera bien apprécié que par la publication de la nouvelle traduction dont nous avons dès à présent l'avantage de pouvoir faire usage. « Si l'on ne peut éviter le jugement, ou faire surseoir à son exécution, par l'un de ces moyens d'exception, la grossesse, la démence, la non identité, ou autre allégation, la dernière ressource et la plus sûre, c'est de recourir au Roi et d'implorer le *pardon*, que la plus douce des prérogatives de la Couronne lui donne le droit d'accorder. La loi, dit un habile écrivain, ne peut prendre pour base, des principes de compassion à l'égard du coupable ; et cependant, suivant la constitution Anglaise, la justice doit s'administrer *avec merci* : le Roi le promet par le serment qu'il prête lors de son couronnement ; et l'accomplir en ce point, c'est l'acte de son gou-

---

(a) Blackstone. Commentaires sur les Lois anglaises, tom. 1, liv. 1, chap. viii.

vernement qui lui est le plus personnel, qui est le plus entièrement de lui (a). Le Roi ne condamne lui-même personne. Il laisse cette pénible tâche à ses cours de justice; le plus magnifique des actes du prince, c'est de faire miséricorde. Nos anciens Saxons regardaient ce pouvoir de pardonner comme dérivant *à lege suæ dignitatis* (b). Et il a été déclaré en parlement, par le statut de la vingt-septième année du règne de Henri VIII, chap. II, que le Roi seul a le pouvoir de remettre ou pardonner un crime quelconque de trahison ou de félonie, et que ce pouvoir est une attribution exclusive et inséparable de la Couronne impériale de ce royaume (c).

« C'est réellement un des grands avantages de la monarchie en général, sur toute autre forme de gouvernement, que d'avoir un premier magistrat dont le pouvoir s'étende à faire grace, quand il juge qu'elle est méritée,

---

(a) Law of forfeit 99.

(b) LL. Edw. conf. c. 18.

(c) « Et ce pouvoir n'appartient qu'au Roi *de facto*, et non au Roi *de jure*, tant que l'usurpation dure ». (Bro. abr. 1. *Charter de pardon*, 22).

et qui forme en lui-même une sorte de Cour d'équité dont la clémence adoucit la rigueur de la loi générale à l'égard des criminels en faveur desquels la peine semble pouvoir être remise.

« Quelques Théoriciens (Beccaria, ch. XLVI) ont pensé que le droit de pardonner devait être exclus d'une législation perfectionnée, où les peines seraient douces, mais certaines; attendu que la clémence du prince est une improbation tacite de la loi. Mais l'exclusion de ce droit a pour conséquence nécessaire de laisser aux juges ou aux jurés le pouvoir très-dangereux d'interpréter la loi criminelle d'après l'esprit et non d'après la lettre de ces lois (*ibid.* chap. IV); ou bien il faut regarder comme une règle, ce que personne n'approuvera sérieusement, que la position du criminel, et toutes les circonstances qui lui sont relatives ne doivent pas apporter de différence dans la punition, lorsque d'ailleurs elles ne changent pas la nature du crime.

« Dans les démocraties, ce droit de pardonner ne peut subsister : car sous une pareille forme de gouvernement, on ne connaît rien

au-dessus du magistrat qui administre la justice; et il serait impolitique de réunir en un
seul et même individu, le double pouvoir de
juger et de pardonner. Cela l'obligerait souvent, comme l'observe Montesquieu (Esprit
des Lois, liv. vi, chap. v), à se contredire
lui-même, à rendre et retracter ses décisions;
cela tendrait à confondre toutes les idées du
droit dans l'esprit du peuple, qui aurait
peine à distinguer si le prisonnier a été ac-
quitté comme innocent, ou s'il a obtenu sa
grace par faveur (a). Aussi, en Hollande,
lorsqu'il n'y a pas de Stathouder, aucun autre
membre du gouvernement n'a le droit de faire
grace.

« Mais, dans les monarchies, le Roi est placé
dans une sphère supérieure; et quoiqu'il dirige le Gouvernement entier, comme premier
moteur, cependant il ne se manifeste dans
aucune des parties de ce Gouvernement, qui
ont quelque chose de désagréable ou d'odieux.

(a) C'est relativement aux États monarchiques que
M. de Montesquieu fait ces réflexions. — *Voy*. l'Esprit
des Lois, livre et chapitre cités par Blackstone.

Quand la nation le voit agissant en personne,
ce n'est que comme s'occupant des fonctions
de la législature, ou se montrant dans les occasions d'apparat, ou donnant des preuves
de clémence et de miséricorde. Le peuple ne
le considère donc que comme la source des
grâces et de l'indulgence; et ces actes répétés
de bonté, émanant immédiatement de sa
propre main, rendent le monarque cher à ses
sujets, et contribuent plus que toute autre
chose à graver dans leurs cœurs cette affection
filiale et ce dévouement pour sa personne
qui sont les plus fermes appuis d'un prince.

« Examinons rapidement 1° *l'objet* du pardon; 2° *la manière* de pardonner ; 3° la méthode *d'accorder* le pardon ; 4° *l'effet* du pardon, quand il est accordé.

« 1° D'abord le Roi peut pardonner toutes
les offenses contre la couronne ou le public,
sauf quelques exceptions : 1° aux termes de
l'acte *d'habeas corpus* (31 Car. II , c. 1),
le Roi même ne peut faire grace du *prœmunire (a)* encouru par l'emprisonnement hors

(a) *Voy.*, pour la définition de ce mot *prœmunire*, les
Commentaires, liv. IV , chap. VIII.

du royaume, d'un individu quelconque; disposition qui a pour but de préserver la liberté
des sujets. 2° Le Roi ne peut faire grace, lorsque la poursuite de l'offenseur intéresse principalement un particulier : *Non potest rex
gratiam facere cum injuriâ et damno aliorum.*
Ainsi, dans les *appels* de toute espèce, poursuites qui s'intentent non par la couronne,
mais par la partie lésée, le poursuivant peut
bien se désister de la poursuite, mais le Roi
ne peut pardonner (3 Inst. 236 237). De
même, il ne peut pardonner les *nuisances*
publiques, tant qu'on n'y a pas porté remède;
ou l'effet du pardon ne peut être d'empêcher
qu'on abatte ce qui nuit ainsi au public, quoique le Roi puisse remettre l'amende encourue
pour ce genre de délit. C'est bien au Roi, à
la vérité, qu'est attribuée la poursuite en pareil cas, pour éviter la multiplicité des procès; mais, tant que la *nuisance* commune
subsiste, elle est plutôt, par sa nature, un
tort *privé* envers chacun des habitans du
voisinage, qu'un tort *public* (*a*). Enfin, le Roi

(*a*) 2 Hawk. P. C. 391.

ne peut remettre une offense contre un statut
pénal intéressant le peuple, quand *l'information* (*a*) en est déférée : car alors, le dénonciateur a droit sur une part dans l'amende;
c'est une propriété *privée* qu'il a acquise (*b*).

« Il y a encore une restriction de nature
particulière, à la prérogative de faire grace,
dans le cas des *impeachments,* c'est-à-dire
des accusations en parlement par la Chambre
des communes; on ne peut, en pareil cas,
faire valoir le pardon du Roi, comme moyen
d'opposition pour empêcher l'enquête et la
poursuite contre des accusés de haut rang et
pour délits notoires. Ainsi lorsque, sous le
règne de Charles II, le comte de Danby fut
accusé de haute trahison et autres délits, par
la Chambre des Communes, et que, pour
barrer l'accusation, il voulut s'autoriser du
pardon du Roi, la Chambre des communes ob-
serva (*c*) qu'il n'y avait pas d'exemple jusque
là, qu'une personne étant accusée en parle-

(*a*) *Voy.*, pour la définition de ce mot *Information*,
les Commentaires, liv. iv, chap. xxiii.

(*b*) 3 Inst. 238.

(*c*) Journal des Comm., 28 avril 1679.

ment pour haute trahison ou autres crimes
graves, par la Chambre des Communes, il lui
eût été accordé le pardon, *l'accusation étant
pendante*; et en conséquence, il fut par elle
résolu (a) que ce pardon que l'accusé opposait,
était nul et illégal, et ne devait pas être admis comme *barrant* l'accusation des Communes de l'Angleterre; elle appuya cette résolution près de la Chambre des Pairs, sur le
motif que « si l'on admettait un pareil em-
« pêchement, on rendrait inutiles et sans effet
« les accusations parlementaires; car, ce point
« admis, ou seulement restant douteux, il
« faudrait renoncer totalement pour l'avenir
« à former ces accusations, et l'institution la
« plus importante pour la sûreté du gouver-
« ment, serait ainsi détruite » (b). Aussitôt
après la Révolution, les Communes renou-
velèrent cette réclamation, et arrêtèrent par
leur délibération, « que le pardon ne pouvait
« être opposé pour *barrer* une accusation par-
« lementaire » (c). Enfin, il fut décidé par

(a) Journal des Communes, 5 mai 1679.
(b) *Ibid.*, 26 mai 1679.
(c) *Ibid.*, 6 jan, 1689.

l'acte de réglement pour la succession au trône (*a*) « qu'un acte de pardon délivré sous « le grand sceau d'Angleterre ne pourrait être « opposé comme empêchement à une accusa- « tion par les Communes en parlement ». Mais il ne s'ensuit pas qu'après cette accusation solennellement entendue et jugée, le droit royal de faire grace continue d'être res- treint ou sans effet : car après l'accusation par la Chambre des Communes en parlement, et *l'attainder* des six lords rébelles en 1715, trois d'entre eux obtinrent de la Couronne des sursis qui furent renouvelés, et enfin le Roi leur fit grace.

« 2° Quant au *mode du pardon et à ce qu'il doit exprimer* ; 1° les Lettres de Grace doivent être expédiées sous le *grand-sceau*. Un acte de pardon sous le *sceau-privé* ou la signature du Roi, est bien une autorité suffisante pour ad- mettre l'accusé à caution, afin qu'il puisse faire valoir en sa faveur la grace du Roi, quand elle a été obtenue dans la forme con- venable ; mais cet acte n'est pas complet par

---

(*a*) 12 et 13 W. II. c. 2.

lui-même et irrévocable (*a*). 2° Il est de règle
générale que le pardon est nul, si l'on peut
raisonnablement présumer que le Roi a été
trompé (*b*). Ainsi la suppression de ce qui
est de fait, et l'énonciation de ce qui est
faux, sur un point quelconque, dans une
charte de pardon, la rend nulle dans son entier : car le Roi a été mal informé (*c*). 3° Un
pardon en termes généraux n'a pas un effet
certain : un pardon · pour toutes félonies ne
s'applique point à une conviction ou à un
attainder pour félonie ; car il est à présumer
que le Roi n'a pas été instruit de ces circonstances de l'affaire : il faut que la conviction

---

(*a*) 5 St. Tr. 166. 173.

(*b*) 2 Hawk. P. c. 383.

(*c*) 3 Inst. 238.

— En France aussi, l'Ordonnance criminelle du mois
d'août 1670, portait : « titre xvi, *art.* 1. Enjoignons à
nos cours et autres juges, auxquels l'adresse des lettres
d'abolition sera faite, de les entériner incessamment, *si
elles sont conformes aux charges et informations...* ».

— « C'est-à-dire, observe le Commentateur, si l'accusé
n'a exposé aucun fait faux, ou aucune circonstance fausse,
ou s'il n'a dissimulé aucune des circonstances qui rendent l'action plus criminelle. Car l'exposition d'un fait

et *l'attainder* soient particulièrement énoncés. De même le pardon pour félonie ne comprend pas la piraterie (*a*), parce que, suivant la loi-commune, ce genre de délit n'est pas une félonie. 4° Le statut de la treizième année du règne de Richard II, st. 2, c. 1. porte aussi que les lettres de pardon pour trahison, meurtre ou rapt, ne seront pas admises, si l'offense n'y est particulièrement désignée; et spécialement pour le meurtre, il doit être exprimé s'il a été commis de guet-à-pens, ou de dessein prémédité, ou par suite d'aggression. Sur quoi, sir Ed. Coke (3 Inst. 236) observe que l'inten-

---

faux, ou la réticence d'un fait véritable, rendent les lettres de grace *subreptices* ou *obreptices*. C'est pourquoi, si ces lettres ne sont pas conformes aux charges et informations, les juges peuvent passer outre, suivant l'observation de M. le Chancelier sur cet article. Parce qu'en effet le crime qui se poursuit alors, n'est pas celui que le Roi a pardonné, mais un autre tout différent, dont Sa Majesté n'aurait pas accordé la grace, s'il lui avait été présenté dans ses véritables circonstances ». *Voy. encore* l'*Art.* xxvii ; le Procès-verbal de cette même ordonnance, tit. xvi, *art.* 4, pag. 186 ; la Déclaration du 22 novembre 1783 ; et l'Ordonnance de 1167, tit. xvi, *art.* 7.

(*a*) 1 Hawk. P. c. 99.

tion du parlement n'était pas que le Roi pardonnât jamais le meurtre avec ces circonstances aggravantes; et qu'en conséquence il y apporta prudemment ces restrictions; ne croyant pas possible que le Roi excusât, en aucune circonstance, un crime de cette nature, s'il était aggravé par de tels caractères. Et il est assez remarquable que les registres n'offrent aucun exemple précédent de pardon accordé pour homicide commis autrement que pour sa propre défense ou par un malheur, *se defendendo* ou *per infortunium* : ce à quoi était expressément bornée la prérogative royale de pardonner, par les statuts 2 Edw. III, c. 2, et 14 Edw. III, c. 15, qui portent qu'il ne sera accordé de pardon pour l'homicide, que lorsque le Roi pourra faire cette grace conformément *au serment de son couronnement*, c'est-à-dire lorsqu'on aura commis l'homicide soit pour sa propre défense, soit par un malheur (*a*); mais le statut cité, de Richard II,

---

(*a*) L'Ordonnance de 1670, portait aussi : « tit. xvi, *art.* 2. Les Lettres de Rémission seront accordées pour les homicides involontaires seulement, ou qui seront commis dans la nécessité d'une légitime défense de la vie ».

a ajouté, par induction, à ce droit de faire grace; pourvu que le Roi ne soit pas trompé sur le fait pour lequel il entend pardonner. Et en conséquence, jusqu'au temps de la Révolution, les pardons pour meurtre ont toujours été accordés en insérant ces mots dans les Lettres de Grace *nonobstant le statut du Roi Richard.* Mais à cette époque, la doctrine du *nonobstant* (*a*) n'ayant plus lieu, on mit en question si le meurtre pouvait être pardonné dans tous les cas : et il fut déterminé par la Cour du Banc du Roi (Salk. 499) que le Roi pouvait pardonner sur une accusation de meurtre établie par *indictment* (*b*), de même que tout particulier pouvait se désister d'une accusation intentée par voie *d'appel* (*c*). Sauf ces restrictions et un petit nombre d'autres, c'est une règle générale que le pardon doit se prendre tout-à-la-fois dans le sens *le plus favorable* pour les sujets, et le *plus restreint* quant à l'exercice de la prérogative royale.

(*a*) *Voy.* les Commentaires, liv. 1, chap. ix.

(*b*) *Voy.*, pour la définition du mot *Indictment*, les Commentaires, liv. iv, chap. xxiii.

(*c*) *Ibid.*, et ci-dessus, pag. 580.

« Le pardon peut être aussi *conditionnel ;* c'est-à-dire, que le Roi peut, d'après la loi-commune, accorder la grace dans les termes qu'il lui plaît et y attacher une condition soit préalable, soit subséquente, de l'accomplissement de laquelle le pardon devra dépendre (*a*). Cette prérogative s'exerce, tous les jours, lorsque le pardon est accordé pour crime de félonie, sous la condition que le coupable sera astreint à des travaux forcés pour un temps déterminé, ou qu'il sera déporté dans quelque contrée hors du royaume pour la vie ou pour un nombre d'années ; cette déportation (ou bannissement) étant admissible et autorisée (*b*) par l'acte d'*habeas corpus*, (31 Car. II. c. 2. § 4), et devenue plus facile et plus efficace, ainsi que la peine de l'emprisonnement, au moyen des statuts 8 Geor. III, c. 15, et 19 Geor. III, c. 74 (*c*).

(*a*) 2 Hawk. P. c. 394.

(*b*) On dit (Bar. 352) que la déportation a été ordonnée pour la première fois, comme une peine, par le statut de la 39e année du règne d'Élisabeth, chap. iv.

(*c*) Et plus encore par les statuts 24 Geor. III, c. 56, et 31 Geor. III, c. 46. (*Note de M. Christian*).

« 3° Quant au *mode de concession* du pardon, nous observerons qu'il est plus avantageux de l'obtenir par acte du parlement que par charte royale. Car, dans le premier cas, on n'est pas tenu de produire en justice ce moyen d'exception ; la Cour doit tenir note *ex officio* de l'acte du parlement (*a*), et la partie n'a pas à craindre d'en perdre le bénéfice par sa propre négligence, comme cela peut lui arriver relativement à la charte royale de pardon. Il faut que l'accusé se fasse un moyen spécial de cette charte, et cela en temps utile : car, si un homme est accusé par *indictement*, et qu'ayant dans sa poche ses Lettres de Grace, il se soumette de lui-même à l'examen des jurés, en prétendant qu'il n'est pas coupable, il est considéré comme ayant renoncé au bénéfice de ce *pardon* (*b*). Mais s'il s'en prévaut aussitôt qu'il le peut légalement, il est en droit de s'en faire un moyen, soit sur l'appel à la barre, soit pour arrêter le jugement, soit pour en

(*a*) Fost. 43.
(*b*) 2 Hawk. P. c. 396, 397.

empêcher l'exécution. Anciennement, d'après
le statut de la dixième année du règne d'É-
douard III, c. 2, le *pardon* pour félonie n'é-
tait pas admis, à moins qu'on ne donnât des
garans de sa bonne conduite pour l'avenir,
aux sherif et coroners du comté (*a*). Mais
ce statut a été abrogé par le statut de la cinquième et de la sixième année du règne de
Guillaume et Marie, chap. 13, qui y a substitué l'attribution aux juges de la Cour d'un
pouvoir *discrétionnaire*, pour obliger le criminel qui emploie un pareil *pardon* comme
moyen de défense, à fournir deux cautions de
sa bonne conduite, pour un temps quelconque
n'excédant pas sept années.

« 4° Enfin *l'effet du pardon* accordé par le
Roi est de faire du criminel un homme nouveau ; de le décharger de toutes les peines cor-
porelles et des confiscations attachées au crime
qui lui est pardonné ; de lui donner de nouveaux droits civils ou politiques, plutôt que
de le rétablir dans les droits semblables qu'il
possédait. Mais le pouvoir suprême et trans-

(*a*) Salk. 499.

cendant du parlement peut seul réhabiliter ou purifier le sang, quand il est une fois corrompu, quand le pardon n'est accordé qu'après *l'attainder* (a). Cependant, si le criminel *atteint* obtient son pardon du roi, et qu'ensuite il ait un fils, ce fils peut hériter de son père, qui, devenant un homme nouveau, a pu transmettre un sang susceptible d'hériter; quoique ce fils, s'il fût né avant l'obtention des Lettres de Grace, n'eût jamais eu aucun droit d'héritage » (b).

En France, l'ordonnance de 1670 portait, ainsi que nous venons de le remarquer (c), « tit. xvi, *art.* 2, que les Lettres de Rémission seraient accordées pour les homicides involontaires seulement ou qui seraient commis dans la nécessité d'une légitime défense de la vie ».

(a) *Voy.*, pour la définition du mot *attainder*, les Commentaires de Blackstone, liv. iv, chap. xxix.

(b) « Le fils né après *l'attainder* peut hériter s'il n'a pas un frère aîné vivant, né avant *l'attainder*; s'il en a un, les biens fonds passent au seigneur, comme droits d'*échette*, pro defectu hæredis, 1 H. P. C. 358. (*Note de M. Christian*). — *Voy.* Blackstone. Commentaires sur les Lois anglaises, liv. iv, chap. xxxi.

(c) *Voy. ci-dessus*, pag. 586.

Et en général sous l'ancienne législation criminelle, on distinguait trois sortes de Lettres de Grace, savoir : les Lettres de Grace proprement dite, ou de Rémission; les Lettres d'Abolition; et les Lettres de Pardon.

Les Lettres de Grace ou de Rémission étaient celles que le Roi accordait pour les homicides involontaires, ou qui étaient commis dans la nécessité d'une défense légitime.

Les Lettres d'Abolition s'obtenaient de la seule clémence du Roi, en se déclarant coupable.

Les Lettres de Pardon se donnaient à ceux qui avaient été présens ou avaient assisté lorsque quelqu'un avait été tué, et pour les cas seulement où il n'échéait pas peine de mort (a).

Ces différentes Lettres n'étaient jamais adressées aux juges dont les appels ne res-

---

(a) Les Lettres de Rémission et d'Abolition se dataient du mois, étaient scellées en cire verte, et s'intitulaient : *A tous présens et à venir.*

Les Lettres de Pardon étaient datées du jour qu'elle s'expédiaient, étaient scellées en cire jaune, et étaient intitulées : *A tous ceux qui ces présentes verront.*

sortissaient pas nuement au parlement; et lors qu'elles étaient obtenues par des gentils-hommes, elles étaient toujours adressées aux Cours supérieures.

On appelait encore Lettres d'Abolition ou d'Amnistie, celles qui étaient accordées par le Roi à une province, à une ville, à une communauté d'habitans.

Les Lettres de Pardon s'appelaient aussi Lettres de Justice, sans doute parce qu'on les obtenait quelquefois au petit sceau et aux petites chancelleries, près le parlement (*a*).

Toutes les Lettres de Grace étaient de nul effet après la mort du Roi qui les avait accordées; et si elles n'avaient pas été entérinées de son vivant, il fallait qu'elles fussent confirmées par le roi, successeur à la Couronne, « parce que, disent les auteurs, toutes graces sont personnelles et qu'elles expirent *morte concedentis* ».

Le Code pénal de 1810, statue, d'une ma-

(*a*) Elles étaient dites délivrées *de grace spéciale*, et non *de l'autorité et puissance royale.*

nière plus conforme aux vrais principes du Droit, liv. III, tit. II, sect. 3, § 3, *art.* 328 : « Qu'il n'y a ni crime ni délit, lorsque l'homicide, les blessures et les coups étaient commandés par la nécessité actuelle de la légitime défense de soi-même ou d'autrui.

« *Art.* 319. Sont compris dans le cas de nécessité actuelle de défense, les deux cas suivans. 1° Si l'homicide a été commis, si les blessures ont été faites, ou si les coups ont été portés, en repoussant, pendant la nuit, l'escalade ou l'effraction des clôtures, murs ou entrée d'une maison ou d'un appartement habité, ou de leurs dépendances ; 2° si le fait a eu lieu en se défendant contre les auteurs de vols ou de pillages exécutés avec violence » (*a*).

Sous l'ancienne, comme sous la nouvelle législation, pour solliciter des Lettres de Grace, il faut que la peine ait été prononcée

(*a*) *Voy. aussi* les §§ 1 et 2 de la même section, au sujet *des homicides, blessures et coups involontaires ; crimes et délits excusables, et cas où ils ne peuvent être excusés.*

par un arrêt ou par un jugement en dernier
ressort; car s'il y avait encore lieu à un appel,
il faudrait auparavant épuiser cette voie. Et le
motif que le Répertoire de jurisprudence de
Guyot et celui de Merlin en donnent, « c'est
que pour commuer une peine, il faut au
moins être assuré que l'accusé mérite celle
qu'on substitue à la première » (a).

Mais il n'est pas nécessaire que la peine
dont on demande la commutation soit une
peine capitale; on peut l'obtenir de toute
peine afflictive ou infamante (b).

De quelques-unes des réflexions renfermées
dans les passages ci-dessus transcrits de Beccaria et de M. Bentham, il résulterait qu'au
moins dans l'état d'une législation criminelle
imparfaite, le Droit de Grace serait admissible;
et l'auteur du Commentaire sur l'Esprit des
Lois (M. le comte Destutt de Tracy) appuie
cette opinion de son autorité : « A l'égard du

(a) *Voy. entre autres*, le Répertoire de Jurisprudence,
de Guyot, et celui de Merlin, au mot : *Commutation
de peine.*

(b) *Voy.* le Répertoire, par Merlin, *ibid.*

droit de faire grace, dit-il, il est certain qu'il est nécessaire, *au moins aussi long-temps que durera l'usage de la peine de mort.* Car tant que les juges seront exposés à faire une injustice irréparable, il faut bien qu'il y ait moyen de s'en préserver, quand on a sujet de le craindre; et cela est encore plus indispensable, lorsque tout le monde convient que les lois sont très-imparfaites.....

« Seulement dans les Gouvernemens où l'on respecte la liberté, on doit prendre bien garde que l'on ne puisse y porter atteinte au moyen du droit de faire grace, et que ce droit ne devienne un privilége d'impunité pour certaines personnes et pour certaines classes, comme cela n'arrive que trop souvent dans les monarchies, ainsi qu'Helvétius l'objecte avec raison à Montesquieu » (*a*).

On peut rattacher très-directement à cette dernière recommandation ce précepte de l'Écriture. « *Quod justum est judicate, sive civis sit ille, sive peregrinus. Nulla erit distantia*

(*a*) Commentaire sur l'Esprit des Lois, liv. vi, ch. vi, pag. 85.

personarum. Ita parvum audietis ut magnum, nec accipietis cujusquam personam, quia Dei judicium est ».

Ce précepte que, dans la première partie de cet ouvrage, nous avons placé au rang des principes inviolables et sacrés du Droit Public et du Droit des Gens (*a*), se trouve ainsi appliqué et développé par l'un des auteurs dont l'autorité a déja été précédemment invoquée : « Quelle est cette justice que Dieu a confiée aux rois? Et en quoi consiste l'obligation si étroite qu'ils ont de la rendre? Cette justice, dont les rois sont garans, est la même chose que l'ordre; et l'ordre consiste en ce que l'égalité soit gardée, et que la force ne tienne pas lieu de loi; que ce qui est à l'un ne soit pas exposé à la violence d'un autre; que les liens communs de la société ne soient pas rompus; qu'aucun intérêt particulier ne soit préféré au bien public; que l'artifice et la fraude ne prévalent jamais sur l'innocence et la simplicité; que tout soit en paix sous la pro-

_____

(*a*) *Voy. ci-des.*, 1re part., vol. 1, pag. 122, 210, 243, 347 *et suiv.*; et vol. 111, pag. 293, 333, 352 *et suiv.*

tection des lois, et que le plus faible d'entre les citoyens soit mis en sûreté par l'autorité publique.

« Voilà en quoi consiste la justice; et l'obligation étroite dont Dieu a chargé les rois, est de maintenir cette justice, de se déclarer ennemi de quiconque en est ennemi; de prêter aux lois toute l'autorité qu'ils ont reçue pour elles; et d'employer l'épée que Dieu leur a mise en main contre ceux que le respect et la crainte n'auront pu retenir.

« Il paraît dès lors que rien ne serait plus contraire et à la justice et à l'obligation de la rendre, que la distinction entre les personnes à qui elle est due : car ce serait renverser l'égalité, et mettre quelque différence où la justice n'en met aucune. Aussi la loi de Dieu a défendu très-expressément ces distinctions odieuses, où l'on considère l'homme et non la loi, et où l'on compare les conditions et non le mérite. *Jugez ce qui est juste*, dit l'Écriture, *pour le citoyen comme pour l'étranger. Il n'y aura aucune différence entre les personnes. Vous écouterez le petit comme le grand : vous ne ferez acception de qui*

que ce soit, parce que le jugement appartient à Dieu, et que c'est en son nom que
vous l'exercez » (*a*).

Si M. de Montesquieu a pu, dans quelques-
uns des chapitres de l'Esprit des Lois, manifester une opinion qui ne serait pas entièrement conforme à cette doctrine, cela provient
peut-être de ce qu'il s'est souvent plus
attaché à tracer un simple historique de la
législation de l'Angleterre, qu'à en donner
un examen critique et raisonné, et de ce que
dans ce pays soi-disant classique de la liberté,
l'exception la plus choquante existe en faveur
de quelques classes de la société; les pairs du
royaume n'y étant soumis à aucune sorte de
peines, pour un premier crime de félonie ; ni
les ecclésiastiques, même après plusieurs ré-
cidives, quand il s'agit de crimes susceptibles
du privilége *clérical*, lequel s'étend à un très-
grand nombre de délits, même extrêmement
graves (*b*).

(*a*) Institution d'un Prince, etc., tom. 1, 2ᵉ part.,
chap. III, pag. 32 et 33.

(*b*) *Voy.* les Commentaires de Blackstone, liv. IV,
chap. XXVIII.

Du reste, il semble qu'en principe général on peut ici appliquer ce que dit l'illustre auteur de l'Esprit des Lois au sujet de la constitution d'Angleterre : « Il pourrait arriver que la loi, qui est en même temps clairvoyante et aveugle, serait en de certains cas trop rigoureuse; mais les juges de la nation ne sont, comme nous avons dit, que la bouche qui prononce les paroles de la loi, des êtres inanimés qui n'en peuvent modérer ni la force, ni la rigueur » (a); et ailleurs, en parlant de la juste proportion des peines avec le crime : « C'est un grand ressort des Gouvernemens modérés que les Lettres de Grace. Ce pouvoir que le prince a de pardonner, exécuté avec sagesse, peut avoir d'admirables effets. Le principe du Gouvernement despotique, qui ne pardonne pas et à qui on ne pardonne jamais, le prive de ces avantages » (b).

Montaigne rapporte un fait qui, en prouvant l'insuffisance de notre ancienne législa-

(a) Esprit des Lois, liv. xi, chap. vi.
(b) *Ibid.*, Liv. vi, chap. xvi.

tion pour recueillir les témoignages du crime, prouve également la nécessité de recourir à une autorité suprême, recours qui, par les délais seuls qu'il exige, devient tutélaire au condamné. Un meurtre avait été commis; des citoyens étaient accusés; la conviction légale existait pour les juges; l'arrêt était, sinon prononcé, du moins conclu et arrêté. Sur ce point les juges sont avertis par les officiers d'une Cour subalterne voisine, qu'ils tiennent quelques prisonniers, lesquels avouent disertement cet homicide, et apportent à tout ce fait une lumière indubitable; on délibère si pourtant on doit interrompre et différer l'exécution de l'arrêt donné contre les premiers. On considère la nouvelleté de l'exemple et sa conséquence pour accrocher les jugemens; que la condamnation est juridiquement passée, les juges privés de repentance: somme, ces pauvres diables sont consacrés aux formules de la justice. Si le prince avait dû examiner, signer l'arrêt, la loi n'aurait pas égorgé un citoyen (*a*).

(*a*) *Voy. aussi* M. Pastoret. Lois pénales, tom. II, 4ᵉ part., chap. xix, pag. 112.

L'établissement du jury fut une des causes qui contribuèrent, en 1791, à faire supprimer les Lettres de Grace, de Rémission, d'Abolition, de Pardon et de Commutation de peines; mais M. Necker (dans son Traité du Pouvoir exécutif dans les grands États, imprimé pour la première fois au commencement de 1792), réfute victorieusement cette opinion : « J'examine, dit-il, si l'établissement des jurés est un motif pour abolir le droit de recours à toute espèce de grace. Les Anglais et les Américains ne l'ont pas cru, puisque ce droit existe chez eux dans sa plénitude, et cependant ils ont adopté bien avant nous l'institution des jurés. Mais je sais bien que les exemples, voire même les meilleurs de tous, sont d'un petit usage contre des hommes qui ont pris poste au centre de la théorie; ainsi je n'approcherai d'eux qu'avec les armes du raisonnement; et j'oserai dire que, sous divers rapports, le Droit de Grace est surtout nécessaire dans les pays où la jurisprudence des jurés est introduite.

« Une pareille forme de procédure ne se prête à aucune modification, car d'un côté

sont des jurés à qui l'on demande simplement
d'examiner et de prononcer si tel délit a été
commis volontairement par tel homme; et de
l'autre sont des juges qui ouvrent le livre de
la loi, et qui annoncent la peine due à tel
crime. Il n'y a nulle place entre ces deux actes
judiciaires, pour appliquer l'esprit de modération auquel ont souvent été conduits les
tribunaux, qui sont juges à la fois du fait et
de la mesure du châtiment.

« Ajoutons encore que par l'espèce de partage établi entre les jurés et les juges, ils
éprouvent avec moins de force cette répugnance naturelle aux hommes pour tous les
actes de rigueur; les jurés, simplement juges
d'un fait, n'ont pas devant les yeux la peine
due aux crimes, et les magistrats qui s'expli-
quent après eux, se considèrent comme de
simples organes des commandemens de la loi.

« Quel est donc le pays où l'abolition du
Droit de Grace devrait exciter le moins de regrets? Ce serait une République ou règne-
raient une sorte d'esprit de famille et un sentiment de moralité; deux circonstances qui
répandent une première teinte de douceur et

de bonté sur tous les actes d'autorité; ce
serait une République où les tribunaux, juges
à la fois et du fait et de la peine, auraient le
droit de combiner ensemble, et la nature du
délit et les degrés d'incertitude qui restent si
souvent au milieu des plus grandes vrai-
semblances, et les circonstances qui atté-
nuent une faute, et les égards mêmes dont on
ne peut ni ne doit se défendre, pour la conduite antérieure du coupable, pour les services éclatans de sa famille, et quelque fois
pour les siens propres (a). Il résulte alors de
ces diverses considérations une opinion ou
un sentiment, qui déterminent les juges à user
de leur autorité, pour mêler aux principes de
sévérité un esprit d'indulgence, et pour adoucir
la justice écrite, par l'équité naturelle.

« Cependant les Républiques où, comme je
viens de l'indiquer, un Gouvernement de
confiance est établi, et il en existe plusieurs,
ces républiques ont toutes pensé que les exceptions à la loi seraient mieux entre les

_____

(a) Ce sont les services personnels, et non ceux d'autrui, qui peuvent appeler et justifier la clémence.

mains d'un Corps supérieur aux tribunaux judiciaires, et elles lui ont confié l'exercice du Droit de Grace. C'est donc en France uniquement que ce droit ne subsisterait plus.....

« Je vais plus loin, continue-t-il, et je mets en question si l'on peut délicatement être juge ou juré dans un pays où le Droit de Grace est aboli. Déclarerais-je que tel homme doit subir un jugement criminel, que tel homme est coupable d'un crime capital, si ma voix lui donne la mort, lors même qu'au fond de mon cœur un sentiment de commisération, un sentiment d'équité, me feraient désirer son pardon? Pourquoi consentirais-je à être l'instrument d'une loi sans pitié? Pourquoi m'abaisserais-je à cette misérable condition? Les jurés et les juges de France doivent demander hautement le rétablissement du Droit de Grace; la morale leur en fait un devoir, et l'honneur les y convie; ils se croient plus élevés lorsque leurs jugemens ne peuvent être changés, et ils se trompent : c'est une volonté sans contradiction, qui semble douce à la vanité; mais les jurés et les juges n'ont point de volonté, puisqu'ils parlent les uns au nom de la vérité, les autres au nom de la loi; et comme ces deux fonctions, ainsi divisées, n'ont aucun caractère de suprématie, il importe peut-être à la considération des jurés et des juges, que le Droit de Grace établisse une distance entre les condamnations et l'exécution des jugemens.

« Le roi d'Angleterre jouit, non-seulement du Droit de Grace dans toute son étendue, mais sa signature encore est nécessaire à l'exécution des sentences criminelles. Remarquons cependant, pour tenir la balance à la main, que les juges d'Angleterre, revenant à Londres, après avoir tenu les assises dans les provinces, sont à portée d'éclairer le monarque sur les circonstances de chaque délit. La Constitution française ayant établi un ordre judiciaire absolument différent, et des tribunaux sédentaires ayant été établis dans toutes les parties du royaume, le Gouvernement ne pourrait recevoir que des lumières très-incertaines et très-imparfaites sur la juste application de la clémence royale. Une telle circonstance, réunie à la grande étendue de la France, eût donc permis de soumettre l'exer-

cice du Droit de Grace à de certaines modifications; et cet acte de sagesse n'eût rien fait
perdre au monarque, puisque sa prérogative
était anciennement limitée, non par la loi,
mais par l'ordre des choses. Toutes les Cours
faisaient exécuter leurs sentences sans aucun
délai ; ainsi c'était uniquement dans le ressort du parlement de Paris, ressort à la vérité
très-étendu, que l'on pouvait requérir à temps
la grace du roi : S. M. avait eu le dessein de
mettre obstacle, d'une manière générale, à la
célérité des exécutions, et de se ménager
ainsi le temps d'en connaître toujours les
motifs; et ses intentions à cet égard avaient
été solennellement manifestées. Mais enfin,
qu'il y a loin de différentes idées mitigées et
raisonnablement admissibles, à la résolution
inconsidérée d'abolir en entier le Droit de
Grace, ou d'exclure absolument le Roi du précieux exercice de la plus auguste des prérogatives, le patrimoine sacré de ses ancètres!
Ah! je le pense, on n'a pas encore acquis le
droit d'ôter à tous les Français le recours à la
grace du monarque; et la sûreté générale, en
matière criminelle, fût-elle mieux établie, on

ne l'aurait pas encore; il faut dans les grands dangers, une espérance, une protection vague au-delà des garanties connues; tel est l'esprit de l'homme; et notre nature éternelle n'est pas du nombre des habitudes dont il soit permis au législateur de commander le sacrifice....

« Le premier avertissement que reçoit le Roi d'Angleterre, à son avénement au trône, et les premiers engagemens qu'il contracte, lui retracent les droits de miséricorde et de clémence dont il est l'auguste dépositaire. Voici l'une des interpellations que lui adresse l'archevêque primat du royaume, et à la suite de chacune le Roi répond : *je le promets* (*a*).

« Promettez-vous d'employer le pouvoir « dont vous êtes revêtu, à rendre vos juge- « mens conformes aux lois et à la justice, et à « les faire exécuter *avec merci* » (*b*).

« Ah! qu'elle est belle, qu'elle est touchante cette interpellation....!

_____

(*a*) *Voy. ci-dessus*, vol. VII, pag. 475, note (*a*).

(*b*) *Will you, to your power, cause law and justice in mercy to be executed, in all yours judgments?*

« Oui, il faut le mettre quelque part en dépôt, ce droit de pardon ou de pitié ; il le faut
pour l'honneur de notre législation, il le faut
pour la réputation de nos mœurs ; car la clémence est une dette envers la nature humaine,
comme la justice en est une envers les sociétés politiques » (a).

Cet exposé de faits et de l'état ancien et   Conclusion.
nouveau de la législation, ces opinions diverses, une fois connus ; en résumé, nous ad-
mettrons comme principes essentiels et d'une
application générale, ce qui suit :

1º Par cela même que la loi ne prononce
pas sur un objet particulier, qu'elle doit être
générale et la même pour tous, il pourra
arriver, ainsi que le remarque M. de Montesquieu, il arrivera toujours, même dans la
monarchie la mieux constituée, avec la législation criminelle la mieux méditée et la plus
parfaite, que la loi sera en de certains cas
trop rigoureuse ; elle ne pourra jamais prévoir toutes les circonstances particulières et

(a) Du Pouvoir exécutif dans les grands États, 1ʳᵉ part.,
chap. x, OEuvres complètes de M. Necker, tom. viii,
pag. 147 *et suiv.*

atténuantes dont souvent les délits et les crimes sont environnés. Et cependant, comme le dit encore l'auteur de l'Esprit des Lois, les juges ne sont que la bouche qui prononce les paroles de la loi; ils ne peuvent mettre leur volonté au-dessus de la sienne, ils ne doivent être que les interprètes impassibles de ses plus rigoureuses dispositions; et l'on peut dire que souvent la justice même, ainsi strictement soumise à sa puissance, ne peut, sans regrets, entendre les arrêts prononcés dans ses temples, et que commandent les stricts et pénibles devoirs de son ministère.

Sous la monarchie la mieux réglée, avec la législation criminelle la plus humaine, la plus parfaite que l'on puisse concevoir, le droit de faire grace doit donc être admis, et en adoptant même les idées de M. Bentham et de Beccaria, il faudra toujours le regarder comme un correctif nécessaire.

2° Dans cet état d'organisation monarchique et constitutionnelle, sous l'empire de cette législation criminelle perfectionnée, ce droit, d'après les motifs que nous avons ci-dessus développés, ne peut être utilement exercé que par le monarque, et sous le double point de vue que nous avons indiqué, il doit être considéré comme une prérogative exclusive, inhérente à la Couronne, et qui ne doit être exercée que par le prince seul, directement et sans délégation (*a*).

3° Ce droit doit être renfermé, par le Pacte Constitutionnel, dans de certaines limites, et soumis à quelques restrictions.

Si l'on ne trouve pas, dans la nature même des crimes, une cause suffisante de suspendre l'exercice de ce droit, il semble du moins que cette suspension devrait être admise ; 1° lorsqu'une partie civile a éprouvé un préjudice qui pourrait être réparé et qui ne l'a point

---

(*a*) En contradiction manifeste à ce principe, avant la Révolution, c'était le Chancelier de France, qui accordait les Lettres de Grace.

Quoiqu'il les délivrât au nom du Roi, il paraît qu'il pouvait le faire à son insu et sans sa participation.

Ce privilége exorbitant avait été attribué au chancelier de Corbie, par Charles VI, le 13 mars 1401 ; et les Lettres portaient, « qu'en tenant les requêtes générales avec tel nombre de personnes du Grand-Conseil qu'il voudrait, il pourrait accorder des Lettres de Grace en toutes sortes de cas, et à toutes sortes de personnes ».

encore été ; à peu près de la même manière
que cela paraît se pratiquer en Angleterre (*a*).
L'ordonnance du mois d'août 1670 portait
aussi : « Titre XII, *art.* 19 : Les Lettres seront
signifiées à la Partie civile, et copie baillée
avec assignation, en vertu de l'ordonnance du
juge, pour fournir *ses moyens d'opposition*,
et procéder à l'entérinement. Et seront les
formes et délais prescrits par notre Ordonnance du mois d'avril 1667, observés, si
ce n'est que la Partie civile consente de procéder avant l'échéance des délais, par acte
signé et duement signifié » (*b*); 2° Pour tous
les cas de récidive, c'est-à-dire, à l'égard
de criminels convaincus et condamnés pour
crimes de nature semblable aux crimes déja
à eux remis et pardonnés : car l'histoire offre
en effet plusieurs exemples du danger que
peut avoir, en de telles occurrences, la trop

_____

(*a*) *Voy. ci-dessus*, pag. 580.

(*b*) Ou à moins qu'il n'y eût instance entre les Parties, avant l'obtention des Lettres ; auquel cas, et si les
Lettres étaient adressées au juge saisi du Procès, il suffisait de donner l'assignation au Procureur de la Partie
civile.

grande tendance des rois à la clémence,; et c'est alors, au contraire, qu'il ne faut pas se laisser entraîner par le mouvement irréfléchi d'une pitié fausse, exagérée, par le sentiment erroné d'une philanthropie mal-entendue.

4° De même encore qu'en Angleterre pour certains cas seulement, et comme cela est, au contraire, de règle générale aujourd'hui en France, l'exercice de ce Droit ne doit pas soustraire les accusés à la publicité de l'accusation et du jugement. Il ne peut jamais être suspensif d'une instruction, et ne doit être admis que lorsque cette instruction a été suivie d'un arrêt ou d'un jugement rendu en dernier ressort : car si le cours de la justice pouvait ainsi être contrarié et suspendu, il en naîtrait bientôt un système de privilége, d'inégalité, d'exception, qui anéantirait les bases mêmes de la Législation, et ne pourrait avoir que les plus funestes résultats.

5° Par les mêmes raisons, il ne doit pas être exercé en faveur d'une classe, d'un ordre quelconque de citoyens, et devenir pour cet ordre une sorte de brevet d'impunité. En cela, comme en beaucoup d'autres choses, la Législation anglaise n'est pas à imiter.

Pour un prince vraiment sage et équitable, ce qui doit particulièrement déterminer l'application de ce droit, ce sont les circonstances atténuantes dont le crime aura été environné, qui peuvent éloigner l'idée de l'endurcissement, de la perversité du coupable, et faire pressentir en lui un véritable repentir; ou encore, ce qui peut quelquefois arriver, une conduite d'ailleurs exempte de reproches, quelque action d'humanité, de patriotisme, de courage, un service éminent rendu à la société : car s'il est bien vrai qu'en de telles conjonctures l'exercice de ce droit peut avoir des dangers dans un Gouvernement mal constitué, et par conséquent sans stabilité, dans une Démocratie où, comme Machiavel le dit, *un citoyen impuni peut devenir si insolent qu'il sera capable de renverser la République*, ou dans un Gouvernement despotique, *à qui*, ainsi que le remarque M. de Montesquieu, *on ne pardonne jamais*; il n'en est pas de même dans une Monarchie assise sur les bases solides de l'équilibre des Pouvoirs, de l'ordre, de la fixité; et c'est encore ici, comme le remarque Blackstone, l'un de ses immenses et incalculables avantages sur toute autre forme de Gouvernement simple, ou mixte et composé.

La reconnaissance est un sentiment, une vertu précieuse à conserver; et la société, ou le Gouvernement qui agit en sa place, peut alors, sans qu'il en résulte aucun péril pour lui-même, en donner l'utile exemple.

6° Non seulement il importe que l'exercice du Droit de Grace ne puisse jamais paralyser l'action de la justice, en déranger la marche, choquer les règles et détruire l'uniformité de la procédure et de l'instruction, jusqu'au jour du jugement, mais encore il ne faut pas que la faculté de recourir à ce droit de Grace accordée au condamné, puisse servir de prétexte pour éloigner indéfiniment l'exécution. La justice ne serait plus respectée, si ses décisions pouvaient être éludées et demeurer sans résultats; la loi doit par conséquent fixer le délai dans lequel cette exécution doit avoir lieu.

Mais, d'un autre côté, il ne faut pas que ce délai soit tellement restreint que sa briéveté

rende le droit illusoire, en ôtant au condamné la possibilité d'y recourir à temps; et
c'est cependant, ainsi que l'observe M. Necker,
ce qui arrivait autrefois à la suite de tous les
jugemens prononcés hors du ressort du Parlement de Paris : inconvénient grave sans
doute, vice de Législation qui ne peut subsister avec une meilleure organisation, sous
un Gouvernement plus régulier; car, si les
bienfaits de la loi doivent alors s'étendre également sur toutes les classes de la société, à
plus forte raison doit-il en être ainsi pour
toutes les parties du territoire. Le monarque
ne doit être absent pour aucune d'elles, et
les plus éloignées doivent ressentir son influence tutélaire, comme s'il y avait fixé le
lieu de sa résidence.

Cet inconvénient, il faut le dire, doit même
subsister encore aujourd'hui dans un grand
nombre de circonstances, et toutes les fois
que le jugement a été prononcé dans un département éloigné de la capitale, si l'on exécute strictement la loi. Le Décret du 16 septembre 1791, concernant la justice criminelle
et l'institution des jurés, titre VIII, *art.* 14,

a statué : « que lorsque le jugement de condamnation aurait été prononcé à l'accusé, il serait sursis pendant trois jours à son exécution ».

Le Code d'Instruction criminelle de 1808, liv. ii, chap. iv, dans la sect. 2, relative au jugement et à l'exécution du jugement rendu devant les Cours d'Assises et par le jury, porte : « *art*. 373. Le condamné aura trois jours après celui où son arrêt lui aura été prononcé, pour déclarer au greffe qu'il se pourvoit en cassation....

« Pendant ces trois jours, et s'il y a eu recours en cassation, jusqu'à la réception de l'arrêt de la Cour de cassation, il sera sursis à l'exécution de l'arrêt de la Cour....

« *Art*. 375. La condamnation sera exécutée dans les vingt-quatre heures qui suivront les délais mentionnés en l'article 373, s'il n'y a pas de recours en cassation ; ou, en cas de recours, dans les vingt-quatre heures de la réception de l'arrêt de la Cour de cassation qui aura rejeté la demande ».

Le même Code d'Instruction criminelle, livre ii, titre vi, section 5, relative à l'exécution des arrêts rendus par les Cours spéciales, porte aussi, *art.* 598, « que ces arrêts seront exécutés dans les vingt-quatre heures, à moins que le tribunal n'ait usé de la faculté qui lui est accordée par l'art. 595, lequel statue que la Cour après la prononciation de l'arrêt pourra, pour des motifs graves, recommander l'accusé à la commisération du Chef du Gouvernement ».

Ainsi, à l'égard des condamnations prononcées par les Cours d'assises, si le condamné ne se pourvoit pas en cassation, afin d'obtenir par là un plus long délai pour pouvoir exercer son recours en grace, le sursis de trois jours que la loi prononce est bien manifestement insuffisant, même pour ceux qui ont été jugés dans la capitale.

D'ailleurs, ne semblerait-il pas naturel que le délai qui doit être accordé pour que le recours en grace que la Législation consacre puisse être exercé, ne dût commencer à courir qu'après la prononciation de l'arrêt de la Cour de cassation, puisque jusque-là les voies et moyens de défense judiciaires ne sont pas encore entièrement épuisés.

Or, dans les cas où ce pourvoi en cassation est admissible et a été formé, de même qu'à l'égard des condamnations prononcées par les Cours spéciales, lesquelles, aux termes de l'art. 597, ne peuvent être attaquées par voie de cassation, c'est *dans les vingt-quatre heures* que l'exécution doit avoir lieu.

A la lecture de semblables dispositions, on serait d'abord tenté de croire que le législateur n'a pu vouloir se mettre dans une contradiction évidente avec lui-même par une précipitation si hors de toute raison, et qu'une simple erreur involontaire de rédaction aurait ainsi substitué le délai dans lequel l'exécution doit avoir lieu à celui pendant lequel il devait encore y être sursis.

Mais bientôt on reconnaît que si cette erreur matérielle n'a pas existé, le législateur n'a pas du moins évité de tomber dans une autre.

C'est par une sorte d'humanité, c'est par un sentiment de commisération, que, lorsqu'en 1791 le recours en grace avait été rejeté et aboli, on crut ne pas devoir laisser le Malheureux frappé d'une condamnation devenue irrévocable, et pour lequel toute lueur d'espérance avait cessé d'exister, inutilement livré aux tourmens, aux angoisses, qui dèslors devaient faire de son existence même un supplice d'autant plus cruel qu'il serait plus long-temps prolongé.

Mais peut-on croire que le législateur aura été tout-à-la-fois clairvoyant et animé du même esprit de commisération et de pitié, lorsqu'il ranime et prolonge lui-même l'espérance, et ravit en même temps la possibilité d'atteindre le bienfait à la possession duquel il fait aspirer?

On aurait pu à ce sujet se rappeler que, dans un siècle moins humain et moins civilisé que le nôtre, l'empereur Théodose, convaincu, dit-on, par sa propre expérience que l'innocence n'est que trop souvent la victime des passions ou des erreurs d'un juge, avait ordonné par une loi que les sentences de mort et de confiscation de biens ne recevraient leur exécution que trente jours après qu'elles auraient été prononcées.

Cette loi ne faisait même qu'étendre aux jugemens rendus par le Prince ce qui déja se pratiquait à l'égard des sentences rendues par les tribunaux.

Sous le Règne de Tibère, le sénat avait aussi ordonné que les sentences de condamnation ne seraient mises à exécution qu'après un délai de dix jours.

7° Enfin, en ce qui concerne les recommandations permises aux Cours spéciales par l'article 595, il nous semble qu'en effet si, comme organes et ministres de la loi, les membres de ces Cours doivent être impassibles, la justice et la raison ne peuvent pas exiger que, comme hommes, ils soient sans entrailles, qu'ils arrachent de leur cœur toute compassion et dépouillent en quelque sorte l'humanité ; et s'il existe réellement quelques circonstances atténuantes, un motif quelconque propre à appeler la clémence, qui pourrait mieux qu'eux-mêmes l'apprécier ? par qui la sollicitude royale pourrait-elle être plus utilement avertie ?

Cependant cette faculté qui leur fut en définitive accordée par le Code, donna d'abord lieu à des oppositions. A ce sujet, et sur la question de savoir si, avant le Code d'Instruction criminelle de 1808, les Cours de justice criminelle pouvaient en condamnant un ac-

cusé le recommander à la clémence du Chef
du Gouvernement et ordonner que jusqu'à
ce qu'il eût été statué sur la demande en
grace, il serait sursis à l'exécution du jugement de condamnation, on peut voir un arrêt
de la Cour de cassation du 16 pluviose an XIII,
sur un arrêt rendu par la Cour de justice criminelle et spéciale de la Haute-Garonne, du
30 fructidor an XII, suivant lequel cette Cour,
par les motifs exprimés, recommandait deux
condamnés à la clémence du Souverain, et
ordonnait qu'il serait sursis à l'exécution de
son arrêt pour la condamnation capitale jusqu'à ce que par Sa Majesté il eût été autrement statué.

Le Pouvoir que cet arrêt de cassation jugea
alors ne pas appartenir aux Cours spéciales,
l'article 595 du Code d'Instruction criminelle
le leur a accordé, comme nous venons de le
voir ; seulement, en le leur accordant, cet article porte que cette recommandation ne sera
pas insérée dans l'arrêt, mais dans un procès-
verbal séparé, secret et motivé, dressé en la
chambre du conseil, le ministère public entendu, et signé comme la minute de l'arrêt

de condamnation (*a*); qu'expédition du dit procès-verbal, ensemble l'arrêt de condamnation, sera adressé de suite par le procureur-général au ministre de la justice.

Mais cette faculté de recommandation que le Code accorde aux Cours spéciales, il la refuse aux Cours d'assises. Et par quel motif? serait-ce parce que ces Cours ne prononcent que sur la déclaration d'un jury ? Si telle fut sa raison, nous la croyons complètement réfutée par les réflexions de M. Necker, que nous avons précédemment transcrites (*b*); et, par les mêmes motifs sur lesquels il appuie son raisonnement, suivant nous, victorieux et sans réplique, et instruits en outre par l'expérience, nous penserons que le recours en grace n'est jamais plus nécessaire et n'a jamais besoin d'être plus étendu, plus appuyé, plus puissamment sollicité, que lorsque les condamnations ont été le résultat d'une déclaration sur un fait, par des jurés qui ne doivent pas connaître ni appliquer la peine, et par des

---

(*a*) C'est-à-dire, par les juges qui l'ont rendu, et dans les vingt-quatre heures de sa prononciation. (*Art.* 593).

(*b*) *Voy. ci-dessus*, pag. 602 *et suiv.*

juges que cette déclaration et les dispositions inflexibles de la loi enchaînent et mettent dans l'impossibilité de suivre la voie de la compassion et de la clémence, pour laquelle l'humanité et la justice même peuvent vivement les solliciter.

Nota. En terminant cet article, nous ferons remarquer qu'il existe au surplus des cas où par la Législation actuelle, les juges eux-mêmes sont autorisés à prononcer une sorte de commutation de peines, ou même ils y sont formellement tenus; et l'on peut voir à ce sujet, le Code Pénal, *art.* 66, 67, 68, 69, 70, 71, 321 *et suiv.* (*a*).

(*a*) Sur tout ce que nous venons d'exposer dans cette section, et sur plusieurs questions importantes qui s'y rattachent, telles que celles, par exemple, de savoir si les suites de la peine se règlent sur la peine prononcée par l'arrêt de condamnation ou sur la peine substituée, et en général sur celles qui sont relatives aux effets des commutations de peines, détails dans lesquels nous ne pouvons pas entrer, on peut consulter, entre autres, Bacquet, Traité des Droits de justice; Brillon, Dictionnaire des Arrêts; Legrand, Observations sur la Coutume de Troyes; Pasquier, Recherches historiques de la France; Rousseau de la Combe, Traité des matières criminelles; Dumont, Nouveau Style criminel, 1re et 2e parties, chap. xiv; le Traité de la justice criminelle de

France ; l'Ancien Répertoire de jurisprudence, par
Guyot, et le Nouveau Répertoire, par Merlin, aux
mots: *Abolition, Commutation de peines, Fierté, Grace,
Rémission, Révision de Procès ;* l'Ordonnance de 1667 ;
celle de 1670; celle du mois de juin 1678; les Déclarations des 22 novembre 1683, 10 août 1686, 10 avril
1727 ; le Code d'Instruction criminelle du mois de septembre 1808, le Code Pénal du mois de février 1810;
et autres lois citées dans le cours de cette section.

— *Voy. aussi* le Traité de la Justice criminelle, par
M. Le Graverand, et un ouvrage récemment publié par
M. A. T. Desquiron de Saint-Agnan, ayant pour titre:
Traité de la mort civile en France, titre II et titre III,
chap. VI.

SECTION III.

Restriction que l'Acte Constitutionnel doit mettre au Droit de commander l'armée en personne.

SOMMAIRE. Ses Motifs et ses Limites.

> « *Pectore si fratris gladium juguloque parentis*
> « *Condere me jubeas, gravidæque in viscera partu*
> « *Conjugis, invitâ peragam tamen omnia dextrâ* ».
>
> LUCAIN.

NOUS commencerons cette troisième et dernière section par deux citations qui, (au moyen des modifications rendues nécessaires par les progrès de la civilisation dans les principales parties de l'Europe et que la sagacité de nos lecteurs nous dispense de noter, et sans d'ailleurs adopter les expressions qui, dans la première citation, à force de violence, passent le but et quelquefois la vérité), nous feront déja pressentir et l'induction que le publiciste tirera de l'image que présente ce passage du poète, que nous prenons pour épigraphe, et le rapport essentiel qui existe entre cette induction et le sujet que nous devons traiter ici.

« Dans tous les pays, les gens de guerre ne sont plus à la nation ; ils appartiennent à leur chef, ils lui prêtent serment, ils jurent de lui rester fidèles, ils croient ne rien devoir à la société, ils n'ont rien de commun avec leurs concitoyens ; et, si le maître l'ordonne, ils se tiennent prêts à les frapper..... L'homme de guerre est par-tout un mercenaire qui ne connaît d'autres liens que ceux qui l'attachent à son commandant, il ne tient à la patrie que comme ces lierres qui étouffent peu-à-peu l'arbre dont ils ravissent les sucs nourriciers. Cependant, il se croit le défenseur de son pays, tandis qu'il n'est que trop souvent l'instrument 'fatal de l'ennemi domestique qui cherche continuellement à le mettre dans les fers. Le despote regarde ses soldats comme appartenant plus particulièrement à lui ; il les juge comme seuls propres à seconder ses vues, comme faits pour le servir aveuglément dans toutes ses entreprises, soit contre ses propres sujets, soit contre les sujets des princes ses rivaux. Nourri dans les principes d'une obéissance servile, accoutumé par état à une discipline rigoureuse qui lui défend de raisonner sur les ordres qu'il reçoit, le soldat est communément un esclave, et devient par là même l'ennemi de la liberté de ses concitoyens. Dès que ses chefs commandent, il méconnaît tous les rapports qui le lient aux autres hommes : il plongera, si l'on veut, l'épée dans le sein d'un autre citoyen, de son frère, de son ami; il serait puni par la mort ou l'infamie, s'il balançait à suivre des ordres qu'il ne lui est jamais permis d'examiner. En un mot, l'homme de guerre, de même que le dévot fanatique, ne se croit pas fait pour penser; il devient cruel, inhumain, sans pitié; il commet le crime sans remords, quand ses chefs lui disent qu'il faut commettre le crime. La plupart des soldats semblent dire à leurs chefs ce que Lucain met dans la bouche de l'un des officiers de César : *Faut-il frapper un frère, ou enfoncer l'épée dans la gorge de mon père, ou bien la plonger dans le sein d'une épouse enceinte, ma main, quoiqu'à regret, va se prêter à tout.*

« Mais pour prix de sa valeur et du sang qu'il a versé, le guerrier sera-t-il au moins justement, dignement, sûrement récompensé? Le despote se montrera-t-il plus équitable envers les soutiens de son pouvoir et les martyrs de ses folies, qu'envers ses autres sujets? Non : nous verrons souvent ce champion de l'honneur, forcé de digérer en silence les rebuts, les mépris, les passe-droits que lui feront éprouver un maître insensible, un ministre hautain, qui daigneront à peine écouter ses justes plaintes ou jeter un regard de pitié sur ses blessures. Les sollicitations d'un intrigant, d'un complaisant, d'un protégé, d'un proxénète, d'une femme, prévaudront sur les droits de l'homme de cœur qui aura mille fois prodigué sa vie dans les batailles. Privé souvent de ses membres, chargé d'infirmités et d'années, il traînera ses jours dans l'indigence avec le regret et la honte d'avoir follement sacrifié sa fortune et son bien-être pour des ingrats qui rient et de sa simplicité et de sa colère impuissante..... O guerriers! c'est ainsi que vous êtes punis de vos aveugles préjugés! c'est ainsi qu'on vous récompense d'avoir méconnu la patrie qui vous donna le jour, pour vous livrer à des pervers qui l'oppriment; c'est ainsi qu'ingrats vous-mêmes pour une mère que vous avez trahie, vous essuierez à votre tour l'ingratitude d'un tyran méprisable, qui, tandis que vous exposiez vos jours dans les combats, réglait, au fond d'un sérail, dans les bras de sa maîtresse, les injustices dont il devait payer votre fidélité » (a).

La seconde citation est tirée de l'Essai sur l'Histoire de la société civile, et les premières réflexions qu'elle renferme se seraient mieux rattachées à ce que nous avons eu lieu d'exposer dans le titre précédent, au sujet de l'institution de la Garde nationale (b) : mais il existe encore assez d'analogie entre ce même passage et le sujet qui nous occupe en ce moment, pour que nous puissions le rapporter ici : « Lorsque tout un peuple est aguerri, il est difficile à une partie de subju-

---

(a) Système Social, chap. xv. *Du Gouvernement militaire.*

(b) *Voy. ci-dessus*, vol. vii, pag. 65 *et suiv.*

guer le tout; ou bien, avant l'établissement
des armées disciplinées, il est difficile à un
usurpateur d'asservir le grand nombre par
l'assistance du petit nombre. Quelquefois,
cependant, la police des nations civilisées et
commerçantes a applani ces difficultés : en
établissant une distinction entre la profession
militaire et les professions civiles, en mettant
dans des mains différentes la jouissance et la
garde de la liberté, elle prépare les voies à
l'alliance dangereuse de la faction avec la
force militaire, contre les seules formes politiques et les droits des hommes.... Un peuple
désarmé par complaisance pour ce fatal raf-
finement, n'a plus de sauve-garde que les
représentations de la raison et de la justice
au tribunal de l'ambition et de la force.

« Dans de pareilles extrémités, c'est en vain
que l'on invoque les lois, et que les Sénats
s'assemblent. Ceux qui composent la législature ou qui occupent les départemens civils
de l'État, délibéreront sur les messages qui
leur seront envoyés *du Camp* ou *de la Cour*;
mais, si le messager, comme le centurion qui
apporta au sénat romain les demandes d'Oc-

tave, montre la garde de son épée, ils senti-
ront alors que les demandes sont des ordres,
et qu'eux-mêmes, de dépositaires qu'ils étaient
du pouvoir, ils sont devenus seulement une
portion de son attirail » (a).

Dans la Section de 1817, un membre de
la Chambre des Députés a prononcé un discours dont il doit aussi nous être permis de
faire une application générale, dans la vue
du principe que nous avons pour but de démontrer et d'établir ici.

« Prévoyez, disait-il, ce qui arriverait, si,
habile à flatter ce nouvel auxiliaire (l'armée),
quelque illustre rejeton de cette race auguste,
si féconde en héros aimables ; si quelque
nouveau Gustave, cher à l'armée par sa vail-
lance, comme au peuple par ses bienfaits,
mais importuné de ces chaînes constitutionnelles si noblement acceptées par ses aïeux,
abusait, pour les secouer, de la force même
qu'il en aurait reçue. Pouvez-vous douter
des appuis empressés et nombreux qu'il trou-

_____

(a) FERGUSSON. Essai sur l'Histoire de la Société civile.
tom. II, 6ᵉ part., chap. v.

verait bientôt pour la destruction des libertés publiques, je ne dis pas dans les faiblesses et dans les vices, mais dans les qualités mêmes et dans les vertus des soldats dévoués? Et, si vous en doutez, daignez vous rappeler, en me pardonnant ce pénible rapprochement, comment un despote adroit, qui n'eut jamais rien d'aimable, trouva néanmoins, dans la plus glorieuse armée, l'instrument infatigable de l'oppression du grand peuple, et faillit à trouver dans ce grand peuple lui-même l'instrument complaisant de l'oppression du monde » (*a*).

Néron disait que, s'il régnait, il ne voulait se réserver de sa puissance que le commandement des armées (*b*); et, en général, les princes d'un caractère despotique et dans le cœur desquels le génie du mal, impatient d'étendre au loin ses ravages, a soufflé, de sa bouche impure, les fureurs de la guerre et l'horrible ambition des conquêtes, sont, en

---

(*a*) Discours de M. Mestadier, sur la loi du Recrutement. — Moniteur du mercredi, 4 février 1818.

(*b*) *Voy*. Tacite. Annal. 13.

effet, ceux qui tiennent le plus à la vaine gloire de commander en personne les armées.

Mais, dans un Gouvernement de prospérité, de justice et de paix, dans un Gouvernement tempéré, monarchique et constitutionnel, la direction d'une campagne n'est pas la principale occupation d'un prince réellement attaché à l'accomplissement de ses devoirs.

Bien d'autres soins importants réclament d'autant plus sa surveillance que la guerre extérieure produit toujours quelque trouble, quelque dérangement dans le mécanisme, la marche, le mouvement des affaires intérieures; et, s'il en abandonne la conduite, pour ne s'appliquer exclusivement qu'à celle de tous les détails relatifs au commandement d'une armée, s'il descend en quelque sorte du trône, où toutes les branches de l'administration civile et militaire doivent être placées sous ses yeux, pour se livrer à ces détails de l'une d'elles seulement, et n'être pour ainsi dire plus que l'un des agens secondaires du Pouvoir exécutif, au lieu d'en être toujours le Chef suprême, bientôt peut-être la forme du Gouvernement sera chancelante et ébranlée; l'armée, loin d'être un Corps essentiellement obéissant et protecteur, pourra bientôt devenir une force oppressive et tyrannique ; et un Gouvernement militaire, absolu, le plus dangereux de tous pour celui-même qui l'exerce, et le plus insupportable, le plus dur pour le peuple qui le souffre, sera substitué au gouvernement paternel et monarchique le mieux affermi, et s'élèvera promptement sur ses ruines pour s'écrouler lui-même avec rapidité.

L'opinion de Machiavel, et celle de son illustre critique, ne sont pas appuyées sur ces éminentes vérités (*a*).

Les conseils que donnait Louis XIV à son petit-fils, Philippe V, n'y étaient pas plus conformes : « Si vous êtes contraint de faire « la guerre, écrivait-il à ce prince, mettez- « vous à la tête de vos armées ».

La nature des Institutions d'alors, le temps, les mœurs, le défaut d'instruction, pouvaient

---

(*a*) *Voy.* le Prince ; et l'Anti-Machiavel.

justifier cette erreur ; mais aujourd'hui même, malgré les progrès de la science et de la civilisation, combien d'hommes encore ne savent pas s'en défendre. Et cependant, à cette époque déja, et même en des siècles plus reculés, ceux dont les écrits sont jugés les plus dignes de servir à l'instruction de leurs semblables, les plus propres à diriger la marche ascendante de la civilisation, en avaient dit assez pour faire connaître le principe. L'un d'eux s'exprime ainsi : « Aux yeux d'un philosophe, d'un citoyen vertueux, d'un homme sensé, un souverain qui trouve le secret de faire porter deux épis de blé à un champ qui n'en portait qu'un, est plus digne de notre amour et de notre admiration, que celui qui cherche follement à s'illustrer par des conquêtes, par des provinces ravagées et par des trônes renversés.....

« Que si le prince est tué ou simplement fait prisonnier, il en résulte des inconvéniens si terribles, que toutes les espérances que l'on peut fonder sur le prince commandant ses armées en personne ne peuvent les balancer. Dans quel embarras le roi Jean ne plongea-t-il pas la France ? et que ne souffrit pas ce royaume par la prison de François I ?

« Les anciens Perses avaient bien compris toute l'étendue de ces inconvéniens : il n'était pas permis à leur prince d'aller à la guerre, sans avoir nommé celui qui devait monter sur le trône après lui (*a*) ; coutume sagement établie (dans ces anciens temps) pour prévenir les troubles attachés à l'incertitude du successeur, les cabales des divers prétendans, les inconvéniens de l'anarchie...

« Un prince sage doit gouverner ses peuples, de son cabinet, et faire la guerre par ses lieutenants, à moins que de grandes considérations n'exigent qu'il la fasse lui-même. Si la réputation qu'il acquiert est moins brillante, elle sera plus réelle. Le sacrifice que les Rois font quelquefois de leur propre gloire au bonheur du public, est pour eux la source d'une autre gloire plus solide » (*b*).

« Un prince qui n'a eu que des vertus mi-

(*a*) *Voy.* Hᴇ́ʀᴏᴅᴏᴛᴇ. Liv. vɪ , chap. ɪɪ.

(*b*) Science du Gouvernement, tom. vɪ, ch. ɪɪ, sect. 3, § 5.

litaires, dit Massillon, n'est pas assuré d'être grand dans la postérité. Il n'a travaillé que pour lui; il n'a rien fait pour son peuple : et ce sont les peuples qui assurent toujours la gloire et la grandeur du prince. Il pourra passer pour un grand conquérant; mais il n'aura pas gagné les cœurs de ses sujets : il aura conquis des provinces étrangères; mais il aura épuisé les siennes. En un mot, il aura conduit habilement des armées; mais il aura mal gouverné ses sujets » (a).

Une autre considération puissante est celle-ci : Le prince qui prend le commandement de l'armée, contracte envers elle une obligation incompatible et pour ainsi dire contradictoire, inconciliable avec les devoirs dont il est tenu envers la société tout entière. Éprouve-t-il un revers ? il se trouve dans la nécessité, ou de compromettre gravement la sûreté de l'État déja trop en danger par son absence, même au milieu des triomphes et des succès les plus éclatans, ou de fuir honteusement, d'aban-

---

(a) Petit-Carême. *Sermon pour le dimanche de l'Incarnation.*

donner, de sacrifier l'armée, et de faire peser sur lui l'ignominie et le soupçon de la plus insigne lâcheté. On peut en effet appliquer en ce sens, ce que Mentor dit à Télémaque : « Allez combattre toutes les fois qu'il sera nécessaire que vous y alliez. Un prince se déshonore plus en évitant les dangers dans les combats, qu'en n'allant jamais à la guerre. Il ne faut point que le courage de celui qui commande aux autres, puisse être douteux. S'il est nécessaire à un peuple de conserver son chef ou son roi, il lui est encore plus nécessaire de ne point le voir dans une réputation douteuse sur la valeur. Souvenez-vous que celui qui commande doit être le modèle de tous les autres. Son exemple doit animer toute l'armée. Ne craignez donc aucun danger, ô Télémaque ! et périssez dans les combats, plutôt que de faire douter de votre courage. Les flatteurs qui auront le plus d'empressement pour vous empêcher de vous exposer au péril dans les occasions nécessaires, seront les premiers à dire en secret que vous manquez de cœur, s'ils vous trouvent facile à arrêter dans les occasions. Mais aussi n'allez pas chercher les périls sans une véritable utilité » (a).

En principe général, le Chef d'une Monarchie bien constituée, et où tout doit se faire dans l'ordre, ne commande donc pas les armées en personne. Il n'y a d'exception à cette règle, dont l'infraction peut avoir de funestes et désastreuses conséquences, que dans le cas des imminens dangers, lorsque, par exemple, une partie du territoire est envahie par l'étranger. Alors le salut de la patrie est tout dans la victoire; le Corps entier de l'État est intéressé à secourir l'une de ses parties en péril; il n'est pas un seul citoyen en état de porter les armes, qui ne doive se rallier sous les drapeaux et voler au combat. Le prince donc, pouvant par son exemple soutenir l'espérance, ranimer le courage, exciter l'enthousiasme et l'ardeur de la victoire, empêcher les effets dangereux des rivalités, ne doit pas demeurer au loin spectateur inactif et immobile du ravage de ses États, de la ruine de ses provinces, ni, lâchement ren-

(a) Télémaque, tom. II, liv. XII, pag. 12.

fermé dans les murs de sa capitale et de son palais, attendre que l'ennemi vienne l'atteindre et le frapper sur son trône. « Lorsque l'État est vivement attaqué, dit encore un auteur, et qu'il s'agit de tout, le prince doit paraître. Les ménagemens alors sont des signes de faiblesse; le péril commun doit faire oublier tout autre danger. Il faut que les troupes fassent les derniers efforts; et c'est la présence du prince qui peut les y exciter.... etc., (*a*).

C'était aussi le conseil que Mucien, général des troupes de Vespasien, donnait à Domitien, qui voulait commander l'armée romaine dans les Gaules. « *Si status imperii, aut salus Galliarum in discrimen verteretur, debuisse Cæsarem in acie stare..... Ipse Lugduni vim ortunamque principatús à proximo ostentaret, nec parvis periculis immixtus, et majoribus non defuturus* » (*b*).

___

(*a*) Du Guet. Institution d'un Prince, tom. 1, 2ᵉ part., chap. xxiv, *art.* 1.

(*b*) Tacite. Hist., lib. iv, pag. 423.

FIN DU TOME SEPTIÈME.

ERRATA DU TOME VII.

Page 164, lig. 8; terre   *lisez* terres
— 195, — 21; que delà   — au-delà
— 288, — 17; ce s'exécute   — s'exécute
— 298, — 11; sociale;   — sociale,
— 321, — 13; 16 thermidor   — 19 fructidor
— 350, — 7; natures   — natures ».
— 359, — 9; W. III   — W. III
— 414, — 19; an IX   — an X
— 424, — 3; ou second   — ou au second
— 426, — 11; sur   — « Sur
— 431, — 1; sceaux),   — sceaux)
— 448, — 1; malheureusement — opposée au sen-
       opposée, etc.   timent que mal-
                      heureusement
— *ibid.*, — 14; difficultés,   — difficultés;
— 512, — 3; arrête entre autres— entre autres dis-
                      positions, arrête
— 530, — 21; général *car* : — général : *car*
— 543, — 29; autre   — autres
— 545, — 1; aubaines   — Aubains
— 550, — 16; *exorbitante*,   — *exorbitante*
— 594, — 18; sous l'ancienne, — sous la nouvelle,
       comme sous la   comme sous l'an-
       nouvelle   cienne
— *ibid.*, — 20; Grace   — Commutation
— 625, — 3; fierté   — fierte
— 638, — 23; dimanche   — jour

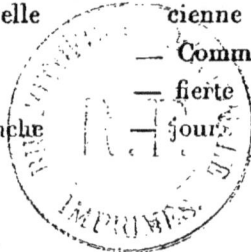

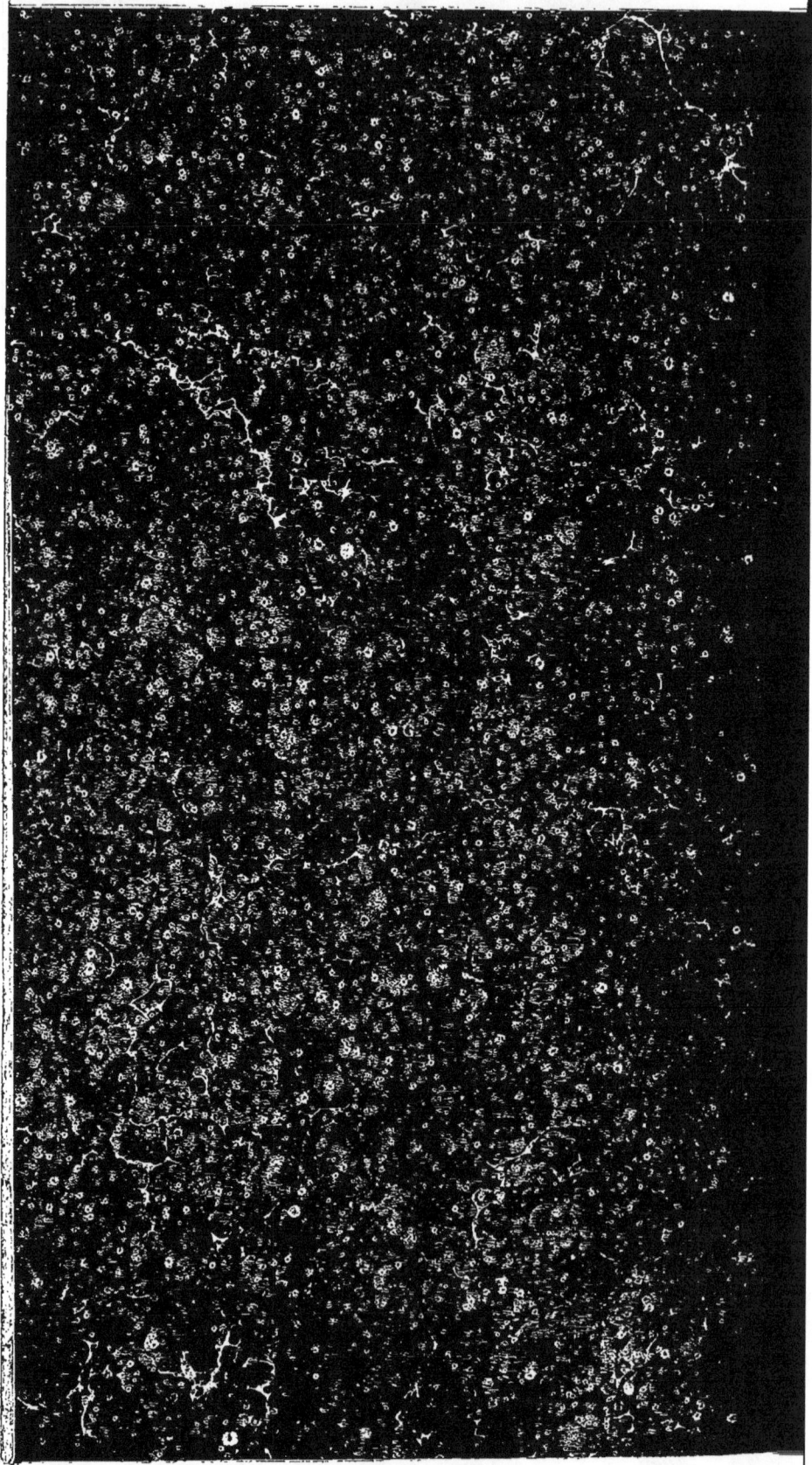

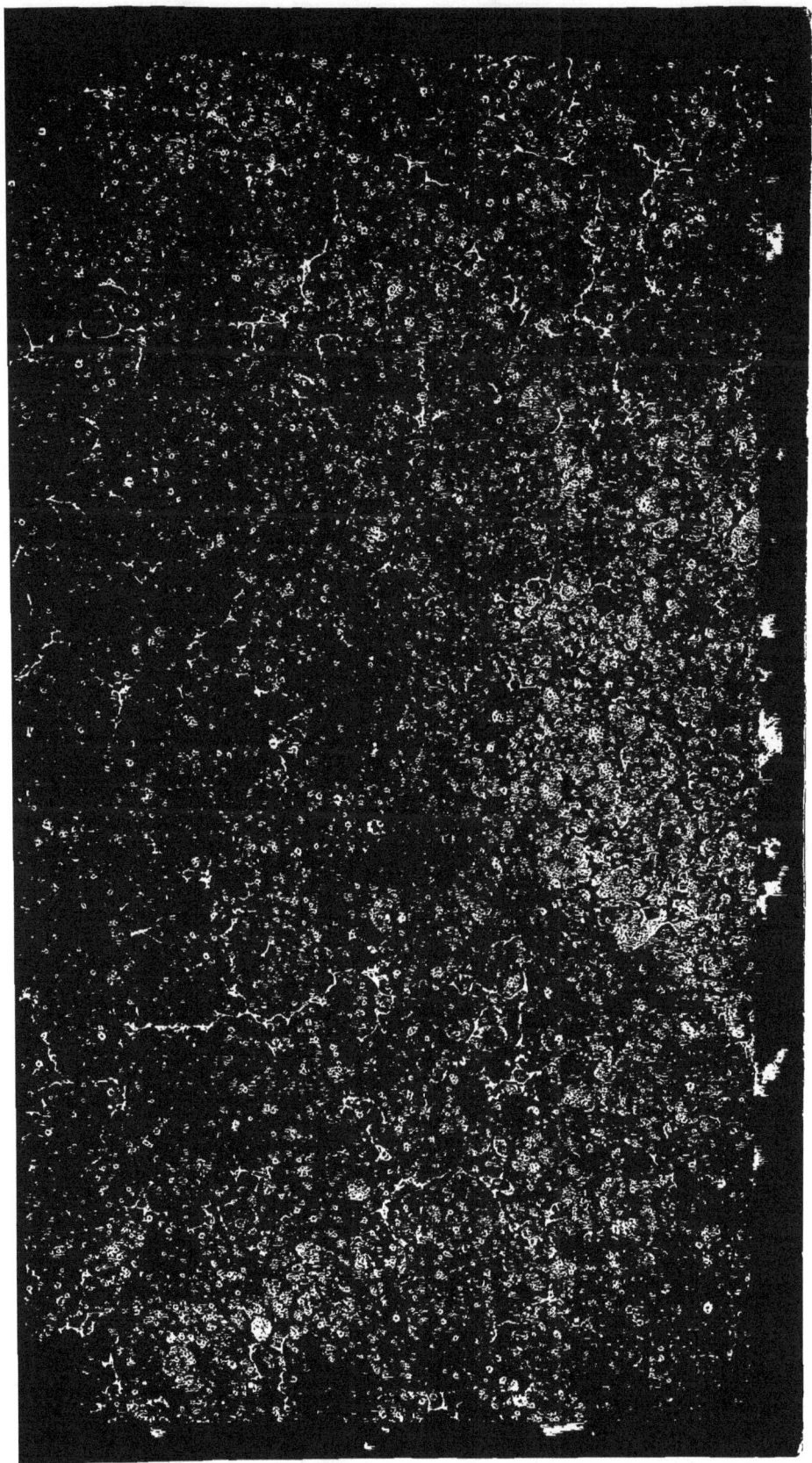

www.ingramcontent.com/pod-product-compliance
Lightning Source LLC
Chambersburg PA
CBHW060819220326
41599CB00017B/2228